U0913826

盘活

中国民间金融百年风云

王千马 / 著

中国出版集团
现代出版社

图书在版编目(CIP)数据

盘活：中国民间金融百年风云 / 王千马著. —北京：现代出版社，2015.1

ISBN 978-7-5143-2184-5

Ⅰ. ①盘…　Ⅱ. ①王…　Ⅲ. ①民间经济团体－金融机构－经济史－研究－中国　Ⅳ. ①F832.9

中国版本图书馆CIP数据核字（2014）第233198号

盘活：中国民间金融百年风云

作　　者　王千马
责任编辑　张　霆
出版发行　现代出版社
通讯地址　北京市安定门外安华里504号
邮　　编　100011
电　　话　010-64267325　64245264（传真）
网　　址　www.1980xd.com
电子邮箱　xiandai@cnpitc.com.cn
印　　刷　北京诚信伟业印刷有限公司
开　　本　710mm × 1000mm　1/16
印　　张　20.75
版　　次　2015年1月第1版　2015年1月第1次印刷
书　　号　ISBN 978-7-5143-2184-5
定　　价　45.00元

版权所有，翻印必究；未经许可，不得转载

CONTENTS | 目录

第三部分　浴火重生（1949—未来）

绪论

人民能用好自己的钱

1855 年是个不太平凡的一年，却没有人愿意怀念它。

这一年，2 月云南大理地震；5 月永昌府瘟疫大行，而旱灾、水灾、雹灾更是绵延全国，安徽春荒之后人食人。与此同时，清政府还得忙着对付天平天国起义，“十一月甲子，胡林翼奏，罗泽南、李续宾迎击石达开、韦俊于羊楼峒，败之；请购洋炮击贼”。“十二月辛卯，上诣大高殿祈雪。丙申，江西贼陷临江、瑞州，敕曾国藩拨兵剿之”。

然而，危机正是危险中所蕴含的机会，对很多人而言，它是危险，而对这一年刚刚成立的平遥同兴公镖局来说，它更像是个机会。

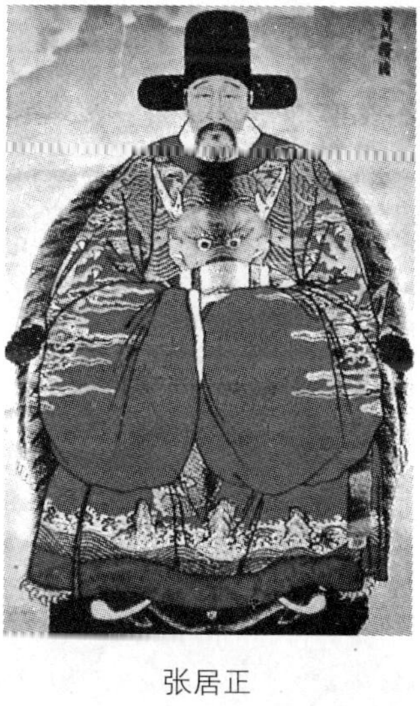

张居正

自明朝万历年间的内阁首辅张居正实行改革，推行“一条鞭法”以来，白银成了明清两朝的合法货币，并成为本位币。交账纳税要靠白银，商业中的交易也要靠白银。《水浒传》里描述的好汉们大碗喝酒大碗吃肉的同时，顺手就摸出几两碎银的场景，只有等到明朝才能真正成为现实。在明朝之前，铜币才是真正的“硬通货”，才是真正的“金”。然而，到明朝中后期，因为适度地放开了海禁，葡萄牙商人和荷兰商人相继到来，为中国带来大量的白银。加上此时正值世界地理大发现，欧洲人征服美洲后，在墨西哥发现巨型银矿，同时期，日本本土也发现银矿，由于此时中国的丝绸、茶叶等大量出口，中日、中欧存在巨大的贸易顺差，因此又为中国输入了大量白银。这让中国的市场上，充斥着来自西班牙的“本洋”、墨西哥的“鹰洋”，还有日本的“龙洋”。中国这个事实上的金银“贫国”，居然因为贸易成了“白银帝国”，这也让张首辅的改革成为了可能。

同时，也正因为洋钱的大量流入，民间产生了兑换银钱和铜钱的需求，早在1567年也就是明朝的隆庆元年，钱庄便在宁波应运而生。

除了需要兑换之外，白银还不是一个适合随身携带的货币，如果是大宗白银的交易，支付起来更是不方便。尤其是在战连祸接的中国，“露白”简直给自己招灾。这就需要有人帮助打点。于是，同兴公的机会来了。

作为镖局，同兴公要想成功，除了要善于抓机会之外，更要有“拳脚功夫”。拳上能打，脚下能走的镖局，才能顺利地帮助别人押金运银。无疑，同兴公有个很好的“领头人”，它的创办者王正清是个武术奇才，他的经历犹如成龙的电影似的，出身肯定贫寒，身体也肯定弱小，不是为仇家所迫，就是为生计，最后流落他乡，遍寻师傅而不着，最后却因其他机缘练成了一身的功夫。王正清大致就是这样的人，他先在北京以苦力轧面为业。期间，以粗壮轧面杆为枪，将武技训练巧妙运用于其中，可连送数百下。京人服其膂力，送绰号“面王”。日后，拜武术大师刘留为师，学武三年，进步很快。之后再拜刘留师兄贾殿魁为师。内外兼修，让王正清武艺大涨，更重要的是，他的师傅贾殿魁，曾在皇宫传授过道光皇帝武艺，这让他居然成了皇帝的同门师兄弟。出师之后，他先被江西道台朱文聘为教习，缉盗无数，声名大振。不过，在47岁的时候，他告别江湖，返回老家平遥，次年开办“同兴公”镖局。与祁县戴龙邦、文水左昌德一起，并称“华北三杰”。与此同时，他的儿子王树茂也尽得其真传且有青出于蓝之势。正是父子同心，同兴公成了镖局中的知名品牌。

它做得最响亮的一桩生意，就是为皇家押运现银。1900年，庚子事变，慈禧太后西逃前往西安，路经平遥，盘点现银93万两，这么大的数目，又适逢乱世，该交给谁呢？同兴公居然将这趟生意接了下来。随后，王家镖队一路上风尘仆仆，历经波折，日夜兼程，只半月余将银两送抵西安，分毫无差。慈禧太后当然很高兴，着赏王树茂一块题有“奉旨议叙”的匾额，至今还挂在旧址的门上。

这成了同兴公最大的风光，就连平遥当时著名的票号——日升昌也对其顶礼有加。在王正清过七十大寿时，日升昌的第三代掌柜侯殿选就以侄子的身份送给他的一块寿礼——一块铜制寿屏，上面刻有“南极星辉”四个字。

只是它的风光来得快，也去得快，1855 年创立，1913 年就宣告结业，之间不到一个甲子。它的没落，一方面源于自身押镖的成本很高，基本上是走一里路收一两银子，对客户来说挺不划算。另一方面，就是铁路兴起——1876 年英国人修建了中国第一条运输铁路——淞沪铁路，其后唐胥铁路、京张铁路相继开通——这让“拳脚功夫”中的脚相形见绌，自此镖局从陆路押运货物的生意急转直下；还有就是洋枪洋炮的出现，在黑火药面前，“拳脚功夫”的拳再厉害也没法对抗，这让镖车和十八般兵器没了用武之地。但这些对镖局还不是最为致命的打击，它的致命一击，恰恰就是来自以日升昌为首的票号的兴起。早在 1823 年，平遥人雷履泰征得财东——达蒲李家其时的家长李大全的同意，将自己所在的西裕成颜料庄改组为日升昌。这一年，也成了中国票号的元年。票号的出现，意味着生意人不必再把成箱的银子打包运输，只要拿一张银票，就能在各地提取现银。

镖局押镖的镖车

同兴公和日升昌共享了一段赚钱的好“时机”，但最终还是让位给了能让银子变“轻”，也就是说用得更方便、更顺手、更安全，更重要的是还减小了交易成本的日升昌。这不像是友善地传承，更像是无奈地退让。

在今天的平遥古城，南大街是同兴公的旧址，西大街则是日升昌的旧址。这两条街在古城的深处交汇而过，这让古城成了道径交互的花园。

站在十字路口，你似乎能亲眼看到，历史在这里轻巧地转了个弯。

让人民的钱“轻盈”起来

如果说日升昌成功的很大原因是在让钱变轻，那么，它的成功并非唯一。在中国古代货币史上，这种成功比比皆是。

如果我们梳理中国的货币进化历程，你会发现它和世界上大多国家如出一辙，从实物货币到金属货币再到信用货币。中国的实物货币用得最多也最深入人心的，无疑是贝壳，因为从“买卖”的繁体字——“買賣”，从贝，就知道，没有贝，“買賣”根本都谈不上。用惯了钞票的现代人肯定想不到，今天拿来当装饰品的小物件，在过去是当钱在流通。就连贵族死后，都拿它作为陪葬品。曾任用贤臣傅说为相，妻子妇好为将军，一度将商朝带向中兴的第二十三位君主武丁，在妇好去世后，十分悲痛，不仅有拜祭的隆礼，而且为其筑有独葬的巨大墓穴。这个位于今天河南安阳的巨大墓穴，在1976年被考古发现后，曾挖出有6680多枚贝币，这要是放在今天，应该是笔巨大的资产。如此对待妇好，武丁也的确是把她当“宝贝”了。不过，随着铜矿的开掘，以及青铜制造业的高度发达，到殷商后期，铜币开始出现，并逐渐成为主流。相比较金银，铜这种贱金属易于获得，而且造价不太大，便于保存和携带。尽管在秦之前的春秋战国时期，楚国就已经开始使用黄金货币——爰金，但它更多时候，只是一个装饰品。到了魏晋南北朝，耗金量虽然很大，不过也主要用来铸造佛像及有关佛教器物。至于白银，“在汉代，除汉武帝与王莽时曾当作货币外，民间仅当作宝藏。”[①] 直到明以前，铜币都是市场上真正的“宠儿”。即使白银在明清成了本位币，但因为相对白银使用方便，用铜铸造的制钱在市场上依旧受到热捧。到现在，很多人还记得鲁迅先生的笔下，孔乙已从自己破衣服口袋里排出几文大钱时的“气魄”。

这好在也只是几文大钱，破衣服口袋还能装得下。如果是几十文，几百文呢？前面说铜币便于保存和携带，那是相对而言。要是你手头上有个“十五贯”，又该怎么办？无疑，存放或者运输依旧成了问题，用麻袋装都是很辛苦的。

相比较铜币还是主流货币的地区，四川人更苦闷，因为他们有段时期用的是铁钱，属于铁钱区。虽然铁和铜的重量相差不了多少，但郁闷的是，铁钱的面值要远远低于铜币，别人一枚铜币能搞定的事情，四川人往往需要十枚铁钱。曾经有人计算过，每千枚铁钱的重量，大钱是25斤，中钱是13斤，买一匹布需要铁钱两万，重500斤。有时，你想买匹布，就需要赶着马车拉上一车铁钱，才能顺利交易，这是多么不可思议的事情。所以，我们不得不佩服人民的智慧，为了解决这样使用／获取资金的问题，在唐代就出现了飞钱，在宋朝时就出现了交子。

只是，它们能在唐宋时期相继出现，而不是以前的朝代，也少不了其时很特

---

① 钱穆讲授、叶龙记录整理，《中国经济史》，北京联合出版公司2014年1月版，P153~154

殊的社会环境——一个就是“铜荒”的出现导致铸币能力不足，二个是唐朝中晚期的藩镇割据以及宋代在政治军事上的弱势导致了金属货币流通不便。当然，这里面更重要的原因是，商品经济自唐宋开始“提速”。正是在唐朝，商品经济和商业社会得到了显著的发展。一般认为，它是中国经济由上古逐渐转为中世的关键时期。首先，唐高祖李渊废除了自汉以来一直沿用的“五铢钱”，采用了并不用称量单位作为钱名的“通宝钱”（开元通宝），其次，他还把一切山泽税、盐税统统废罢，之前由国家专营的盐、铁、酒等产业全数放由民众自主经营。“现代西方经济学倡导‘小政府，大社会’，唐朝似乎是一个古代版本。”[①] 这无疑进一步刺激了市场的形成和扩大。长安城里的商业交易中心——东西两市就异常繁荣——我们所说的“东西”就由此而来。在这里，有各种华夏货物，西域特产。其中，很多留居长安的波斯人，就大多住在西市，几乎垄断了珠宝行业。相比北方，南方也不甘人后。尽管长安占据了首都的地位，聚敛了各种资源，但到唐中期，由于大批士绅与工匠南迁，长江流域商业城市发展快速，到最后，国家的经济财政亦仰赖南方的补给，当时有“扬一益二”的说法——这里的扬指的是扬州，而益则是成都。从这里可以看出，四川地区在中国商品经济的发展过程中所占有的地位。而这一地位，自唐朝开始就没有多少动摇。到了北宋，四川的税赋当中，工商业的税收更是超过了农业税，“这在一个以农业为主的封建社会是极不寻常的表现，反映出四川当时的商业已经达到了很高的发展程度”[②]。

市场越发达，对钱的使用 / 获取越敏感。这就是交子为什么会率先出现在四川，而不是外地的一个根本性原因。

先说柜坊。它的产生就和唐代商人居住、存货、交易的邸店有关。唐代法律规定，“邸店者，居物之处为邸，沽卖之处为店”。可知邸店是货物存放和沽卖合一甚至吃食的地方，其服务对象是流动的商人。有文认为，由于商人运输钱帛不便，看到货物是可以存放的，很快他们也把钱币存在某家他们可以信任的邸店里，也是很正常的事，于是储存并支付钱币的柜坊就从邸店中分化出来了。而柜坊的“柜”，从字面上看，就是一种用于收藏的工具，通常作长方形，有盖子或有门，放在当时，自然是储存金钱的“必备良选”了。正因为它有存款的功能，所以很多人将它视作

① 吴晓波，《历代经济变革得失》，浙江大学出版社 2013 年 8 月版，P82

② 马骁、李秀婷、陈文魁编著，《货币》，红旗出版社 2012 年 9 月版，P12

为银行在中国的雏形。不过到最后，柜坊更像是一种典当业，也就是你拿东西放到柜子里质押以获得金钱。中国宋元之际史学家、著述有《资治通鉴广注》的胡三省对此就有注曰："民间以物质钱，异时赎出，于母钱（抵押所得的钱）之外，复还子钱（利息），谓之僦柜。"这是柜坊的又一称呼。其中"僦"为"就"音，租赁的意思。到了元代，"柜坊"的名字终于全部改头换面，被叫作"解库"、"解典铺"、"解典库"，明代则叫作"当铺"、"典铺"、"解铺"等，看不到"柜"的痕迹了。

如果说，柜坊解决了人民的存款、贷款问题，那么飞钱解决了人民的汇兑问题。说起飞钱，它其实并不是钱，更像是银行里的汇兑业务。

如果你手头上正好有大笔金钱，需要到外地做生意，或者春节带回老家，那么，你可以找相关地方政府设在京城的"进奏院"——这是官营的机构，或者，去找在京师和相关各地都有联号的富商——这是私办，在他们那里领上一张凭证，上面记载着目的地和钱币的数目，然后再到相关各地去凭证提取现款。不过，你手持的凭证只能是一半，另一半是在"进奏院"或富商的手中，并由他们快递回相关各地，等你到达之后，拿这一半和另一半相互一合，谓之"合券"——只有这两半合得上，你才能最终拿到钱。但不管如何，这种方式都解决了你带钱回家或者外地交易的难题。那个时候，人民对汇兑业务并不熟悉，他们只凭借着自己的直接经验想象，钱并不携身，但到达外地之后却能取到钱，可不是它在暗中悄悄地飞了回来？只是今天的银行做这种业务时，需要你交上服务费，相反，你如果去"飞钱"的话，不仅不用掏这个钱，说不准那些官方或私营的机构，还要给你交钱。不是它们傻，或者是在做慈善事业，而是这里面的确有利可图。因为你从这边存钱再到那边取钱，中间一定会有个"时间差"的，不可能今天存明天取，有时因为交通不畅的原因，你从这边到那边，有可能会走上几个月，所以那些机构就可以利用这一"时间差"，去做一些放贷的生意，让你的钱为他们所用。这样，既方便了你，又便宜了我。

这个"飞钱"虽然是汇兑业务，不过由这种汇兑业务而产生的凭证，也就是商业票据，却在一段时间作为货币在流转。形象地说，这种票据就像上家向你借钱后的欠条。如果你正好也欠下家的钱，而且下家催得紧，你尽可以拿上家打给你的欠条，来支付下家。这让这种票据有了货币的功能。不过，这种票据既非实物货币，也不是金属货币，更靠近信任货币了。所谓信任货币，主要有三个特点：首先，它不以任何贵金属为基础，独立发挥货币职能。其次，从字面上看，这种货币必须是人民对它有信心。那么，既要独立发挥货币职能又要让人民对它有信心，最后就得需要有国家法律予以保障。这样看来，唐飞钱所产生的商业票据，在前两点上和信用货币相互吻合，但它只在商家和产业链中流通，不面向普通消费者，而且其最终没有得到中央政府的支持，缺乏强制力，所以“它又不是货币，只能称为发达的商业票据”①。只有交子，才让这三者合一。

交子的出现，恰恰是为了四川人民解决铁钱使用不便带来的苦恼。

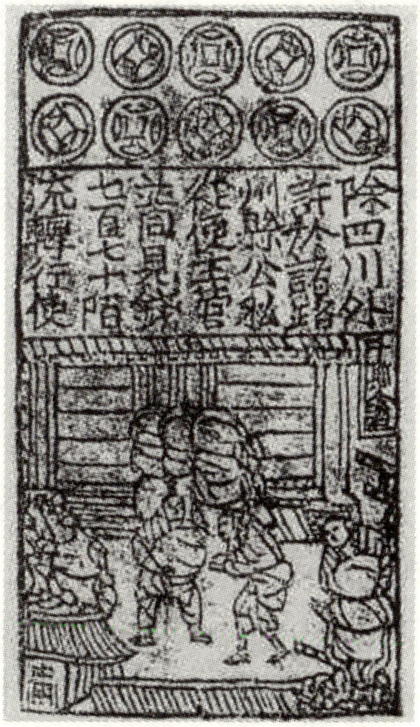

北宋纸币——交子

其一开始是由成都的16家富商联合起来以自己的财富作为信用担保的。它用特种纸张，铜板印刷，有版式，有图案，有花纹，有面额，有发行者鉴章，可以流通，可以转让，还可以从发行者那里兑现铜钱——在很大程度上保证了交子不会成为废纸一张，但是富商的信用和国家的信用是不可同日而语的，出了四川，交子未必有人认账。但不得不承认的是，交子就是一种开天辟地的革命，它让货币发现了从金属中解放的可能。到最后，连政府都觉得这是一项可行的大生意。1023年，宋仁宗天圣元年，宋朝政府建立了专门的管理机构“益州交子务”，并在次年二月正式发行了“官交子”，不仅票面印刷精美，而且设定了最高发行限额，并建立了准备金制度，以四川的铁钱做准备金，每次36万贯，约为发行额的28%——正是得到了政府背书并纳入正式发行，让交子成了中国货币史上的里程碑，并开创了接下来的纸币时代。到1068年，王安石当政，为了富国强兵，提升国家对政治经济的控制能力，实行变法，除了用官府库银直接向农户借贷之外，“纸币当时同样成为重要的手段。王安石主张税赋货币化，增加铜钱生产并扩大纸币发行。”②

这在当时一度造成了中国纸币发行的高潮。到元朝时，纸币已经“大幅度”地走进了人民的生活。日后，意大利人马可·波罗来到中国，他惊奇地发现，在

① 王巍，《金融可以颠覆历史：挑战世界观的金融故事》，中国友谊出版公司2013年6月版

② 王巍，《金融可以颠覆历史：挑战世界观的金融故事》，中国友谊出版公司2013年6月版

东方的元帝国，大汗使用一种精心加工的纸片作为货币，这种纸张具有和金银一样的价值。这种纸币大批制造后，便流行在大汗所属的国土各处，没有人敢冒生命的危险，拒绝支付使用。所有百姓都毫不迟疑地认可了这种纸币，他们可以用它购买他们所需的商品，如珍珠、宝石、金银等。总之，用这种纸币可以买到任何物品。可以说，和火药、指南针一样，纸币也是中国贡献给世界的一大发明。

现在我们可以这样粗略地认为：一、正如票号之于白银，柜坊、飞钱之于铜币，交子之于铁钱，人民一直在追求让钱变得轻盈起来。这种努力贯穿了中国民间金融的发展历史。它也是中国民间金融发展的原动力。当人民能更方便、更快捷、更安全、更少交易成本地使用 / 获取资金，用于生活，或者各种行业的扩大再生产，社会才会更安宁，中国的商品经济才得以进一步发展，而民间活力也因此得到提振，更重要的是，它还可以像 1068 年那样，由下而上倒逼国家改革。日后，谁能让钱变得更轻盈，谁就能成为市场上的真正赢家。它既意喻着过去，也指向未来。

二、不管是柜坊、飞钱、交子还是票号，它们都是市场机制选择的结果。它们的出现，反映了市场的需求。只要有这种需求的存在，它们的出现在所难免。哪怕它们头上压着重石，依旧会破土而出。随着由点到面，由面到规模，中国民间金融到明清时期出现了钱庄、票号，形成了中国金融业的第一个高峰，也是能想象得到的了。

三、尽管唐代开国初期是个比较好的“小政府，大社会”的古代版本，但这并不能改变中国数千年来“国进民退”的整体现实。而商品经济再发达，也并不意味着它在封建王权所有制的治下一定会受到推崇，也并不足以改变自然经济下的小农社会形态。这让中国民间金融的头上被压重石成为了很现实的可能。

人民想让钱变得轻盈起来，从来就不曾一帆风顺。

钱轻 VS 权重

在唐朝柜坊、飞钱之前，不难想象，中国民间金融就一直停留在低层次上运营，大多时间只能依靠民间借贷来撑起局面。

这种民间借贷，在春秋战国就已经初具规模了。这很正常，那时的人民本没有太多的积蓄，但万恶的战争，又一次次地洗白了人民的财富，不去靠借贷，日子都没法过下去。当然了，借粮食的要比借钱的多。

在这个市场，一开始做得最为知名的，要数齐国的田文，也就是大名鼎鼎的战国四公子之一孟尝君了。正是靠着放贷生意，他养了数千食客，其中就有在函谷关前为他“鸡鸣狗盗”帮他逃离秦国之士，不仅给了他事业上的支持，还成就了自己爱惜人才的英名。至于这种贷款的利息，战国时有的是二分利，有的是五分利，但也有更高的。《管子》里就有关于高利贷的记录，据说最高的是十分利，也就是“倍贷”，年利息 100%。这样的成本，无疑让钱变得很不轻盈，但人民却毫无选择，只能求助孟尝君这样的有钱人。

不过，到了“南朝四百八十寺，多少楼台烟雨中”的南朝，人民倒是多了项选择，那就是选择的对象除了有钱人之外，又添了寺庙。正是高利贷的利益诱惑，最后连寺庙都参与了这方面的经营。一方面，上层统治者对佛教的推崇，让寺庙享有了很多特权，集中了无数财富。其时，在皇帝的带头作用下，上至皇帝、王侯下至地主、商人，无不争相向寺庙施舍土地和财务。大量富余的财富和土地被窖藏和闲置，正好可以用来借贷或者出租食利；另外一方面，寺庙开得到处都是，“四百八十寺”想必只是形象的描述，事实上远远不止如此，这也让寺庙拥有了很好的网络、渠道资源。这跟今天的银行到处开设分行、支行以及自助银行很相似。于是，佛教中的寺庙，这个敬神拜佛之地，居然成了中国历史上第一个集存款、借款和典当于一身的半官方金融机构。根据记载，南齐的招提寺和南梁的长沙寺，都有一个叫作“典质”的部门，又称“质库”，专管放款。而其开展的业务又分为两种：抵押贷款和质押贷款。抵押主要针对的是诸如房产之类的不动产，质押主要针对的是诸如黄金、衣服、牲畜之类的动产。你要从寺庙里借钱，必须要拿这些东西来抵押或质押——这么说来，唐朝的柜坊，以及日后的“解库”、“当铺”虽和它成因不一，但都一脉相承。

形成这样的局面，自然跟中国数千年来形成的小农社会形态有关。这种建立在自给自足的自然经济基础上的小农社会形态，因为内生的顽固、保守的自闭性，很难扩大市场，更难为中国民间金融提供应有的动力。但因为它能让政权更长久地保持在低层次的稳定之上，所以在市场和权力之间，历代统治者都不自觉地选择了后者。直到明朝，其开国皇帝朱元璋还是喜欢这样的“座右铭”：“小国寡民。使有什佰之器而不用，使民重死而不远徙；虽有舟舆无所乘之，虽有甲兵无所陈之。使民复结绳而用之。甘其食，美其服，安其居，乐其俗。邻国相望，鸡犬之声相闻，民至老死，不相往来。”

所以我们也不难理解，为什么会在哈耶克眼里，东西方的早期文明都是重农轻商，对商业的厌恶是一个共同的早期传统。尽管民间商人的活跃能为社会带来活力，但历代统治者不得不担忧的是，如果人民纷纷从商，无疑冲击了农业社会“以农立国”的根本，同时商人东奔西走容易成不安定因素，加上他们容易聚敛财富，如果一不小心成为强大势力控制国民经济与自己相抗衡，那对自己来说就是养虎为患。所以借机打压或控制民间商业的金融命脉，是历代统治者有意无意采取的“统一行动”。与此同时，历代统治者又一次次地触碰人民忍耐的底线，尝试将最能够产生利润的工商业收归国家经营。从商鞅变法推行“命令型的计划经济”，到汉武帝推行一系列强硬的国营化政策，他们无一不做着这样的事情：将几个与资源垄断有关的制造业——煮盐、冶铁和酿酒相继国营化，当然包括将利润丰厚的铸钱业从民间收归国有……当国家将最能够产生利润的工商业收归国家经营，让好处变成国家独享，此举导致的一个结果就是，庞大的国家意志和国家资本就此出现。在财经作家吴晓波看来，这种一方面轻视民间商人，一方面又强大国家意志和国家资本的做法，无疑成了封建王权所有制集权追求下的“一体两面”。

在中国民间金融的发展历史上，因此一直就摆脱不了权力的纠葛。如果我们再回到唐朝，尽管其是“小政府，大社会”的古代版本，但它的权力依旧强大得让中国民间金融感到焦灼。前面一直提到的柜坊，它出现在历史记载里，就有这么一段故事，但这故事显然并不喜庆，而很悲情。话说建中二年（781）夏四月，唐德宗为筹集军费镇压藩镇叛乱，听从下属建议，打起了京城富商的主意，“大索京畿富商，刑法严峻，长安令薛苹荷校乘车，于坊市搜索，人不胜鞭笞，乃至自缢。京师嚣然，如被盗贼。搜括既毕，计其所得才八十万贯，少尹韦禛又取僦柜质库法拷索之，才及二百万”[①]。不得不说，在这里，中国民间金融成了权力予取予求的“钱袋子”，不仅被敲诈去了几百万的资产，居然还被人家嫌弃少了，“才及二百万”。这就有些让人哭笑不得了。

到了近代，权力更是变得越发的傲慢。1838 年，清政府内部爆发过一场有关

---

① （后晋） 刘昫等《旧唐书本纪第十二 · 德宗上》

钱票存废的争论，就让中国民间金融感受到了一阵寒意。所谓的钱票，和唐飞钱的凭证相似，也是一种信用票据，由钱庄、银号等信用机构发行，在当时货币制度允许的条件下，配合制钱发挥流通手段和支付手段的作用。然而，在曾任东三省盛京将军、时任四川总督宝兴眼里，这种脱离现钱的交易，难免会造成信用过分膨胀，导致“渐兴讼端”，于是，他在这一年建议清政府“严禁各钱铺，不准支吾磨兑，总以现钱交易”。“这就是说，禁止钱票流通，特别是禁止不同地区间的钱票交换和流通；而一切商业活动都要回到现钱成交的旧轨道上去。”[①] 如此“蛮不讲理”式的一刀切，既暴露出了统治者的目光短浅，同时“又说明封建生产方式对于在一定程度内象征着资本主义性质的信贷活动怀有本能的畏惧情绪。”[②]

对风光一时的票号来说，它的好日子也没有维持多久。此前，票号的设置是不受官方制约的，这意味着，设立票号，既不需要向官府登记领照，也不必向官府交税。到了后来，在某些地区设立分号，须向当地道台呈请批准。进入 20 世纪初，清政府的《银行法》出台，它规定了票号等金融机构的设置，必须先向户部领取部帖，类似于营业执照，方能开业。而领取部帖时，须得到同业联保，待这些手续办齐后，才可以进入票号机构的设置阶段——这种由中央统一审批的做法，让票号的设置顿添天大的麻烦。

这些还不是民间金融最大的伤害。就在《银行法》颁布的前后，中国有史以来的第一家“中央银行”——户部银行在 1905 年终于成立，它在后来改组为国家色彩更为鲜明的“大清银行”。这意味着，权力为了自身的经营，也要大力染指金融。这可以视作中国金融史上的标志性事件。它的出现，意味着民间金融开始遇到了自己人生中最为重要的“对手”。尽管此前一直受到权力的打压，但民间金融一直占据着中国古代金融业的主体，但随着权力的重度介入，它那不曾有多美好的日子，也开始一去不复返。谁都知道，权力一出手，就知有没有。这里要说的就是这“户部银行”——作为清政府的官办银行，它当仁不让地垄断了几乎全部的官款汇兑业务。这导致的一个结果就是，山西票号很“轻松”地就被抢掉了一大半的生意。票号在 20 世纪之后开始走下坡路，这无疑是很重要的一部分原因。就是比起“有官家支持”的中国通商银行，它也在地位和营业上后来居上。正因

① 张国辉，《晚清钱庄和票号研究》，社会科学文献出版社 2007 年 4 月版，P06

② 张国辉，《晚清钱庄和票号研究》，社会科学文献出版社 2007 年 4 月版，P10

为存款中必有大宗官款及政府财政存款作支持，中国通商银行的存款余额1906年为194万两，1907年为224万两，1908年为194万两，1909年为200万两，而户部银行相同年份的存款余额则为1056万两、2208万两、3526万两，4381万两，两者比较相差况至10倍到20倍。

这种权力由上而下的挤压，让中国民间金融的疼痛来得更明显更直接。在它面前，中国民间金融的生存空间不断被蚕食和压缩。这还不够，有时为了逃避打击和勒索，中国民间金融只能主动沉入“地下”，成为暗涌的潜流。更要命的是，权力的高高在上，以及目空一切，让它们在挤占民间金融市场之后，很难尽到民间金融应尽的“本分”。这给市场造成的“饥渴”是显而易见的。1931年，正是日升昌在作垂死挣扎之时，祖籍浙江定海的“煤炭大王”、“火柴大王”、“棉纺大王”……的刘鸿生，在一气之下创办了属于自己的企业银行。对他来说，拥有一家自己的银行，不仅免得仰人鼻息，同时还可以吸收游资，充实企业资金来源。此前，他对自己求助于其他银行的经历深恶痛绝，在他看来，那些吃银行饭的人最势利，当你需要款子的时候，总是推说银根紧，不大愿意借给你，即使借给你了，因为利息高，自己所得的利润，大部分变为银行的利息，而且到期还催得很紧——于是，独立自主地拥有一家属于自己的银行，也成了当时很多人的梦想。

中国近代著名爱国实业家刘鸿生

梦想很美丽，现实却不美好。尽管孙中山领导的民主共和的革命颠覆了封建王朝的统治，让新秩序得以建设。然而，这种新秩序无疑是很脆弱的。专制的影响，以及权力的巨大诱惑，让那位以“总理遗志继承人”的身份而得以紧握军政大权的蒋介石，一旦得志，便毫不留情地背弃了孙中山此前制定的“革命方略”。在中央权威缺失的北洋之后，中国再次一步步滑进了又一个专制独裁的泥沼。由“大清银行”改组的“中国银行”，以及由宋子文先后创办的两家“中央银行”，纷纷成了蒋政权搜刮民间资本的重要工具。尤其是20世纪30年代世界经济危机的加重，以及抗战的爆发，让集权政府下的统制经济成了朝野人士的共识——大家都希望政府能集中力量办大事，并将大事办好。然而这种美好的愿望，却成了蒋政权巧取豪夺、上下通吃最为冠冕堂皇的理由或外衣。于是，一个大家都看得到的，同样庞大的，以四大家族为代表的官僚资本横空出世。与此同时，像刘鸿生等人创办的各种银行，不是倒闭，就是被“官股”不停地渗透，不断地“掺沙子”，最后只能任由鸠占鹊巢。而它们追求的独立自主，也在所难免成了镜花水月。

这不禁让人对中国民间金融扼腕叹息，它们难得攀上几次高峰，却每次都像绚丽的花火，转瞬即逝，甚至让人来不及仔细观看到它的面容。这样的现实，无时无刻不提醒着我们，中国民间金融发展进程中的主要矛盾是在哪儿。

如果套用一句大家耳熟能详的话语，“社会主义初级阶段的主要矛盾是人民日益增长的物质文化需要同落后的社会生产之间的矛盾”，那么，是否可以这样说，中国民间金融发展进程中的主要矛盾，就是人民日益增长的让钱变得更轻盈的愿望，和国家不断加持的权力之间的矛盾。在这里，我们可以将这种愿望简称为“钱轻”，将国家不断加持的权力简称为“权重”，于是，钱轻 VS 权重，便呼之欲出。

我们应该清楚的是，在很长时间内，它们之间并非你退我进，你进我退的对峙，而是保持着不对等的高压姿势。对钱轻而言，只要集权统治的欲望不曾停息，权重永远是回避不了的面对，而自己也只能是小心谨慎地存在。

这种伤害，直到今天，还是民间金融心头上的隐痛，并成为它发展道路上的隐忧。

自由市场启示录

在以时间的视觉梳理了中国民间金融的得失之后，我们必须要尝试将它放在空间里来加以考量了。通过与他者之间的定位，我们也许更能清晰它的光荣与梦想，失落和忧伤。而这个空间，无疑就是我们现实共存的这个世界。

对于这个世界，不同的人有着不同的解读。有人认为，它的历史就是“钟摆史”，那个钟摆一直在东方和西方之间来回摆动。但在著有《国富国穷》、《摆脱束缚的普罗米修斯》和《世界上最伟大的家族企业》的哈佛大学经济系教授戴维·S.兰德斯看来，它的历史在某种意义上是“倒转史”，就像从 A 倒转 B，又从 B 倒转 A。但不管如何，他们都认可，在世界历史的第一个千年的末期，历史的钟摆，或者说具有优势一方的，都指向了东方。这意味着在财富和知识上亚洲文明还都遥遥领先欧洲。即使中国被视为保守、封闭的小农社会，在它肌体上生发的工业，也并不是人们想象的那么落后和不堪。比如说，中国在13世纪就有了动力驱动的纺织机，比英国人在工业革命中学会水力纺织机和走锭纺织机早了约500年；再如炼铁，中国人早就学会在鼓风炉中用煤或焦炭（而不是木炭）来化铁，到11世纪末生铁产量已经达到了12.5万吨，而英国人700年之后才达到这种水平……兰德斯很疑惑也很想知道，几乎每一种被历史学家视为导致西北欧工业革命发生的重要因素在中国都曾经具备的情况下，工业革命为何发生在欧洲和西方，而不是中国呢？但事实就是这样诡异地发生了。这让历史的钟摆在几百年之后摆到了西方。你也可以说，这是一种倒转，当然还可以说是穷矮矬的西方在白富美的东方面前"逆袭"成功。对这样的现象，兰德斯在做了一番研究之后发现，那是因为中国缺乏自由市场和制度化的财产权。

无疑，这是"权重"的直接恶果。

事实上，权重也在第一个千年深刻地影响了西方。自从西罗马帝国在公元476年灭亡，再到东罗马帝国于公元1453年消失，在这第一个千年内，中世纪的黑暗统治笼罩着整个欧洲大陆。一方面，封建割据让欧洲大陆犹如中国的春秋战国，各自为政，却又互相为战，谁都想在战争中捞取好处和荣耀。另一方面，在世俗的君权之上，还有一个更说一不二的神权。它们打着神的旗号，垄断着对神的解释权。从而让自己成为凌驾众生的一切。在它们的治下，没有人愿意也没有人敢成为异教徒。不用回到那个时代就能想象，其时的欧洲，已失去希腊、罗马时期的实力和辉煌，丧失了它所曾经拥有的科学技术，经济全面倒退到自给自足。那个时候的欧洲鲜有与其他地区的贸易，因为它并无盈余可以出售，至于需要外部购买的货品，也主要仰仗贩卖人口来支付。无论是奴隶出口还是渴求工作的人们持续外移，都是当时深陷贫困的欧洲最真实的写照。

这样的欧洲，在民间金融上，同样难以超越中国，甚至当中国出现纸币交子时，它们还在金属货币中画地为牢。与此同时，它们所擅长的，也只是高利贷，以及因封建割据而产生的货币兑换业务。这种货币兑换业务有时显得很原始，不需要端坐在宽敞明亮的办公室，更没有条件捧着先进的电脑设备，条件简陋得只需要端出一条板凳就开始做生意。这样的场景经常会出现在地中海的港口城市——意大利威尼斯、热那亚以及其他一些地方。因为"凳子"在德语中称为Bank，在意大利语中则为Banco，于是，这些词根成就了今天银行的名字。这也暗示了，正是在这条"凳子"的基础上，发展出了今天的"银行"。它再次提醒了人民，不可小觑这些低级业务，所有的大成功其实都是站在它们的肩膀上的。

这里得额外补充说明的是，也正是在钱币兑换的基础上，产生了欧洲国家的第一份票据——那就是兑换商发行的“兑换证书”。兑换商在收受商人货币后，要向商人签发兑换证书，“以资证明”。不过，商人在甲地取得这证书之后，可以向兑换商在乙地的分店或者代理店请求支付款项，支取乙地通用的货币。这种兑换证书，相当于现代的异地付款的本票，被认为是欧洲国家票据的起源。

如果我们怀起敬意再来审视这些低级业务时，你还会发现，业务层次的低水准，并不影响这个领域也能造就相对的“巨人”。就像高利贷成就了中国历史上大名鼎鼎的孟尝君，它同样造就了世界历史中一个最为知名的群体——犹太人。在中世纪，犹太人因为自身的教义，受到了基督教的歧视，不能拥有地产，不能拥有农庄，不能做工匠，但相比较基督教，犹太人也有自己的优势。比如说，基督教就很反对放贷吃息，神学家托马斯·冯·阿奎那就认为，借钱给别人收取利息是罪恶的高利贷行为，其根源违背了上帝的精神，因为它不依靠劳动，而仅仅依靠时间赚钱获利。然而，根据犹太教法典，犹太人虽然不能向自己人索要利息，但可以向基督教徒放高利贷。这也意味着，犹太人可以进入基督教主动放弃的高利贷市场，而且没有竞争。日后，和意大利美第奇家族齐名的罗斯柴尔德家族也曾混迹过这一市场。它的家族创始人梅耶·阿姆谢尔·罗斯柴尔德的父亲，就是流动的金匠和放贷人。不过，那时候这位父亲似乎在这项业务上做得不太成功，他是在德国法兰克福犹太人聚居的贫民窟，生下这个“创始人”的。但不管成功与否，犹太人在高利贷上的作为，也让犹太人在基督教会控制的中世纪，地位变得非常特殊。他们的形象，变得非常不堪。这在莎士比亚所作的《威尼斯商人》中就可见一斑。他给放高利贷的犹太人夏洛克设计的第一句出场台词，就是“三千杜卡特——好的”，这种出口就是“钱”，一下子就坐实了高利贷者唯利是图、冷酷无情的典型形象。

这样的形象，显然也为中国人所熟悉。这样的场景，也经常在中国的大地上发生。那么，又是什么，却让东西方的民间金融在相似的基础上，延伸出了两种不同的路线？！很简单，当中国在往“小国寡民”的权重之路上渐行渐远时，欧洲却在努力地走出中世纪的黑暗统治，开始迎来了属于自己的自由市场以及制度化的财产权。

兰德斯把东西方的倒转或者说钟摆从东方摆到西方的“临界点”，设置在了

1498 年，因为在这一年，葡萄牙人在达·伽马的率领下成功探访了印度洋。这是继哥伦布在 1492 年发现美洲大陆之后，在世界大航海同时也是地理大发现上最为伟大的成就。在兰德斯看来，达·伽马的成功探访，意味着欧洲势力扩展到世界的其他部分。

不得不说，正是基于海洋上的这种扩展，不仅让欧洲打破了自身在陆路上的封建割据，并使得内部市场扩大，而且让欧洲寻找到了重新发现世界的舞台。更重要的是，航海贸易让欧洲的视觉拓展到了世界的各大区域，正是在和其他文明的广泛接触，并接受了不同程度的洗礼中，欧洲中世纪的封建思想也受到了强有力的冲击。与“商业革命”同时到来的，是“思想革命”。这也进一步推动了欧洲的文艺复兴。无疑，正是这些革命，不仅终结了欧洲中世纪时期的黑暗，“同时给早期资本主义和城市市民阶级的产生创造了条件。资本主义萌芽和市民阶级二者密不可分，因此我们也就不难理解为何拉丁语中的商人（mercator）和市民（burgensis）最初本是同义词”①。

就在这一波革命的行情中，受益良多的无疑是位于地中海腹地的意大利。它逐渐成为了人流、物流、信息流的中心集散地，财富随之滚滚而来。基于贸易需求而产生的商业信贷以及票据交易也应运而生，使意大利成为金融市场和银行服务最早形成的地区。

相比较意大利，同样有着海洋优势的英国，却赶了个晚集。也就在哥伦布、达·伽马分别在西班牙、葡萄牙支持下开启了航海大时代同时也是地理大发现之前没几年，英国还在和法国做着最后的较量，这场人类历史最长的战争——英法百年战争直到 1453 年才宣告结束。到了 1485 年，才结束了红白玫瑰战争建立了君主专制的都铎王朝。这也意味着他们即使挤入了世界地理大发现的行列，也只能充当配角。不过，有别于“双牙”在海洋贸易上是以王室出资“国营”，英国大多是由民间自发参与，这就导致了接连几个问题的出现。第一个问题是，钱从哪里来？解决这个问题的最好办法是民间融资。但第二个问题就是，航海是个大成本的生意，单靠几个人还是解决不了资金的来源问题。那么，是不是可以把贸易公司的股份分得更细，由更多的人来认购？好了，现在第三个问题又迫在眉睫，

---

① 亚历山大·容、迪特马尔·皮珀、赖纳·特劳布，《金钱创造历史：谁是下一个金融帝国》，外文出版社 2013 年 5 月版，P15~16

那就是海洋贸易在当时的技术条件下是高风险的生意，从西欧跑趟印度、中国不仅跨时长，而且还面临着沉船危险，如果要股东承担无限责任，那简直就是要了人家的老命。

经济学家陈志武发现，正是这种高风险海洋贸易，在日后逼出了“股份有限责任公司”这种现代化的公司组织形式。“这种‘以股份有限责任公司从民间融资，然后由民间经营外贸’的模式不仅保证了商人有其独立经营海洋贸易的空间，也为英国后来的工业革命做好了公司组织形式上的准备”[①]。

这个很好解释，因为相对远洋贸易，工业革命的工业规模化创新与生产同样也是风险大，需要的资本也多，正是这种股份制形式，给它提供了可实施的样本。

更重要的是，尽管赶了个晚集，但由于是人民主导了这远洋贸易，并由此创造出了一批非贵族出身的有产阶层，他们自然不希望自己辛苦得来的财富被王室通过随意征税或其他方式来剥夺、侵占，于是，1642 年，他们将查理二世送上了断头台，1688 年，又一次发动了革命。只是这次革命没有再流血，所以又叫光荣革命。正是这两次革命之后，君主专制制度彻底被抛弃，君主立宪由此得以确立，“王室的财政与国家的财政开始分离，政党不能从事营利事业（不与民争利），人人都有权从事跨国贸易，确保致富机会人人平等。”[②] 无疑，这在自由市场之外，又给英国提供了制度化的财产权。

正是自由市场和制度化的财产权，一方面，让创新成为了一种习惯。因为自由市场以及制度化的财产权，意味着统治者和既得利益者都受到了严格的限制，这保证了创新是能够让人得到回报的，从而无法阻止或抑制创新。这同样意味着，“钱轻”在英国能得到极大的满足。所以，除了股份制公司，像汇票、银行券、支票和信用额度等各种金融工具在英国大规模流通，也是很容易想见的。而这些进一步促进了英国的富强。

相反的是，没有这自由市场以及制度化的财产权，中国的民间金融尽管也表现出了不少的智慧，但总体上而言，自 19 世纪中叶以后，其创新精神是远远被甩在了后面。当苏格兰人托马斯·萨瑟兰德（或译苏石兰，Thomas Sutherland）联合宝顺、琼记、沙逊、大英轮船、禅臣、太平、顺章等十家洋行在 1864 年于香港

---

① 陈志武，《金融的逻辑》，国际文化出版公司 2009 年 8 月版，P47

② 陈志武，《金融的逻辑》，国际文化出版公司 2009 年 8 月版，P47

发起成立汇丰银行时，中国的票号和传统钱庄还在“泥古不变，夜郎自大”，“骄傲颓腐，全无新识与改进勇气”。因此，当银行一进入中国，它就立马成为了票号和钱庄的“死敌”。

另一方面，因为“国退民进”，让国家成为了人民的朋友，而不是斗争的对象。当国家有所需求的时候，人民自然会站在国家的背后，比如说借钱。正如梁启超在《中国国债史》中坦诚，只有人民信任他们的政府，才会把钱借给国家。拿破仑之所以在1815年输掉滑铁卢战役，也是因为其只能通过抢劫来扩充军备，而英国人却可以通过借债来筹集军费。正是罗斯柴尔德家族在背后的支持，英国将军威灵顿才能取得最终的胜利。如此一来，债券遂成了英国的金融市场上的生意热门。罗斯柴尔德家族也靠此得到丰厚回报。

与拿破仑时代的法国相类似，作为一个得不到民众信任的国家，大清帝国即使面对着众多的战争纷扰，除了“纳银捐官”获取民众的“财政补贴”之外，却无法从债券市场得到民众的更多支持。有人就这样明确地指出，票号在中国没落的又一原因，就是没有能够创造出类似欧洲的战争债券和国家债券的融资系统。

我们是不是可以这样认为，“权重”导致了中国缺失自由市场和制度化的财产权，而这让中国的民间金融没有机会没有心气得以充分发展，这又反过来导致了中国缺少由下而上的支持，最终被西方完美“倒转”。于是，自19世纪中叶开始，中国一次次地在与西方列强的对话中落入下风，从《南京条约》到《北京条约》再到让中国经济彻底破产的《辛丑条约》，让中国备受屈辱，最后就连向西方学习的“蕞尔小国”日本也开始向中国伸出了罪恶的小手——对中国民间金融来说，人生的悲催莫过于如此：当王权所有制下的“权重”还没能摆脱，却又不得不面对着来自西方的霸权统治。

无疑，这是双重的“权重”。这让中国民间金融的死亡变得越来越非正常。

儒商伦理下的“历史三峡”

在中国民间金融的各种非正常死亡中，大德通的死亡是个绕不开的话题。

无疑，权力逃避不了自己的责任。正是权力的内讧，或者说，洗牌，将大德通置身于了一个水深火热的市场。那是在1930年，中原大战爆发，阎锡山联合冯玉祥等人发动发对蒋介石的战争，但最终以失败而告终。这一结果导致山西所发行的“晋钞”迅速贬值，它跟新币之间的兑换比例甚至一度达到250000:1。作为老家在山西祁县的大德通票号，自然受到波及。因为它的存款以山西本省的居多。不过，正如前文所说，危机也是危险中的机会，如果它在面对存款户的取款要求时，以原先的晋钞付出，反而可以趁机大赚一笔。但它却没有这么做。它的财东——乔家，几乎动用了家族的全部积蓄，用新币付给存户。存款户没有吃晋钞贬值的亏，而受各种天灾人祸影响已经陷入困境的乔家，则亏空数万两白银，雪上加霜，让大德通彻底走向了没落。

这里的乔家，就出自著名的“乔家大院”。如果我们要想了解他们为什么要这样做，就有必要去乔家大院看上一眼。这个从乾隆年间就开始修建的院落，历经同治、光绪以及民国等年间的扩建与修补，出落为了北方建筑的闪闪明珠。它的大门，坐西向东，为拱形门洞。上有高大的顶楼，顶楼正中悬挂着山西巡抚受慈禧太后面谕而赠送的匾额，上书“福种琅环”四个大字。那是乔家在慈禧西逃时，曾无偿捐银30万两而获得的奖赏。这可以看出其昔日的财大气粗。在黑漆大门扇上，则装有一对椒图兽衔大铜环，并镶嵌着铜底板对联一副：“子孙贤，族将大；兄弟睦，家之肥”。而在大门对面，有块巨大的掩壁，上面刻有砖雕“百寿图”，一字一个样，字字有风采。掩壁两旁则是清朝大臣左宗棠题赠的一副意味深长的篆体楹联：“损人欲复天理，蓄道德而能文章。”楹额是“履和”。

乔家大院门楼

打一眼就能让人看出，这是一

个很有儒家色彩的家族。事实上，乔家大院的真正名字叫“在中堂”，而让它兴旺发达起来的主人——也叫“致庸”。这个庸，无疑不是庸俗之庸，它和“在中堂”的“中”字相联，就是儒家的“中庸之道”。这“赤裸裸”地暴露出了这个主人对儒家的追崇。说起来，他本人也曾是个秀才，只因兄长亡故，才弃文从商。日后，他对整个家族的教育，也采取儒家的手段。他的后代到今还一直记得，在乔家，《朱子治家格言》是儿孙启蒙必读的书籍，如果谁犯了错，他就会责令他们跪地背诵，直到承认错误，磕头谢罪。他还常告诫儿孙忌“骄、贪、懒”，教育儿孙“唯无私才可大公，唯大公才可大器”，“气忌躁、言忌浮、才忌露、学忌满、知欲圆、行欲方”，“待人要丰，自奉要约”……正是在这种言商仍向儒的熏陶下，乔家在自己的商业经营中，也形成了被社会所认可的儒商伦理：宁可少赚钱，不能失信；宁可不赚钱，不能失信；甚至，宁肯赔钱也不能失信。

不理解这样的儒商伦理，你就不理解乔家会容忍大德通“坐失良机”，反而身陷危局。往大里说，不理解这样的儒商伦理，你就不会理解中国民间金融。如果说市场催生了民间金融的各种形态，儒家则塑造了民间金融的精气神。

一开始，儒家是以民间金融的敌人出现的。它之所以被树立为封建社会意识形态正典，也是权力的自我要求。不过，相比较儒家崇尚“礼乐”和“仁义”，提倡“忠恕”和“中庸”之道，主张“德治”、“仁政”，重视伦常关系……封建王权所有制对权重的推崇，让他们在国家治理上选择了法家的严刑峻法，重在政治事功，但这并不影响它们对民间也选取伦理劝导的路径。这就意味着，封建王权所有制使用了法家的内核，但披上了儒家的外衣。而这也正是它们政权合法性的重要来源。于是，自西汉以后，随着董仲舒“罢黜百家独尊儒术”，儒家逐渐成为中国封建社会占主要统治地位的学派。不过，尽管在意识形态上地位显赫，儒家除了是权力的“帮凶”之外，在经济治理上也很难拿出有效的解决方案，在相当长时间内，按照财经作家吴晓波的说法，无非只有“三斧头”：一是“以农为本”，二是“轻徭薄赋”，三是“克己仁义”[①]，正是这三斧头，为封建王权所有制“重农抑商”提供了意识形态上的支持，对中国民间金融造成了进一步的杀伤。但谁也不能否认，儒家为中国人所塑造的仁义礼智信、忠孝廉耻勇这一主流价值观，给民间金融发展提供了一种规范，让其逐利的同时，也有个比较明确的内心的自我

① 吴晓波，《历代经济变革得失》，浙江大学出版社 2013 年 8 月版

约束。无疑，得益于这种主流价值观和自身商业行为的嫁接，中国民间金融因此枝生出独特于西方的“儒商伦理”。

我们遂能发现，在中国民间金融的发展过程中，它有着明确的“义利观”，重义轻利。也就是说，在义面前，可以义无反顾地抛弃利益。利益不能大于义。尽管随着中国进入时代大变局的“历史三峡”，西方霸权裹挟着西方资本主义思想，敲开了中国闭关锁国的大门，义利观已在潜移默化之中发生了改变。加上社会价值观也在新的历史条件下有了新的内容，财富逐渐被视为名誉和地位的象征。很多人已经不再讳言利益，甚至把追求利润当成行为做事的唯一宗旨，并且认为这是上帝赐予的天经地义的义务与权利，他们也不在乎手段如何方法如何。不过，对利润的孜孜以求，并不意味着他们就将义弃如敝屣。于是，我们“既看到其与传统义利观的离异，也不能忽视其离异过程中同时还有对传统因素的保留，甚至出现某种程度上的回归传统现象”[①]。事实上，在乔家大院的大门上，除了那些字之外，其顶端正中还嵌青石一块，上书“古风”。意喻要向古回望，以古为风。

和大德通为了守信而宁肯亏大本相似，在宁波帮于北京开设的钱庄“四大恒”身上，我们也能很好看到它们对“义利观”的完美诠释。“四大恒”的名字，分别是恒利、恒和、恒兴和恒源，加起来共五个不同的字眼：利、和、兴、源以及恒。按照这五个字眼，可以发现它们的经营理念：开创钱庄就是要图利、谋利、取利以蓄实力，因此以利为基方能谋求兴旺发达，但必须以义取利，以信取利，以诚取利，以和取利，绝不能有任何欺诈之心与行为才可称是“生财有道”。在它们看来，由诚信积利，事业的规模才能扩大，事业的范围更加广阔，实力的积累又进一步增强了钱庄的信誉，钱庄才能源远流长、永恒于市。也正是秉持着义利观，诚信方成了中国民间金融所闪耀的光芒。

这还只是儒商伦理的一部分。事实上，在它的指引下，中国民间金融坚守诚信的同时，还不忘记修身，齐家，并回报社会。

比如说，在光绪初年时，山西发生大旱，日升昌的财东——达蒲李家就曾捐巨银赈灾。经山西巡抚曾国荃奏请朝廷，达蒲李家一家被“封赠三代”。另外，在光绪三年发生的“丁丑奇荒”中，达蒲李家作为大富商，赈灾捐银合计近 50000 两。这些付出，也为山西票号赢得了“急公好义”的名声。

① 朱英，《浅谈近代中国商人的义利观》，《光明日报》

除了达蒲李家，同是山西票号出身，在中国票号史上和雷履泰一前一后但同样齐名的李宏龄，也是一个很好的榜样。他在四五十年的经营生涯里，一直不徇私，不阿谀，树立崇高做人之德。平时赚了银两，除日常用度外，大部分投入到他在西源祠西堡开的那个药店，供平民百姓免费前来寻医问药。他的大儿子李壬午到二十来岁时，仍不能在票号谋业，但他对当年举荐自己入号的曹惠林，却一直不忘恩德，并为其养老送终……

对李宏龄来说，他的好名声，更多的则是来自于自己对票号的改革。面对危机，当时还在蔚丰厚北京分庄经理任上的他，为此大声疾呼，提出“外间银行林立，暗夺我之生意，非自立银行，难以抵制”的革故鼎新之策。尽管因为各种原因，让票号改组终成泡影，但他的呼吁却在整个社会形成了回响。

可以说，深受儒家滋养的中国民间金融，心底同样还深藏着一份饱满的家国情怀。一旦遇上了国破山河在，这份情怀就鲜活地展现了出来。

“金融救国”遂成了整个社会与“实业救国”、“教育救国”同等重要的思潮。正是“毋任外人银行专我大利”，出生在饱学之家，父亲和祖父不是道光年间的进士就是嘉庆庚午年的举人，而本人也多年就学只是未曾取得更高功名的盛宣怀，才长袖善舞开创中国第一家华资银行“中国通商银行”。1908 年，由“清一色”宁波帮商人合资经营的上海四明储蓄银行在上海开业，成了是中国首批真正的民营银行之一。为了创办这家银行，上海滩著名的“赤脚财神”虞洽卿曾上疏当时还在世的慈禧太后，提出“列强利用银行来盘剥中国，制约中国工商的发展，为了振兴实业，挽回权利，必须创办中国人自己的银行”。日后在宁波帮手中，又不断冒出许多家有特色的民营银行——

秦润卿创办的叫棉业银行，邬挺生创办的叫上海百货银行，严叔和创办的叫上海女子银行，黄楚九创办的则叫上海日夜银行……

尽管谁也不敢断定，他们创办银行，是不是像刘鸿生那样出于一定的私人目的，但不管如何，他们的努力，和民主革命的洪流一起，不仅推动了上海在民国建立之后成为远东国际金融中心，成就了中国金融业的第二次辉煌，更重要的是，由下而上焊实了中国的“金融边疆”，为中国在外来的“权重”下越发显得支离破碎的境遇，提供了强大的金融粘合。这也是中国在危急存亡之秋却未曾亡家灭国的重要原因之所在。

除此外，它们还对中国举步维艰的民族工商业进行了扶持，刘鸿生的企业银行自然要对自己创办的企业给予很大的支持，和四明储蓄银行齐名的“北三行”之一金城银行也曾投资范旭东、卢作孚，让他们有资金去发展自己的实业，去脱危救困。对这些银行来说，逐利是必须的，但它们也清楚，没有发达的民族工商业，它们的利益也成了无源之水。而国货的强大，更能推动中华民族能自立并自强于世界。

当然，“金融救国”并不只意味着以金融的方式救国，也可以是指民间金融人以其他的方式救国。曾是清王朝的举人和进士，也做过大清银行的正监督，并自从 1905 年到 1945 年一直担任浙江兴业银行董事长一职，并一度将该银行做成了各大民营银行之首的叶景葵，当茅以升主持设计和兴建钱塘江大桥时，他首先响应，并联合其他银行组成贷款银团，共同投资 200 万元，浙兴自认一半。不过，在做职业银行家的同时，叶景葵更醉心于著书和藏书，在著叙《叶景葵杂著》的同时，多方收集古籍善本，以及奏疏、边疆史乘、近人日记。正是在他的努力下，近年来颇受史学界重视的孙宝瑄的《忘山庐日记》，才得以保存在合众图书馆。而该馆则是叶景葵于抗战爆发后，有感于江浙一带文化典籍的散失，与张元济、陈叔通等人一道发起创立的。其中，叶景葵率先捐献了许多珍本善本，1949 年后，合众图书馆的图书由上海图书馆继藏。除了醉心于书香，叶景葵还有个特殊的爱好，即对畜牧业非常有兴趣。在《叶景葵杂著》的《卷盦文存》中，就收有“畜牧要诀”一文。你很难想象，这样一个文人，居然能放下身段，来为更多的人来指点养猪养牛养马，他在文章中这样写道：“猪性不尽愚蠢，能自救，能附群而取暖，能互相保护其子，可见亦有知觉也。人谓猪性好秽，此大不然。猪当暑月辗转于污泥之内，乃其性畏热，以此冷其身，且以避蝇耳。观其寝处之地，必择美好洁净之处而后眠，然则猪实好洁之兽也。”

有人把它定义为“一个银行家的情趣与理趣”[①]，事实上，它更像是民间金融从骨子里渗透出来的不由自主的对国家和民族的命运关切。这是由儒商伦理点燃的光芒。正是在这光芒的照映下，中国民间金融驶进了风高浪急的“历史三峡”，却没有自甘沉沦，相反的是，艰辛却成功地抵达了新时代。这注定着儒商伦理是中国民间金融必不可少的存在。只是，再聪明如人民，也有犯糊涂的时候。就像他们往往会把猪当成是污秽之物而心生距离，有时也会一不小心，在泼洗澡水的同时，将孩子给泼掉。于是，我们也就看到，当“商”在权重的枷锁下逐渐解放

① 章诗依，《一个银行家的情趣与理趣》，《经济观察报》

出来并突飞猛进，“儒”却不见了。随之不见的，是对义大于利的坚持，是对诚信和道德的认知，是绝不向西方献媚的家国情怀……

可以这样断言，正是儒商伦理在市场经济面前的失守，在很大方面为中国民间金融在压抑多年之后的反弹，制造了“非理性繁荣”。

平等、自由、开放：以互联网精神的名义

也许是在 2011 年某一天，或是之前，《国家财经周刊》的一位记者在经多层介绍、几番周折之后，终于说动了民间金融业中的一位大佬，和自己见面一聊。按照惯例，日后出现在记者笔下的这位大佬，没有真实的姓名，而是被称之为“张先生”。对这位张先生，记者印象很是深刻，原本约定晚上 7 点，因为业务应酬，他 9 点才到，而且身边还带着两个毕恭毕敬的随从。至于他所从事的行业，则是高利贷。《国家财经周刊》采访他，是为了当年 4 月份的一期封面专题，《揭秘高利贷游踪》。

从以上文字可以得知这样几个信息：一是高利贷这种民间金融形态，正如单细胞生物一样，越是最原始也往往越是最长命最容易复活。二是民间借贷市场在当下依旧是个热门的存在，很多资金需要通过它来寻找出口，而很多人也通过它来使用 / 获取资金。这从反面烘托出，中国民间金融发展到今天，依旧不曾完善，有头轻脚重的趋势，这意味着，钱轻的愿望还是很难变成现实。另外一个就是，不知道从什么时候起，中国民间金融的从业者越发地变得神秘，只顾闷头发财，而不愿意在公共场合抛头露面。

这种“低调”自然跟权重有脱离不了的关系。尽管新中国的成立，清算了官僚资本，彻底地推翻了封建王权所有制，并赶走了外来的“权重”，给中国民间金融的发展腾出了空间，但政府包办一切的计划经济却让中国民间金融再次“休克”。“1953 年，我国实行计划经济，建立银行国有化形式的国家垄断金融体系，于是没有被纳入国有化的民间金融不复存在，或者转入‘地下’状态。”[①] 这种一而再再而三的被迫“潜伏”，显然加重了中国民间金融的不安。尽管 1978 年之后

① 陈国平，《浙江金融发生了什么》，红旗出版社 2011 年 7 月版，P111

的改革开放，让市场和商品经济逐渐脱敏，进入了发展的快车道，而民营企业也因此成了中国经济发展的重要“一极”，但权重的阴影，依旧如同太阳底下的乌云，不时飞过。这让中国民间金融的头上，顶着各种不可预知的政策风险。

1984年，温州苍南县钱库镇方培林根据中央1号文件中“鼓励农民入股兴办实业”的精神，率先注册成立了新中国第一家私人银行——方兴钱庄。开张挂牌时，当地政府并没有明确发文支持，但“默许”了。但谁知道到了第二天，当地的农业银行就上门查封，迫于多方压力，只能摘下招牌转入了地下，成了没身份的人。他为此自嘲，“新中国的第一家私营钱庄其实只见过一天的阳光”。

这种不可预知的风险，显然让中国民间金融不敢高声歌唱。但它的低调，也不仅仅限于此。这里需要特别提出的是，随着经济的加速发展，民间金融在前文一直未曾提及的问题，也日益暴露出来。这个问题虽然未提及，但它一直就存在。说得明白点，就是它自身存在的缺陷，说得更深一点，就是非理性。

“非理性”这个概念来自一本大作《非理性繁荣与金融危机》，作者是耶鲁大学金融学教授罗伯特·席勒。这位经常来中国的美国经济学家，他在中国的知名度主要是由三本畅销书烘托出来，除了《非理性繁荣与金融危机》，其他的两本分别是《动物精神》、《金融与好的社会》，从中可以看出他对金融一以贯之的态度：那就是金融能给人民带来一个好的社会，但是，在动物精神主导下的金融，往往会出现非理性繁荣。这个动物精神，原本是指一种基本的精神力量和生命力，但被席勒用来指“经济的动荡不安和反复无常；它还意味着我们与模糊性和不确定性之间的特有联系。有时候，我们被它麻痹，有时候它赋予我们能量，使我们振作，克服恐惧感和优柔寡断”，这个说法有点晕人，其实简而言之，相对于其他经济学家，席勒更看重的是经济活动中的人及人的心理这样一个不太确定的因素——它很容易受到外在的影响。尽管人民是伟大的，群众的眼睛也是雪亮的，但是作为个体，他们对利益的追逐，狂热的从众，还有不时出现的幻觉、不顾一切的赌徒心态，让他们的行为充斥了各种不理性，从而不自觉地成为了各种危机的推手。只是，席勒在2000年出版《非理性繁荣与金融危机》时，正是金融事业方兴未艾，一片欣欣向荣，各种工具层出不穷，大家都把它当成改变世界的一个契机。这让他的提醒像是在“挑刺”。不过，印证席勒看法的时间，并没有拖得太久，2008年席卷全球的金融危机，让人顿悟席勒的先见之明来。也多少是对他这一贡献的“追认”，2013年，他成为了诺贝尔经济学奖获得者之一。

这对中国民间金融来说，可谓是敲了次很重也很重要的边鼓。如果我们愿意再重新回过头温故下中国民间金融的发展历程，你会发现，尽管有儒商伦理在数千年来持续不断地给人以内心规范，但这种非理性还是时常伴随着钱轻的脚步。就像高利贷这个行业，在春秋战国时就玩到了年息 100% 的“倍贷”，然而直到今天，利率水平依旧居高不下，甚至超越了“倍贷”，达到历史峰值，如月息 15 分，就是年息 150%。在《国家财经周刊》所约访的张先生那里，要稍微温柔一些，月息 6 分，年息就是 72%。正是这样高的利息，让民间很多实体经济没法得到支持，而很多企业主也为此叫苦不迭，相反的是，高利息的诱惑，让很多实体经济的资金从实体当中溢出，从而进入到了高利贷。当越来越多的钱堆积在民间借贷市场时，它的出口，有时只能是地下赌场。而张先生的另外一个身份，就是地下赌场的经营人。这也不难理解，为什么他这么神神秘秘，而羞于见人。

在金融专家，曾著有《透视浙江：市场化与政府改革》、《政府转型看浙江》（合著）的陈国平看来，中国民间金融中除了违法经营之外，还存在着“盲目”等方面的非理性。比如说盲目借贷。正是在这一非理性的影响下，人民的钱往往进入了一些过热行业和低水平的重复建设项目，最终与国家的宏观政策背道而驰。“近年来，产业结构调整进展缓慢，产业难以优化的一个原因，恐怕就与民间金融为一些需要淘汰的落后产能提供了贷款有关。”[①] 此外，陈国平对中国民间金融的“非理性繁荣”还有个莫大的担心，那就是制度规范的缺失。这个很好理解，制度规范跑不过现实，一般都具有滞后效应。现实跑得越快，滞后效应越厉害。这导致的最直接的一个结果就是，民间金融缺少有效的外部监督和约束机制。这种后果很可能为少数不法分子所利用。“20 世纪 80 年代初期，民间集资曾经对中小企业完成原始积累发挥了重要作用，但这种融资方式容易被人利用演变为非法集资。非法集资成为集资者挥霍资金的来源，或投资失败或收不抵支后，资金链断裂发生讨债等群体事件，引起社会不稳定。”[②]

1986 年，当费孝通考察民营经济日益发达的沿海城市——温州时，抬会、合会正在此地火热一时。这种“做会”的形式，让内部参会人员通过互相提供信贷，

---

① 陈国平，《浙江金融发生了什么》，红旗出版社 2011 年 7 月版，P123

② 陈国平，《浙江金融发生了什么》，红旗出版社 2011 年 7 月版，P122~123

满足彼此之间的信贷需求。一般而言，其采取如下的规则运作：一个人出于某种目的（比如结婚、建房子、上学）等需要用钱，就充当会头，组织一些会员。这些会员有的是手中有余钱，有的也是同样需要帮助。他们出于各种目的走到了一起，将各自的余钱划零为整。在确保会头率先获得这些资金使用权之后，通过其他方式，让其他的会员也能按照自身用钱的缓急，轮流获得它的使用权。不过，获取资金使用权并非无偿，每个人需要按照约定交纳会金和利息。这意味着，谁提供的余钱多，谁得到的回报自然就丰厚。无疑，这是相对先进的一种互助形式。然而，出于对“钱生钱”的诱惑，让无数普通百姓都卷入到了这种做会的形式之中。这无形中扩大了风险面。更关键的是，一旦获取资金使用权的会员资金链断裂，无法兑现高额利息和偿还本金，一场“金融灾难”就在所难免。就在费孝通考察温州的1986年，短短3个月中，温州全市就有200多人潜逃甚至自杀，不少人倾家荡产。

于是，抬会也从当初的亢奋，走向了反面的恐慌。

正是这样非理性的存在，我们需要重构钱轻与权重之间的关系。

首先，开放是前提。没有开放，民间金融永远只能潜伏在地下，或者是权重下的边缘者。与此同时，人民的钱也只能在地下流通。这让人民金融资产在近10年来，依旧存在着结构性失衡。同时，因为没有开放，民间金融很难站在阳光下，它自身的非理性缺陷，也很难被发现，因此没法给它提供制度性规范。对待民间金融，我们应该像大禹治水那样，宜疏不宜堵，如果硬堵，往往会堵了这头又泄了那头。

其次，重新思考自由的定义。也许是多年权重的压抑，使得中国民间金融格外地向往自由。以为得自由就是得天下。事实上，当我们还对自由顶礼膜拜时，西方已经对自由市场开始了反思，一次次的否定又否定。用前面所提到的概念，就是一次次的倒转又倒转。比如说，20世纪二三十年代经济危机的爆发，让他们否定了以前的经济自由主义，重拾国家干预经济的牙慧。而2008年的世界金融危机的爆发，再次让他们重新审视东山再起的新自由主义。曾是总部位于德国的马克斯·普朗克社会研究院外部科学成员、经合组织专家顾问的科林·克劳奇就很疑惑，既然新自由主义认为政府对市场的干预越少越好，“那为什么金融危机期间银行要跑去找政府索求巨额的资金，把它们从困境中解救出来呢？为什么政府要接受它们的要求？”① 这样的现实显然是想告诉我们，这个世界本来就没有什么绝对的自由。绝对的自由本身就是一种非理性。这种非理性带来的问题一点也不比权重带来的问题少。面对这样的非理性，科林·克劳奇在自己的大作《新自由主义不死之谜》中建议，在政府、企业和市场三者之间再引进第四种力量——公民社会。不过，对中国民间金融来说，重拾儒商伦理，也许更切合实际。尽管全球化下的价值观多元化，以及市场经济的发展，已经将儒家的光辉摇落，让它不再成为意识形态的唯一一尊，然而，作为中国商业乃至民间金融在历史上最为迷人的一面，儒家所造就的各种特质，在今天依旧不过时。我们可以将传统美德和由市场经济滋生的新的道德观念有机结合起来，以此来抵制非理性对民间金融的侵蚀。

最后，平等永远是钱轻和权重之间的追求。既然钱轻和权重之间的矛盾是一时难以改变的存在，那么，我们就应该让两者变得更平等。只有平等了，一方面，能让两者的关系“脱恶从良”。另外一方面，才有相互制衡的可能。这样既可以防止国家将银行等金融机构变成自己的“印钞机”，以满足权力自身的欲望，却给社会造成了可怕的通胀。更重要的是，还可以让尽可能多的人民都能享受到金融方面的服务，不至于让权力荫蔽之下的领地涝的涝死，让权力荫蔽之外的领地却旱的旱死。

这三点，注定新时期的中国民间金融，会有新气象。也许，自 2013 年开始胎动的民营银行，是这种新气象的开端。这不能不让人慨叹不已，想 20 世纪二三十年代，民营银行就成了民间资本大展手脚的舞台，却在权重的压迫下，差点成了绝唱。幸好，时代的需要让它们从落寞中又重新走向了前台。它们的出现，显示了国家在金融改革方面的诚意。民间资本需要感激这份诚意，因为它让自己有了更重要的出口，而不至于陷在房地产或民间借贷这样单一的市场狼奔豕突，最后搞得自己声名狼藉。同时，中小微企业也要感谢这份诚意，没有这些新气象的出现，它们依旧要在大银行的目空一切的歧视下，找不到“解渴”的渠道。人民也需要感激这份诚意，因为民营银行的进入所产生的“鲇鱼效应”，一定会改变人民往日在使用 / 获取资金时的“门难进、脸难看、事难办”。

曾有一家知名周刊在 2013 年农历年年尾，2014 年阳历年年头时，曾做过一

① 科林·克劳奇，《新自由主义不死之谜》，中国人民大学出版社 2013 年 4 月版，P03

期专题，当然是回望过去，展望未来，写就了一篇《关于2014年的60则预言》，预言里的第12条，就是：2014年某一天，你会发现，同样一万元，同样存一年，A银行给付利息居然比B银行高！到银行储蓄将堪比去菜场买菜，可以货比三家，还可以讲价。

这样的利好逐渐会照进现实。也就在2014年中，有三家民营银行终获“准生证”——以华北、麦购为主发起人，在天津市设立的天津金城银行；以正泰、华峰为主发起人，在浙江省温州市设立的温州民商银行；以及以腾讯、百业源、立业为主发起人，在广东省深圳市设立的深圳前海微众银行。其中，深圳前海微众银行将办成以重点服务个人消费者和小微企业为特色的银行，温州民商银行定位于主要为温州区域的小微企业、个体工商户和小区居民、县域三农提供普惠金融服务，天津金城银行将重点发展天津地区的对公业务。无疑，从这些民营银行的发展战略与市场定位，可以看出它们的目标，正是为实体经济发展提供高效和差异化的金融服务，这让钱轻进一步落地。

事实上，在这三家民营银行中，深圳前海微众银行由于腾讯的进入，更靠近互联网金融的气质。在某种意义上，当下最能吻合这种平等、自由、开放的，就是这与互联网时代快速结合的互联网金融。谁都应该清楚，这三点其实就是互联网本身所具有的特质。它让这个建立在大数据，以及互联技术上的新型金融模式，为钱轻提供了很大的保障：既降低了人民在使用/获取资金上的交易成本，也扩大客户服务口径，打破了很多时间和空间上的限制。人民不需要按照“朝九晚五”，还得巴巴地去排长队的模式去获取服务，而是随时随地，哪怕宅在家里，动动鼠标就能完成所有的一切。更重要的是，像BAT组团出击推出的余额宝、百度百发，以及理财通，让人民手中碎片化的资金得到了更好的利用。谁不喜欢这种信息快、效率高，极符合市场需求的民间金融呢？这里要说的是，人民喜欢互联网金融，一开始是喜欢互联网技术带来的便捷，但最终喜欢的是其背后所蕴含的这种“平等、自由、开放”的互联网精神。这种精神，在互联网时代，谁也不能选择性地忽视。如果没有这种精神，哪怕传统的金融业开始电子化，向互联网进军，最终也只是徒有其表。

日后，一旦BAT也抛弃了这种精神，利用自己手中的技术和平台资源形成新的权力垄断，让自己在互联网江湖变成新的“寡头统治”——它们在成为自己所反对的对象的同时，也终究会为人民所唾弃。

相信我们的人民会用心呵护这种精神，与此同时，也请权力守住自己的底线，不去破坏这种精神，这样，人民在钱轻的道路上，一定会用好自己的钱。

而中国第三次攀上金融高峰，也一定就在不远的将来。

第一部分

民间崛起（1823—1905）

一次次的“国进民退”，使得中国长期停留在小农社会形态的低层次稳定之上。但随着商品经济的发展，市场的扩大，让人民在使用 / 获取资金上的需求变得越发的强烈。更重要的是，在明清晚期就不曾停息的农民起义烽火，让政府的财政控制能力持续消弱，当手中没钱，最后只得仰仗自己曾经一度贬抑的民间商人，这给了商人重新“开放搞活”的空间。无疑，它进一步刺激了中国民间金融的发展和创新，进而产生了票号、钱庄等各种金融形态，形成了以民间金融为主导的中国金融业的第一次高峰。这让钱轻不仅能成为现实，更重要的是，票号、钱庄们还为钱轻提供了能得以顺利运营的保障机制，比如说内部的人才管理，权力制衡，以及外部的风险管控。直到今天，这些机制都不曾失色。

只是，我们依旧还得承认，它的发展是建立在旧有的封建生产方式之上，即使相对先进的钱庄和票号，其在鸦片战争之前同样具有鲜明的商业高利贷的性质。与它发生金融来往的小商品生产者，或者达官贵族，其获得的资金“都不具备资本的性能，不过是作为消费手段或支付手段来使用”。同时，被龚自珍称为“海内最富”的晋商，也始终在汇兑、拆借的领域内画地为牢。相反的是，同一时期的华尔街，虽然远远没有今天的规模，但它却给了美国一百多年的工商业腾飞融资，尤其是股权融资。正是将钱轻的优势让位给了外资银行，这也让外资银行一进入中国之后，就成了“狼来了”。更要命的是，因为数千年“权重”的影响，中国民间金融在自觉不自觉之中，形成了对权力的依附心理。传统的政商关系便是这一心理最直接的表现。这让中国民间金融的创新精神受到了一定的抑制。尽管权力能许诺并给予中国民间金融一定的好处，但也能将这些好处收回。这种翻云覆雨，在增加了交易成本的同时，无疑让钱轻存在着极大的不可预知的风险。

某种意义上，中国民间金融得感谢西方霸权的入侵。在内生的顽固、保守面前，只有外力才能撬动板结的现实。尤其是与西方霸权一起进入中国的，是西方的市场精神，以及资本主义的生产方式。尽管谁也不能否认，西方霸权的进入，绝对不是做慈善，而是为了自身利益的最大化，但是，当西方的市场准则逐渐取代了特许主义，这也意外地给予了中国民间金融发展的动力。面对着资本主义方式在中国逐渐确立并获得发展，中国民间金融也需要重新审视自身，自我否定，或者只能自我更新。

第一章

山西票号：汇通天下，继失天下

1823 年[①]，雷履泰劝说东家李大全，将平遥县城受益稳定的西裕成颜料庄，改成了前途未卜的日升昌票号，无疑像是在进行一场豪赌。

只不过，对雷履泰来说，赌博并不是新鲜事。他本来就是个赌徒，发迹之前，就经常混迹于宝局当中。在中国的北方，押宝是个流行的赌博方式。李大全第一

① 对日升昌创立时间有很多种说法。有乾嘉时期说——出身于山西平遥，以治学严谨著称的当代学者侯外庐，在他的《近代中国社会结构与山西票号》中记为 1796 年。民国十二年出版的《晋商盛衰记》称：票商经营，为山西极有名之商业，“创始于前清中叶，当乾隆、嘉庆间”。李宏龄的《山西票商成败记》称：“溯我票商一业，创始放前清康熙、乾隆时代。”范椿年《山西票号之组织及沿革》称：“雷履泰、李正华于嘉庆二年创立日升昌票号”；有道光初年说——陈其田《山西票庄考略》称：“大概是道光初年天津日升昌颜料铺的经理雷履泰，因为地方不靖，运现困难，乃用汇票清算远地的账目，起初似乎是在重庆、汉口、天津间，日升昌往来的商号试行成效甚著。第二步乃以天津日升昌颜料铺为后盾，兼营汇票，替人汇兑。第三步在道光十一年（1831）北京日升昌颜料铺改为日升昌票庄，专营汇兑。”有 1824 年说——同为民国学人的郑孝燮和任致远，在他们的《名城平遥专题考察研究报告》记为 1824 年。本书采取的是票号史专家黄鉴晖所考证的 1823 年之说。一则票号的产生不会早于民信局，也就是说，不会早于嘉庆年间。更进一步推断，从现存碑刻记载可知，嘉庆二十四年（1819），西裕成仍作为颜料庄出现在同业碑刻上，那么，其改组为日升昌票号的时间，也只能在 1819 之后。二则按照雷履泰生于 1770 年，考虑到他的出身和掌柜经历，恐怕 1823 年的说法比较接近情理。还有很重要的证据是，平遥的石生泉先生曾亲眼见过日升昌道光九年（1829）的万金账。序文中有头一账期为 6 年，现要改为 4 年 1 个账期的史实。而道光九年往前推算 6 年，第一账期的头一年，也就是创立的那年，应为道光三年（1823）。同时根据记载，清道光七年（1827），苏州市场就因为出现大量汇票而导致当地银贵钱贱，而知票号的产生不晚于 1827 年。综上所述，日升昌应创立于道光三年（1823）。

次见到他时，他正在赌桌旁，手持宝盒面对众人侃侃而言，当色子从宝盒里刚一跃出，他即可于瞬间准确唱出场上赌况。这种敏捷的头脑，以及对形势的预判，让李大全颇为折服，从此对他留下了很深印象。等到自己能当家做主，就将雷履泰收归到了门下。

此时的雷履泰，尽管在赌场纵横多年，却终究为赌所害，正落魄失意，极需要一个温暖的怀抱。在投靠李大全之后，他像顽劣的猴头遇上了唐僧，从此洗心革面，一心向西，甚至还成了戒赌的“义务宣传员”。咸丰年间，相传他在平遥赌场介神庙内墙上就留有一首词：世上诸般皆好，唯有赌博不该。扔骰押宝耍纸牌，最易将人闹坏。大小生意买卖，何事不可发财？败家皆由赌钱来，奉劝回头宜快。

如今，早已回头宜快的他，却又“忍不住”再次出手，但他显然已经不屑于那种赌场上的小打小闹，而在意于更大领域中的“大手大脚”了。

只是，这次，他能赌赢吗？！

日升昌旧址

钱轻成就票号

如果我们暂时搁下这次豪赌的输赢，而是先行探究雷履泰这次豪赌的心理根源和外部原因，也许我们需要关注这样一副楹联：

矢公矢正追管晏治政之遗范，

志持志筹超端陶经济之风流[①]。

直到今天，它依旧挂在平遥古城西南角雷履泰故居的“晋元楼”下。从这简短的24个字之中，我们最起码能得出两个信息，一方面，屋主人是有追求之人，他并不甘心永居人下。但另一方面，它也暗含了在“士农工商”的封建社会，屋主人乃至整个平遥人并不讳言商，甚至以做大商人为荣。

这自然跟平遥当地的条件有关。按照明朝万历年间的《汾州府志》里的描述，“（平遥县）地瘠薄，气刚劲，人多耕织少”，显然，在农业国家中，它肯定算不上“优秀”，甚至连及格都不一定。然而，正因为“人多耕织少”，却意外地促成了平遥乃至整个山西的转型。它总让人不由自主地想起与他们几乎差不多一个时代的徽商，“前世不修，生在徽州，十三四岁，往外一丢”。丢出去干吗？经商。不经商只能在家饿死。平遥人也不例外，而且勇气可嘉，仅仅以颜料、干果、茶叶、丝绸等杂货便敢行走各地，其中最为有名的就是“走西口”。这让山西商贩遍布全国各地，而晋商的名头也由此而来。到了明代，得益于政府实行的“开中制”与“开中折色”这一经济政策，晋商迅速崛起，成为明清商人中的重要势力。平遥也因此受益匪浅。加上平遥自身的地理位置相当不错，位于山西的晋中，“当四达辐辏之冲”，而历代统治者对这一地理位置也颇为看重，常驻扎重兵于此。有兵就有需求。所以商业竟成了平遥的立身之本。自北魏时，其商业贸易就已成

---

① 这里的管晏，一个是春秋初期政治家管仲，一个是春秋时齐国大夫晏婴，他们都是公正治政的代表；所谓的端陶，一个是孔子的弟子子贡，一个是春秋时期的越国大夫范蠡。他们都是经商的高手。子贡曾在鲁国经商富甲天下，而范蠡虽是名臣，也是情种，在力助越王勾践在卧薪尝胆打败吴国之后，携西施隐居江湖，却因三次经商致富，又三散家财，所以，日后的他，在世更以“商圣”或“文财神”而著称。

规模。到明清便顺其自然地成为了全国商业的中心城市。这种商业氛围的熏陶，让山西人对经商的看法，显然跟一般的国人截然不同。清朝雍正年间的山西巡抚刘于义，曾在给朝廷的奏章中，对当地风俗归纳道："山右积习，重利之念，甚于重名。子弟之俊秀者，多入贸易一途，其次宁为胥吏，至中材以下，方使之读书应试。"民谚云："有儿开商店，强过做知县。"

当市场在日益发展与扩大，平遥与外部的接触更为紧密，其所开设的商号遍布全国，甚至足及海内外。这直接导致了以下两个方面的结果。

一方面，长途贸易意味着它的贸易周期比较长，其利润回款的周期也相应比较长，那么，面临如此长的回款周期，就必然要提出相应的、严格的信誉要求。这也注定着在商业资本之外，需要信用资本的发展。

对此，马克思曾论述道："大规模的和供应远地市场的生产，会把全部产品投入商业手里；但是，要一国的资本增加一倍，以便商业能够用自有的资本把全国的产品买去并且卖掉，这是不可能的。在这里，信用就是不可避免的了；信用的数量和生产的价值量一起增长，信用的期限也会随着市场距离的增加延长。在这里是互相影响的。生产过程的发展促使信用扩大，而信用又引起工商活动的增长。"马克思的论断很清楚地指出，这种长途贸易必然会催动相当规模的信用机构的诞生[①]。

另一方面，因在全国范围内进行生意买卖或者长途贩运，让异地结算成了市场主流。这也意味着，社会的外在条件将成为其中至关重要的一个环节。

但要命的是，清朝中后期，在权力的贪婪和压迫之下，农民起义开始此起彼伏——先是有湖北、四川、河南、甘肃、陕西五省爆发的白莲教起义，接着又有直隶、山东、河南边界爆发的天理教起义，加上灾荒不断，连年歉收，社会变得极不安定，商贾镖银屡遭抢劫——如何让外地的银子能稳妥地落入自己的口袋，或者自己的银子能安全地抵达外地，显然成了一个很重要也很普遍的社会问题。

人民对钱轻的渴望，也变得尤其急迫。

在被李大全收归到门下之后，雷履泰很快就在西裕成挑起了大梁，先后被委任为汉口分号的执事、北京分号的领班。正是在京城一任上，他经常会遇到同乡找他帮忙捎送银两。这些同乡把自己欲捎的银两交到西裕成北京分号，想由分号

---

① 韩毓海，《五百年来谁著史——北大学者重估新中国体制》，九州出版社 2009 年 12 月版

写信通知平遥总号，然后在平遥提现。不过他们也觉得，老是这样麻烦人家也不成，得给人家点“服务费”。这让雷履泰敏锐地感觉到，专营汇兑是一门大生意。而且，和唐飞钱一样，汇和兑之间存在着时间差，还可以拿存进来的资金去做放贷生意，又可以额外赚到一笔钱。

正是这些因素的存在，意味着雷履泰开创票号，并非一时头脑发热的仓促之举，也不是输急了的赌徒，最后不顾一切地孤注一掷。他所做的一切，其实是建立在对钱轻的预判的基础之上。这正是李大全深为折服的赌徒素质所带来的结果。相比之下，其他的同行面对着这一形势，却无动于衷，这足以证明在中国民间金融所有创新之中，人的重要性。同时，它也证明了发现人的重要性。

在和东家李大全协商之后，雷履泰决定利用西裕成分号分布广，有着比较完善的渠道资源的优势，带领西裕成全面转型做银两汇兑生意，并提出用自家的纸票作为汇兑凭证，纸票就叫银票，新号就叫票号。

当然，我们也不能忽视，让雷履泰的设想从空中到落地，也离开不了民信局的发展。此前，在很长时间内，中国的通信系统——驿递制度一直为官方专营，民间无权使用，但自嘉庆年间之后，由宁波人首创的私人邮局——民信局开始规模化出现，让通信系统也为民间所有。到了清同治、咸丰、光绪年间，全国大小民信局达数千家，机构遍布国内及华侨聚居的亚洲、澳大利亚和太平洋地区，形成内地信局、轮船信局和侨批局[①]。正是有了这些民信局的支持，票号才更为方便地传递办理汇兑的信件。从票号的设置——账房、柜房以及信房就知道，没有民信局，票号的“信房”就难以开展工作。

票号就此走进了历史舞台，并成为了晚清中国最为重要的金融机构。它甚至让雷履泰生发出“超端陶经济之风流”这样的豪迈情怀。这也是票号能让他达到的历史高度。同时，它也让在18世纪并不太富有的李氏家族，到日升昌第二代财东李箴视之手，就家财万贯，而其本人也成为了“天下第一东家”。

在自己的“有生之年”，日升昌共创利1500万两白银，相当于现在的100亿元人民币。据说全盛时期的日升昌，曾经占有清朝政府80%的白银储备。“这样的巨额利润主要由以下几部分构成：（1）60%来自于异地汇兑的手续费，手续费按1%收取；（2）20%来源于存贷利差；（3）一小部分来自于客户存、取款之间的

① 福建话发音“信”为“批”，故侨批局也就是侨信局，专门为南洋侨民服务。

利息差；(4)平色余利，即存、放银两时由于分量与成色之差所产生的利润。”[①]

说到平色余利，其中的平，指天平，是当时的一种称量工具，用来比较金属货币（银两）的差异，而色则是指白银的成色，亦即含银量。在日升昌营业期间，各地银两的含银量是不尽相同的，比如南京的顷化银含银量达 97.3%，而上海的豆规银含银量只有 73%。如果客户在南京存 100 两银子，到上海，你依旧给他兑出 100 两，那摆明了就是让客户吃了大亏。反过来，客户在上海存进 100 两银子，到南京后，你依旧给他兑出 100 两，这种生意多做几笔，就意味着你要关门。所以，为了兼顾客户满意程度，也要让票号获得比较好的赢利比例，就需要为各地的银两确定一个大家都能接受的汇率标准，然后用不同汇率来保证各地银两成色的平均，即“平色”。在平色兑现后，给票号留下的赚头，就叫“余利”。这种做法看上去并不高深莫测，根据考证，雷履泰并不是第一个用这种方式解决银子成色差异的人，但得承认，他却是第一个运用这种方式，创造出巨大商业利润的人。有人认为，用现代银行业的术语来表达，这就是典型的套利业务（arbitrage）。

不得不说，雷履泰的豪赌，最终的结果是皆大欢喜。它的出现，远远不只是双赢，获利的还有后继者，以及诸多的工商业从业者。也正是因为有日升昌这样的票号在背后为其使用/获取资金提供了极大的支持，让钱轻变成现实，晋商才有可能称雄商界数百年。难怪雷履泰身为一个“高级打工者”，却“名声若日月，功德如天地”，甚至在他做七十大寿时，李箴视代表李氏家族送他一块匾，匾上四个大字，“拔乎其萃”，挂在故居的过道厅上，虽经风吹雨打，但从历史深处映照出的荣光，依旧夺人眼目，无法被时间掩没。

也就在过道厅的楹柱上，还有这样一副对联。如果上副可以看出是屋主人的自勉，那么，这副就是世人对屋主人不吝给出的赞赏：

孔门高第越国大夫碧卢玉工有在天之灵，共赞古陶雷君后来居上；

李唐飞钱赵宋交子朱明宝钞具脉行其道，怎比票庄一纸汇通天下[②]？

---

① 王建忠主编，《日升昌票号文化解密》，山西古籍出版社 2007 年 11 月版，P132~133

② 上联中的孔门高第指子贡，越国大夫指范蠡，碧卢玉工则是指范蠡的弟子猗顿，他是靠畜牧业发家的大商人。而古陶则是平遥的古称，其初称平陶，北魏太武帝拓跋焘始光元年（424）因避名讳而改为平遥。此上联以较为夸张的文学手法，借这些古人之口，来盛赞雷履泰的创业之举；下联则说，唐朝的“飞钱”、宋代的“交子”、朱明的“宝钞”，在市场上都比不上票号的一纸汇票汇通天下。

"两权分离"法则

在一派颂歌之中，雷履泰又活过了八九年。当他于1849年去世时，法国人在上海如愿以偿获得了自己的第一块租界，中国正从封建社会逐渐陷入到半封建半殖民地的悲催境遇之中。这也意味着，票号在风光多年之后，得面对起模样逐渐改变的世界。但这些已经与他无关了。不管如何，他在将近80岁的生命历程中，将自己活成了一个励志性的传奇。如果说他在创办票号的过程中还有什么重要失误的话，那就是在1826年，他将自己重要的合作伙伴——毛鸿翙给硬生生地逼成了自己的对手。

事情的经过应该是这样：有一次，他生了场病，但也没有病到影响日升昌生意的地步。再说，毛鸿翙也是个能人，是日升昌的二掌柜。两人搭档几年来，一起将票号办得风风火火。按理说，他可以安心地去休养，把日升昌的事务交给二掌柜打理就好了。但他偏不。你说他是鞠躬尽瘁也好，是大权独揽也好，反正他就离不开日升昌了，就连休养也一度住在票号内。这让毛鸿翙的处境犹如"丫鬟带钥匙——当家不做主"。后来，毛鸿翙只好私下建议财东李箴视，请他回家休养。李箴视是好心，也不知毛鸿翙另有想法，遂如此这般地劝说雷履泰。他二话没说，便回家去了。但没多久，李箴视前往探视，便发现他在给各地分号写信件，内容是命令它们暂停营业，准备撤庄。这让李箴视大吃一惊，问他为什么这样做，他回答的意思是，"字号是你开的，但分庄是我安的，你现在要用新人，我只好全部撤回来，好交盘给你"。吓得李箴视身为东家，却屈尊下跪。接下来的数天，李箴视还每日送上一桌上等酒席，并赠白银50两作为生活费，这才请得他回来。

然而，毛鸿翙知道，自己在这里干不长了。

就在他回来的前一天夜里，郁郁不得志的毛鸿翙给东家留了封信后，愤然离开了日升昌，投靠了日升昌东隔壁的蔚泰厚布庄。这个布庄是介休财东侯培余所开。因为距离很近，侯培余早从日升昌的身上看到了经营票号的前景光明，正愁着没有人才。对毛鸿翙的到来，侯培余自然喜出望外，两人遂一拍即合，将蔚泰厚布庄改作了票号生意。与此同时，毛鸿翙还挖来了日升昌伙友中的两员干将郝名扬、阎永安。没几年，毛鸿翙就在侯培余的支持下，一手创办了"蔚字五联号"，除了蔚泰厚还有蔚丰厚、蔚盛长、新泰厚以及天成亨。之所以能有这些成果，一则要知恩图报，二则要展现自己经营票号的才华，三则毛鸿翙就是要让雷履泰难堪，也是为了报复他逼自己出走。

日后，他们之间的恩怨依旧不曾停息。

雷履泰曾说儿子雷辅昌的个性颇像毛鸿翙。在一次谈话中，谈到儿子个性时说：“你还不如叫成‘雷鸿翙’呢。”这句话传到毛鸿翙耳中，毛鸿翙便给自己的履字辈长孙起名为“毛履泰”。其他三个孙子分别叫毛履祥、毛履廷、毛履恭。不知毛鸿翙每次称呼孙子为“履泰”时，心中有没有一种很爽的感觉？

这种带着置气式的斗法，成了中国票号史上一段让人哭笑不得的故事。但也得承认的是，正是雷履泰为自己制造的麻烦，改变了日升昌一家独大的局面，让市场上多了竞争。而只有竞争，才能促进票号的良性发展。随着榜样的出现，平遥其他较为殷实的商家也纷纷仿效。就连邻近的祁县、太谷，也渐次波及。道光十七年（1837），祁县合盛元票号设立，又有太谷志成信票号成立；咸丰三年（1853），祁县巨商渠源潮在平遥南大街投资开设了百川通票号，两年后又在祁县开办了三晋源票号；榆次巨商王家也和平遥米家合资创办协同信和协同庆票号……正是这些票号的出现，山西票号的“三帮”也因此形成。鼎盛之时，平遥城里竟然就有票号

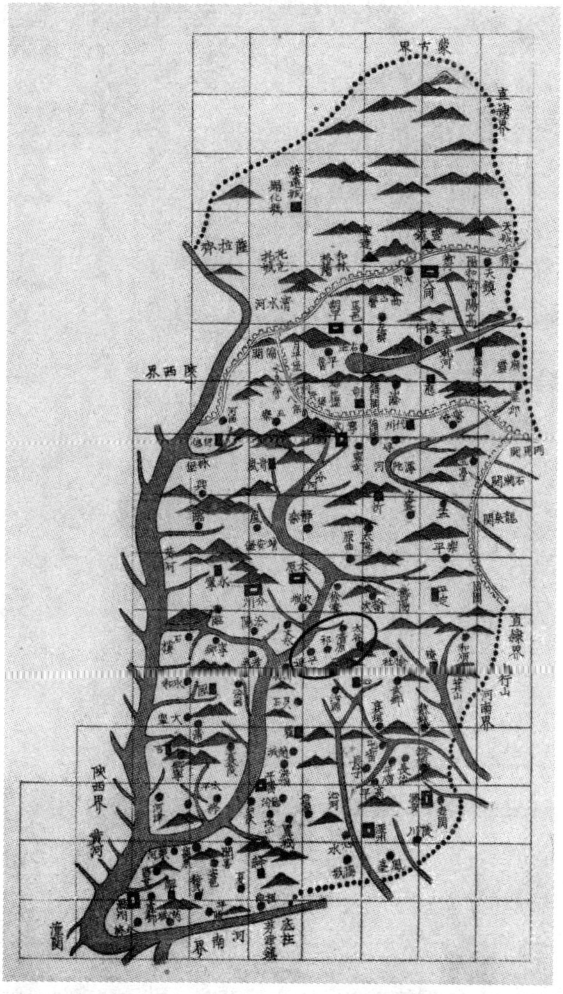

清朝山西全图，中间画圈的地方，就是晋商历史上有名的“祁、太、平”了。

22 家，祁县 12 家，太谷 9 家。

如果我们再回过头来看看这次斗法，你无疑会发现，在整个斗法过程中，作为大掌柜的雷履泰的表现都是很强势的，甚至就连东家，也不敢得罪。这无疑改变了打工者在人们心目中的固有形象。一方面，它跟日升昌离不了雷履泰有关，这让他有足够的底气。更重要的是，它跟票号的权力划分有关。

在票号的权力划分中，所有权与经营权一开始就是分离的。尽管李氏家族拥有日升昌的产权，但是在经营上，则是掌柜全权负责，自己则当上了"甩手掌柜"。甚至为了不影响掌柜的经营，东家不能在票号里借钱，即使到票号视察也不能在号里过夜。这种两权分离，让经营者和所有者之间有了互相制衡，而不是完全听命于所有者，从而有了放开手脚大干一场的空间。当然，在经营者中也有一些细分，比如分总号和分号，总号又分大掌柜和其他掌柜。无疑，分号要听总号的，其他掌柜的要听大掌柜的。这么说吧，在票号中，总号的大掌柜就相当于中央里的一把手。正是如此，雷履泰在日升昌中有着独一无二的话语权。不过，对于财东来说，充当"甩手掌柜"并不意味着完全甩手，它实际上是黄老思想中"无为而治"的体现。财东不仅对本号负无限责任，而且对扩充业务、赏罚号内人员和红利分配具有裁定之权，而且，当企业经营失败，经济上遭遇损失时，财东要负全部责任——可以说，正是这一根本性的权力架构模式，给票号注入了极大的活力。

直到进入 20 世纪，票号面临着生死存亡，这种权力架构依旧不曾突破，曾有人研究票号改革者李宏龄《山西票商成败记》，从中发现晋商的决策机制，那就是分号的经理有权力向总号提出自己的意见和建议，比如说建议成立银行，即使一人进谏失败，其他人依旧能群起而随，这说明这种表达是自由，也是民主的。但是，总号也有绝对的否定权和拒绝权。值得注意的是，即使有无数人进谏，但无一人越级向东家直接汇报。至于财东能否得知分号的建议，就看总号的掌柜们有没有这个意愿或者说是良心了。如果掌柜们认为这种建议不值得向东家汇报，那只能像李宏龄慨叹的那样："为之东者亦甘被欺蒙，视吾言为无足轻重。"即使这样，我们也得承认，"晋商的这种管理制度可以让每个人的意见都得以表达，使高层管理人员'兼听则明'，避免闭门造车，做出错误的决策。而总号绝对的决策权，也避免了民主制带来的低效率和决策摇摆。尽管该书反映的成立银行一事，总号没有听取各分号的正确意见，导致决策失误（当然，是否决策失误也未可知），但是这种制度的优越性是不容否定的"[①]。不得不说，票号之所以在进入 20 世纪之后没落，除了决策失误，还在于这种制度被彻底破坏。

光绪三十四年（1908），日升昌的新一任财东李五典，三十出头，正年富力强之时，内心里颇不甘心当"甩手掌柜"。在大掌柜张兴邦病危之时，请他举荐后任掌柜人选，张曾建议，如果要想日升昌继续发展，就请选用邱泰基和尹光铎，如果想求得平稳运行，则可运用郭树炳、梁怀文。出于自己易于驾驭的目的，李五典选择了后一种方案。结果自然能想象。没有了互相制衡，胡搞乱来就成了一定。

除了李五典经常性的指手画脚，李氏家族的其他财东，像李五峰和李宗靖，也经常上号随意支取银两，而郭树炳却听之任之，致使号内人心涣散。倒是梁怀文多次劝阻，在多次无效之后，只得辞职回家，等到日升昌在 1913 年因事危急之时，方才重新出山力挽狂澜，只是，此时的日升昌，在一番折腾之后，再也恢复不了往日的元气。

泯然于众人矣。

票号的治理

不管票号的结局如何，我们的目光依旧为其风光所吸引。显然，对票号来说，仅靠两权分离，还不足以让其可持续发展。事实上，票号在发展过程之中，也曾形成了自己独特的"企业文化"，正是有这一文化在背后做支撑，票号才能生得光荣。

这里有顶身股的设置。所谓的顶身股，即人力股。它和银股一起，构成了票号的股份。"出资者为银股，出力者为身股。"它的设置，是票号笼络人才的一种手段。看上去，与近代西洋工业所推行的分润制度（profit sharing）很是相似。近来年，企业管理中有这样一种呼声，发员工工资，不如给员工股份。发工资，让员工还像是企业的外人。发股份，让员工与企业的利益同为一体，息息相关。这样员工才会真正将企业当成自家的企业来用心经营。正是这种激励机制，为票号招揽了人才，也能留下人才，更激发了人才。日升昌在初创时，大掌柜、二掌柜、三掌柜的身股皆为一分，亦即一股，相当于银股 1.2 万两白银。到后期张兴邦任

① 常海峰，《从〈山西票商成败记〉看晋商决策制度》

大掌柜时，身股顶到一分三厘，相当于 1.56 万两白银。而介休侯培余，在毛鸿翙投奔到自己手下时，为了表示对他的另眼相看，给他在蔚泰厚顶股十厘的同时，又在新泰厚同时顶股十厘，等于让他一个大掌柜顶了双份身股。这怎不叫毛鸿翙死心塌地？除了顶身股之外，票号还要设立故身股，也是指顶身股者去世之后，其子孙可享有三次分红的机会。这样规定是为了防止顶身股者在晚年即将卸任时，“晚节不保”，做出营私舞弊的勾当。如雷履泰 78 岁退休，79 岁去世后，他的儿子便享有故身股，可在 12 年中享有三次分红的机会。这既是对前人贡献的肯定，不做到人走茶凉，同时也是风险管控手段。

谈到风险管控，票号也做得相当出色。

如果说家有家法，那么，号就有号规。在号规上，票号一直做得很是严格。其有二十四字店训：立法定规，实行法制；严厉执法，严格守法；任用贤才，起用能人——这些店训在今天看上去很“官腔”，落在现实生活里，就是不管大小员工，都不准带家眷出外；不准在外娶妻纳妾；不准宿娼赌博；不准在外开设商店；不准捐纳实职官衔；不准携带亲故在外谋事。这些都比较好理解，一方面是为了防止员工“一心二用”或者更多用；另外一方面，也防止员工的心思活络了，手头一旦紧张，就难免心生别念。尤其是票号这样的，成天跟钱打交道，更需要严防。不过，这些几不准也隐隐透着一股不近人情，比如说，不准带家眷外出，其实就是有点将“家眷”当成人质的意思。如果有人想作奸犯科携款潜逃，没关系，家眷还在省内，你总得掂量掂量。

也正是出于这种风险管控上的原因，票号在用人上越发呈现出一种“用乡不用亲”的模式。为什么不用亲——这很好理解，从中国政治舞台上发生的多起“外戚专权”的事例可以看出，企业运用自己的家族成员，往往会成事不足败事有余。另外一方面，亲情一旦介入经营，一旦产生矛盾，让人很难理性对待。所以，票号在商业经营时，对用亲是非常小心的，甚至出台过不许“三爷”进票号这样的规矩，所谓的三爷，指的就是东家的“舅爷”、“姑爷”和“少爷”。这对尤其注重亲情的山西人来说，能立这样的规矩，不得不让人为之翘一大拇指。那么，用乡又是什么意思？其实意思也很简单，就是说用的都是乡里乡亲。在一般票号里，除了一两个无足轻重的仆役之外，其余基本上雇佣的都是山西本地人。这样做的目的，一方面为本省人谋生计；另外一方面，任用本地人，还能起到预防风险的作用。毕竟，在那个时候信息并不通畅，对外人很难做到知根知底，相反的是，对本地人却能做到大致的了解。这在很大程度上节省了信用成本。同时，为了给这一“用乡”再加把安全锁，票号又定了“铺保制度”，也就是说，无论是掌柜还是其他员工，要想进入票号，必须要找到相应的担保人作保。倘有违规行为，担保人负完全责任。担保人中途疲惫或撤保，应速另找，否则有停职之虞。正是有这层层制度的把关，犯罪成本无疑会重得让人不能承受。所以，即使到了晚清，社会动乱、道德崩溃，票号的舞弊情事，也是百年少遇。

对内管控的同时，票号还有一个亮点，那就是对外防伪。谁能相信在当时没有现代化交通工具和通讯手段的情况下，居然没有发生过一张假汇票？这也是票号之所以能“一纸汇通天下”的最有力的保证。今天，如果我们去拜访日升昌在平遥古城的旧址，还能在它的西侧柜房的墙上，看到这样的诗文。按照从右到左的顺序，诗文中的句子分别为：“谨防假票冒取，勿忘细视书章”、“堪笑世情薄，天道最公平，昧心图自利，阴谋害他人，善恶总有报，到头必分明”、“赵氏连城璧，由来天下传”以及“国宝流通”……把这些不相关的句子放在一起，让人很摸不着头脑，但显然，票号并不是在做提醒或者无聊的说教，这些句子其实构成的是中国最早的银行密押制度，即用汉字代表数字的密码法。诗文的第一句，12 个字，对应的是每年的 12 个月份。诗文的第二句，30 个字，对应的是每个月的 30 天。诗文的第三句，10 个字，对应的是银两的数目。不过它还有种说法是“生客多察看，斟酌而后行”。诗文的最后一句，对应的是银两的数字单位“万千百两”。比如说票号在 3 月 25 日为他人汇出了银两 3858 两，汇票的背面就会写有：“假报连宝天流璧传天通”。对外人来说，这种密押无疑就是天书，如果看都看不懂，也就没法冒领。更重要的是，这些密押也不是一成不变，用过一段时间，再行变更，若有人想要破译或者伪造，更是难上加难。除此之外，汇票的防伪措施还包括，隐含在汇票里的水印、印章，还有汇票书写的固定笔迹，层层构筑起了汇票的“防火墙”。

这也意味着，若想进入票号工作，记住用于平色余利的“平码银色歌”，以及各类的密押，成了必修课。谁要是脑袋不灵光，到票号想都不用想。

只是，管控和防伪做得再好，它们也只是技术手段，深入不了内心，但票号还有一种无形中的治理，那就是其多年遵循的诚信。

今天，很多人都会觉得，当年的晋商除了质朴、会经营之外，还是儒家所追求的“以义制利”的典型。在此暂且不管他们是否真的会这样认为：“仁中取利真君子，义内求财大丈夫”、“宁叫赔折腰，不让客吃亏”，单从平遥的大多票号里，供奉的两位神灵就可以看出他们对诚信的高度认可。其中一位是金花圣母[①]，她是票号所尊奉的行业神。大家也许对她不太了解。但另外一位神灵，却具有极高的知名度，那就是三国时的关羽。提起关羽，除了能征善战给人留下深刻印象之外，更因“土山三约”以及“夜读春秋”的典故，坐实了他那忠义诚信的形象。得承认，也正是得益于儒家对这一形象的认可和塑造，关羽才在随后的神化过程中，演变成了关公，更成了关圣帝君。当票号把他请进了自己的店堂，接受的不仅是关圣帝君的护佑，更要秉承的是这位山西老乡所代表的精神。在关公面前要大刀，是让人耻笑的事情，但在关公面前，不讲诚信，也是成心让人过不去。因此，《清朝续文献通考》卷十八称：“山右巨商，所立票号，法至精密，人尤敦朴，信用最著。”自日升昌开始，就确立了一个原则，即只要储户手拿汇票，不管何时何地，都必须无条件兑换。

直到今天，还流传着这样一个故事，说的是清末，一位沿街乞讨数十年的老妪，突然有一天拿着一张面额为 12000 两白银的日升昌张家口分号的汇票，到日升昌总号来提取银两。谁都不敢相信这张大额汇票竟出自乞丐之手，更何况它签发的时间是在同治七年（1868），时间已经过去了 30 多年。在细细询问之后，才知老妪的丈夫曾在张家口经商，后来打算回乡。对于经商的盈余，他也选择了其时安全保险的方式，通过票号汇出，并将票号给予自己的汇票，夹在了自己所穿衣物的夹层，然而，他却暴卒于归乡途中。没有凭证拿到钱，又失去了重要的亲人，老妪的生活自此没有着落。30 年后，也许是思夫心切，她又将丈夫过世时所穿衣物拿了出来，这次却幸运地捏到了这张汇票，于是便寻到了日升昌。因为汇票上的银两数是用密押注释，她本以为能拿点小钱就已经不错，却不料是一笔巨资。在问明缘由，又仔细查阅了几十年前的账目，日升昌分毫不差地兑付了现银。这让老妪的晚年从此有了保障，逢人便说日升昌的信誉如何可靠。

有时想，这样的票号，就是放在今天，也是先进的，很得人心的。比起当下的很多管理混乱，也没有灵魂支撑的家族企业，它更有现代企业的味道。然而，它最终还是倒下了。这就像中国足球，每到临门一脚的时候，却总是放了高射炮。这让人既遗憾，也十分疑惑。为什么在临门一脚之时，票号的表现也这么让人失望？

我们不妨回忆下社会学大师马克斯·韦伯曾经下的断言：中华帝国的社会环

---

① 金花圣母，据说她是玉女临凡，在明永乐三年，因不从父母之命嫁给兰州当地的一位庶民，而离家出走，入吧咪山无影洞中，羽化成仙。因处处显灵，有感即通，后来被票号尊为自己的行业神。

境和文化土壤不可能诞生出资本主义。

对票号来说，这也许是一语成谶。

失落的“民间帝国”

今天若要去雷履泰的故居，我们需要观看的不仅是那几副对联，更要注意的是它那故居的模样。比起他在日升昌票号里的大掌柜房，只是一间面积不足 9 平方米的窑洞，里面的陈设也十分简陋，他这座建于嘉庆末年到道光五年的故居，占地面积足足有 3888 平方米，是一座一进三截过厅式院落。其中的主体中院，更是古朴典雅，气势恢弘。不过，比起晋商的另一个源流——祁县的乔家，这座故居又是小巫见大巫。

这让人难免唏嘘不已。都知道山西人不介意经商，也乐意于做商人，但是在根子里，他们还是不由自主地将商业当成末业，总是期望着以末起家，然后再以本守家。而本无非就是像普通的中国人那样，买地或者是建房子。不过，这倒也有意外之喜。当票号在山西成为历史，但它们留下的砖砖瓦瓦，却成就了今天山西的旅游业，给了在新时代找不到新的出路的祁、太、平等山西中部城市，一个糊口的空间。

不管如何，票号虽然是晋商给这个世界的创新，但毕竟是生长在中华帝国的社会环境和文化土壤上——按照我们自己的理解，其实也就是小农社会形态之上——这种

平遥雷履泰故居

创新也总摆脱不了一股旧有的气息。

其一，它从资本方面来说，并不是面向社会广泛集资，而是家族式的，合伙性质的。这种方式使资金来源范围有限，使资金的筹集渠道和规模受到很大的局限。相反的是，西方的银行实行的是股份制，但这种股份制显然跟前面所提到的银股和身股，并不是一回事情。那只是笼络人才的手段，而它推动的则是资本社会化以及生产社会化。当银行通过这种方式将更多的资金收为己用，它的"财大气粗"就自然而然。日后，进入中国的汇丰银行，甚至掌控了中国市场上的银根，手一紧，银根就紧，手一松，银根就宽裕。相比之下，票号这种"生理缺陷"，让它最终只能仰人鼻息。

其二，票号的资本不仅依赖于东家，而且由东家承担"无限责任"——这和西方实行股份制，且是有限责任的股份制同样有很大区别。尽管这体现了东家的诚信，但是万一经营不善，就万劫不复，没有东山再起的机会。所以这在一定程度上影响了票号的"再生长"能力，且让东家的心态在经营过程中发生变化。

其三，票号虽然很能赚钱，但它们总是赚多少分多少，也不留公积金。这对员工来说，像是个好事情，但这却使票号不能逐渐滚动发展，扩大规模。像日升昌，获利能力虽然很高，但分红也很大。最高的一次分红，每股红利与本金相等，也是 1.2 万两。据载，光绪年间，日升昌就曾结账分红七八次。

其四，和华尔街给了美国 100 多年的工商业腾飞融资，尤其是股权融资相比，山西的票号却没有大规模投资于新式产业，始终在汇兑、拆借的领域内画地为牢。当新式产业的话语权握在外人手上的时候，票号在日后的繁荣也成了无源之水。

其五，票号自创立之初，不仅自身追求诚信，而且在向外人发放贷款时，一直采取的就是信誉贷款制度，不论贷出多大款项，都只看重对方的人格和信誉，"万两银子一句话"，不需要对方进行任何抵押。这无疑是给了贷款者以方便，而且让人觉得很有面子——在很长一段时间内，商人们都觉得以抵押品借款妨碍体面，是别人对自己人品或者说面子的看低。要知道，面子文化是中国最为根深蒂固的一种文化，影响了诸多中国人的人生选择。但这样一来，票号虽然赢得了客户，潜在的风险却非常大。

其六，它没有面向社会吸收普通的小额储蓄存款。这种碎片化的资金，尽管质量不高，但数量却是众多，处理得好，也能聚沙成塔，但偏偏被票号有意无意地忽略。对票号来说，它更喜欢来钱快来钱大的"项目"。

比如，票号就喜欢做一些达官贵人的生意。这也很好理解。一方面，官员自身的积余应是不少，毕竟社会上都流传，三年清知府，十万雪花银。另一方面，官员的手中还掌握着权力，巴结好了，还能从他们手中无息或者低息拉到可以动用的公款，这就意味着票号能获得巨额的无息或者低息的资金。《山西票庄皮行商务记》曾记载有这样的故事，“考前清定例，凡属官款，在京是存国库；在省则存藩库；在票庄者，官场与老板（老帮）私人情耳，故不行息也。所以票庄各码头之老板（老帮）之人，必选干练精明，应酬娴雅者充之，方能胜任而愉快。盖博得长官之欢心，青蚨[①]自然疑为飞来也。昔有某君为某分号老板（老帮），聪明干练，都雅宜人，到处官场往来，大有饮醇自醉之风。唯天性豪爽，不吝小费，起居衣食，亦备极讲究，忌之者以奢侈谗于总号长（大掌柜）。号长（掌柜）曰：‘某之奢吾岂不知？然每年结利之多，他人皆不若伊。须知伊之者，非奢也，其意实为号事计耳。盖不如此则交游不广，官路不通，而利微矣。如伊之奢何害也，请退与言。’闻者皆谓号长（掌柜）知人而善任。而票庄老板（老帮）各号中如此人者，尚多多也。老板（老帮）如此，伙友可知；一号如此，他号可知”。这让人不免唏嘘，要知道，票号在治理过程中一直强调防贪反腐，但为结交官府拼命花钱，却是正当无比，是为票号做的好事，也是别人想批评也批评不得的。事实上，票号结交官府带来的利益也印证了文中这个老板（老帮）很有先见之明，同治年间，四川将军崇实把多年榨取所得，交由票号汇往北京，票号主坚不吐露崇实交汇的金额，仅仅在一个偶然的情况下，人们获知票号“年来得将军汇银费十三万两”——你想想，汇费都如此之高，崇实的本钱该有多少？！从这个小故事我们还能得知，票号不仅巴结官府，而且在保密性上还尤为注意。这也是官府愿意和票号一起做“生意”的原因所在。

这种意愿到第一次鸦片战争之后，变得更为强烈。

随着中英《南京条约》签订，各行省都要按时按规定向指定口岸汇解战争赔款。距离近一点的没什么困难，但远一点的行省，则变得有些头大。如果不能按时完成任务，意味着有轻则革职、重则杀头的危险。它们只能主动寻求票号的帮忙。这倒中了票号的下怀。正是日升昌抓住了这一机遇，按期完成汇解任务，既为行省解决了“政治难题”，更让道光皇帝由衷赞赏，“好一个日升昌，还能汇通

---

① 青蚨，原是一种小动物，这里则是金钱的别称。

天下。”此前，道光只知道白花花的银锭才是银子，哪里知道一纸汇票也能变成白花花的银子！金口玉言下，“汇通天下”自此成了票号的口碑。这让“有困难找票号”也成了政府的习惯。到了太平天国起义之后，因受战火的阻隔，清政府的财政拨款同样遇到了很大的困难，这又进一步加深了票号和政府之间的关系。自此，票号竟成了官员的瑞士银行、地方政府的对公账户。

这种垄断性的“强强联手”，让票号自身利益也得到了很大程度上的保证。这也是票号在清末得到较快发展的很重要的原因。直到今天，平遥依旧流传着一副描述清王朝与票号关系的对联：清家与民同乐，票号与国同修。

这里特别要提的是庚子之年，八国联军打上京城，慈禧和光绪西逃，途经山西时先到太原，因经济困难，难得开支，慈禧派山西巡抚召集宴请太原各票号人员，请求借款。属于祁县乔家的大德恒票号应诺借银 30 万两。再到祁县，下榻乔家的另一家票号——大德通票号。随驾大臣董福祥则住在协同庆票号，其他人员亦都由票号安置下榻。在大德通票号为慈禧设置的临时行宫内，铺着红地毯，挂着锦缎，美酒佳肴，山珍海味，使仓皇出逃的慈禧大喜——可以说，这成了票号在政商关系的经营上的典范，最终也赢得了社会效益和经济效益双丰收。其中，社会效益是博得宫廷内外的好评，赢得了很高的社会信誉，经济效益则是，各省解京饷款，改电汇山西票号老庄——平遥、祁县、太谷。这出自光绪的旨意。“其存放汇兑各项业务，因而迅猛发展。1906 年，日升昌的 14 个分号共汇兑 3222 多万两白银，以此推算，全部票号汇兑额应在 5 亿两左右，其中官款为 2257 多万两；而存款总额约为 5000 万两，放款总额在 6300 万两以上。因此，时人讥曰：‘山西票号是清廷财政部。’”[①] 票号竟在国难当头时，一举坐大。

这并不是一件好事情。它反映出了中国民间金融在权重的多年影响下，依旧摆脱不了对权力依附的思维惯性，而这思维惯性在给票号带来好处的同时，却也带来了潜在的暗伤。“正因为票号与晚清官场联系非常密切，所以，它在封建性上较当时另一种金融组织钱庄就远为浓厚。”[②] 同时，也因为票号这样的做法，导致了官场风气一片败坏。对票号本身来说，当钱因垄断权力而变得如此好挣之时，他们内在的创新冲动，难免会因此失色。更重要的是，它没意识到，跟官府打交

---

① 戴光中，《宁波帮何以后来居上？》，浙江在线

② 张国辉，《晚清钱庄和票号研究》，社会科学文献出版社 2007 年版，P100

道，其实也是在刀刃上舔血，搞不好就割断了自己的舌头。因为权力能给予它们的东西，也能无情地收回去；还有就是，它可以跟权力讲诚信，但权力却未必能保证跟它讲诚信。这几点在战乱时期表现得最为明显，当战火来袭，那些达官贵人们就纷纷挤兑，根本不顾对方的死活。若是借了款，死的死，跑的跑，这让票号一大堆贷出的款就变成了坏账。后来有人研究山西票号的没落，其实并非资金不足，事实上，据史料查，很多票号截至倒闭，应收和应付相抵，仍有百万盈余，但挤兑需要大量现银应付，而外账无法收回导致票号岌岌可危。

除此外，权力的勒索，也让票号一直如鲠在喉。赔付西方列强需要钱，平息内部的战火也要钱，这让清政府在手头紧张之时，选择了向票号动刀。比如说强迫它们大量捐款，且要捐的名目纷繁，要求的数额又大。口头说是自愿捐助，实则完全是强行索要；你若是不愿意捐的话则被锁闭于班房。山西巡抚伯麟在收捐上更是采取“勒限催交”的方式，连嘉庆帝都担心“因此激成事端”。《清仁宗实录》中有这样的记录：“晋商摊捐最繁多，统计每年捐银八万二千两。”

只是，这些还是小问题，对票号来说，它最大的隐忧是皮之不存毛将焉附。在这里，皮就是指它依附的权力，而毛显然就是票号本身。当它所依赖的权力，先是被西方霸权侵蚀，既而被推翻，它的结局也显而易见。

“自救”失良机

对票号来说，随着中国进入大变局的“历史三峡”，它其实还是有一线生机的。

这个生机在于，在全国经济、金融中心南移上海之时，它也能跟着调整。尽管祁、太、平成就了票号，但事实已经证明，当资本主义的生产方式已经迫在眉睫之时，这些蜷缩在内陆的城市，显然已经跟不上社会的需求。票号如果依旧“恋栈”而不肯挪窝，那么，这意味着它永远也跳不出旧有的窠臼。

事实上，当山西票号还没意识到这个问题的时候，就有精明的南方人，开始创建一种更新型的票号。这种票号包括有近代宁波帮的鼻祖严信厚成立的源丰润，也有著名徽商（又一说是浙江杭州人）胡雪岩成立的阜康票号，以及云南王炽的天顺祥，当然更少不了李鸿章家族的义善源——这些票号因为是南方人士创办，且多在上海立足，相比较祁、太、平，它们遂被称为“南帮票号”。这些票号的出现，打破了山西人对票号的垄断，更加促进了票号业之间的竞争。不过，和此前提到的那些山西票号相比，它们之间的业务模式大致相当，而创办人也多是行走于官商两道。李鸿章家族自不用说，而胡雪岩更是“红顶商人”，跟着朝廷大员左宗棠鞍前马后，为其买卖军火，勾兑资金，正是因为大做官家的生意，胡雪岩的阜康票号过得无比滋润。至于严信厚，则和盛宣怀一起当过李鸿章的幕僚，《上海县志》载，“鸿章督师‘剿捻’委驻沪襄办，转运饷械。晋豫荐饥，又檄令往来津沪筹办赈抚”。因为办事干练，又被李鸿章保荐为候补道，加知府衔。后又负责督销长芦盐务，并出任天津盐务帮办。接下来，他又利用自己候补道的身份，出任上海道道库惠通官银号经理，掌管上海道进出的公款。毫无疑问，上海道进出的公款，又大多通过源丰润汇划。如此一来，源丰润不但在商界影响卓著，而且在官场也名声越来越响。就连袁世凯都是该票号的大主顾——牛是牛矣，但它的新又新在哪里呢？还不是和山西票号一个模样吗？事实上，除了这些相同点之外，南帮票号有一个很大的不同就在于，正因为它们身处上海，靠近洋务运动的中心，所以它们在经营理念上已经有了极大的超越，比如说一改票号的钱只能作为消费工具或者支付工具，亦即周转资金，而非长期投资的陋习，开始投资实业，让这些钱成为真正的本钱。这里还得要说的是严信厚，他之所以能成为近代宁波帮的鼻祖，正是借助于同僚盛宣怀开启的中国洋务运动史上由幕僚商人主办洋务的这一“便利”，投身到近代工业的创办之中，让他和旧式的宁波商人有了天壤之别。1887 年，他曾在宁波将一处手工轧棉花的工场，改建为机器轧花厂，取名通久源机器轧花厂。此厂有四十台新式轧花机，雇佣工人 300 多人。它不仅是宁波第一家近代工厂，更是中国第一家机器轧花厂。日后，他还先后在上海设立有利棉轧花厂、原记轧花厂、礼永和轧花厂等，并成立了华新纺织新局。得承认的是，正是源丰润在背后的支持，成全了他在工业上的布局。相反的是，工业上的成绩也给源丰润的利益带来了反哺。这种由严信厚开创的早期的“银企结合”——一手工业，一手票号——给了双方都得以腾飞的空间。这也是中国民间金融业最重要的自我发现。

只是，身处上海，既是机遇，也是危险，因为它得直面西方霸权的威胁。胡雪岩在 19 世纪 80 年代的大衰败，对票号来说无疑是个刺激。这个家财万贯的大商人，表面上看是败在了朝廷的内讧之中——因为一山不容二虎，李鸿章和左宗棠之间迸发出了无数矛盾。这也让胡雪岩深受其害，在“排左先排胡”的战术指导下，李鸿章要想排左，就要打掉他这个左宗棠的“财政代理人”。事实上，胡雪岩是死在汇丰银行之手。他和汇丰的冲突，源自 1883 年，他对那些跑到中国来发财的外国洋行所发起的“生丝大战”——他希望通过控制生丝生产的源头来控制生丝的定价权，进而不再受到外国洋行的盘剥。他差点就成功了。但再精明如他，也没料到自己的对头，并不是那些洋行那样简单——在这些洋行的背后，其实站着汇丰这样的大怪兽——这只大怪兽于 1865 年在香港“出生”，未满百日，就在上海开设了分行并营业。很快，它就凭借着自身优势，控制了上海市面上的银根。当胡雪岩对洋行穷追不舍时，汇丰却对他的资金进行釜底抽薪。前线吃紧，后院却起火。胡雪岩再富甲一方，也受不了急火攻心，他的家资竟一泄千里，而阜康票号在挤兑面前也彻底倒闭。

这不是个案，就连源丰润和义善源也没能够善始善终。1910 年，因为橡胶股票风波导致的金融危机[①]，财大气粗的源丰润竟宣告清产，亏欠公私款项达 2000 多万两。它的倒闭，累及外埠分号 17 家，“严氏家道遂由此中落。”而义善源同样也步其后尘，李鸿章之侄李经楚无法偿还借款，最终以 1400 万两之负债宣告破产。这就不免让人唏嘘不已，它们尽管比山西票号更新，但最终还是倒在了日升昌之前。

这两家票号的倒下，自然还有其他各种各样的原因，当然也少不了胡雪岩倒下时的权力内讧，但最重要的，也许是因为它们都处于上海，这意味着融入世界的程度和深度都比窝在山西要大要深，因此受到西方霸权的影响就尤其大，难免

---

① 今天，橡胶俨然成为生活的“必需品”，因为满大街跑的汽车都需要用它来做轮胎。20 世纪初，也正因为汽车工业的迅速发展，导致橡胶生产成为朝阳行业，这让很多没见过橡胶长成啥样的人，都以为投资它，会发大财。正是利用这种盲目和跟风，一些外商趁机做局，大肆圈钱。英商麦边便是这其中的高手。他先是成立了一家皮包公司，为了向上海市民招股，他采取了一系列舆论宣传攻势，在上海几家著名报纸发文章，鼓吹橡胶产品。同时，他还宣传自己公司实力强劲，声称该公司在新加坡的橡胶种植园获得丰收，在英国伦敦股市，该公司的股票不断上涨。另外，将新加坡一家橡胶种植园的外景摄制成电影，招待上海市民观看，并宣称该公司股票每年分红可达 45%……更重要的是，他还将汇丰银行、麦加利银行、花旗银行给忽悠了进来，让上海滩的这三家规模最大、实力最强的外资银行为其信任背书：投资者可将持有的股票在这三家银行进行抵押变现。一时间，人们趋之如骛。正是在无数只推手的推动下，橡皮股票的价格扶摇直上。与此同时，上海市面的流动资金，基本上也给全套住了。然而，泡沫终有破灭之时。当人们手里昨天还价值千金的股票，转眼成为一堆废纸，上海的金融危机在所难免。

受到各种各样的牵连。但因为害怕危险，而没有走出来直面威胁的勇气，就有点让人看不起了。更要命的是，也正因为没有走出来，这让决定票号命运的大人物们没法体味到新鲜事物，接受到新鲜思想，最后让票号的另一种自救良机——改组银行，最终成为泡影。

对这一结局，李宏龄应该痛心疾首。像《山西票商成败记》里所说的那样，他曾经为之努力过。1908 年，他时任平遥票商蔚丰厚北京分号经理，已为蔚丰厚服务了整整 40 个春秋。为了挽救票号的颓废，他不顾自己已进花甲之年，依旧奔走在进谏的第一线。他执笔写给自己老家各票号总号的大小掌柜们，落款为“京都祁太平票帮”的公函中，“力陈票商已到生死存亡关头，各家应及早合组银行，外争利权，内求自保。在信的结尾处，李宏龄说：‘或问开银行后即可保票号不废乎？不知正以票号不能久存，故立银行以补救之，纵使票号尽废，有银行尚可延一线生机，否则同归于尽而已。’焦虑之情，溢于言表”[①]。然而，那些掌握着票号话语权，曾享受过巨大红利的大小掌柜们，却迟疑了。

他们不仅没有认清自己所处的形势，更担心转型银行就得引进外资，这样会让自己独得的好处变成与外人共享，有些肥水要流外人田的担忧。此前，当清政府的户部筹办户部银行时，山西票号就坐失良机，拒绝了参加筹办该银行的计划，明令北京各分号“不仅不让入股，人亦不准加入”，致使户部银行改由江浙绸缎商筹办，这就是后来中国金融业渐被江浙商人控制的缘起，而宁波帮也因此挤掉晋商成了中国近代的第一商帮。时间过了好几年，李宏龄以为大伙们总能明白自己的处境，孰料一腔热诚依旧被迎头泼上了一盆冷水。对他创办银行的积极性，蔚泰厚大掌柜同时也是祁太平票帮领袖毛鸿翰不以为然，甚至发出狠话：“银行之议系李某自谋发财耳，如各埠再来函劝，毋庸审议，径束之高阁可也。”惊闻此言，李宏龄顿时“如冷水浇背，不得不闭口结舌，而筹办银行之议，烟消云散矣”。

也许，只有彻底的失败才能让人警醒。为救亡图存，民国元年（1912），山西票号终于想起要建立一家银行了，名字都取好了，叫山西汇通实业银行。就连毛鸿翰，也改变态度，让李宏龄甚至生发出“实出意料之外，此事有成，前途可喜”之感。又感叹：“如在数年前，弟提倡银行时，若不施阻力，则基础早立矣，更何待今日之经始耶！思之令人恨恨！”然而，上天再也不愿意给它机遇了，本由政府提

① 谭洪安，《票号三战失机缘》，《中国经营报》

供借款，或者入官股，以便银行开张，却无一落实。加上一战爆发，国内外的社会环境更是动荡无比，这本来是票号最接近转型成功的一次努力，也因此化为乌有。

接下来的情形不言而喻。民国三年（1914）农历九月，尽管有梁怀文重新出山力挽狂澜，但日升昌票号还是倒闭，李氏家族的风光也就此退隐。天津《大公报》曾做过这样的报道：彼巍巍灿烂之华屋，无不铁扉双锁，黯淡无色，门前双眼怒突之小狮，一似泪下，欲作河南之吼，代主人喝其不平。到民国十一年（1922），北洋政府农商部正式批准日升昌复业，日升昌却已不是原先的日升昌，它改为新型的债权人做股东的股份制票号，总号设在北京，分号设在平遥。这无疑是一种自我否定以及自我更新。不过，十年后，新的"日升昌记"还是坚持不住，宣布倒闭。

这让人想起李宏龄的感叹，不免又"思之令人恨恨"！

第二章

“部分开放”下的“广东特区”

伍秉鉴一开始肯定以为这个世界就是他的。

谁说不是呢？他 1801 年从去世的长兄伍秉均那里接手了怡和行的生意之后，经过打拼，将它打造了行业内的翘楚。1807 年，怡和行成了广州十三行的老二，到 1813 年，当清政府在各大行商中设立总商，他也成了总商之首，这也意味着他居于行商的领导地位。这些成就还远远不够描述他的辉煌。这么说吧，当林则徐等人还在努力“睁眼看世界”的时候，他已经进行全球投资了。

首先，他有茶山、茶场，其祖就在武夷山种茶为业，通过茶叶贸易，他发了英国人的财，甚至成了英国东印度公司的最大债权人，东印度公司有时资金周转不灵，常向伍家借贷。其次，他又抓住美国在中国和印度洋的贸易扩张，以及新加坡港市于 1819 年的建立出现新的机遇，又发了美国人的财。在自己的合作伙伴，也是美国事务的“代理人”——旗昌洋行股东约翰·默里·福布斯和罗伯特·福布斯的支持下，他开拓性地在大洋彼岸的美国进行铁路投资、证券交易，甚至涉足保险业务等领域。比如说投资密歇根中央铁路、柏林敦和密苏里河铁路，投资阿尔巴尼和波士顿矿业公司以及建立美国股票投资公司……1840 年 6 月 28 日，他在给约翰·福布斯的信中就明确地说，“我在美国和欧洲拥有大量基金，这些基金你必须尽可能谨慎管理，保证其安全，并让它产生利润”。你可以说他是世界级的实业家，投资家，也可以说是世界级的金融家。

就是在这种从实业中拿钱放贷，赚到钱再投入实业这种双重变奏中，他让自己在世界范围内变得纵横捭阖。

西方对他的大名可谓如雷贯耳,《华尔街日报》曾这样评价他:"出生于1769年的清朝行商伍秉鉴继承父业与外商从事买卖,又进一步贷款给外商并以此获得巨富。他在西方商界享有相当高的知名度。"就连英国人威廉·渣甸和詹姆士·马地臣在1832年创办自己的洋行时,也特地借用了伍家"怡和行"的字号,将它命名为"怡和洋行"。而"怡和行"的另一商名"浩官",更成了西方人眼里的中国品牌,也可以说成是中国贡献给世界的世界品牌——

从他的身上,你根本看不出其时的中国,正行将没落。

王权特许下的"贸易特区"

伍秉鉴的成功,首先要感谢的却是,广州的一口通商。

在某种意义上,没有广州的"一口通商",就没有十三行在全国的坐大,也很难有他的荣华富贵。尽管在中国历史上,广州一直是海上丝绸之路的重要港口,自唐代开始就设有市舶司,到宋朝时,其市舶司更是管理了南洋一带海外贸易,但它承担的也只是一部分对外贸易功能,其时的外贸港口还有大名鼎鼎的泉州和明州(宁波)。不过,到了明朝,这个由汉人建立的政权,对"小国寡民"的权重颇有一些追求,让其在面对海洋时,最终还是习惯性地选择了"内敛",在嘉靖年间,广州遂成为当时全国唯一的对外通商口岸。很显然,这种禁海,给国家带来了很大伤害,同时也让沿海群众无法靠海吃海,为了国计民生,1684年,在摧毁台湾抗清政权后,康熙宣布解除海禁,设粤、闽、浙、江四大海关,由所在巡抚兼管,允许海关分别所在的广州、漳州、宁波、云台山(今江苏连云港)四个口岸与外国通商。这一举措似乎严重地冲击了广州的地位。相比较而言,浙海关因为接近茶丝产地,在这里买茶丝,要比在广州便宜多了,所以西方纷纷跑到浙海关进行交易。和明朝一样,清政府在禁海、开海上也一直反复无常。康熙后没多久,风向开始有变。海关的管

伍秉鉴,西方人眼中的世界首富

理权先是在雍正时期被收归中央，更明确地说，是直属内务府，跟巡抚无关。到乾隆当政的1757年，四海关更是变成了一海关。"乾隆时因怕广州关税减少，并鉴于在广州虎门、黄埔等处满清设有官兵，对于英国侵略者给以控制较为便利。"①出于海防安全的考虑，他下决心维稳。在一开始，乾隆想通过增加浙江关税，迫使洋商只在广东贸易。"虽有乾隆的增税谕令，但抵制外船北上的实际效果并不大。于是，乾隆皇帝又于十一月分别给广东、浙江下达谕旨，仅保留广东一地对外通商。从此偌大的清帝国只剩下广州一处口岸延续对外贸易。"②对其时的西方人来说，除了广州，无疑就没有其他选择了。这给广州十三行极大的"地利"之便。

其次，广州十三行的出现，本身就是王权特许的结果。此前的明朝，尽管在海禁上一直要求严格，但庞大的官商集团，却让走私贸易严重地冲击了这一政策。同时，他们还通过诋毁商税征收，将税费控制在极低的水平，从而大肆地挖起朝廷的墙脚，导致有着过亿人口、贸易量巨大的明朝，每年只收区区300余万两银子的商税——这也是明朝最终崩溃的重要原因。到了清朝，政府终于改弦更张，让利于民。毕竟，新生的政权需要通过这样的手段，来为自己赢得更多的合法性。顺治五年，清政府曾下令，"禁止诸王府商人及旗下官员家人外省贸易"，意即不许官员经商与民争利。到康熙设粤、闽、浙、江四大海关之后，又于康熙十二年再次下令，严直省官吏私税市货之禁。当官方的身影从贸易中隐退，清政府只能从民间寻找自己的代理人。加上其历来抱定"中外之防，首重体制"的观念，规定"天朝制度，从不与外夷通达书信，贸易事件应由商人转禀"，于是，中国近代外贸史上著名的广州十三行，作为经营外贸的专业商行，自此走上了历史舞台。

这里得注意的是，虽然名义上是叫十三行，但这十三就跟"吾日三省吾身"中的"三"一样，都是约数，表明多的意思。根据资料，其最多时达到26家，最少时只有4家。所以，这"十三行"也就是一个统称而已。

在某种意义上，广州十三行得感谢王权的特许，以及广州的一口通商政策，这让它们在中外贸易上取得了极大的优势。尤其是到1759年，随着清政府加紧对开放的口岸进行控制，乾隆批准了新任两广总督李侍尧制定的《防范外夷规条》，广州十三行更是将中外贸易中的优势地位逐渐变成了垄断地位。

---

① 王仁忱，《满清的海禁与闭关》，《历史教学》1954年第12期

② 中荔，《十三行》，广东人民出版社2004年12月版，P44

《防范外夷规条》共有5条，所以又称《防夷五事》。这是清政府全面管制外商的第一个章程，主要内容有，一、禁止外国商人在广州过冬；二、外国商人到广州，应令寓居洋行，由行商负责稽查管束；三、禁止中国人借外商资本及受雇于外商；四、割除外商雇人传递信息之弊；五、外国商船进泊黄埔，酌拨营员弹压稽查。

尽管禁止中国人受雇于外商，不过外商在中国做生意，总需要一些当地的帮手。比如说采买者以及通事。通事的主要职责，是向外商宣示政府法令，外商外出时随行管束，为外商书写禀帖，通关报税，领取船舶出入口许可证乃至装货、卸货、检验货物、招雇驳船及搬运工人等。而采买者则是帮助外商购买食品以及做好内务杂役。不过，清政府对这些人的使用仍有限制，比如说，采买者们并不准涉足商贸活动。同时，数量有限，不得超额，规定每馆门人不得超过2人，挑夫不得超过4人，外商一人只准雇中国看货夫1名。更重要的是，这些人也不是随随便便就能为外商所用，通事一般是由十三行推荐和保充，而其他职位则必须由行商、通事结保，并向粤海关领取牌照才能充当。另外，这些人到了外商的身边，也不能“仰其鼻息”，唯外商马首是瞻。像通事就有稽查外商违法行为、防止“民夷勾串”的政治责任——很有点像政府安插在外商中间的“内应”。这些规定的制定，无疑全面限制了外商在华贸易的自由，这也意味着，他们在中国做生意，不能越过广东十三行而私下勾兑。这既保证了广东十三行垄断了中外贸易，同时也承担起了外交职责，变成清政府管理、约束外商的媒介和工具。到1775年，清政府为这一控制再次“添砖加瓦”，推动了保商制度的形成——粤海关在重组广东十三行公行[①]的告示上规定：外船驶入广东时，凡入口税均须经行商之手，并每艘船只须由行商一人保证。另外，它还规定：“夷船到粤，不论公司港脚船只，均有保商。如有漏税等事，按例罚出。”这也意味着，那些充当保证人的行商，也就是保商，不仅要对偷漏关税负责，而且要对这条外国船上一切人员的行为负责。

---

① 公行，类似于今天的商业协会组织。最早成立于1720年，当时的许多行商为了加强团结，以及自身地位，防止内讧造成损失，因此联合起来成立这一行会团体，最初的成员包括16名行商，他们订了一套含13条的条款来规范价格和交易程序，并规定后来加入的成员必须交1000两白银的会资才能加入。不过，一开始它的组织相当松散，未能协调好官方、外商以及行商三者之间的利益，曾历经几次废立。

这也成了清政府在中外贸易史上的一大“创举”：以商制夷。

不管如何，垄断了中外贸易的广东十三行，也成了诸人都想加入的“热门组织”。只是，不是谁都能成为它其中的一员，按照清政府的规定，最起码，得身家殷实。另外，“除遇十三行内有歇业者，准其联保承充外，不得无故添设一商”。这些规定，抬高了进入广州十三行的门槛，让一般的商人根本无法问津，也为官府的敲诈勒索大开了方便之门[①]。

进入不自由，退出同样也不自由。清政府还规定“殷商不准求退，即使有老病残废等事，亦应责令亲信子侄接办，总不准坐拥厚资，置身事外”，一语道破了权力让渡下的“天机”，一方面，可以保证外贸的“专业水准”，借此巩固封建秩序，绥靖遐方，增加皇帝的日常用度——要知道，粤海关从它们那里收到的收入，是要交内务府的，专供皇室之需。所以一口通商的广州，也被称为“天子南库”。另外一方面，那就是“把富商巨贾吸收、网罗到封建商业垄断组织中来，以便控制他们手中的商业资本。并通过各种方式，把商业利润纳入为封建王朝财政服务的轨道。所谓‘不准坐拥厚资，置身事外’，充分暴露了清政府不允许在其控制之外，存有巨大的商业资本。对外贸易固然是无底的利薮，使商人望之垂涎欲滴。可是一旦在户部落了行商籍，他们的财富便被清政府套上了封建的辔鞍，终世挣摆不脱。十三行早期，行商所具有的那种自由商人的特色，在公行时期已荡然无存了。行商的出路不外两条：一条是破产；一条是为清政府的垄断贸易效劳终身，父死子继，世代为商。他们是清王朝的富有的奴仆。”[②]

日后，当上第二任港督约翰·弗朗西斯·戴维斯曾在自己的著作《崩溃前的大清帝国》（首版于1836年）中，这样描述自己眼中的这些广州行商，“在广州与贸易商——尤其是行商——打交道的经历，可能会让人得出一个非常草率的判断，即财产的安全性在中国很成问题。行商是谨小慎微的政府手中的工具。政府不愿直接与外国人发生冲突，因此，他们先让这些人——他们像海绵一样——通过外贸垄断汲取收益，然后又通过一种堪称为‘压榨’的制度，让这些人定期将自己的收益上交政府”。

然而，由垄断带来的巨大利润，却能让人忘却那些不自由所带来的烦恼。在

① 吴建雍，《从广东十三行看清政府对贸易的垄断》，《学习时报》2007年6月

② 吴建雍，《从广东十三行看清政府对贸易的垄断》，《学习时报》2007年6月

蓝狮子企业研究院研究员杜博奇看来，这种利润除了在中外贸易中作为中介的手续费和酬劳，更在于附加在垄断地位上的话语权。“这种话语权的变现形式就是‘进出口商品定价权’。无论洋人运来的洋货，还是委托采购的土货，均由十三行统一定价，即‘定价销售’与‘定价代买’。十三行给出一个价格，洋人只能以此交易，而绝无讨价还价的余地，这项特权带来的利润之丰厚，每年可达数百万银元。”①

在成为行商之前，伍秉鉴的父亲伍国莹一直在广州经营对外贸易，向英商出售生丝和茶叶，兼经售外货。这个个子不高，面容清癯，看上去很普通的南方汉子，显然对成为行商兴趣很大。“为了能从官府手中取得垄断经营权，他对两广各级官员很讲义气。当然，义气不是空谈，首先表现在肯花钱上。每次更换新总督，怡和行的钱不仅要花出去，而且要花得无声无息，给外人的感觉是受惠一方应得的”②。正是重金之下，他买到了一张“洋货行商”执照，成为被获准与外商交易丝绸和瓷器的少数中国商人之一，并在1784年在广州开设怡和行。得承认的是，此乃伍家真正得以兴起的源头。

在某种意义上，他们都是靠政策先富起来的人。

“口岸金融”崛起

如果我们仔细审视十三行和晋商，你会发现它们之间具有内在的相似性——首先，它们都是封建王权特许制度下的产物，注定着和权力脱离不了关系，也和资本主义生产相去甚远。与此同时，它们的兴起，也带动了相关金融的诉求。之于晋商，是票号的出现。之于十三行，则是口岸金融。

不过，比起晋商，十三行因为可以通过中外贸易近距离地接触西方世界，这让它们比晋商在某种程度上要先进一些，在以天朝自居的中国，成了率先睁眼看世界的群体。这让他们敢于冒险，敢于先行一步，不说伍秉鉴的全球投资，早在1722年——比雷履泰的出生时间还整整早了40多年，日后与怡和行并列为广

① 杜博奇，《伍秉鉴的特权经营和商业手腕》，《上海证券报》2013年3月29日

② 贺痴、吕静霞，《清代世界首富伍秉鉴的财富人生》，中国致公出版社2010年10月版

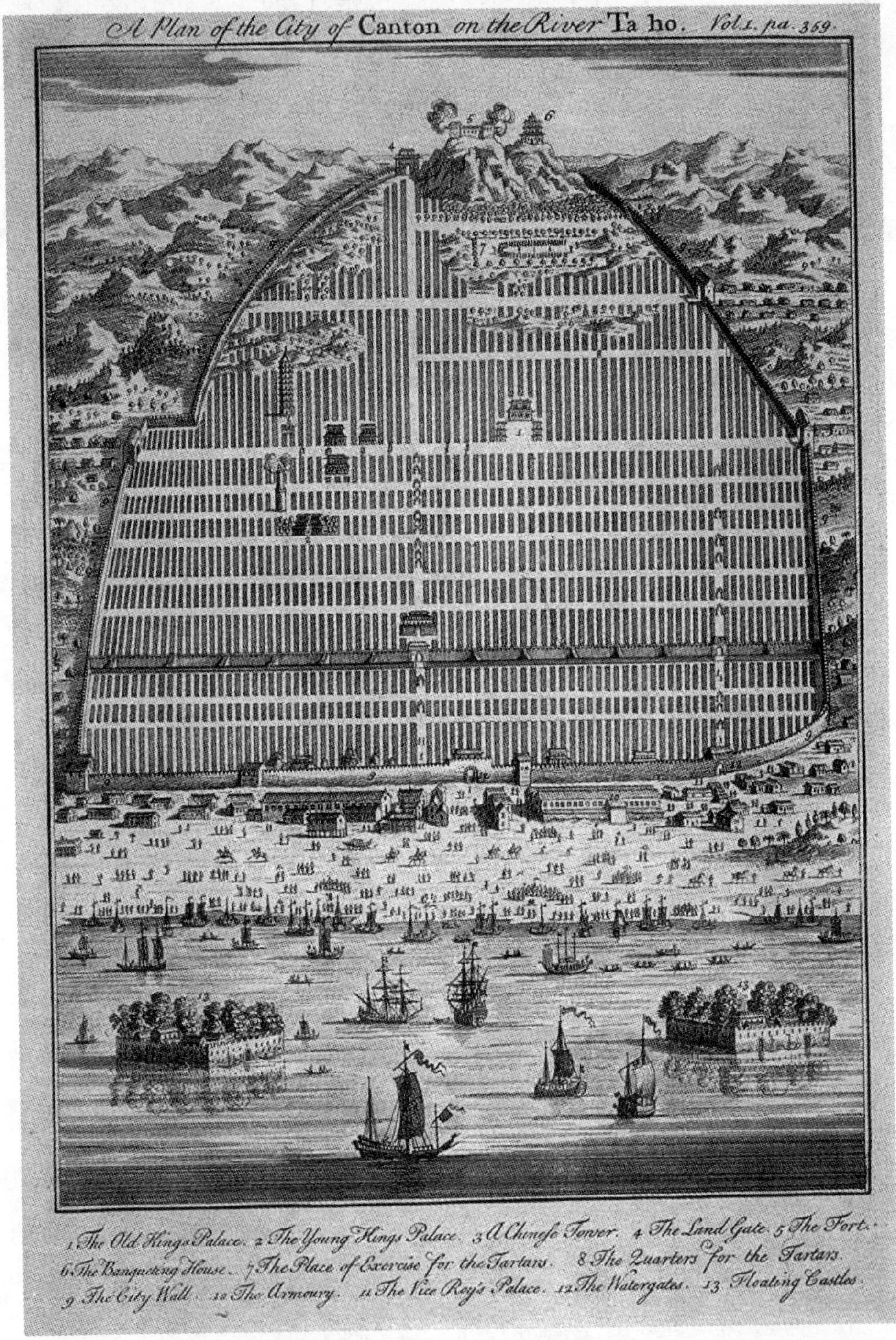

图为第二次鸦片战争期间，英法进攻广州示意图，由此也可见广州当时的繁华。

州四大行的同文行，就在与英商交易时首次采用伦敦汇票支付货款，开一时之先河——这种对外来经验的吸取，是当时只以白银为支付手段的中国商人所难以想象的。它也成了口岸金融中相对突出的表现。

除了十三行行商自身的金融行为，一些民间金融组织也在这里找到了发挥的舞台。比如说因洋钱流入，为解决兑换银元和铜钱这一需求而产生的钱庄。对广州而言，这种需求尤其巨大。不过，和既能汇兑，也能存放款的票号比起来，钱庄一开始是有极大的自身缺陷的。因为它只承揽兑换，而且营业范围也多限于本地，这就决定着它们在巨大的商机面前，一定心有余而力不足，毕竟，中外贸易首先遇到的是不同货币之间的兑换，同时又必然涉及同城或者异地的财务清算的问题。好在到乾隆中后期，钱庄也开始完善自身的功能，逐渐从银钱兑换业的基础上发展成为信贷活动的机构，其信用票据——钱票（庄票）就已经在北京开始流行，并从北京向京外流传①。尽管在1838年，清政府内部曾爆发过一场有关该票存废的争论，但庄票在融通资金上的便利，让它一直顽强存活下来。而在洋行与钱庄的早期接触中，它们发生联系的第一个表现就在于庄票的应用。除此之外，钱庄的势力范围也开始扩充，以长江以南为中心。这便给了钱庄坐大的本钱。在日积月累中，它自身的优势也越发凸显出来。比如说票号的存款以官款为大宗，放款只借给官吏、殷实商家，当然还有钱庄。而钱庄的存、放款对象，则以一般商人为对象，所以比起票号，它更接地气，也更为一般商人所喜欢。同时，它所做的贴现、兑换、买卖金银以及交换票据等业务，票号均未兼及。另外，正因为在同城生意上做得得心应手，也逼得票号最后就集中全力经营各地及各省往来的汇兑，而把属于地方性质的业务，逐渐让与钱庄，或者由钱庄进行代理。不管如何，到广州一口通商之时，钱庄已在所难免地"独霸"中外贸易的金融市场。

"据1848年出版的《中国商业指南》一书记载：广州钱庄中大部分是与商业发生联系的，只有少数钱庄仅仅从事银钱兑换，不与商业发生关系。钱庄收受商人存款，同时商人也可随时支取他的存款。钱庄对于这一类存款不付予利息。另一类系有息存款，钱庄给予的年息在12%以下。存款人如果要提取这类给息存款的全部或一部分时，均须早几天通知钱庄。广州钱庄的业务大多限于本省或

① 咸丰三年鸿胪寺卿祥泰的奏折中称："溯查钱票自乾隆年间畅行以来，流通京外，实为裕国便民之良法也。"《鸿胪寺卿祥泰为拟变通章程奏折》（咸丰三年四月初三日），《朱批奏折》

相邻的广西省范围内；只有一部分钱庄与省外行号有联系，而在其他省份设立代理的更只有少数几家钱庄。当时，有一家在广州享有很高信誉的钱庄叫‘安兴’（Anshing），它与北京、南京的商店都有往来关系。广州钱庄也举办短期贷款，期限在3天以内，日息为0.5%。”[①]

这些钱庄的经营者，有十三行的行商，包括伍秉鉴，他的巨大财富，除了来源于进口、出口，还有自家的钱庄的生意。他向外界放贷，就是通过钱庄的手段。反过来说，中国钱庄贷款给洋行，是以行商的贷款为开端的。

除了他们，我们还需要关注一个很特别的群体，那就是看银师。前面说了，中国的币制不仅复杂，相比较英国在1816年就实行以金币作为单一主币的金本位制，中国长期铜、银并存，这种局面到明朝张居正实行变法之后更是被“激化”。不仅如此，就连银本位本身，也有它的极端复杂性。以银两为单位的银锭，在秤（重量）、色（质量）两方面，都存在繁琐复杂的标准。既有诸多不同的秤砝，又有各种繁复的成色——正是源于这方面的麻烦，雷履泰开创的“平色余利”竟能让日升昌借此大发其财。特别是在16世纪下半期，以西班牙银元为主体的洋元进入中国流通领域以后，又多了一重换算的障碍。这让身处其中的中国商人很是苦恼，何况是不熟悉中国币制，且对中国银块知识颇为缺乏的洋商。他们急切需要有专业人士帮他们解决这类难题，于是就有了靠此吃饭的看银师。这些看银师的业务量是如此繁忙，据说他们店铺的砖缝中经常会因此累积一些银屑——曾于1825年来到广州，并于1829年在广州加入美商旗昌洋行，8年后成为该行合伙人，前前后后在华生活时间长达40年的美国人亨特（1812—1891），便在自己的作品《广州番鬼录》与《旧中国杂记》中描述过这样的事情，别人的店铺换地砖要付出一笔费用，但这些看银师不仅不需要付出费用，相反能够赚钱。原因就是，不是谁都能替他们换地砖的，要想换这地砖，必须花钱买这个资格。当然，谁都不傻，他们之所以愿意出钱，自然是看中了那地砖中的银屑。为了拿到这个资格，有人曾出50两银的高价。所以在亨特眼里，这些看银师无疑是岭南人精明的例范，他们善于利用一切条件来捕捉商机。经营钱庄，自然是他们不会错过的营生。只是，在广州十三行垄断了中外贸易的条件下，看银师要想获得更多的生意，只能依附于广州的行商。好在大河淌水小河满，如果这种日子能一直延绵下去，依旧

---

① 张国辉，《晚清钱庄和票号研究》，社会科学文献出版社2007年4月版，P28

还是让人艳羡。

也正是在《广州番鬼录》中，提及了伍家的财富。它用如此艳羡的口吻说，伍秉鉴究竟有多少钱，是大家常常辩论的题目。它还说，1834 年，伍秉鉴对他的田产、房屋、店铺、银号及运往英美的货物等财产估计了一下，共约 2600 万元。而在这个时期的美国，最富有的人资产也不过 700 万元。如果折算成银两，伍秉鉴的财富保守估计不低于 1800 万两白银。据周志纯《晚清财政经济研究》一书估算，清政府 1840 年财政收入为 4500 万两白银。伍秉鉴身价之高，抵得上清朝政府一年财政收入的三分之一还绰绰有余。

尽管伍秉鉴要感谢“政策”，但也得承认的是，他能在先富起来的人群中成为最牛的那一位，也是个人努力的结果。在很多人眼里，他“诚实、亲切、细心、慷慨”，是商业奇才，有着超前的经营理念，而且让人觉得大度又可靠，无疑，这些都是他将怡和行做成世界品牌的前提。在这里，我们不妨总结一下他的成功之道：

一、他很讲究诚信，他所供应的茶叶，即使在对质量十分挑剔的英国人眼里，也被鉴定为最好，并被标以最高价出售。此后，凡是装箱后盖有伍家戳记的茶叶，就成了驰名商标，就可以在国际市场上卖出高价；

二、他很精明。有资料记载，伍秉鉴在英商行号存放有百余万元期票，他计算的利息，与英商兑付时的数目分毫不差；

三、他讲感情。在洋商被政府视作“夷商”之时，他就已经跟许多外商建立起彼此信赖的私人友谊。在 1805 年，外商曾按约运到广州一批棉花，到港后却发现是陈货，其他行商们都不肯接单，只有伍秉鉴收购了这批棉花，也因此亏了 1 万多元。有人因此揣度他面对洋商“胆小如鼠、懦弱无能”，但他却凭借这样的做法广结善缘——无疑，这种相互信任在无契约基础的贸易交往中所起到的作用，是多么关键。另外，还有这样一件事情让人记忆犹新津津乐道，那就是当时有一位美商曾与伍秉鉴合作经营一项生意，结果经营不善，欠了他 7.2 万银元的债务，却没能力偿还，因此没法归国。他得知此事后，对这位商人说：“你是我的第一号‘老友’，你是一个最诚实的人，只不过不走运。”说完，叫人把借据拿来撕个粉碎，并表示他们之间的账目已经结清，对方可以随时离开广州回国。伍秉鉴这个惊人的举动，使他的名声在美国传诵达半个世纪之久。他的肖像，也在一些和他有过生意来往的美国商人的府邸悬挂着。正是得益于这种认知度以及认可度，他得以建立起了庞大的世界性商业网络。除了欧美之外，给他带来很大利润的还有印度。19世纪初，他通过曾在广州营商的印度人帕史、商人默万吉·马尼克吉·塔巴克等，在印度建立了商业网络。其他的印度商人如孟买的莫霍马达利·阿利·罗盖、以澳门为基地的达达布霍伊·拉斯托姆吉等，也都与他有商务关系。

四、他很低调。这个天庭饱满，却两腮下陷，使得整个面孔像是三角的男人，生活方式极其简朴，食量不大，也没什么特别嗜好，除了绝对必需之物，从不增加开销，他的办公室只是区区两间陈设普通的平房。除此之外，他也不苟言笑，在一些日记、笔记中，熟悉他的外商说他“一辈子只讲过一句笑话”。他虽然捐纳了一顶三品顶戴，但从不在公众场合戴出来炫耀，只是在自己生日的时候偶尔戴一下。

五、他善于团结。1811年，伍秉鉴担任英国公司羽纱销售代理人，他没有独吞利润，而是按比例分给全体行商。同行刘德章因为得罪英国公司失去了贸易份额，他出面斡旋，使该公司恢复了刘德章的份额。另一位行商黎光远因经营不力破产，按当时朝廷的规定，要被充军伊犁，伍家便筹款捐助他在流放地的生活。

六、他深谙政商关系。他将自己父亲“肯花钱”的作风一直延续下来。自1801年至1843年，伍家以各种名义捐款1600万两，“捐输为海内之冠”。其中，他还曾介绍商馆的美国医生为林则徐看病。

最后一条也是最关键的一条就是，他擅长用金融手段，来为自己增加财富，或者扩大影响——民间借贷成了他玩得最为纯熟的一种方式。像英国东印度在资金周转不灵时，就曾向他借贷。这也让他成为英国东印度公司最大债权人，在很长一段时间内，他的钱庄源源不断为英国东印度公司提供资金支持。当然，英国东印度公司也对他回报不菲，每年结束广州的交易前往澳门过冬时，公司大班也总是将库款交给他经营。另外，他的放贷对象还包括身边的行商，自1811年到1819年，他就向遇到困境濒临破产的同行放债达200余万银元，这一方面，让他的人缘变得更好，但另外一方面，使多数资金薄弱的行商不得不依附于他。在某种程度上，正是这样的恩威并施，他所主持的怡和行才后来居上，取代同文行成为广州十三行的“老大”，而他本人也成了十三行商的总商。

除了借贷，伍秉鉴在对外投资上也很有一套。美国的旗昌洋行的成立，就有伍秉鉴50万银元的“股本”。这个在1818年由出生于康涅狄格州米德镇（Middle Town）商人塞缪尔·罗素（Samul Russell）创办于广州的美资公司，是美国在东亚的代理商行，主要从事广州至波士顿之间的跨国贸易。富兰克林·罗斯福总统的外祖父小沃伦·德拉诺（Warren Delano，Jr.）曾在1830年起为该洋行的高级合伙人。在某种意义上，旗昌洋行的成立，为伍秉鉴焊实了与美国之间的联系。更重要的是，旗昌洋行的主要合伙人约翰·默里·福布斯还是他的义子。正是基于这种信任关系，伍秉鉴在晚年还决定与旗昌洋行签订合同，在美国作实业投资，条件是美方要把每年的利息支付给他的后裔。曾有记录显示，旗昌洋行一度拥有属于伍氏家族的100多万美元受托基金。

不得不承认的是，在“不准坐拥厚资，置身事外”，其财富被清政府套上了封建的辔鞍，终世挣摆不脱的当时，伍秉鉴在外国设立基金，既为自己获得了大量的财富，更巧妙地绕过了王权的“监管”。这种做法无疑很具前瞻之妙，它让伍秉鉴在19世纪40年代初的大变之年，依旧为自己的子孙后代留有相当丰厚的“法外之财”。

买办：香山制造

尽管十三行坐拥巨利，但谁也不能忽视的是，不满已经在持续发酵，直到1840年6月，英国海军少将懿律（Anthony Blaxland Stransham）、驻华商务监督义律（Charles Elliott）率领着舰船47艘、陆军4000人陆续抵达广东珠江口，它已经转化成了行动。

这些被视为番夷的西方自由民，尽管在对华贸易中获得了他们梦寐以求的生丝、茶叶和瓷器，但是在他们看来，这种由十三行垄断的中外贸易，很不符合他们所推崇的自由贸易的精神。1776年，也是美国正式宣布独立的年份，英国哲学家和经济学家亚当·斯密（Adam Smith，1723—1790，又译亚当·史密斯、亚当·史密夫）推出了自己的《国富论》。在这本大作中，亚当·斯密认为，商品经济中，每个人都以追求自己的利益为目的，在一只“看不见的手”的指导下，即通过市场机制自发作用的调节，各人为追求自己利益所做的选择，自然而然地会使社会资源获得最优配置。正是在这一经济理念的主导下，就连为英国殖民立下汗马功劳的英属东印度公司，其垄断地位也逐渐被他们在国外的散商逐渐肢解。1813年，尽管公司在1600年12月31日从伊丽莎白一世手中拿到的皇家特许状被延长20年，但是除茶叶贸易与中国的贸易外，它对印度贸易的垄断被剥夺。如今，这些“自由民”对中国又充满着无比的“渴望”——在自由贸易的背后，是他们觊觎的中国广阔的市场。而在常年燥热的广州，他们在工业化大生产中所制造的羊毛织品，根本没有太大的销路。

为了改变在中外贸易中的“被动”，他们试图以鸦片来撬开一条生路。这种昔日的特效药品和补品，甚至是诗人的审美对象[①]，但在他们的诱使下，却成了遍布中国的流毒。到1800年，印度每年出口的鸦片，已超过24000箱，其中至少三分之一销往中国。这种鸦片走私曾让林则徐深恶痛绝，甚至在给皇帝的奏章中如此表示，“迨（等到）流毒于天下……数十年后，中原几无可以御敌之兵，且无可以充饷之银。”为了打击鸦片走私，林则徐身为钦差大臣于1839年3月10日上午“空降”广州，为表决心，他甚至亲书一副对联“海纳百川有容乃大，壁立千仞无欲则刚”。伍秉鉴作为行商的首领，便再所难免地撞到了枪口之上。没有直接证据证明伍秉鉴在中外贸易的过程中从事过肮脏的鸦片贸易，但是你要知道，他作为最大债权人的英国东印度公司，却是东西方鸦片贸易的主要推手和获利者。另外，他与之合作并有着十分亲密关系的宝顺洋行，其主人颠地就是最大的烟商——此前确立的保商制度，让他必然要对洋商的这种行为承担担保职责。既然清政府“以商制夷”，那么通过“制商”，不就可以达到“制夷”的目的？他的儿子伍绍荣先是被押解入狱，连他本人曾捐纳的三品顶戴，也未能保护得他，让他反招其辱，被林则徐多次训斥和惩戒。然而，他以身家性命担保的颠地，却在他受到生命威胁时，置之不理，拒绝配合。都说“日久见人心”，到了这个时候，终于看出了洋商对十三行的真正态度——他们虽然必须要通过十三行做生意，却未必对他和十三行心存感激，甚至恨不得落井下石。也正是这样的心态，让伍秉鉴最终“内外不是人”。与此同时，让事态扩大的第一次鸦片战争于1840年的6月爆发。在很多人眼里，正是西方的处心积虑，即使没有林则徐的禁烟运动，鸦片战争也会再所难免。再退一步说，即使没有鸦片战争，他们也会发动其他的战争。

这场战争让伍秉鉴受伤不小。根据一位美国商人的记录，当英国远征军封

---

① 如苏轼《归宜兴留题竹西寺三首》就写道：“道人劝饮鸡苏水，童子能煎莺粟汤。”其中，莺粟汤即罂粟汤。

锁珠江口时，他当时“被吓得瘫倒在地”。他知道，这场战争对自己意味着什么。在写信给一位美国商人时，他说，他们被迫出资修建堡垒、建造战船、制作大炮，所承受的巨大负担“对我这把可怜的老骨头来说实在是有些沉重”。在另一封信中，他抱怨说鸦片战争使他损失了大约200万美元。当然，人力和财力的损失还是小事，当清政府最终于1842年签下城下之盟中英《南京条约》，他应该清楚地知道，不仅是自己，甚至是整个广州的风光，已经在所难免地走向了终结篇。

在《南京条约》中，第二款就明确地约定要开放“五口通商”，除了广州之外，厦门于1843年11月2日开放；上海于1843年11月17日开放；宁波于1844年1月1日开放，最晚的是福州，也要于1844年6月开放……这让广州一口通商的特权就此废除。它还算不上最触目惊心。到第五款，更是宣布废除十三行商制度，“外商与何商贸易，听其自便”。言下之意，有没有十三行，都已经无关紧要了。

为了寻求安宁，以便度过风烛残年，“他甚至说他愿意把十分之八的财产（约两千万元）捐给政府，只要求政府允许他结束怡和行，安享他所余下的十分之二的财产（约六百万元）”[①]，然而，“总不准坐拥厚资，置身事外”的规定又对伍秉鉴显露出另一方面的残忍。在近代史专家李冬君的眼里，他这是忘了本，他没搞清楚，是王权让自己先富起来的，在王权所有制下，自己所赚的每一分钱都不是自己的，他只不过先替王权“保管”或者说暂存一段时间而已，“王权所有制的集中反映是抄家，一抄家，就知道财产究竟归谁所有了”[②]。虽然，清政府最终还是没有彻底地抄了他，但他想安享“所余下的十分之二的财产”，还是想想而已。在这种王权面前，他曾经所拥有的世界，急剧地崩塌。1843年，他先是替清政府承担战败后对英赔款的责任，被勒缴100万元。9月，他就在内忧外患、谤颂不一中，溘然长逝于广州宏伟的伍氏豪宅中，终年74岁。

好在他的先见之明最终帮助了他。伍秉鉴逝世后，其子伍崇曜（1810—1863）继承家业。他搭建的投资平台，被伍崇曜很好地利用起来。除了继续与旗昌洋行合伙作大规模的投资，伍崇曜还从他通过巴林洋行在美国铁路和其他项目的投资中，收到定期的效益。1858—1879年间，伍氏家族似乎收到了125万多美元的红利。虽然旗昌洋行在1891年宣布破产，但他的义子约翰·默里·福布斯成了伍氏家族

① 陈国栋，《东亚海域一千年》，P290

② 李冬君，《“民心”背后那只手》，《经济观察报》2013年8月27日

的基金受托人。正是得益于此，在1878—1891年间，伍氏家族每年从此项基金得息39000~45000美元之间。

不过，他的病逝，显然带走的不仅是一个人，也是广州十三行的一个时代。与此同时，它也意味着中国民间金融在西方中心论确立之前，于世界范围内所能达到的高度，开始急剧地缩水。相应的是，广州一地的口岸金融，也因为中外贸易的北上，以及人才的北上，渐次失去了其原有的声息，最终让位于了上海。

在这些人才当中，有唐廷枢（1832—1892），徐润（1838—1911），还有郑观应（1842—1922）。可以说，他们与伍秉鉴并没有太大的交集，但在某种程度上，这群出生或祖籍在广东香山（即今日的中山市）的男人，其成长得益于伍秉鉴所代表的中外贸易。如果我们审视广州数千年的通商生涯，以及其一口独大的百年经历，你就会发现，其在贸易自由化上，固然有其垄断保守的负面影响，但其与外界的交往，却无可争辩地改变了广州，同样也改变了整个大广东。除了商品经济相比较其他地方要繁荣得多之外，其所代表的岭南文化也因此具有重实际、开放意识强与勇于探索的一面。这种口岸的辐射让香山深受影响。当然，我们在谈论广东的开放时，也许也不能忽略，香山周边的澳门，其实更早西化。1553年，葡萄牙人就利用贿赂明朝官员的方式，取得了在澳门暂住权，但这一暂住，就住了数百年。这种近似无赖的做法，虽然很让人不耻，但也让香山更深度地接触西方。正是在这“双轮驱动”之下，香山人尤其具有开放意识。一方面，“他们有一个特点，与传统人士迥异，几乎没有受过正规教育。他们父子相传，都是童工出身，十来岁就跟父兄到洋行打工，他们的学校是企业，他们的老师是洋商”[①]。所以，在这些香山人眼中，早就对洋人失去了恐惧感和神秘感，与洋人合作做事是一件再正常不过的事情了。另一方面，也正是在向西方学习的过程中，让他们形成了完全不同于旧式文人学子的知识结构和思维方法，容易接受并理解新鲜事物，并先人一步成就自己的事业。香山也因此成了“买办故乡”，而唐、徐、郑三人更是成了晚清“四大买办”之三。另外一位则是洞庭商人席正甫。

这里的买办和采买只有一字之差，但内涵却是天翻地覆。因为没有了十三行的约束，“外商与何商贸易，听其自便”。首先，他们和外商之间可以相对自由地双向选择，另外，他们还可以更深度地介入到中外贸易当中，成了中外贸易中的

① 罗韬，《岭南文化的形与影》，《南方周末》2014年2月20日E24版

新富阶层。在某种意义上，这些买办就是中国的经纪人和经纪业的特殊阶段。

在今天看来，“晚清四大买办”的名号颇有些高大上，但在当时，这跟“四大汉奸”差不多。尤其是他们所效力的洋行，像怡和洋行一开始就是靠鸦片贸易起家，这让买办的身份和地位更染上了非主流的色彩。曾国藩曾不无嘲讽地称买办为“奉洋若神者”。除此之外，“极而言之者更是将买办、通事、娼妓、流氓列为一类，属社会败类、最卑鄙无耻之徒。章太炎论‘革命之道德’时，按社会职业分道德人品高下，将洋行之‘雇译’归入末位，贬之为‘白人之外嬖’”[①]。然而，今天我们再回过头来重新审视，得承认，买办也是中西方贸易交流的客观需要。在某种意义上，上海之所以能取代广东在口岸金融中的地位，并走上“远东金融中心”，它一开始就得益于来自买办的助推。

从“不能露脸的小角色”，到大商人

唐廷枢

唐廷枢，初名唐杰，字建时，号景星，又号镜心。唐家村（今珠海市唐家湾镇）人。其于怡和洋行成立当年出生，年少时又在香港的马礼逊教会学堂接受过6年的殖民地教育，并因此成为中国最早一批掌握英语的人。除此外，还在香港巡理厅和上海海关做过多年翻译，熟知西方事务。正是得益于此，日后他通过同乡林钦的介绍，在怡和洋行开始自己的买办生涯。此时的怡和洋行，已经在上海扎根多年。算起来，它应是最早进入上海的外商洋行之一了。伍秉鉴病逝没多久，它就迫不及待地北上。其落户的地点，就在今日上海的外滩。当时的外滩，还叫黄浦滩，英国报纸称之为“THE BUND”，不过是上海县郊外一片不起眼的荒滩。这里有村落、河流、公路、斗鸡场，甚至还有一个邑厉坛——也就是斩杀犯人的地方。然而，紧邻黄浦江，通风通水，却让它成了洋行做生意的首选地段。和怡和洋行一起在外滩上依次落户的，由北向南的分别是和记洋行、

① 王俞现，《中国商帮600年》，中信出版社

仁记洋行、义记洋行、森和洋行、裕记洋行、李百里洋行以及宝顺洋行。这里的宝顺洋行不是别人，正是伍秉鉴的老伙计——颠地后裔所开设的洋行，英文称颠地洋行。

一开始，唐廷枢为怡和代理经营长江一带的业务，主要任务就是替该行推销进口货物以及到内地收购蚕丝和茶叶。由于工作出色，两年后，即 1863 年，他便被提升为怡和洋行的总买办。无疑，这让唐廷枢自此荣辱系于一身。

与此同时，徐润也在宝顺洋行混得风生水起。在中国民间金融业中，有两个徐润鼎鼎大名。一个是山西票号的徐润（1850—1920）。尽管他的风头被雷履泰、毛鸿翙、李宏龄等人挤占，但谁也不能否认，其执掌百川通北京分号时，是京师商界很有影响的领袖人物。而且他还关心国事，与康有为、袁爽秋交情至厚。不过这里的徐润则是唐廷枢的香山老乡，北岭村人，只比唐廷枢小个几岁的他，都算得上票号徐润的前辈。他要早于唐廷枢北上，1852 年，15 岁的他就随叔父徐荣村到上海，进入英商宝顺洋行当学徒，因勤奋好学，又有悟性，所以深得洋行上下看重，19 岁已获准入上堂帮账，24 岁升任主账。

不久，接任副买办之职……

至于郑观应，因为在三人中最小，所以在唐廷枢北上的同年，他还在应童子试，但不幸的是，未中，最后只好奉父命远游上海，弃学从商，在任上海新德洋行买办的叔父郑廷江处“供走奔之劳”。次年，由亲友介绍进入宝顺洋行任职。不过，到 1868 年，宝顺洋行停业，郑观应转任生祥茶栈的通事，并出资合伙经营公正轮船公司。1873 年，他又参与创办太古轮船公司，没多久即出任太古轮船公司总买办。

这三位之所以被重用，除了自身的眼界以及实力之外，我们不得不承认，外商对他们的依赖，也是他们成功将买办事业做大的关键。一方面，他们比外商更熟悉国情，是外商在中国做生意的“眼睛”和“鼻子”。另一方面，他们往往身兼数任，先天就具备了充当媒介，作为经纪的条件。他们可以周旋于洋行、银行与钱庄之间，作为资金贷放的媒介，促进商业贸易的发展。“买办之所以能充当媒介，其一是因为买办熟悉本地钱庄，可以确保其信誉……在洋行对钱庄庄票的信用问题上，只要买办认为可靠，便不须其他保证。反之，如果庄票得不到买办的保证，就很难得到洋行的信用……其二是因为买办具有代理洋行融资的权力。买办需要现款时，可代表洋行向钱庄借贷，而当他以洋行名义向钱庄借贷时，又根本不需要征得洋行同意。在这里，买办一方面需保证钱庄的信用，另一方面又需为‘洋东’向钱庄通融资金。可以说，买办已具备了充当外国洋行与中国钱庄间的媒介的必要条件。其三是因为不少买办具有多重身份，既是洋行买办，也是钱庄业者，他们或是以买办身份进入银钱业，或由银钱业转作买办。比如怡和洋行早期买办杨坊早在 19 世纪 40 年代就已开设著名的泰记钱庄；伯德孚洋行（Bedford & Co.）买办丁建彰、马罗山本来是荣丰钱庄老板……”[①]

在充当总买办的 10 年内，唐廷枢也干了这样几件事情：

一方面，他帮洋行开展对上海钱庄的拆票业务，即把现金结余投到一些中国钱庄的庄票上，以便在短时期获得高额利息。1868 年 5 月 20 日，其时的洋行大班约翰逊（F.B. Johnson）曾写道：“我发现有时候我可以把我们的现金结余投放到中国钱庄的庄票上去，这种庄票在三至七天的短期就能兑现，利率是从 12% 至 15% 不等……”

另一方面，直接投资钱庄。“在唐廷枢担任怡和洋行总买办的 10 年中，他曾与同伙开设过 4 家钱庄，其中 3 家主要是为洋行在内地收购茶叶，融通资金而设立的”[②]。1866 年，他就和林钦接办过“昔日同事”——此前曾在官商内斗中郁郁寡欢一病而死的杨坊的当铺。对这家当铺，他在一封信中这样写道，“二十万两的营业额，每月利息按 3% 计算，毛利就是九万两，除去营业开支和保险费用一万六千两，净收入为八万两，即 40% 的投资赢利。”所以他建议怡和洋行投资，“为了接办这个生意，我们建议你投资十万两，占当铺 1/2 的股份。林钦交五万两，占 1/4 的股份。为了弥补我过去的亏损，请你借给我五万两，让我摊剩下来的 1/4 的股份”。从这里也可以看出，中国的买办尽管为洋商打工，为外人所盘剥，但同样善于“借鸡下蛋”，并在这种不对等的交往中，通过这种方式做大自己。这也是他们的成功之处。正是利用钱庄，以及洋行的资金，唐廷枢有效地支持了买办业务，以及个人的独立的商业活动。不过，在 1871 年，他却遭遇了滑铁卢，其附股开设的 3 家钱庄，因为经营失当，陷于破产，使他在资金周转上发生了严

① 高海燕，《外国在华洋行、银行与中国钱庄的近代化》，《浙江大学学报》（人文社会科学版）2003 年 1 月第 33 卷第 1 期

② 《怡和洋行档案》，《约翰逊（上海）致机昔（香港）函》（1871 年 6 月 1 日），转见 Liu Kwang-Ching：《Anglo-American Steamshih Rivalry in china》，1862—1874，P143

重的困难，最后，他私自动用了洋行尚未到期的庄票去贴现，来弥补亏空，其数额达8万两之多①。

在唐廷枢的金融生涯里，他还有一个亮点，就是参与了保险业的实践。就在进入怡和以后的第五年，他又附股于洋行经营的谏当保险行（Canton Insurance Office）——这家保险行原系怡和和宝顺为主于1805年在广州创立的第一家在华外资保险公司——谏当保安行（Canton Insurance Society），亦称“广州保险社”或“广州保险协会”，经营水火险和意外险。到1835年时，宝顺退出另行组建“於仁洋面水险保安公司”。怡和遂于次年成立了谏当保险行，总部由广州迁香港，并于1857年在上海设立分公司。为了这家分公司的发展，唐廷枢努力地向华商推销股份，招揽保险业务，使谏当保险行在艰难的创立中得到了发展。无疑，这些动作，为他赢得了怡和方面的大肆表扬，加上其他的优异表现，有人甚至认为，“唐景星简直成了它（怡和洋行）能获得华商支持的保证”。

正是如此，当唐廷枢挪用洋行庄票的行为败露之后，虽然遭受痛斥，他却奇迹般地逃避了制裁和惩罚，约翰逊还在信件中一遍又一遍替他说好话——这并不是基于友谊或什么私人情谊，而是他已经成为怡和洋行离不开的轴心。1873年，当他转投李鸿章开创的轮船招商局时，怡和甚至许以高薪来挽留，但是，买办在道德审判中的“弱势地位”，加上自身的民族感情的考量，让唐廷枢还是从“外企高管”转行成了到“国企经理人”。日后，他以“结实可靠，商情悦服”为由，将徐润也一同推荐了过来。

有如借鸡生蛋，这种买办的历练，让他们在转做“国企经理人”之后，才有了大展手脚的可能。首先，得益于对股份制的深刻理解，唐廷枢、徐润大胆地为轮船招商局引进股份制。此前，招商局一直在“官督商办”的模式中打转。在这种模式中，“官督”的权重要远远大于“商办”的色彩，类似于今天你可以不听市场但怎么着也要听政府的计划和指挥一样，政府要干预经济。于是也便有这样一个问题，当政府的公信力和权威在急速丧失的年代，这种模式既对市场造成了杀伤，也让人对“官督”很不信任，难免会左右不讨好。这也是轮船招商局一直在启动，却从未有发展的重要原因。为了鼓励民间商人入股，唐廷

---

① 《怡和洋行档案》，《约翰逊（上海）致机昔（香港）函》（1871年6月1日），转见刘广京：《一八八三年上海金融风潮》，P143~144

枢自己还入股10万两，并把此前挂在洋行旗下但实际归唐廷枢自己所有的轮船，也归入招商局一起经营。在这一榜样的启发下，民间商人们也积极开动了起来，轮船招商局很快就做到了资本100万两。在几年之后，招商局的业务突飞猛进，就连牛气哄哄，拥有最多船只的美国旗昌洋行轮船公司，也不得不把全部轮船、码头、资产卖给了招商局。可以这样说，这个时候是招商局商办色彩最明显的时期。招商局的“招商”二字这才实至名归，成为中国第一家具有明显的股份制性质的商办企业；

其次，为了避免外国洋行开办的保险公司的刁难，唐廷枢、徐润又相继创办了保险招商局，到1876年，又与陈树棠和李积善堂（李鸿章本人的产业）等一起集股银25万两，将保险招商局扩展为仁和保险公司，并在1878年3月，创办济和船栈保险局，为轮船招商局的码头、栈房和货物投保。1886年，仁和与济和合并为仁济和保险公司——可以说，它们的横空出世，“打破了外国保险业的垄断，保障招商局免受盘剥欺诈之苦，实现了创业者‘减少外洋一分之利，就是增加中国一分之利’的初衷，也积累了巨量的保险基金”[①]。在《招商局与中国金融业》一书中，甚至视仁和保险公司的创办为“中国近代民族金融业的诞生”[②]至关重要的源头。（本书第四章将具体展开）

无疑，正是来自这些买办的努力，让上海在口岸金融中后来居上，甚至有了现代化的起步。尽管他们的初始目的，主要是为了实体经济，而非金融，但他们的表现，却在所难免地，带动了上海金融业的发展。

所以，我们需要在今天给这些买办正名。但我们也应看到的是，这些在伍秉鉴时代还是只能依附于十三行的“不能露脸的小角色”，最终能成为和伍秉鉴同起同坐的晚清大商人，是中西关系主客易位的结果，他们可以挟洋权以令诸侯，可以狐假虎威。有句话说得好，给洋人当买办，政府都不敢揩油。当他们一旦放弃这种洋权，回归到“体制”之内，虽有长足的表现，但总不免让人担忧：

这到底是福还是祸？

---

① 《画说保险：招商局保险打破外国保险业垄断》，《中国保险报》2011年12月30日

② 王玉德、郑清、付玉，《招商局与中国金融业》，浙江大学出版社2013年1月版，P07

盛世说危言

如果说伍秉鉴身为大商人，因时而致富，但内心中常常惶恐不安，极度缺乏安全感，那么，唐廷枢、徐润等人也不会自足到哪里去。

在他们辛辛苦苦为轮船招商局打拼之时，不知道有否留意，有一道意味深长的目光一直在紧锁着他们。它来自盛宣怀——这个自小就梦想着学而优则仕的江苏常州人，却由于命运不济，屡屡应试却无法突破自己，最后只好在 1870 年进入李鸿章的幕府，然而却赶上了由曾国藩、李鸿章等汉族大员领衔的经济洋务运动，并由此开启了中国洋务史上由幕僚主导洋务的大时代。他不仅参与了轮船招商局的创办，到 1881 年，他还被清政府正式委派为电报局总办，主持电报局工作。不过，在轮船招商局当中，李鸿章一开始并没有对其委以大任，在唐廷枢、徐润加入之前，李鸿章曾邀请过胡雪岩，因胡雪岩跟定了左宗棠，未成，日后还一度将招商局的主要责任和权力，都交给了世业沙船的淞沪巨商朱其昂。有人说，盛宣怀这是在韬光养晦，李鸿章是想让他再锻炼锻炼。好在时间并没有让他等太长，就在唐廷枢被任命为总办的次月，他终于成了轮船招商局的高管——在李鸿章签署的《札饬盛宣怀入局》这一文件中，他被委任为会办，也就是副总经理。随着朱其昂留任会办，徐润在接下来也加入了会办的行列，招商局因此形成了唐廷枢、徐润、朱其昂和盛宣怀四人组成的领导班子。在某种意义上，唐廷枢、徐润在招商局业务上的开拓，也和盛宣怀的支持是分不开的。正是他协助唐廷枢说服两江总督沈葆桢，筹资官款 100 万两，方才帮助招商局成功并购美国旗昌轮船公司，完成了晚清史上最大的一笔中资公司收购外资公司的庞大计划，使得轮船招商局的船只输运能力迅速扩大到原来的两倍以上。然而，商业上的成功并不是他所想要的，他真正的意愿，是以洋务作为自身的晋身之阶，这种对权力的欲望，让他并不甘心隐藏于幕后，他一直等待着能后来居上的机会。

1884 年，似乎是一个好时机。此前，因为在生丝大战中出局，胡雪岩的阜康票号不仅关了门，甚至拖累了上海的各大钱庄，让上海的金融危机来得很是凶猛，一片黑云压城。关键的是，徐润也被深深地套住了。

和唐廷枢一样，徐润也是多重身份，一身兼具买办和金融从业者，根据徐润自己的回忆，他在1859年便已和人合股开设敦茂钱庄，以支持他所经营的“包办各洋行丝、茶、棉花生意。”[①] 当这家钱庄在1862年闭歇后，他随之又在1864年与人合开协记钱庄[②]。无疑，这些钱庄为他的资金调拨提供了极大的便利。正是对这一便利的念念不忘，直到他和唐廷枢一起进入轮船招商局，并担任会办两年之后，他还在1875年再度与他人合办了荣德钱庄。不过，钱庄尽管在金融危机中遭遇损失，但他更大的危机来自于自己的地产生意。

晚清著名商人、政治家胡雪岩

说起来，除了投资股票、典当、钱庄，他对房地产也一向情有独钟，在他44岁的时候，就稳坐“上海地王”的交椅：拥有未建之地2900余亩，已建之地320亩，共建洋房51所，住宅222间，当房3所，楼平房街房1890余间，每年可收租金12.29万余两（折合人民币2458万元）。“徐润的所有房地产，都挂在他创立的一家名为‘地亩房产’的公司名下。徐润最初的计划，是想将‘地亩房产’公司打包‘上市’，折合为400万两白银，分为40万股，每股10两，先发行一半，融资200万两。这一方法，类似于今日的REITS（Real Estate Investment Trusts，房地产信托投资基金），其‘坏处’在于要和其他投资者一起分享这块蛋糕。基于对上海房地产前景的坚强信心，徐润显然已决定宁借高利贷、也绝不释放股份，将‘肥水不流外人田’作为融资的前提。”[③] 甚至，他还为此挪用了招商局16万两以上用于私人炒房。然而，金融危机却吹破了地产的泡沫，其时“市道大坏，百业凋敝”的上海，一般商品无不跌价30%至50%，房子更是卖不出去，他手中的股票，也价格大跌。要命的是，钱庄为了避免坏账，或者自身生存，也纷纷收回短期贷款。当贷款给他的22家钱庄一起找上门讨债时，无可奈何之下，他不得不将自己苦心经营多年的房地产忍痛低价抛售，先后卖出房产32处，卖出地产2900余亩。此外他还被迫卖出所持的股票及典当业。赔得一塌糊涂还不在话下，更糟糕的还在后头。

① 徐润，《徐愚斋自叙年谱》，香山徐氏校印本，P5

② 徐润，《徐愚斋自叙年谱》，香山徐氏校印本，P13

③ 雪珥，《上海地产大崩盘》，《中国经营报》

此时的招商局，因唐廷枢奉命赴欧洲考察业务，并为北洋海军订购一批铁甲船，而让盛宣怀有了暂时性“全权拍板”的权力。徐润等不得自己的老乡回来，慌乱之中，想到找盛宣怀商讨对策。这在后来被证明为了一个致命错误，无疑给一直虎视眈眈的盛宣怀送上了下手的好机会。不言而喻，李鸿章在接到报告后，于批示中痛责徐润不仅挪用公款，而且利用招商局的信用，担保其私人贷款高达170多万两之巨，“似此罔利贪得不顾其后，殊为可恨……”。挪用，加上违规担保，徐润的经济问题一下子变得十分严重。他不仅没有保住自己，就连唐廷枢也深受牵连。等到唐廷枢回国，“盛宣怀又故技重演，指控唐廷枢和他的弟弟唐廷庚‘严重亏空’公司”[①]。刚刚感慨完“眼界为之一宽”的唐廷枢，轻轻松松地就被盛宣怀扫地出门。随着两名声名远播的职业商人的离开，盛宣怀也在1885年终于如愿以偿掌控了轮船招商局，在完全改组后兼任督办、总办双职。

自此，轮船招商局又回归到了“官督商办”的模式当中。正是这样的“国进民退”，让1884—1885成为了中国民营经济的一个转向之年。

得承认，徐润挪用公款用来炒地产，放在什么时候，都不是一件值得称道的事情，但是，唐、徐二人被驱逐，对初生的中国民族资产阶级来说，还是一个很伤感情的结局。他们满怀赤诚投奔祖国，不仅丢失了洋权的庇护，更成为了洋权的敌人，结果到了王权这里，他们也没有得到相应的保障。此时的中国，虽然被迫决心向世界打开大门，然而王权却依旧在固守自己的逻辑。如果说伍秉鉴被当成了王权予取予求的钱袋子，他们同样也被当成了“工具”在利用——事实上，李鸿章之所以邀请唐、徐二人加入轮船招商局，一开始就盯上了他们所拥有的民间资本，需要靠他们来注入启动资金。就像伍秉鉴所代表的十三行注定着会破产一样，这些买办也同样得不到真正的认可，也几无独立之可能。

倒是郑观应和盛宣怀成为了知己，这大概是源于他在太古工作期间，还帮着李鸿章筹办上海机器织布局和上海电报分局，并兼任这两家企业的总办有关。这也让他得以在1882年，与太古洋行聘期届满以后，正式脱离太古，接受李鸿章之聘，出任轮船招商局帮办，并在1883年被李鸿章擢升为轮船招商局总办。但这次待的时间并不是太长。日后，他又二进二出轮船招商局，并在招商局公学一任上，请辞退休。只是，招商局的政治气候波诡云谲，让他即使背靠盛宣怀，也同样备

① 苏小和，《盛宣怀，李鸿章的经济幕僚》，《企业观察家》

尝政治的凶险和无奈。1897 年，他在一封写给盛宣怀的密信中，自嘲“赋性愚戆，不合时宜，处处认真，则处处招怨”。在一些人看来，不管是轮船招商局，还是汉阳铁厂、粤汉铁路，都不曾让他长期地真正放手一展抱负。唯一真正让他一展雄才的，反而是他早年掌舵的太古轮船。这种来自王权对商人的歧视，以及由此而造成的商人自身的毫无安全感，让他百感交集，尤思吐故纳新，终在 1894 年，完成了《盛世危言》。这是一部能体现他成熟而完整维新体系的作品，给了集体陷在甲午战败中的沮丧、迷惘之中的晚清，一剂清醒剂。此时世早已不盛，而言却值得一听。

他建言政治改革，推行君主立宪。在他看来，专制政体利于官，利于外人耳。利于官者，借压力以剥削百姓；利于外人者，借官力以压迫百姓。联系英国、日本实行君主立宪后的成效，让他对代议民主颇为推崇，“即英国而论，蕞尔三岛，地不足当中国数省之大，民不足当中国数省之繁，而土宇日辟，威行四海，卓然为欧西首国者，岂有他哉！议院兴而民志合，民气强耳……”这种声音在当时无疑是横空之中一声霹雳，给了很多人以震撼。尽管君主立宪依旧以君主为尊，但与以前无所不能的王权有个很大区别的是，它要受到宪政的制约。为了保证君主立宪的顺利推行，他还提出了一系列与之配套的内政改革，比如广办报纸，以使下隐可以上达，并对大小官员起舆论监督作用；比如，主张改革官员选拔制度，官吏应由民选产生，淘汰冗员和年老让贤。另外，他还认为要国强必须重视西学，发展教育。在经济方面，他还倡言要“以商立国，以工翼商”、“习兵战不如习商战”——在他看来，西方列强侵略中国的目的是要把中国变成他们的“取材之地、牟利之场”，遂采用“兵战”和“商战”的手段来对付中国，而商战比兵战的手法更为隐密，危害更大，所谓“兵之并吞祸人易觉，商之捭可敝国无形”。主张“西人以商为战，……彼既以商来，我亦当以商往”。既然“我之商一日不兴，由彼之贪谋亦一日不辍”。只有以商立国，以工翼商，“欲制西人以自强，莫如振兴商务”。

这种对君主立宪以及“商战”浓墨重彩的称赞，尽管引得朝野争阅，连光绪都命令总理衙门印发 2000 部，让大臣们人手一册，但其显然超出大多国人的理解范畴，以及王权接受的尺度。日后，以康有为、梁启超等人发起的戊戌变法，也在帝党和后党的权力争夺中，沦为了只有区区百日的维新——这让人不免感叹，他的“在商言政”，著书立说，如此大力度的表达，尽管在社会引起强烈震动，却未能震醒清廷，着实可惜。但不管如何，这都是先见之明，它的意义在未来一定会得到尽可能大的呈现。

也许，当每个商人都懂得为自己争取权利，当他们不再像伍秉鉴那样得失不由自己，不需要摇尾乞怜才能存活，中国的商人们才会走出历史的怪圈，而中国的民间金融业才不会不停地倒春寒，不停地打摆子，也不会虚无地繁荣。

第三章

宁波帮，帮中国

走遍天下，不如宁波江厦。

江厦[①]，这个在今天不为众人所熟知的地名，却无时无刻不在撩拨宁波那内心底隐秘的骄傲。尽管现在看来，这块神奇的地方，呈现出来的景象，也无非城市里惯常的高楼大厦，一片以它的名字命名的街边公园，顶多再加上一江静默的奉化水，但是，若允许时间的指针能拨回到19世纪，你就会发现，这里却是别有洞天，繁华旖梦。

商业自不用说，其短短只有400余米的一条江厦街上，就集中了有名有号的店铺达162家，分别有南北货、糖果、海味、鲜咸货、杂粮、绸布、麻袋、杂货、柴煤、电料、瓷器等，从白到夜都夹杂着叫卖声，以及“一阵腥风人吹惯”（清·李邺嗣）的鱼味儿。而一旁奉化江上的江厦码头，更是帆船林立，百舸争流，好一派热闹景象。据说因为商贾云集，业余没事做，就经常一起搓麻将，最后竟将麻将文化推向了全国乃至传入日本和西方，所以宁波也被视为麻将的发源地[②]。这权当一笑，对江厦来

---

① 江厦街南起灵桥西堍，北至新江桥南堍，长400余米。“江厦”的由来，源于宋代时，在它的城墙外的奉化江边曾有一座“江下寺”，宁波话里“下”同“厦”谐音，被人们叫作“江厦寺”，而寺前的路就称为“江厦街”。不过，“走遍天下，不如宁波江厦”也有一种说法是：“走遍天下，不如宁波、江夏”。这里的江厦则是汉口的古称。它说的是昔日汉口与宁波两地盛极一时的繁华。只是汉口的影响力日渐式微，最后“宁波、江夏”以讹传讹成了“宁波江厦”。

② 按照宁波人毛启的解读，麻将的很多术语都和航海有关，而且很多是从宁波方言转化而来的。比如牌到最后一张就算“和了”，但现在都读作“胡了”；两船相撞曰碰，打麻将也有碰；船靠岸曰停，打麻将中叫“听”，即是从宁波音转化而来，还有“嵌挡”、“台头”等都如此。

说，它更大的荣耀来自钱业的光辉——这个早于山西票号，自明朝就在宁波开始出现的钱庄，到1736年时就已相当发达。日后，当因江厦街沿江的许多商铺连遭大火，它们更是趁虚而入，挤入了这块交通便利、人多气旺的地盘，竟让此处一度集中了近百家的大小钱庄，几乎汇集了所有的大、小同行[①]，全宁波的银钱存贷、商业汇兑也几乎都在这里进行。自然而然，江厦街便又有了钱行街的美名。时有民谣云：“钱行街，是钱庄，银洋叮当响，铜钿好打墙。进出黄包车，满街是先生。”又有“江厦大先生，走路慢腾腾”。这些大先生，就是指那些钱庄的老板，他们大腹便便却又腰缠万贯，走起路来自然有一摇一摆的悠闲，或者说是气势。“到了1931年，宁波有大同行70家，其中67家设在了江厦，还有90家现兑庄（专门从事货币兑换的钱庄）中的近30家也设在江厦街，打烊时刻，银元叮当之声通贯全街。”[②]

在很多人眼里，这可不是有着华尔街般的样式！这让宁波，在航运业之外，又有了钱业的基因。而它的发达，自此也可见一斑。在相当长时间内，上海都是在宁波商业辐射下的城市，和今天的情形恰恰相反。就连西方列强，也不会忽略它的存在。所以，在中英《南京条约》里，它遂成了五口通商口岸之一。

但谁也没想到的是，正是这一条约，最终埋葬了江厦的风华。

向东是大海

2012年左右，曾有一部电视剧《向东是大海》上映。导演是知名的安建。

---

① 当时的钱庄按照资本和联合情况的不同，分为大同行、小同行，大同行钱庄平时不营货币兑换，重在划拨、清算和存、放款业务，把持同业公会，左右钱业市场，统揽“过账”制度，故又称汇划庄。在清乾隆年间（1736—1795），上海南北市汇划钱庄在邑庙内园设立钱业总公所，一般人简称总公所为内园，故它们又被称为入园钱庄。小同行除存放款外，兼营货币兑换等业务。因为它们没有加入钱业总公所，所以又称“未入园”，其中包括挑打庄和零兑庄——不过，挑打庄名称起源已不可考，唯据钱业老辈传闻，上海以前通用货币仅制钱一种，运输极不方便，商家用钱即由此类钱庄命栈司、装担挑送，故被称为“挑担钱庄”，以后讹传，遂成“挑打钱庄”。小同行虽未加入钱业公会，但须按月向钱业市场缴纳“钱行费”，按纳费多少分为元、亨、利、贞四等。元字庄即挑打庄，亨字庄为小挑打庄。每日收解大都转托汇划庄或元字庄代理。因傍晚时即可关门休市，又称“关门挑打”。利字庄一般称为“拆兑钱庄”，不经营存放款，主要业务为银洋辅币的买卖，买卖的范围往往以趸批进出为限，与批发行相同。贞字庄即零兑庄，因其大多兼卖烟纸杂物，故又称烟纸钱庄。

② 楼小娴，《走遍天下不如宁波江厦》，《东南商报》2008年8月31日“宁波读本·人文”版

这个新宁波人用镜头讲述的，正是宁波帮的故事。对这样的电视名，不了解的不知道，了解的都会击节赞好，一则，它提示了宁波的地理信息，位于东海之滨。二则，它传达了这样一个重要的内涵，那就是当大部分的中国还在传统的小农社会形态上打转之时，宁波人已经把视线眺望向了大海，跟更为广阔的海洋文明拥抱在了一起。

正是与海洋如此之近，宁波的水系相当发达，各大河浜穿城而过，“三江六塘河，一湖居中央”。三江，有江厦码头所在的奉化江，有姚江。它们一个自奉化而北上，一个自余姚而南下，在宁波城的三江口碰面，一起汇入了宁波的母亲河——甬江，最后三江合一，往东经镇海，从镇海招宝山的入海口，成为大海的组成。而一湖，则是月湖，亦即西湖，因其位于宁波城的西南隅而得名，实非杭州的西湖，但它的美景却一点也不逊色。正是如此，月湖也吸引了各类文人墨客。唐代大诗人贺知章、北宋名臣王安石、南宋宰相史浩、宋代著名学者杨简、明末清初大史学家万斯同，在这里或隐居或讲学或为官或著书，都在月湖留下了不可磨灭的印痕。这让其也成了浙东学术中心。

谁也不能否定，面向海洋，给了宁波最大的“红利”。从精神层面上来说，在与海洋的数千年的交道中，海洋成为了磨砺宁波人生命、精神、胆略以及意志的大操场——梁启超先生曾经说过，居住在陆地上的人们，常常为故土所累，但试着看看海，就觉得清凡脱俗，超然物外，所以不计较厉害得失，可以拿性命财产作为孤注，来和大海赌一赌。“故久与海上者，能使其精神日以勇猛，日以高尚。此古来濒海之民，所以比陆居者活泼较胜，进取较锐。”另外，由于长时间地要和风浪斗争，按《定海县志》的说法，“冒险之性”为“岛民所特具”，“航海梯山，视若门庭”，当他人还在为一些小动静而颤惊不已时，他们已经见怪不怪，与天斗与地斗其乐融融了。最后，更重要的是，《鄞县通志》还称，“甬人具有冒险性，都习海善航，以是与西人触较早”。而这也让他们受西方资本主义经营思想影响亦早亦深；从物质层面上来说，靠山吃山，靠海也可以吃海。早在唐朝，它就已成为“海上丝绸之路”的起点之一。到北宋淳化元年也就是公元 990 年，此前一直设在广州的市舶司也在宁波设立。到康熙年间，它更成了粤、闽、浙、江四大海关之一。除此外，宁波还有个很重要的优势，那就是它正处南北洋的地理分界线上，因此也成为了南北货的最佳中转站点。加上又靠近杭州湾，以及长江的入海口，宁波还可以通过长江水系和南北航线，将大半个中国纳入其贸易视野。也正是对这一优势的看中，当年英国人马戛尔尼出使中国时，就曾向乾隆提出过，允许宁波、定海等地通商，并求取舟山群岛附近一小岛作为英商居住及货物存放地——在当时，舟山群岛属于宁波府的管辖范围，其县治即为定海。只是，这一不切实际的要求，自然会被高傲的中国皇帝，一口拒绝。

毋庸置疑，王权在开海、禁海政策上反反复复之前，数千年的对外贸易显然改变了宁波人的整体思维和习惯。它让宁波人在传统中国，并不讳言经商致利，打一手好算盘，和写一手好字同样重要。在这里，“以商为业，以商为荣成为人们普遍的价值取向，经商成为一种时尚和习俗”①。宁波人既学而优则仕；又学而优则商，他们以自己的实际行动书写出商和士农工同样是本业，同样能创家立业，光宗耀祖，同样能促进社会的发展繁荣。明末清初的黄宗羲正是在宁波地域长期以来实践基础上得出了这样的结论：“夫工固圣王之所欲来，商又使其愿出于途者，盖皆本也。”这就是其独树一帜的“工商皆本”的主张，它也成了近代浙东学派最为重要的理念——该学派的学术尽管与中国古代正统之学术传统有十分密切的关系，但相比而言，其更注重经世致用以及求实求功——它源自浙东这块土地，更因与浙东这块土地紧密相联，反过来又影响了诸多宁波人，这让他们在面对商业时，采取了更为积极、开放的姿态。不难想象，不如此怎会出现江厦码头那样的商业气象。

但王权还是伤害了它。尽管向东就是大海，相比较而言，生发在小农社会的肌体之上的晋商、徽商也许比宁波帮更为如鱼得水——因为早期进入流通领域的商品主要是土特产，以及手工业加工产品，如丝绸、茶叶、瓷器，还有纸、墨、笔、砚文房四宝……这都不是宁波的强项，加上徽州又有新安江联通四方，相反的是宁波却面临着海禁，优势此消彼长，这也是“宁波商人兴起要比徽商晚二三百年”②的重要原因。

这里还需要特别说明的是，正如晋商的兴起得益于政府实行的“开中制”与“开中折色”这一经济政策，徽商也同样因为相继打入两淮盐业，并因政府推行

---

① 庄丹华，《“宁波商帮精神”的历史文化探源》，《浙江工商职业技术学院学报》2009年6月第8卷第2期

② 陈月明，《“宁波帮”和“徽帮”之比较》，见载于鲍杰主编，《论近代宁波帮》，宁波出版社，1996年4月版，P164

纲运制，而借机崛起，并隐然有将晋商比下的趋势。《扬州竹枝词》中就有语云："鹾客连樯拥巨资，朱门河下锁葳蕤。乡音歙语兼秦语，不问人名但问旗。"写的就是那些"拥巨资"的盐商在扬州的活动情况。其中操"歙语"的是徽商，操"秦语"的是西商（山陕商人）。但在明中叶以后，徽商不仅财力超过了西商，而且寓居扬州的人数，也比西商为众。当年乾隆六下江南时，接驾的都是歙县商人江春，其故有"以布衣上交天子"的美誉。正因为商业上颇得一时之风光，徽商继盐业后大举进入典当业。根据记载，金陵当铺总有五百家，大部分为徽商所有。后来他们把典当行设到乡村小镇，至此社会上又流传起"无典不徽"的谚语，亦有"质铺几遍郡国"之说，就连典当行的掌柜称为"朝奉"，也源自徽商俗语。徽州方言成了当铺的通用行话，《古今小说》《拍案惊奇》等明清小说所反映的相关内容也多取材于徽籍典商。正因如此，典当行业和盐、木、茶成了徽商的四大支柱行业。

生发在小农社会肌体之上的徽商，最终也摆脱不了环境所造就的缺憾。

首先他们的目光不会有宁波人面对海洋那样，看得长远，其所赚得的钱，大多回流到了捐输、穷奢极欲的挥霍，以及购置土地之上。其次，对权力的惯性依附，让他们在中国进入时代大变局的"历史三峡"时，无法向以平等、公平为精神底蕴的现代商业文化转型。尤其是权力的翻云覆雨，更是让他们受害不浅。

道光十二年（1832）陶澍将淮北的纲运制改为票盐法，道光三十年淮南也改为票盐法，这种做法不仅赖掉了过去亏欠商人的数千万两盐课，反加收以千万计，使徽州"盐商一败涂地"。至于典当业，早在康乾之时，政府就曾对典商查禁重利，后又加增典税，到左宗棠之手，更增收质铺税，徽州典当商因而"几败"……

对徽商最大的一击，却是海洋成了新的商业舞台。

先是有康熙解除海禁，接着又有乾隆时期的一口通商，尽管政策退向了保守，但却不可抑制地将中国的商业重心从内陆江河移向沿海城市，而埠际贸易也转向国际贸易。这中间还出现了另外一个现象，那就是因为运河常年淤塞，河道不畅，到 1826 年，清政府决定漕粮由河运改为海运，规定江苏各地的粮船均到上海交兑，然后直运天津、直沽。这对徽商是个沉重的打击，他们也曾较早投资沙船运输业，但远离海洋，却只能看着其他人在海洋上纵横驰骋，而望洋兴叹。

正所谓山不转水转，到了"五口通商"之后，宁波帮出头的日子终于来了。

西风东渐下的金融创新

“吾闻之故老，距今百余年前，俗纤俭，工废著，拥巨资者率起家于商。人习踔远，营运遍诸路，钱重不可赍，有钱肆以为周转。钱肆必富厚者主之，气力达于诸路。”

这段话见于《宁波钱业会馆碑记》，1925 年所作，作者为宁波的名士，鄞县人，据说也是宁波的最后一批进士。

从这段话里，也许我们能得到这样几个信息：一、有不少宁波人是在商业上起家的。他们老早就有外出经商的习惯，并通过努力打拼率先致富；二、宁波人越是经商活络，越感觉到“钱”本身成了问题。这跟银钱携带不方便有关；三、幸好还有钱肆也就是钱庄，可以帮他们解决用钱的问题，可以让他们外出打拼在使用 / 获取资金上得到便利；第四个也是最重要的一个信息是，创办钱肆的人，必须是家底丰厚者，一则因为有资金才可以多创设钱肆，可以多开设几家“分行”，可以让人多获得几个用钱的渠道。另一则就是家底丰厚者的信用自然就高，出了事情不怕没人赔。

忻江明所言虽然只是“吾闻”，但并不虚指，当时在宁波的三江口，就有人设置钱肆，替中外客商兑换货币，以赚取差价，而且生意非常兴隆。

不得不说，钱庄之所以能在宁波落地生根，并成为宁波至今让人引以为自豪的 LOGO，无疑得益于宁波的口岸效应。没有对外贸易，就不会造成洋钱大量流入宁波，就不会有钱庄的需求。同样，没有宁波人在商业上的开放，钱庄同样没有做大的可能。有人发现，宁波钱庄的资金，除了来自股东自身的存款之外，到每年年终，还有大量的资金从外埠纷纷汇入，最终都存了进来。这让宁波的钱庄在相当长时间内都实力雄厚，笑傲江湖。这也是江厦之所以有着华尔街样式的又一大原因。

也正因为是口岸，在钱庄之外，宁波人还创造了另一项金融组织——民信局。不过这句话不是太准确，因为民信局更像是民间邮政系统。如该局之名，其主营业务是普通信业、运送业，但汇兑同样也是它的强项。至于它的创设，有说是“约在明永乐以后，而以宁波为中枢”，有说是“在长江南北洋，自乾隆朝创始”。而创设的原因，有说法是与绍兴师爷也有相当关系。“明清时期，官与吏胥共天下，‘百官者虚名，而柄国者吏胥’。明代绍兴师爷已闻名于世。当时京中胥办‘自九卿至闲曹细局，无非越人’。明清时势力更大，‘户部十三司胥算皆绍兴人’。全国各省府县更多，师爷几乎成为绍兴人的专业。吏胥幕宾‘职备顾问，又兼案牍，伊等与各省往来函件甚多，民信局之事业，由是肇兴。’幕宾大都籍隶浙江绍兴，所谓绍兴师爷是也，而宁波为绍兴之口岸，民信局即滥觞于此。”[①]但不管如何，它的滥觞在某种程度上推动了山西票号的出现。前面就说了，雷履泰之所以能创办日升昌，民信局的开设是前提条件。对钱庄来说，它的滥觞也至关重要。《中国钱庄概要》的作者潘子豪就说：“民局为宁波之专业，资本甚大，信用亦佳，凡一经民局保险之信札，内中银钱汇票，倘有遗失等情，一概由该局赔偿，是种民局，与票庄（应为钱庄）往来密切，故亦营汇兑事业。……故在我国金融机关未曾发达以前，民局实为汇兑业重要机关之一也。”无疑，有民信局作为配套，钱庄想不成为“甬上金融之枢纽”都不可能。

对宁波钱庄来说，它的名声大作还来自于“过账制度”。作为中国最早的金融结算制度，它由宁波人首创于道光年间（1821—1850），对今天的人们来说，有点不太好理解，但总结起来，其实很简单，就是贸易结算、信用往来活动中，不必都用现钱交易，而是双方通过自己的开户钱庄去划账。“在当时，这是一种以信用作为基础，富有创新意义且生命力极强的会计结算制度，避免了大量携带钱财引发的不便和风险。”[②]当地商人“向客买货，只到钱庄过账，无论银洋自一万以至数万、十余万，钱庄只将银洋登记客人名下，不必银洋过手”[③]。往大里说，这意味着现代金融业的票据交换办法在我国的开始，其与英国伦敦于1833年成立的票据交换所在时间上大致相同，而比纽约、巴黎、大阪、柏林等城市的票据交换所则要早得多。往小里说，这意味着交易不再需要将现钱拿来拿去，在现金短缺的当时社会，极大提高了商家资金的周转灵活性，同时让融资范围遍及全国各大商埠，自然而然符合人们对钱轻的进一步期待。宁波遂成了时人所称的“过账码

---

① 张守广，《宁波商人与民信局兴衰论述》，见载于鲍杰主编，《论近代宁波帮》，宁波出版社，1996年4月版，P157~158

② 万之，《宁波商人的创举——钱庄过账制》，《宁波通讯》2012年第10期

③ 段光清，《镜湖自撰年谱》，咸丰八年第118条，中华书局1960年版，P122

头”[①]。

1853年，江厦迎来了自己的高光时刻。这一年，太平天国在天京（南京）定都，之后为了战事封锁长江口水道。这导致了南北货物均通过海运进一步向宁波集中，宁波也因此成为沿海与内地物资的主要转运和集散地，江厦码头千帆竞发，百货流通……与此同时，江厦的大先生们也赚得盆满钵满，走路更加慢腾腾了。然而，1860年代，太平军入浙，却让江厦开始直面战火。1862年5月10日，太平军与英法联军在江厦街一带打了一场保卫战。这一仗从上午打到傍晚，太平军寡不敌众，撤出宁波。毫无疑问，战火波及江厦街的商业和钱庄业，其中，有着130多年历史，各钱庄进行钱市交易的固定场所——滨江庙也为战火所毁。不过，它也为宁波的钱庄股东们设立钱业公所和钱业会商处“腾出”了地方。1864年，宁波钱业的同业组织在此成立。无疑，它加强了宁波的钱庄之间的内部联系，让它们在决策上更加统一，并由此成为强有力的一个整体。同时，它还在规避空盘、抬升等诸多金融风险，自律解决同业不良交易竞争等方面发挥了重要作用。

不过，滨江庙所在地毕竟庙小，容不了大菩萨，公所越发感觉“湫隘不足治事”，到1923年，由敦裕等二十八家宁波大同行钱庄发起募款，三十三家小同行钱庄参与捐款，购置了建船厂跟平津会房屋及基地一方，动工兴建新会馆，其间历时三年，共花费89771银元，终于1926年竣工。其后，它成为了宁波钱庄同业聚会、议事的中心。

---

① 在这种过账制度中，过账方式有过账簿、经折、信札、庄票等普通过账方式，还有盖印对账、同过账、远期过账和轧字过账等特殊方式。商家用得最多的是过账簿方式。甬商钱庄在每年开业的时候，把这些过账簿分送给各顾主，顾主有了这本过账簿，就可以与该钱庄进行过账，因此过账簿也称“过簿”。商家进行交易时在过簿上写上“过出”与“过进”账目，钱庄在晚间处理。经折大多是存款户使用的，为保护存款人利益，其设计有些特点，在簿面上一个字都不写，只在折心之面，写一存户记号，内部所盖钱庄图章也只是篆印暗记。信札是为方便外埠及乡镇的过账而设立，不管是商号还是个人，也不管大小钱庄均可办理，实际上是种票据化的书信。庄票，也多数由各埠及乡镇使用，与信札大致相同，但只能用作解付款项，不能作为收款之用。盖印对账适用于交易双方遇到特别重要款项，解款人要立即过付，收款人要马上收取。“过出”方的钱庄将同行对账簿持向“过进”方钱庄，盖上“过进”方图章。“同过账”是两个往来户与同一钱庄有交往，在钱庄内部拨转款项，手续相对简单。远期过账是未到期的收付款项先行过账。轧字过账，就是普通过账之间注一“轧”字，是交易双方互有款项进出，但数目不等。以上内容转自吕建锁、陈发雨所著《甬商钱庄与晋商票号的信用制度比较研究》，原载《宁波大学学报（人文科学版）》2009年1月第22卷第1期

从外貌上，新会馆为青砖雕砌的砖木结构建筑，总平面是典型的中国式布局，沿中轴线对称布置，分前后二进，亭台楼阁组成园林式布局，前进廊舍环绕，两旁石刻、碑记，其中就包括《宁波钱业会馆碑记》；中有戏台；后进议事厅，厅前亭园花草，清静幽雅。与此同时，在其青砖外墙之外，配的却是红瓦坡顶、西式硬山，而边门也采用的是西式的拱门、柱式和卷草形山花……这让钱业会馆呈现出中西合璧的格局，让人一眼就能窥出其时的宁波已受西风的多年浸淫。

今天，这个位于战船街的钱业会馆，已被改建成了钱币博物馆，但作为“全国唯一保存完整的钱庄业的历史文化建筑”，它依旧有着足够吸引人的腔调。

正因为钱业成为宁波的“主业”，宁波人习惯到钱庄工作，乃至将自己职业的第一步都放到这里开始。近代宁波帮的鼻祖严信厚，就曾在钱庄里当过学徒。这个出生在慈溪庄桥费市村（今属宁波江北区）书香门第的大族子弟，如果没有一长串兵荒马乱的日子，肯定会按部就班地成长为一枚中国传统文化上的高手，甚至有可能和他老乡兼好友——浙东书风开创者梅调鼎一样，是文化大师。他在书画艺术上的成就，曾让《四明清诗略续稿》谓其“能书善画，于书宗华亭，于画师任邱”，而《中国美术家人名辞典》则称其“尤善仿边寿民芦雁，萧然有江湖之思。蓄碑版、书、画之属甚多”。但是，第一次鸦片战争的爆发，让他在私塾里也没待上几年，只得“下海”当学徒去了。不过，他的工作单位并不在江厦，而是在宁波城鼓楼前的恒兴钱铺。老板据说姓吴。

到现在，宁波本土还流传着他在这家钱庄的故事，说的是吴老板的儿子不学无术，倒是满脑子的吃喝嫖赌，不仅没赚到钱，反而欠了一堆外债，动不动就有人上门来讨债。那天，愁大了的吴老板坐也不是，站也不是，只好到处乱走。这时，他发现店堂里有一个从乡下来的学徒，手中捏着一块抹布，正在用力擦招牌。本来这是好事，但一腔怨火无处发泄的吴老板，抓住对方就是一通责骂：“是谁叫你擦的？”意外的是，这位学徒却不慌不忙地回答：“我自己想擦的。老掌柜，你要钱庄开下去，不把招牌擦干净怎么行？只有招牌亮了，生意才会做大。”根本就听不进去的吴老板，只当对方是在顶嘴，上前就要拧对方的耳朵……正在这时，钱庄的门口传来一个声音：“且慢！你这个学徒我要了，他可以抵贵庄欠下的这笔银款。”[①]这个学徒，正是严信厚，而喊这句话的人，是从杭州赶来的信源银楼经理，

① 陈三兴，《严信厚擦招牌》，《宁波晚报》

而这个银楼的老板就是胡雪岩。

严信厚

于是，很意外地，严信厚和胡雪岩搭上了钩，并由此结交。当然，他们之间结交的故事还有其他的说法，但不管如何，正是在胡雪岩手上，严信厚被推荐给了李鸿章，并走上了飞黄腾达的路途。日后，严信厚先是在上海帮助李鸿章“剿捻”，又往来津沪筹办赈抚，最后还在李鸿章的支持下当上了利润丰厚的天津盐务帮办，但出于对钱业的热爱，转了一圈之后，他还是回到上海开办了源丰润票号，竟成钱业之魁。我们可以这样说，胡雪岩是他的贵人，上海是他的宝地，而他飞黄腾达的起点，却是“擦亮招牌”。

不管这故事是否属实，但无疑，“擦亮招牌”依旧可以看成是宁波帮于信誉乃至创新上的一个隐喻。对他们来说，如果招牌不“干净”，不为人所熟知，生意肯定做不大。这成了宁波帮在长久以来最为潜意识和最为下意识的意识。正是这种意识成就了严信厚，也成就了诸多的宁波钱庄，进而让他们自身成了被擦亮的“招牌”。

不过，也正如严信厚，他们更大的成功，也是更大的创新，却是将自己的视线，从江厦投向了近在咫尺的上海。

从宁波到宁波路

今天的上海，有两条宁波路。

一条是法租界宁波路，这条路上有著名的宁波人的同乡组织——四明公所[①]，

---

① 宁波又称四明。以境内有四明山（传说山上有方石，四面如窗，中通日、月、星宿之光，故称四明山）得名。所以四明公所亦即宁波公所。浙江宁波旅沪同乡于清嘉庆二年（1797）始建，至八年（1803）正式建成。是旅沪宁波商人和手工业者的行会组织，北部为寄柩处和义冢。道光二十九年（1849）开辟法租界后，公所划入租界范围。法租界公董局一直觊觎这块土地，曾两次企图强占公所和墓地，并打死、打伤市民多人，但宁波帮以及上海市民通过同心协力的罢市、罢工，在一定程度上和时间内让对方的企图破产。今天，它已经是上海人民早期反对帝国主义扩张斗争，并取得胜利的纪念地。今仅存大门和围墙。

所以它也是在沪打拼的宁波人的大本营。不过，它却在法国人持续不断的越界筑路，以期拓展自己租界范围的行为中，成了今日淮海路的一部分，也就是淮海东路。

另一条则是公共租界的宁波路，也称英租界宁波路，它位于南京路以北，附近有天津路和北京路——看得出，英国人喜欢拿中国著名城市的名字来给自己租界里的道路命名。是为炫耀，也为纪念自己在中国取得的成功。选择宁波，无疑是对其作为通商口岸的认可。正是在这条路上，在 19 世纪 60 年代开始修建兴仁里。作为英租界最早的石库门里弄之一，这条巷子其貌不扬，日后却成为了上海“最有钱”的一条弄堂。“这里聚满了各类金融行庄与商号。从沿街面到弄内，有安康、安裕、赓裕、春元等 11 家钱庄，大公、大康等 6 家银行，还有信托与保险公司、金融业机构达 19 家。”①

只可惜，宁波路这片钱庄，却在 1982 年大规模的石库门拆迁中而消失殆尽，连个纪念辉煌的门牌匾都没有留下。也正因为此，保护相对完好的宁波钱业会馆才可以堂而皇之地自称“全国唯一保存完整的钱庄业的历史文化建筑”。

四明公所

相比较南京路还有后来的淮海路，这两条宁波路都不是很长，但因为有着鲜明的宁波印记，无疑都成为了宁波人在新时期内的情感乃至事业的寄托。

宁波人移民上海，其实早就已经陆续进行。这个只隔着一个杭州湾的地方，经常会成为他们闯世界的落脚之选。在上海开埠之前，经营粮食和糖业生意的方介堂、靠海吃海做长途海运的李也亭以及坐地买卖药材的董棣林在上海先后成功，并大量地从自己的家乡，把亲族和乡党带到了上海，形成了商场上的“同姓军”和“父子兵”，最终在早期的上海滩形成了三个宁波籍贯的著名商业家族：柏墅方方家、小港李家和慈溪董家。

据说，近代上海的第一家钱庄正是方介堂的族侄宁波人方润斋开设的。此后，

① 许洪新，《假日里，逛逛上海老弄堂》，《解放日报》2010 年 1 月 1 日《解放周末》版

柏墅方方家更是在上海形成了连锁经营，他们在南市设立履和钱庄之后，又在北市设立北履和。于是，这个家族从此就专门从事钱庄业。方润斋的七弟方性斋最后也成为了上海滩钱庄业的翘楚，人称“七老板”。而方润斋的后裔方季扬，正是宁波路兴仁里安康、安裕、赓裕这三家钱庄的经营者，除了安裕是由其独资经营之外，安康、赓裕则与同族兄弟合股经营。因为方季扬其时正住北福建路，与宁波路相距甚近，管理颇为方便；除了柏墅方方家，此时的李也亭也因为经营沙船业需要相当的流动资金，为此必须向钱庄借入大宗款项。“李也亭经常需要和钱庄打交道，并通过同乡、钱庄跑街赵朴斋得到钱庄放款。由此李也亭索性和赵朴斋合作自己创办钱庄，在上海陆续开设慎余、崇余、立余等多家钱庄。李也亭在经营沙船之外，又派生出一大产业，被公认为上海钱业巨擘之一。”[①] 同时，也因为李也亭是小港李家在上海发迹的第一人，他的后人常常尊称他为“发财太公”。

如果说这算得上宁波人向上海进行商业移民的第一次浪潮的话，那么，它的第二次浪潮在上海开埠之后到来。这一年，杨坊因为赌博欠债而流落到了上海，一度样子狼狈，被人误作了挑水工。在此之前，他曾经在宁波当绸布店店员，后入教会学校习英语，但赌博这个恶习害了他。没有人会认为他日后有多大出息。但他懂英语的优势，却帮了他。他居然进入了外国洋行工作。先是美国旗昌洋行，接着是英国的怡和洋行。他一开始干的是自己的老本行，担任报关和收丝工作，因为工作出色，曾为怡和洋行设计过一套收购生丝的有效方法而受到洋商器重。同治《上海县志》便说杨坊“多智术，贾上海，与西方通市交易，不数年明习各国事”。后来，升为怡和洋行的买办。正是在这怡和洋行，他得以介入鸦片贸易，并因此成为申城头号鸦片大王。在上海滩一度算得上是仅次于道台吴煦的第二号人物。发迹后，他又在永安街开办泰记钱庄。这样，他既是洋行的买办，也是钱庄的主东。可以说，他是唐廷枢、徐润等人的前辈。1860 年，当太平天国的后起之秀李秀成率军进攻上海时，为了保护自身财产安全，杨坊不顾英法联军在北方正和清政府作战，一度支持“借师助剿”，并极力推动洋枪队的成立，用以对付太平军，为此他还将自己的女儿嫁给了洋枪队的队长——美国人华尔。作为“洋枪队”的主要组织者，他的钱庄便是其财政支出机构。然而，华尔最终却战死在了自己老丈人的老家——宁波，而杨坊也在事后的政治清算中，郁郁而终。

---

① 王耀成，《戚家山：沙船时代的杰出代表李也亭》，北仑之窗

不管如何，杨坊的“努力”，加上列强的保护，还是让上海这个在《南京条约》中成为通商口岸，并成为西方列强苦心经营的“国中之国”，虽然承受了西方殖民的最大痛楚，但也因此成为了国人逃避战火的宝地。

1860 年代，随着太平军入浙，阴差阳错，无形中给了宁波商人一个的机会。当时纯粹是“避战乱”的目的，使近代宁波形成了向外商业移民的第二个浪潮。宁波几乎绝大部分的商业资本和金融资本在那一年都转移到了上海。

在某种程度上，上海之所以在近代发迹，除了被迫开埠改变了其封闭、落后的环境，更是因为有以宁波帮为重要势力的江浙资本的大量流入。它们犹如止不住的洪流，流入了上海的宁波路，流入了上海的东西南北。

从宁波到宁波路，宁波人用了相当长一段时间，划出了这样一条运动轨迹，越往后这条轨迹越清晰，这无疑表明了一个颠扑不破的道理，那就是上海已然崛起。在它的热闹面前，以前对其进行商业辐射的宁波，难免要地位颠倒过来，而这种落差，却是自己不得不承受之重。当然，它也凸显了受海洋熏陶的宁波人并不会安土重迁，墨守成规，虽然这有点把异乡作故乡，更俗一些说，有点胳膊肘往外拐的意思，但这却是无比明智的战略转移。只有将自己的脚步紧紧跟住这最具增长潜力的贸易金融服务中心，自己的决策才不会出现偏差，同时也不会丧失主导新兴的商业汇票交易和其他金融市场的机会。

相反的是，当年风光无比的晋商，却在新形势下，依旧固守在祁、太、平的大院里——这些大院给人的感觉很奢华，在坚硬的墙体掩护下也很安全，但正是对上海的忽视和远离，他们最终丧失了自己的生机。

对宁波人的到来，上海同样投桃报李，敞开了自己欢迎的胸怀。这不仅仅是因为他们送上的一个个“大礼包”，更因为宁波人具有以下三个优势。

第一个优势，相比较广东人，宁波人更有地理优势。他们不仅熟悉上海，而且在长江流域也布下了相当规模的商业网络。从上海，到南京，到汉口，再往西的重庆……无不活动着宁波人的身影。尽管五口通商之后，很多广东人北上上海，让最初的上海洋行的买办，“半皆粤人为之”。但也请注意的是，这是“最初的”。日后，随着宁波人在上海的攻城略地，很多洋行的买办都成了宁波人。

他们不仅进入广东买办所盘踞的英商和美商企业，而且更多地进入德商、俄商、法商、日商等各国商人的企业。在外资银行的买办中，宁波人也占有半壁江山，出任买办的有王槐山、徐庆云、许春荣，虞洽卿及其儿子，朱葆三的长子、长孙，厉树雄、叶子衡、傅筱庵父子、许葆初、王容卿，甚至还出现了王铭槐这样一门“三代买办”——他本人加次子再加 4 个孙子，全都是买办……这势头可谓来势凶猛，让广东人也为之叹服。到 19 世纪 80 年代，宁波帮中的买办就已经超过广东帮占据买办集团的首位，并一直到买办制度被废除。

第二个优势，和广东人一样，因“与西人接触较早”，他们具有一定的外语优势。像杨坊正是借此和洋人有了合作的机会。

除此之外，宁波人对外文的学习，也一直颇为上心，也颇为用心。像“五金大王”叶澄衷刚到上海，在洋泾浜摇舢板卖杂货时，就经常摇到黄浦江拿外轮上的水手当作练习口语的对象；而朱葆三刚到上海打工，月规只有三元，但依旧会拿出五角钱，求教于夜校里的学生，让学生把课程上老师教的内容再传授给他……正是操英语的宁波人越来越多，让他们不仅更容易结识洋人，成为中外贸易中的一分子，而且还让他们所创造的带有宁波口音的洋泾浜英语，竟成了中式英语的源头。

第三个优势，那就是宁波钱庄的“一庄风行”，让依赖中国的票号和钱庄开拓业务的外国洋行，不得不对宁波人另眼相看。更关键的是，当这些宁波人大批涌入上海之后，也把宁波钱庄中的先进制度——过账制度也给带了进来。这有利于洋货的倾销。

这些优势，无疑让宁波人在上海的势力更加坐大，并进一步推动着近代宁波帮得以成型。就连今日上海言必自称的“阿拉”，其实就是宁波的方言。它们从口头，到事业，到情感，全方位攻占了上海的制高点。这让我们不得不承认，正是在和宁波持之以恒并亲密互动的“双城记”当中，上海才成长为了今日的模样。

他们才是资本家

1890 年代的上海火柴市场，价格战惨烈异常。

对阵的一方，是华资的燮昌火柴；另一方，一开始是燧昌自来火局，这是英国人于 1880 年在上海所办，日后则是日本火柴。在外强我弱的当时，谁都能预感到，燮昌的结局肯定不会太美妙。

现实狠狠地扇了他们一巴掌。那时，进口火柴和外商在上海开厂生产的火柴每盒卖五六文，而燮昌火柴为了在市场上为国产火柴争得一席之地，价格降低为四文钱一盒。一下子就在由洋火一统天下的市场上杀出一条血路，站稳了脚跟。面对挑战，洋商慌了手脚。英国领事在《商务报告》中写道：“上海制造的火柴，已成为进口火柴的可怕竞争者了！”他们在《申报》上不断刊登广告，以招徕顾客。即使最难对付的日本火柴，也在燮昌的价格战面前，被迫一再降价，有日商几乎到了亏本地步。

这的确有点让人扬眉吐气。如果我们知道，燮昌背后的东家，正是叶澄衷，也许会理解英日火柴的失败。

此时的叶澄衷，已远非他在洋泾浜乃至黄浦江上摇舢板卖杂货的“吴下阿蒙”了。说起来，是他的英语能力，以及诚信，帮助了他。

17 岁那年，他在自己舢板上拾得了一只皮包，那是搭船的外国洋人不小心给遗漏下来的，里面装有数千美元以及戒指等贵重物品，还有支票单据等物件，这对叶澄衷来说，无疑是一笔横财。他没有将它私吞，却老老实实等在原地，直到夕阳西下，物主火急火燎地找了回来。一开始，物主只是抱着碰碰运气的想法，但没想到运气竟如此之好。这让物主感动得一塌糊涂，伸手就从皮包里抽出一叠美钞，塞到了叶澄衷的手里，说要表示感谢。又一次让物主意外的是，叶澄衷还是拒绝了。他说，失物理应归还原主。日后，他这个故事，被写进了民国的国文课本，标题就叫“诚实的孩子”。正是这份诚实，让他得到了物主的帮助。这个物主，叫劳勃生，是英国洋行经理，他建议叶澄衷去做五金生意，因为其时的上海，轮船最多，以后还会有更多的船厂，做五金生意正好对路，比摇舢板要来钱多了，而且劳勃生保证，自己愿意帮助他做大五金生意，还愿意提供进口的五金货源。无疑，这是一种“双赢”，劳勃生找到了一位诚实可靠的伙伴，叶澄衷能借此改变命运。

在一步步的努力之下，他的五金生意越做越大，1862 年，他的自有品牌——顺记五金杂货商店，于虹口百老汇路（今东大名路）口成立。它有个英文名，叫 Ching Chong，其实也就是澄衷两字的英译。这个顺记犹如一根瓜藤，孕育出了不少瓜瓜——1870 年，山东路的南顺记号开张，1876 年，新顺记洋货号又在百老汇路武昌路口增设……正是这样的“繁衍”，让叶澄衷终成了上海的“五金大王”。

如果说，五金让叶澄衷起家，那么，俗称煤油的火油则让他发家。当时想打进上海市场的有英国亚细亚公司、美国德士古公司，还有洛克菲勒集团下的美孚公司。为了能在上海站稳脚跟，美孚努力在上海设立经销机构，积极物色理性的代理商。叶澄衷“为人诚实”的好名声再次帮助了他，让他成为了美孚的首选。日后，他帮助美孚设计出一种体积小、装油少的煤油灯，因符合中国人的节约习惯，而大受欢迎。另外，他还建议美孚实行“买一箱煤油的话，将附送一盏煤油灯”的策略，又进一步让美孚打开了中国的市场。为此，他向美孚提出了两个条件，第一个是美孚公司不得再和第二个中国人打交道，由他独家代理。第二个是货款结算时间由 60 天改为 90 天，因中国交通不便。虽然美孚公司对此有点意见，但经过友好协商，双方最终还是愉快签约。

后人评价这一合同，不仅体现了叶澄衷“借洋鸡生蛋”的经营思想，而且成为了中国商人利用外资第一例。根据这个合同，叶澄衷在结算货款上还获得了更多的时间。事实上，叶澄衷与下游商人结算时间为一个月左右，他可以利用这 60 天左右的结算时间差，周转资金，发展业务，投资地产，还有就是向各大钱庄放贷……

与此同时，得益于和美孚的合作，他也不失时机地为顺记拓展外埠的业务，先后在宁波、温州、镇江、芜湖、九江、汉口、天津、烟台、营口、广东等地和通商口岸，设立了顺记的分号或联号达 18 家之多。

为了各地顺记号资金的汇划调剂，他在上海又创立了大庆元票号。这也成了他在金融上发力的开始。日后，他还设立升大、衍庆、大庆、怡庆大钱庄。在全盛时期，他手头握有的钱庄竟然有梁山水泊好汉之数，108 家。这其中包括，他和湖州亲家许春荣合伙创办了中国钱业历史上著名的四“大”钱庄——余大、瑞大、志大和承大。

这里得额外提下这位和他关系亲密的亲家，和他一样，许春荣也是靠着经商起家，1853 年就与人合伙在南京路河南路东设立大丰洋布店，专营英商泰和洋行进口的洋布、洋纱，生意十分兴隆。这让他也有资本在上海先后设立了阜丰、鼎丰、通余、通源等 7 家钱庄。不过，因在 1883 年受胡雪岩生丝大战而导致的金融风潮，这几家钱庄纷纷倒闭。但他并未放弃，最终还是联手叶澄衷在钱业上东山再起。

至此，你已经很难清楚地判定他们是实业家，是金融家，或者只是个大商人。但有一点可以肯定的是，很多的宁波人一旦积累起比较多的买办资本或者产业资本，他们往往愿意将它投入到金融业。等赚到钱，又再次回流到产业上来。有人研究钱庄就注意到，在资本运作方式上，其最重要的一项就是与近代工商业资本相互融合。"'相互融合'表现在三个方面。一方面，钱庄开始并越来越多地向工商企业放款，如19世纪末20世纪初时，汉口福圣、协和机器轧油厂、毛业制造所、机器米厂以及炭山湾煤矿、江西铜矿等都曾得到过钱庄的放款，上海更是如此。二方面，一些钱庄老板在经营钱庄业的同时，开始涉足创办工商企业。在上海最典型的例子是荣氏兄弟，荣氏兄弟以开设钱庄作为事业的起步，1900年，基于'钱庄放账，博取微利，不如自己投资经营利益较大'的想法，大力投资机器面粉业、棉纺织业，终于发展成为闻名海内外的荣家企业集团。汉口，'三怡'钱庄的股东黄兰生也曾投资设立'汉丰面粉厂'。三方面，一些近代工商业企业主在经营工商的同时投资于钱庄业，为钱庄资本注入了新鲜血液。钱庄对近代工商业的放款以及两者间的相互投资必须使它们更为密切和融合。"① 无疑，叶澄衷正是这其中最为优秀的代表，也是最好的榜样。借助于这种产融结合，他们一下子就将在汇兑、拆借的圈圈里打转的山西票号，甩出了几条街。当然，那些靠着典当行业赚了大钱却将其投入到奢侈型消费，以及购买地产的徽商，也只能望其项背。这也是宁波帮最终压倒晋、徽的一大原因。比起晋、徽，成长于西风东渐下的宁波帮，更具有资本家的潜质。

1890年代，遂成了叶澄衷的黄金时代。他有足够的底气与进口火柴和外商掰一掰手腕。他于1890年投资创办燮昌生产火柴，一出手就是5万两银，雇工人800名。为了保证燮昌的质量，他引进欧洲药料和日本木梗，接着又派人到德国学习，并从德国进口两套生产设备。可以说，燮昌的价格战也是以质量作为前提的。

这并不是他的终点。在缫丝业上，他开设中国第一家纶华丝厂，投资金额达100多万两银，到第二年各生丝产地都建立缫丝收购站，这改变了江浙一带的缫丝市场基本上由外商操纵，进而丝贱伤农的局面。此外，他还进入了轮船业。1889年，他和别人一起筹集20万两银，创办了鸿安轮船公司，经营起了轮船运输业。这是中国甲午战争前仅有的民营华资轮船公司。不过，因为这冲击了轮船

---

① 姚会元，《"江浙金融财团"形成的标志及其经济、社会基础》，《中国经济史研究》1997年第3期

招商局的垄断地位，为了防备清政府干涉，叶澄衷不得不托庇外国势力，挂靠英商和兴洋行，并向英国政府注册备案。到了 1893 年，改称英商鸿安轮船公司。但他依旧是该公司华商大股东之一。

这不禁让人感叹，一个叶澄衷，凭借这种 1+1 ＞ 2 的结合，就能打赢一个人也是一个国家的战争，还能推出这么多个“第一”，那么，无数个后来的宁波人，又会给中国的民族工商业带来什么样的惊喜呢？

显然，它值得当时的人们，拭目以待。

抢占制高点

盛宣怀

除了宁波帮自身的努力之外，他们还需要感谢一个人，那就是盛宣怀。

作为李鸿章最为亲密的幕僚，也是其经济事务的代理人，盛宣怀一直不曾放弃自己前进的步伐。到 1896 年，52 岁的他已经牢牢掌控帝国的轮船、电报、矿务和纺织四大洋务企业部门，也正是在这一年，他被清廷授予太常寺少卿官职和专折奏事权；后者意味着他可以直接上书皇帝议论国是——这并非仅仅是一个荣誉，而是实在的政治影响力。然而，一个好汉三个帮，他爬得越高，越需要有人来支持。所以，在教育上，他创办了北洋大学和南洋公学，在商业上，他也需要扶持一股力量。此前，他在轮船招商局的权位争夺中，灭了唐廷枢、徐润这样的香山帮，后来，他协助李鸿章“排左先排胡”，让胡雪岩在生丝大战中出局，灭了徽商，数来数去，他只能依靠宁波帮。好在宁波帮自身很争气，在各方面的表现都很突出。再说，近代宁波帮的鼻祖——严信厚和自己一样都是李鸿章的幕僚，可以说是站在同一个战壕。多年后，他和严信厚还成了某种意义上的“亲戚”关系。严信厚之孙严智多娶妻刘承毅，其小舅子刘俨亭的老婆，就是他的六小姐盛静颐。另外，严智多的女儿严仁美还是盛静颐姐姐盛关颐的“干女儿”。这么算下来，他还得尊严信厚为长辈。因此，他和宁波帮之间也就一拍即合。当他将自己的视线从四大领域，再次投射到银行，投射到其他方方面面时，严信厚就成了他的意志的忠实执行者。

与此同时，这些新兴的领域，也就成了“宁波人的天下”。

首先，是中国通商银行。这个 1897 年 5 月 27 日成立在上海的，由中国人创办的第一家华资银行，可以说被打上了浓重的宁波元素。这里的 9 名总董，除了严信厚之外，还有朱佩珍以及叶成忠，都是宁波人。叶成忠就是叶澄衷，而朱佩珍则是朱葆三。可以说，宁波人占了其中的三分之一。与此同时，严信厚还邀请了又一个宁波人，其时上海钱业董事、咸康钱庄的经理——陈淦出任银行的华大班，也就是华经理。如此一来，中国通商银行尽管是盛宣怀的心血，但它的实权，最终是操在了宁波帮的手里。所以它的成立，也标志着宁波帮钱庄业向新式银行转化之开始（本书第四章将具体展开）。

其次，是上海商务总会。说起创办它的原因，源于 1900 年盛宣怀被清政府任命为商务大臣，于上海修订对外商约时，在谈判桌前遇到了一个以英国商人为主体的“和明商会”。该组织在英国谈判代表到达之前就对有关情况做了详细调查，并向英国谈判代表马凯准备了充分的谈判材料，这让马凯在谈判进行时，很快就拿出了以“和明商会”意见为基础的一揽子解决方案，先发制人。说起来，“和明商会”在这种重要场合的“闪亮登场”，既显示了英国商人对利益的追求，更凸显了英国商人的团结力量。当盛宣怀以个人的聪明才智，来面对一个组织的“挑战”时，他的窘迫、难堪、不安，也显而易见。这段经历，让他深感创设商会之必要，也是“振起商战”的入手要端。于是，这一任务再次落在了严信厚的身上。不过，当它在 1902 年 2 月 22 日成立之时，还不叫上海商务总会，而是上海商业会议公所。严信厚担任总董及第一届总理。也就在上海商业会议公所改称上海商务总会之后，严信厚再次被推举为总理，在“金融风暴”中被打击得够呛的徐润，则东山再起，当上了协理。至于副总理兼坐办，还是宁波人周金箴。此后到 1911 年辛亥革命，在多次换届改选中，除第二届总理曾铸是福建人之外，总理、协理多为宁波帮中人，比如第二任协理朱葆三、第三任总理李云书、第四、五、六任总理均为周金箴。可见被称为“中国第一商会”的上海商务总会，自始至终由宁波帮在领导层中占绝对优势。

正因为这种绝对优势，以宁波人为主的银行工会和钱业工会在上海商务总会内部居于关键性的地位，这两个工会也理所当然地控制了作为上海金融和贸易基础的货币、信用和汇率。宁波帮也进一步掌控了上海的金融命脉。

无疑，继操控中国通商银行之后，宁波帮又成了这拨行情的最大得利者。严信厚更是受益匪浅。因缘际会创办上海商业会议公所，加上又是中国第一家自办银行中国通商银行的主持人，以及中国第一批民族工业的创办人——不提别的，严信厚凭这些就足够被史家称为“宁波帮的开山祖师”了。

对宁波帮来说，这是两个最大，也是最具有典型的个案，也许我们可以借此认认真真地总结一下宁波人，总结下宁波帮，从中你会发现：

一、正是将自己的视线及时地投向了上海，让他们深得上海开埠的“红利”——不到上海，他们根本就得不到这些宝贵的机会。

二、尽管同样擅长政商关系，但因为心态、视野上的开放，以及自身力量的壮大，他们并没有让自己成为权力的寄生虫，相反的是，让权力为己所用。日后，他们甚至参与到了“改造”权力的进程当中。

三、抢占金融制高点，永远立在金融的潮头，才是他们最成功的地方。

四、在他们身上，能看出现代化转型的深痕，然而，终究是生长在整个中国的大环境之下，他们依旧摆脱不了对地缘、血缘或者业缘的坚守，这让他们也习惯性地抱团取暖。从早期的“同姓军”和“父子兵”，到日后的以方氏家族、叶氏家族、李氏家族为主的家族财团，再到新兴领域里的各位“宁波大佬”的组合……让宁波帮被紧紧地捏合在一起。但是，进入新兴领域如银行，其股份制的要求，必然会打破个人或者群体的小圈圈，这也让宁波帮在未来的进化中，不会像山西票号那样墨守成规，只认山西人。

五、尽管钱业给自己带来了丰厚的利润，但他们对钱业还是有着比较深刻的认知。毕竟钱庄多为家族经营，或者合伙经营，虽然背后的股东大多为工商巨富，但比起股份制的银行，它们的自身力量还是比较薄弱的。它们的资本一般不超过3万~5万两[①]；即使是后来发展起来的上海汇划大钱庄，也不过只有8万~10万两的资本[②]。这让它们在贸易量日渐加大的状况下，一定会显得心有余而力不足。

这里又要提到叶澄衷，他在加入中国通商银行之前，也曾面对过盛宣怀抛过来的“绣球”，那是邀请他去帮忙打理盛宣怀所承办的汉阳铁厂。只是，一如盛宣怀其他督办的“国有企业”，汉阳铁厂同样毛病不少。经过一番调查，叶澄

---

① 《北华捷报》，1858年6月12日，P182

② 《海关贸易报告册》(*Report on Trade of The Portsin China*)，1866，上海，P14

衷得知该厂人员冗杂，拿干薪而不办事，却又碰不得——这很不符合他的经营理念，最后只有婉拒，情愿自己做生意。但这次，他却同意了。尽管在全盛时期手握108家钱庄，他却认为，要振兴民族工商业，中国人不赶上世界潮流立足于世界银行界不行。过去中国金融以钱庄为主，但事实证明，在资本主义市场经济占主导地位的上海，钱庄过于弱小，无法与资本雄厚的银行相匹敌，承担不起发展资本主义市场经济的历史重任，一旦出现经济风潮，首当其冲被击垮的，便是那些数量众多但力量相对薄弱的钱庄，所以，投资通商银行，他认为是自己义不容辞的责任。

只是，当上海的宁波帮在切开银行这块蛋糕时，本和上海同呼吸共命运的江厦，却没有那么快行动起来。也许是钱业的骄傲，让江厦在感情上一时很难跟进。中国通商银行在成立的同年，就先后在北京、天津、汉口、广州等地成立分行，但在宁波成立分行时，却已经是1921年了。即使宁波帮跳出来“单干”独立创办的四明银行，在1909年于宁波设立分行时，也将地址选择在了鼓楼前，而非江厦。

对江厦来说，这无疑是致命的迟钝，也是致命的自负。

江厦的好日子，似乎依旧在继续。但谁都能看得到它的未来。对它来说，除了迟钝和自负之外，它还从来就没有摆脱过那纸条约给自己带来的威胁。

尽管被增开为通商口岸，给它带来了大量的物流，也带来了战火和轮船。战火威胁着自己的现实存在，而轮船则威胁着自己的未来生存。这种威胁随着时间的推移，变得越发的鲜明。因为轮船开不进身为内河的奉化江，为了解决这一问题，宁波城的老码头只好往北移了千余米，从江厦街移到了江北岸。这个江北岸所依的是水深江阔的甬江，正适合西方列强的大轮船停靠。这个新码头，就是宁波今日最为著名的老外滩。很快，它就取代了江厦，成为了宁波本土的客运中心。1862年，旗昌轮船公司在此开辟沪甬线；“1873年，招商局宁波分局成立，先是购置广源土行的楼栈作为公司所在地，接着在1875年开辟沪甬线，在宁波建造码头、仓库”[①]。“1877年英商太古公司宁波分公司正式成立，经营各种业务，其中主要业务是航运业，这一年开辟沪甬线，也在江北岸建造了太古码头，后因行驶‘北

① 《“五口通商”后的旧宁波港》，政协宁波市委员会网站

京’轮，故俗称‘北京码头’”[1]。

比起帆船，轮船尽管是西方列强的霸权象征，但在安全和快捷面前，却有不可企及的优势。日后，更多的宁波人选择了从老外滩，而不是江厦，走向了上海，走向了全国，走向了世界，以及未知的未来。

江厦被丢在脑后，竟成了遗忘的历史。

---

① 《“五口通商”后的旧宁波港》，政协宁波市委员会网站

第二部分

夹缝突围（1905—1949）

毋庸置疑，从20世纪初到抗战爆发前，是中国民间金融难得的春天。这段时间，尽管清政府创办了国家银行，成了中国民间金融自此摆脱不了的阴影，但其为了挽救自身的命运，以及财政安全，给了商人“说话”的机会。只是，对绝对权力的留恋，让庚子事变之后的清末新政再次成了又一场“百日维新”。但不管如何，商人的力量开始不可抑制地勃兴。尤其是辛亥革命之后的北洋时代，由于各地军阀割据导致中央集权的削弱，加上一战的爆发，让西方列强陷入欧洲战场无暇东顾，这也意外地给了民族工商业腾飞的空间，并促成了“社会转型的第一次现代化飞跃”[①]。中国民间金融的活力因此而有了极大的提升，在各种政治夹缝当中实现了突围。

银行成了这次突围的最大受益者。一开始的中华民国临时政府，其金融政策以扶植银行为主，到北洋政府，大体仍偏向银行。两者的不同之处在于，前者以发展实业为动机，后者则着眼于弥补财政赤字。不过，由于银行的崛起没有多久，根基不厚，尚难与钱庄角逐竞胜，钱庄仍为上海金融界主角之一。此外，上海钱庄多位居租界，北洋政府力不能及。相对内陆而言，上海钱庄受政府干预相对较少。但是，随着国民革命的开展，以及蒋氏政权——南京政府的成立，银行越来越有坐大之势。因为面对着急速扩大的军事开销，以及其他的财政支出，钱庄力小难支，远远比不上银行给政府的垫款，或者购买公债时的财大气粗。这种钱轻的优势，自然会加深新政权的偏好。当然，也许还有另外一层原因，毕竟每个新政权上台，都需要寻求自己的金融代理人。相对新兴的银行，钱庄已成为既得利

---

① 程光炜，《左翼文学思潮与现代性》，《海南师范学院学报（人文社科版）》2002年第5期

益集团，不好为自己所掌控，自然而然，银行就成了新一轮被扶持的对象。

这让中国民间金融有了两处明显的时间区隔，一段为1913—1926年，它属于钱庄的“黄金时代”。另一段为1926—1935年，它属于银行的天下。但1935年之后，对不起，它跟中国民间金融已经没有太多关系了。因为此时的中国，早已不是当初那革命的政权，倒再一次面临旧时独裁统治的翻版。自1928年之后，其在“蒋家王朝”的道路上就越走越远。到1935年，更是全面实施了金融统制政策，这也意味着市场基础在事实上被全盘否定，它让“国进民退”重演的同时，也让官僚资本全面主宰了中国经济。虽然钱庄还在，但在权力的挤压以及清洗之下，最终沦为被监督和控制的对象；而银行虽在，却因为官僚资本的强悍介入，也丧失了其一贯独立的立场。于是我们也就看到了这样的景象：一边是国家银行的势力爆涨，一边是其他银行的国家意志加强。随着张公权在1935年3月被撵出中国银行，离开了奋斗20多年的银行界，中国银行家的风流也雨打风吹去，最后只剩为权力的寄生虫。当突围的缺口被重新合拢，中国民间金融越发地就像五行山下的孙大圣，空有一身本领，只能在凄风苦雨之中等待数百年之后，有人能为它揭去山顶的那道符。

第四章

晚清金融的自我救赎

1875 年 4 月 4 日，一场惨烈的事故，降临到轮船招商局的头上。它们运营的“福星”号轮船，在黄海的海面上，与迎面而来的英国商船“澳顺”号相撞，船上货物悉数沉没，63 名船员丧生，可谓损失惨重，倒是肇事的“澳顺”安然无恙。

此时的唐廷枢，早已从怡和洋行跳槽到了轮船招商局，面对着惨案，忍不住反戈一击，向英国人提出了赔偿诉讼。然而，英国领事百般包庇，最终才判定由“澳顺”号的船主布朗赔偿白银 1.1 万两。这远远的不够。此前为了善后，招商局单是向遇难船员家属发放抚恤金，就支付了 2.4 万两白银。更让人气愤的是，布朗还潜逃了。两年之后，才追回了赔偿金 1000 英镑，折算成白银才只有 3600 两，只是聊胜于无而已。唐廷枢为此痛心不已，对他来说，创业容不得一点事故，一起海损事件，就有可能把招商局大半年的利润都赔进去。关键的是，谁也不知道，在这种局势紧张、战乱频仍的当下，还会有什么样的事故在等着自己？！这不能不让人对明天充满着迷惘。

只有保险才能改变这一局面。事实上，对保险来说，未来越充满着不可预知性，它就越有发挥腾挪的空间。显然，西方列强很清楚这一点。1805 年，英国东印度公司鸦片部经理达卫森（W.S.Davidson）就在广州发起成立了谏当保险行，这是外国人在华成立的第一家保险机构，它被怡和洋行改组为谏当保险公司以后，其他国家的洋行也纷纷介入了保险的市场。1835—1871 年间，除了谏当保险公司之外，洋商又相继在中国成立了於仁洋面保安行（又称友宁保险行）、扬子保险公司、保家行（保家保险公司）、保宁保险公司、宝裕保险公司等保险公司。无疑，在中外贸易量加大的当时，这个市场相当巨大。像英国保家保险公司就从中获取了丰厚的利润，其股票在短短十余年内升值400%。作为为洋行服务过，并玩过保险的人，唐廷枢不可能不知道保险的好处。然而，让人绝望的是，这些洋行却对这一送上门的生意，摆出了一副爱理不理的态度，他们先是拒绝提供服务①，日后虽然承保，但却提出高额保费条款②。总之，对招商局是想怎么刁难就怎么刁难。为什么会这样？原因很简单，对洋行来说，招商局就是自己的竞争对手，他们不会眼睁睁地看着对手长大。除了直接对抗之外，它们还可以通过保险的手段，对招商局进行钳制，让这个竞争对手无从施展拳脚。你要是受不了这口气，尽可能去找自家人帮忙。

然而，中国的保险业又在哪里呢③？

这种受制于人，成了中国民族工商业的一个缩影。它无疑刺痛了很多国人的心。与此同时，它也无情地展现出，在时代大变局的“历史三峡”中，中国的民族金融业于应对上的缺失。这种缺失无疑将自己的命门捏在了外人的手上。对民间以及国家来说，它们都需要对此有所觉悟和行动，而且，迟一秒都不应当。

---

① 早在1872年，招商局从英国购进“伊敦”号轮时，上海各洋行心怀嫉恨，以该船悬挂中国龙旗和招商局双鱼旗为借口，拒绝提供保险。

② 为了钳制招商局，这些保险公司提出了高额保费条款。当时每艘船的价值大约十万两白银，一次航程多则两月，少则一月，而英国的两家保险公司只愿提供各一万五千两的保险支持，保期仅十五天，即便如此，超出六万两的部分不予受理。另外，如果参考现在中国人民银行下发的沿海和内河船舶的千分之几到百分之一二不等的保险费率，当时高达10%的费率无异于敲诈和抢劫。

③ 中国人试办民族保险业的开端早在1865年，根据《招商局与中国金融业》一书记载，那一年，闽粤著名的商号——德盛号创办了一家名为“义和公司保险行”。从学术意义上讲，这应该是中国第一家民族保险公司，但是该行规模甚小，势单力薄又缺乏经验，且行址就设在与怡和洋行关系极为密切的德盛号内，并未专门开办船舶保险业务，因此，该行很快就销声匿迹。不过，在另外一些专家眼里，义和公司保险行并不是民族保险公司，它们只是外资保险服务的推销商，是“二传手”，是通商口岸大大小小的商号、买办化商人为获取收益而进行的新业务开辟或者说旧业务的延伸。准确地说，它是我国第一家保险代理人。在《招商局与中国金融业》看来，中国民族保险业的真正的开端，还是要归功于招商局的创办。

狼来了

今天的汉口沿江大道，有着不亚于上海外滩的风情。

自从在第二次鸦片战争中被增开为通商口岸，西方列强就源源不断地赶了过来，让汉口成了中国近代史上和上海、天津齐名的三大租界区。因为面对长江，水路畅通，沿江大道又成了西方列强落脚的首选。在这条长达 3600 米的大道上，遂有了占地两平方公里有余的欧式楼群，堪称西洋建筑博物馆。这些用钢筋混凝土筑就的大理石房子，有着尖船利炮式的冰冷肌体，坚固、高大，却又无比的风光。它们迎着江风，以殖民者的强硬姿态站稳了身姿，挡住了长江上往北眺望的视线。离这条大道只有数步之遥的，曾以钱庄闻名的汉润里，只能无奈地躲在了视线的死角里。

在这些高楼里，住着的不是别人，正是各大洋行，以及中国钱庄的未来对手，乃至敌人的外国银行。洋行中，自然少不掉四处“开拓”，日后更是被称作“洋行之王”的怡和洋行，它在 1862 年到来，最初主要经营轮船业，后扩大经营进出口贸易等业务。与此同时，它还将自己兼营的金融业务一并带过来。据《武汉市志・对外经济贸易志》记载，怡和洋行内部设有船头、银行、保险、进出口 4 部。其中，银行部开办“有利银行”，专门办理货物信托等业务。保险部经营各类水火保险业务。

相对来说，这些银行、保险只属于怡和洋行的一个部门，比不上这些高楼的另外些主人——真正的外国银行，像英国汇丰银行、美国花旗银行以及日本横滨正金银行……这些主人在未来的日子里也纷至沓来，在沿江大道上排排坐，吃果果。它们占据着有利地形，一如占据了在中国金融中的有利地位。倒是在 1863 年就首先进入汉口的英国麦加利银行，却在稍远一点安营扎寨。这座 3 层砖木结构的楼房，位置在今青岛路（原名华昌街）与洞庭街口西北角，今天的门牌号码是洞庭街 41 号。

说起麦加利，名字在今天显然很生疏，但说起渣打，应该会有很多人恍然所悟。为什么要把渣打说成麦加利，是因为渣打在中国的第一任大班（也就是经理）名叫约翰・麦加利（John Mackellar），大概这个名字比渣打更朗朗上口，所以在当时就取代了渣打成了内地通称。作为 1853 年就创建的由英国皇家特许开展殖民地业务的银行，它显然不会放过中国这个广阔的市场。1857 年，它就进入了上海。至此，它就没停下自己在中国“上下开拓”的机会——之所以在 1863 年进入汉口，主要看中了在汉口进出口贸易的产品中占据重要地位的，也是中国最主要的土产品——茶叶。当时，由于英、俄两国茶商的竞争，导致茶叶每年的营业额达到 3000 万两白银以上。这种好商机岂可走过路过却错过！

不过，尽管麦加利算是外国银行在中国的“先行者”，但比起自己的“兄弟”——丽如银行，还是晚了一步。这家总行设在印度孟买的英国皇家特许银行，是“行不更名坐不改姓”的反面典型。它原名西印度银行（Bank of Western India），后与锡兰（今斯里兰卡）的锡兰银行（Bank of Ceylon）合并，又改称为丽如银行（Oriental Bank），并将总行移至伦敦。1845 年，它在香港设立分行，在广州设立分理处，1848 年，再将战线拉到了上海。大概是一直在东方活动，所以又被称为了东方银行。和自己的“东家”——其时的日不落帝国一样，它充满着攫取利益的欲念，在鸦片贸易中上下其手。另外，作为“特许银行”，丽如银行在发挥殖民地银行的职能方面还得到了英国政府的特别庇护和支持，皇家特许状甚至授予其在中国的“发行银行的资格”。这意味着，它可以在中国境内发行钞票。据资料记载，1847 年，它在广东、香港发行的流通纸币达 5.6 万元，到 19 世纪 50 年代，当时上海流通的钞票大都是由它发行的。

和“番夷”一样，这些钞票在清政府官员眼里，也成了被贬损的“番票”。不过，它的出现，显然给了一直坚守落后的银两制度的清政府，以某种意义上的启蒙。

咸丰二年（1852），道光三年进士王懿德（？—1861）因奏请豁免积年民欠常平仓粮八万余石，刚被擢升为福建巡抚不久，又再次上奏，请改行钞引。奏言曰：“汉患钱乏，造币赡国；宋有交引、钱引、交钞；元、明制钞法，或直千文、五百不等。我朝准岁入为出，因民利而利，帑项夙充，奚庸过虑？自海防多事，销费渐增，粤西军务，河工拨款，不下千数百万，目前已艰，善后何术？捐输虽殷，仅同勺水。督催稍迫，且碍闾阎。与其筹画多银，不若改行钞引。历考畿辅、山左以及关东，多用钱票，即福建各属，银钱番票参互行使，便于携取，视同现金，商民亦操纸币信用。况天下之主，国库之重，饬造宝钞，尤易流转。惟钞式宜简，一两为率，颁发藩库，通喻四民，准完丁粮关税，自无窒滞。或疑库银溢出，悉成钞引，银日以少，钞日以贱。岂知朝廷不蓄为宝，以天下之财供天下之用，能收能发，自能左右逢源也。”疏入，谕军机大臣同户部议行。

显然，王懿德从历史上的“造钞”经历，联系“银钱番票参互行使”的现实，论证出纸币的发行，无疑给商品流通、交纳丁粮关税带来了很大的便利，它让钱轻成为了可能。不过，他所没想到的是，如果朝廷能发却不能收，让纸币失去信用，那带来的却将是一场灾难。同时，奏言中对番票的大肆称赞，也暴露出了这些政府官员并没有意识到，这种不经中国政府允许就擅自发行钞票的行为，无疑侵犯了自己的金融主权，且让中国的白银大量流失。只是，没有人阻止得住这样的游戏——随着更多的外国银行轮番发行番票，到清末，中国的金融市场上已是“票”样百出，不过其例别主要是分为两类，即以中国钱币作为单位的和以外国钱币作为单位的。麦加利、汇丰、德华和花旗银行都按中国人的习惯发行银两票和银元票，银两票面额有1两、5两、10两、50两和100两；银元票有1元、5元、10元、50元和100元。其中，日本横滨正金银行的金票则是以日本经济为单位的。

通过控制中国的金融来控制中国，让西方列强在枪炮之外，找到了另外一种更为隐蔽也更为便捷的方式。除了发行纸币之外，外国银行还通过控制海关[①]，以及向政府借贷，来进行经济侵略与掠夺。像在汉口沿江大道上的银行群落里后来居上，业务最为繁盛，势力也最为强劲的汇丰银行，就因为直接控制着汉口的江

---

① 海关是一个主权国家保护本国民族经济的门户，按照本国政府的意图对过境商品征税是实行这种保护的手段。但在陷入半封建半殖民地境遇中的中国，海关的大权也逐渐旁落。根据季压西、陈伟民著，学苑出版社出版的《语言障碍与晚清近代化进程（二）——来华外国人与不平等条约》，1851年，美国人尼古拉斯·贝利斯（Nicholas Baylies）（一说是英国人）在上海外国商人集体支持下，成为了海关港务长，并在他的主持之下，上海海关公布了一套管理船舶和船员的港口章程。这是一个严重事件，不但承认外国领事有干预中国海关收税的特权，而且开了中国海关任用外国人的先例。日后，西方列强更是利用上海爆发小刀会起义，乘机将特权进一步收入自己的囊中。当然，他们知道，要想把海关大权从中国人手中夺过来，就不得不找到一些“站得住脚”并且得让中国人心服口服的理由——中国严重缺乏外语人才，“兹因关监督深知难得诚敏干练熟悉外国语言之人员，执行约章关章上一切事务，唯有加入洋员，以资襄助。”所以，他们只好“勉为其难”了。次年，新式的江海关成立。清政府虽派税务司管理，但实权由英、美、法三国代表组成的海关税务管理委员会操纵。1858年改税务司为正、副各一人，由英美人担任。后相继成立了新式粤海关、潮海关、浙海关、津海关、厦门关、江汉关等。1859年清政府任命英人李泰国为总税务司，驻上海，1861年总理衙门成立，统辖总税务司。1865年总税务司迁北京。不久，李泰国离职回国，英国人赫德继任。如此以来，关税自主权、海关行政权、税款收支权完全控制在洋人以及他们的“代理人”——外国银行手里。

汉关关税，成为英国的海关金库，这让它有的是资本去打理自己所在的洋楼——打眼望去，古朴粗犷，体形雄伟高大，是典型的新古典主义古希腊建筑风格，也是汉口最早使用钢筋混凝土的建筑，在建筑面积上，更是高达 11656.22 平方米，让人叹为观止。

不过，汇丰更来钱的地方，还在于政府生意。和那些拒绝为招商局提供保险的外国洋行相反，汇丰很乐意与中国政府结成“友好关系”。为它服务的中国买办，显然让它知道，和政府合作意味着什么。1874 年，清政府面临沿海防务上的危机，打算向汇丰巨额借款经营海防，数额达 200 万两之巨，这也是清政府第一次向外国银行借款[①]。“晚清四大买办”之一的洞庭商人席正甫其时刚在汇丰入职没多久，但他敏锐地意识到，朝廷有求于汇丰，不正是汇丰借此与朝廷建立关系的良机吗？

中国光大银行武汉分行大楼位于汉口沿江大道 143 号，原系英国上海汇丰银行汉口分行大楼，具有欧式巴洛克建筑古朴精致、典雅大方的风格，是武汉外滩上的经典建筑之一。

① 也有说法是丽如银行最早为清政府提供政治借贷，其在 1872 年就向清政府出借“使法借款”达库平银 3 万两。

在他的操作下，汇丰开创了政治贷款的先例，既得到了很高的利息，还搭上了李鸿章、左宗棠等多个关系。“虽然左、李是政治对头，但他一个都不得罪。从此，汇丰等外资银行代替已显颓势的山西票商成为朝廷的金融合作伙伴。而他本人，也在（汇丰第一任买办）王槐山因病辞返之后，顺理成章地坐上了第二任买办的位置。从 1874 年到 1890 年，清政府共向汇丰银行借款 17 笔，绝大多数是由他一手经办。同时，在他居中斡旋下，汇丰银行先后经理了沪宁、广九、沪杭甬、津浦、京奉、湖广、浦信等主要铁路干线的贷款，其获利之厚非常惊人。”[①]

与此同时，席正甫也让自己成了买办中的金字招牌。

有人梳理外国银行对清政府的借款，它们先是从军需借款开始，然后转向清政府的实业借款。清政府推行的洋务运动，成了它们稳定的资本输出渠道。“在晚清铁路建设中，共举借外债 37 笔，总额约 3118 亿两，其中由外国在华银行提供的有 14 笔，约 1158 亿两……同时，外国在华银行还以企业联合形式来争夺对中国铁路的借款权，如汇丰银行和怡和洋行组成的中英公司，实际上不过是汇丰银行的外号，它在汇丰银行的全力支持下，向晚清政府提供 5 笔巨额铁路借款，总额约 6100 多万两。”[②]除此外，它们还参与到清政府的赔款借款，包括甲午失败后对日本的赔款，以及“赎辽费”[③]，再加上庚子赔款……这些赔款将清政府赔得越是底裤朝天，它们越是赚得“大发”。其中，俄德英法四国非常热衷于此道，像华俄道胜银行前前后后就一直上窜下跳，其“乐”无穷。

这个 1895 年 12 月于圣彼得堡成立的银行，后来于 1896 年 9 月 2 日改为中俄合资，是中国近代第一家由中国政府正式用合同方式承诺的中外合办银行。“名义上是中俄合办，实际上是沙俄政府独家经营，通过李鸿章签订的合作条文，道胜银行可以将清朝政府的对外借款、盐务和海关的税收，以及清王公贵族、显宦

---

① 王千马，《重新发现上海 1843—1949》，浙江大学出版社 2013 年 10 月版

② 《新京报》编，《辛亥风云 100 个人在 1911》，山西人民出版社

③ 1895 年 4 月 14 日，在甲午中战败的中国被迫签定《马关条约》，割让台湾全岛及所有附属各岛屿、澎湖列岛和辽东半岛给日本。不过，割让辽东半岛的条款因损害了沙皇俄国在中国东北的利益，同时为了防止日本独霸东亚，《马关条约》条约签订 6 天后，在俄国、法国、德国三国的干涉和反对下，日本被迫放弃辽东半岛。11 月 8 日，李鸿章与日本代表林董在北京正式签订《中日辽南条约》，又叫《交还奉天省南边地方中日条约》，条约规定：日本交还辽东半岛；清政府偿付日本库平银三千万两作为“酬报”；交款后三个月内日本从辽东撤兵。

朝臣的金银财产等都收存到银行作为金融资金，沙俄政府还在道胜银行中设有李鸿章基金和专款户名。”[①] 正因为有着这样那样的关系，它在中国的业务颇为兴盛，先后在上海、天津、汉口、大连、吉林、哈尔滨、迪化（今乌鲁木齐）等地设立分行。但对它来说，它的兴趣并不止在谋取经济利益，它更乐意于将自己的手伸进了中国的政治内衣，以期占得更多的便宜。

庚子事变后，俄国人赖在东北不走，想要让他们主动撤军，清政府必须要先同华俄道胜银行间订立“私方”协定，将东三省矿产资源及其他利益全部让归华俄道胜银行。“10 月 10 日华俄道胜银行驻北京代表波兹德涅耶夫向李鸿章提出银行协定草案，坚持先订银行协定，然后再订撤军条约。李鸿章看了这个银行协定草案后，‘大发雷霆’。宣称：‘协定把满洲全境交给银行支配’，这无疑会引起‘别国人的抗议’，‘他从来不敢对这种协定承担责任’，‘他只能就矿产资源的租让权进行谈判’。”[②]

无疑，这是一种讹诈。能将大清的权臣逼成这样，可见华俄道胜的居心。如果说早期的“合作”，还让清政府如沐春风的话，至此，外国银行这匹狼，终于亮出了明晃晃的利牙。和“不合作”的外国保险业一样，它们最终殊途同归。

钱庄 VS 银行：先合作后附庸

随着外国银行在中国的地位一路走高，谁又能理解票号、钱庄内心中的悲伤？！

一开始，两者是没有正面冲突的。

丽如银行在广州设立分支机构的时候，它在中国的主要业务是国际汇兑，并为英国、印度、中国之间的三角贸易提供金融上的便利和吸收中国社会上的游资，用于高利贷发放。在 19 世纪整个四五十年代，外国银行与中国当地的钱庄、票号彼此都处于不相往来的状态，是井水不犯河水。“直到 60 年代中期以后，这种状况才开始发生变化。兼营金融业务的洋行，这时有的退出了金融活动领域，如旗昌洋行放弃了原来的汇兑业务；有的则把自己转为银行的股东，如汇丰银行的股东大部分原是洋行老板。外国银行也开始转变与华商不相往来的态度，有意识地

---

① 周利成，《王铭槐与华俄道胜银行》，《每日新报》

② 苑书义，《李鸿章传》，人民出版社

与华商进行金融上的直接联系，并从给予个别华商资金通融到与中国旧式金融业的钱庄、票号建立信贷关系。”[①]

当银行打破了洋行的垄断，中国的金融领域呈现出了票号、钱庄以及外国银行这三驾马车同时并行的局面。“洋商之事，外国银行任之；本埠之事，钱庄任之；埠与埠间之事，票号任之。”这种格局在晚清期间持续了大体五十多年。与此同时，外国洋行为了更好地将自己的物品推销到中国的内陆，说服并推动外国银行接受中国钱庄发行的庄票。同时，外国银行也在庄票基础上给予中国商人和钱庄以抵押或信用贷款即“拆票”——看上去，它们在某种程度上呈现出既独立，又互动的“健康态势”。

在某种意义上来说，这种态势是非常有必要的。对银行来说，它们在中国吸收进来的资金，需要有一个宣泄的渠道。除了政府借款之外，放给钱庄也不失一个选择。而在贸易规模扩大的情况下自身信贷能力越发觉得薄弱的钱庄，也有进补的愿望。加上中国买办在这中间作为媒介和桥梁而来回“穿插跑动”，它们一拍即合自然而然。

汇丰银行的第一任买办王槐山就是这一形势下的既得利益者。他利用拆票利息和市场挂牌利息差额牟取利润，在职 6 年，积累起 90 万两银子。这又是宁波帮中的牛人典型。不过，他是余姚临山人，在当时，此地属于绍兴府，解放后才归属宁波，但今天说起来，他基本上被视为宁波帮中的一员。他之所以能成为汇丰银行的第一任买办，还是有一段传奇之经历。1863 年，在上海德丰洋行做大班的英国人麦克利，得悉在香港的英商有组建上海汇丰银行的打算，便想捷足先登，回国筹集股款。临行时，盘缠不够，开口向德丰洋行买办叶吉庆借银 2000 两，遭到婉拒，不得已找上了王槐山。此时的王槐山，正在舅母陈三余开设的三余钱庄任跑街（即今之信贷员），因为业务经常和麦克利有联系，所以交谊较深，面对麦克利的请求，只好从钱庄挪用 2000 两借给他，然而麦克利竟一去不复返，一年都不见影踪。这让王槐山很是为难，弥补无术，事泄受罚。初在钱庄任劳役，后即撤职回余姚，从一个有前途的金融人，重新务农，因此心灰意懒，难以名状。孰料两年之后，麦克利竟携 500 万两集资股金返沪，得知王槐山为己受过，连忙拍去一封电报，邀他来沪担任汇丰银行买办，并声明不用任何担保。不过也有一

---

① 许俏文，《钱庄・票号・银行百万银钱遍地金》，《广州日报》2006 年 08 月 12 日

说是，“麦克利在上海遍寻他不着，后派洋行巡捕（印度阿三）寻经绍兴，特赴余姚临山。临山乃小镇，第一次见外人，群情哗然，传为新闻。王槐山当初惶恐不出见，以为是捉捕于他。经谈是某洋行派遣，并拿出洋文信件和备有川资衣着费用，王槐山愁云顿消，才相偕赴上海。寻至某洋行地址，门口挂有‘汇丰银行筹备处’牌子，不觉大喜。上楼晤见主任，正是三年前麦克利。1865 年 4 月，汇丰银行正式开业，麦克利任大班，王槐山任买办”①。不管怎样，王槐山进入汇丰，加强了汇丰和上海钱庄业之间的联系。熟谙中国钱庄底细的他，居中洽商，建议汇丰向宁波帮钱庄开通业务，接受上海汇划钱庄，允许钱庄向汇丰拆借款项，终获成功，自 1879 年起，汇丰准许和中国钱庄进行拆票，日后各外资银行相继照办。而王槐山也因此在同行中赢得“快发财”之名。日后，接任他的席正甫也将这一做法继承了下去。

从王槐山身上，我们也能发现，钱庄和银行之间的互动，除了资金往来之外，还在于人才的流动。在某种意义上，钱庄成了外国银行的“黄埔军校”。除了王槐山之外，他的后一任席正甫在进汇丰之前，就曾在江苏同乡所设小钱庄当学徒。1860 年，席还自开了一家钱庄。然而，在银行的势力越来越大的当时，从钱庄跳槽到银行，无疑是自提身价的举动。同样，也正因为这些知根知底的买办的存在，银行和钱庄之间的互动成了可能。

“在汉口，外国银行一般不直接与钱庄往来，它向钱庄的贷款，大都经由买办，在外国人那里，‘钱庄的信用，随着买办为转移’②，号称长江流域‘第一流大买办’的刘子敬在充任俄国道胜银行买办时，就周旋在‘道胜’与汉口钱庄之间，以道胜银行代收的我国盐税款项和所吸收的其他存款贷放给汉口钱庄③，每月约在一二十万元以上外国银行通过买办的穿针引线，勾通了与钱庄的联系，加强了对汉口钱庄的控制和操纵，以进行‘贸易’和金融侵略活动。”④

正如引文中的“控制和操纵”，在这种亲密的合作背后，其实是暗藏杀机。这个世界上从来就没有无缘无故的爱，也没有无缘无故的恨。当悲伤来袭之时，

① 金理祥，《上海汇丰银行第一任买办——王槐山》，《上海金融》1993 年 11 期

② 《汉口商业月刊》第 2 卷第 9 期（1935 年）P17~18

③ 《汉口大买办刘子敬的兴衰》，武汉市档案馆全宗 119，目录 130，卷号 113

④ 姚会元，《近代汉口钱庄性质的转变》，《武汉师范学院学报（哲学社会科学版）》1984 年第 2 期

便是一如既往的持续，和猛烈。

我们可以用三个中国成语来概括两者随后的关系。

一个应是“饮鸩止渴”。对中国钱庄来说，外国银行虽然用拆票支持了自己的信贷事业，扩大了自己的放贷规模，然而“吃人嘴软，拿人手短”，钱庄接受外国银行的拆款越多，受到的制约或者说操控就越大。尽管在一定程度上，中国钱庄依旧在顽强地坚守着自己的独立性，并努力表达着自己这方面的能力，但逐渐会力不从心。

“据 1884 年 1 月 23 日《申报》记载，天津的中国钱业公会有时就不顾汇丰银行的牌价，而以较低的利息把汇丰的顾客吸引过来，使汇丰的放款业务受到不小的损失。这说明了两个问题：第一，中国钱庄和外国银行是依附中有对抗的关系；第二，外国银行尚未能完全垄断中国的金融市场。但从 1873 年起，外国银行开始明目张胆地操纵上海金融市场，至当年 12 月，已将放给钱庄的 200 万两押款、借款一气收回，使半数以上的钱庄歇业，仅剩的一半钱庄只能依靠外国银行。当时，上海外国银行的放款数目一般在 300 万两左右，一旦低于这个限额，银根立即紧张。1878 年、1879 年发生的两次恐慌，正是由这种局面所导致的。至此中国钱庄没有外国银行的‘调剂’就无法渡过难关。”①

二个应是“养虎为患”。中国钱庄对外国银行提供资金和人才支持，本以为可以“求同存异”，互相提携，相互促进，但却没想到，“非我族类，其心必异”。随着外国银行在中国纷纷落地并生根，就像汉口的银行群，它们已经尾大不掉了。

以上两个成语主要是针对中国钱庄而言，下面的第三个则是针对外国银行——它出自宋太祖赵匡胤对南唐后主李煜所语，“卧榻之侧，岂容他人鼾睡”。他人是谁？在反客为主的年代，自然不是外国银行，而是中国钱庄。作为床上的新主，外国银行或许需要和中国钱庄缠绵一段时间，但这终究不是长久之计，当它意识自身的实力已经足够支撑自己在中国的天下，它一定会恶狠狠地将他人给踹下床去。

这里还要说的是汉口的那些外国银行，到 19 世纪 80 年代末、90 年代初，它们就已经明目张胆地将中国钱庄挤出了洋货倾销时的收支领域了，汉口“所有各

---

① 高海燕，《外国在华洋行、银行与中国钱庄的近代化》，《浙江大学学报（人文社会科学版）》2003 年 1 月第 33 卷第 1 期

国买卖货物的款项，都由各该国银行收支”[①]。此外，它们还开始抢夺钱庄的存款生意，“许多中国商人受迷惑于外国银行，以为外国银行‘信实可靠’，尽管外国银行利息很低，也向‘外商银行存放长期存款’”[②]。除此之外，它们还试图撬动票号的生意——将自己的视线投向了曾与票号关系非常密切的官场。在吸引这些达官贵人的存款上，它们很有一套。像席正甫把控的汇丰银行，一面做广告宣传储蓄的种种好处，一面规定存户资料绝对保密，中英两套账目从不示人——因为它们知道，这些达官贵人的存款，很多都来路不正，只有做好保密工作，才能让存户放心。这一招果然有效，《北华捷报》说，汇丰成为“获得中国人信任的一个重要标志”。“实际上，汇丰银行的举措获得了当时不少权贵的芳心，清廷官吏、民国政要宁愿少取利息，也要将贪污、搜括所得的巨额资财存入汇丰银行，以保证安全。”[③] 当时的王室亲贵，掌握中枢的庆亲王，也是和珅式巨贪——奕劻就是汇丰银行的大客户，曾为御史蒋式瑆弹劾，认定其所存必是赃款，但调查到汇丰时，先是因为周日，银行没有营业，次日再去，依旧无功而返。据调查人清锐等人的奏折称，“银行向规，何人存款，不准告人；复询以与庆亲王有无往来，彼答以庆亲王则未经见过，询其账目，则谓华洋字各一份，从不准以示人”。结果，被撤职查办的不是奕劻，而是百口莫辩的蒋式瑆。“此事发生后，等于为汇丰银行做了一次义务宣传，中国官吏和工商业者都将汇丰视作安全的避风港，纷纷到汇丰银行开立账户，将巨额资产和金银古玩存入银行，一时间汇丰存款大增。”[④] 一方面，它让清政府的腐败再次难以自抑地蔓延开来，另一方面，票号的生意被掠夺几空。

日后，江西巡抚李勉林曾不无忧虑地说：“中国西商多于各省设立汇兑庄，无虑千百万巨款，层纸书函，数言电报，即可立为兑付，每一字号岁盈不下数十万，而未尝费一金之本。……近年通商口岸，洋商亦多设银行，西商之利，稍为所夺，中国资财又多一外溢之所，尤不可不有以抵制之。”[⑤]

---

① 《汉口商业月刊》第 2 卷第 9 期（1935 年）

② 姚会元，《近代汉口钱庄性质的转变》，《武汉师范学院学报（哲学社会科学版）》1984 年第 2 期

③ 邢建榕，《汇丰银行与清末权贵的存款》，《新民晚报》2012 年 12 月 2 日

④ 邢建榕，《汇丰银行与清末权贵的存款》，《新民晚报》2012 年 12 月 2 日

⑤ 中国人民银行山西省分行、山西财经学院《山西票号史料》编写组，《山西票号史料》，山西人民出版社 1990 年版

实，但抵制，说说就可以吗？

中国要有自己的保险和银行

在“福星”号事件之后，唐廷枢决心自办保险。

他先是找来徐润，两人一拍即合。随即又召集招商局国内12个分局的局董到上海总部开会。讨论三日后，意见出台，决定仿照各保险行业章程，在上海设立保险招商局，由唐廷枢和徐润主持。和轮船招商局实行股份制一样，保险招商局也是以股份制的方式募集资金，第一期拟募股15万两。尽管自办保险是和洋行对抗，但在刚起步的时候，还是要以洋行为师。所以，需要将挑选的有用之人，送到洋行开办的保险公司集训，然后再分派到各地，办理保险业务。随后，徐润出面将招商局自设保险局一事上奏。这次，清政府倒是一改自己办事拖沓的作风，旋即予以批准。

1875年11月，经过紧张的筹划，呈报李鸿章批准，唐廷枢、徐润和汉口天津十二个分局的商董，联名在《申报》和《益报》的醒目位置连续刊登了《保险招商局公启》，宣传开办保险的宗旨、管理体制和集股的办法。《公启》直指，航舶保险对江海航运至关重要，“惟中国于保险一事向未专办。现在轮船招商局之货船均归洋行保险，其获利既速且多”，必须逐步收回自办；同日，《申报》发表《华人新设保险局》的评论，为之鼓与呼。“阅今日本报所列之新告白，知华人有创议开设保险公司一举，取名保险招商局。……查华商装货保险为习者，已实繁有徒，而向设保险公司者，惟西人独擅其事。今见华人倡设此举，想华商无有不为之庆喜者。……乐附股者势必不少……”

果真，因有轮船招商局成功商办于前，公启发布后，华商投股踊跃，年底就招股20万两，承保数额相应增大，自办保险，挽回利权。在初获成功的基础上，1876年7月，徐润、唐廷枢、陈树棠和李积善堂（李鸿章本人的产业）等集股银25万两，将保险招商局扩展为仁和保险公司。试办一年期间，保险业务非常兴旺，利润率更高达30%~40%。“仁和保险公司的创办，还有另一层更为现实、更为重大的意义——自此以后，外国保险公司垄断中国保险市场的局面被打破，中国民族航运业仰洋人鼻息的时代也就此一去不复返。”[①] 正是借助仁和发挥了分散风险、经济补偿的保险功能，招商局一次次渡过了难关：1878 年，“厚生”轮在厦门附近沉没，计提 7.75 万两进行赔偿；从 1879 年到 1883 年，由于多种原因，招商局相继有“江长”、“伊敦”、“和众”、“汉广”、“美利”、“兴盛”、“怀远”等轮船失事，大多以保险费进行赔偿，如果没有自办保险，后果不堪设想。1878 年 3 月，又创办济和船栈保险局，为轮船招商局的码头、栈房和货物投保。“由于自办船险，招商局还增强了自身的经济实力。从 1878 年开始，招商局每年从保险费中提取 15 万两作为船险公积金，除用于赔偿海事损失之外，同时作为备用资金来增加招商局的资本总额，并对局外企业投资。1884 年，招商局从保险公积金中提取 30 万两投资开平矿务局。对此局势，唐廷枢、徐润也相当满意。徐润曾说：‘设立保险公司，诚为一大创举。招商局与保险公司互为依存，休戚与共，招商局如虎添翼，获益匪浅，从此轮局可以畅通无忧矣！’”[②] 光绪十二年正月（1886 年 2 月），仁和、济和两家公司召开董事联席会议，决定合并为仁济和水火保险公司，将它们握成一个拳头，股本为 100 万两，新推 8 名董事。此时，唐廷枢和徐润已经远离招商局的权力中枢，但中国民族保险业的每一步推进，依旧得对他们抱以感恩。

如果说中国民族保险业的开创，源于一场惨痛的事故，那么，中国的银行，又从哪里起步？在视洋人为“夷”视洋钞为“番祟”的年代，又有几个明眼人，能发现银行的好？不是每个人都能像唐廷枢、徐润那样有着特殊的经历和视野。一想到这个，就让人很有些心神不定。但你也别说，这个世上还真有这么几位。

“考量中国近代史，最早向中国人介绍西方银行的大概要数和林则徐同时代的魏源了。1847 年他在《海国图志》中就向中国人打开了金融的一扇窗，介绍了英国的英格兰银行和其他的商业银行，并解读了英国的债券、银行券以及银行存放款和汇总等业务活动。那时，魏源还未提及银行两字，他只是把英文中的 Bank 翻译成‘银局’。”[③] 第二个就是太平天国的干王洪仁玕。这个洪秀全的族

① 王玉德、郑清、付玉，《招商局与中国金融业》，浙江大学出版社 2013 年 1 月版，P15~16

② 王玉德、郑清、付玉，《招商局与中国金融业》，浙江大学出版社 2013 年 1 月版，P17

③ 黄沂海，《旧时上海的钱庄与银行》，《新民晚报》2008 年 11 月 12 日

弟，本要和洪秀全一同“打天下”，但却因故被俘而逃亡，最后于 1852 年 4 月到达香港，一待便是数年。正是得益于在香港的岁月，他洗脱了自己当年的农民意识，并成了太平天国领导层中对西方见识较广的一位。在他创作的《资政新篇》中，他试图用发展资本主义的方式来改造中国，除了要求学习西方国家的政治制度和科学技术，走富国强兵之路，他还列举了二十八条应兴应革事项，其中包括发展交通、办理邮政，开采矿藏，兴办水利，奖励制造……当然，最重要的一点，他还鼓励兴办金融事业，比如开设银行，发行纸币，兴办保障——可以说，他是中国第一个提出开办银行设想的人。在这一方面，“香山买办”容闳和他倒是英雄所见略同。他们两人在香港相识，知道他思想开明，“干王居外久，见识稍广，故较各王略悉外情，即较洪秀全之识见，亦略高一筹。凡欧洲各大强国所以富强之故，亦能知其秘钥所在”。容闳之所以愿意投奔太平天国，也是爱屋及乌，认为他有可能支持自己改造中国的构想。在天国，容闳也提出了自己的七条建议，其中第五条便是，“创立银行制度及厘订度量衡标准”，可以说和《资政新篇》相辅相成。但是天国却让容闳失望了，一个干王改变不了天国，也改变不了这天下。日后，容闳转投曾国藩门下，成了洋务中人。对他这一“政治污点”，爱才的曾国藩容忍了。为了报答对方的恩情，容闳尽力发挥自身的长处，除了推动 120 名幼童出洋，成就了自己“中国留学生之父”之名，在甲午之后，还重新思考中国的出路，并试图实业救国。他又一次想到了在美国社会中发挥着巨大作用的银行。为此，他托人给光绪递上《请创办银行章程》条陈，详加说明银行的资金来源、权责、国家资本与商股关系、钞币发行控制、财务清算，甚至连债券、银票的样式都随有草图。这是一套完整、系统且可行的方案。1896 年 5 月，光绪的老师，其时正是户部尚书的翁同龢为此还专门召见了他——这对买办出身的容闳来说，无疑是一种认可和荣耀。它也让容闳成为了洪仁玕之外在银行上又一个明眼的人。

至于其他明眼的人，自然少不了写就《盛世危言》的郑观应。在书中，他大胆建言政治改革，推行君主立宪。此外，他还鼓吹“习兵战不如习商战”，建言“欲制西人以自强，莫如振兴商务”。只是，又该如何振兴商务？莫若开办银行。在《盛世危言》中，除了《铁路》《电报》《邮政上》《邮政下》之外，就有这样专门的章节——《银行上》《银行下》，来谈他对银行的见解。他说，“自华洋互市以来，中国金钱日流于外，有心世道者咸思仿行西法，以挽回补救之。而无如逐末忘本，得皮毛遗精髓者比比然也。夫洋务之兴莫要于商务，商务之本莫切于银行。泰西各国多设银行，以维持商务，长袖善舞，为百业之总枢，以浚财源，以维大局”。此语一出，银行的地位不禁为之一高。说起来，他尽管多在洋行打拼，但也像唐廷枢、徐润那样，开办过钱庄，是钱庄的“既得利益者”，现在他却要为银行吹喇叭抬轿子，显然是要革自己的命，但他却无怨无悔。

郑观应

为了论述自己的观点，郑观应举了十例，“银行之盛衰隐关国本，上下远近声气相通，聚通国之财，收通国之利，呼应甚灵，不形支绌，其便一；国家有大兴作，如造铁路，设船厂种种工程，可以代筹，其便二；国家有军务赈务缓急之需，随时通融，咄嗟立办，其便三；国家借款不须重息，银行自有定章，无经手中饱之弊，其便四；国家借款重叠，即或支应不敷，可以他处汇通，无须关票作押，以全国体，其便五；国中各殷实行家银号钱庄，或一时周转不灵，诸多窒碍，银行可力为转移，不至贩坏市面，商务藉可扩充，其便六；各省公寄存银行，需用之时支应与存库无异，而岁时入息仍归公项，不致被射利之徒暗中盘算，其便七；官积清俸，民蓄辛赀，存款生息，断无他虑，其便八；出洋华商可以汇兑，不致如肇兴公司动为洋人掣肘，其便九；市面银根短绌，可藉本行汇票流通以资挹注，其便十。”总之，“有此种种便益，是民生国计所交相倚赖者也”。所以，“今不设银行则已，敬设银行，其利益甚大而筹款亦无难也。何则？数百万之成本在民间集之不易，在国家筹之即无难”。总而言之，银行是门大生意，不仅能赚钱，而且能疏导国内资本、凝聚国家力量。当形势需要我们作出改变，我们必须要迎难而上。

如果说上述还只是停留在理念之上，那么，又该如何落实？在郑观应看来，中国如设银行，一定要行钞票，“盖用部印并盖银行钤记，以示信于民”。同时，要保证银行可以随时随地支取，绝不留难，让民间感觉到，存钞无异于存银，且携银反不如携钞。“如妥议钞章，尽杜流弊，奏请朝廷，颁示天下，官民通行，合十八省计之，不难销流数千万两。得此巨款，腾挪生息，利莫大焉。”其次，在用人上“亦宜仿照西例，官总其成防其弊而不分其权”，也就是说，政府要给予监督，但不要将手伸得太长，不要干预银行的业务。“凡银行所用之人，皆由公举不得私荐，责成官绅及诸股董各就所知保荐才能廉洁之士，荐而作弊，举主坐之，倘有亏蚀，荐主罚赔。以众人之耳目为耳目，以天下之是非为是非，则弊绝风清，当亦庶乎其可也。”也就是说，银行所用之人必须通过民主产生，推荐人必须对自己的推荐行为负责。再次，银行不能像钱庄那样，放息嬉徇情面，到最后容易造成风险，“西国银行与人交易必有押款抵押之法，以估价为度，如货物值十成者，所押不过六七成，多至八成而上。合同各执，载明限期，如过限期不还，即将所押之物拍卖偿抵……”

不过，银行虽好，却必须要建立在清政府的政治体制改革上，比如说建立商部。“盖既立商部，必定有商务通例颁行天下保护商人，使商务日新月盛，而后银行可开，钞票可设，上下通用，自然大获利益。”没有对商人一个最起码的保障，商务自然不兴，银行也就成了无源之水。它就是开起来，钞票就是印出来，到最后“大获利益”还是会沦为空谈。另外，没有商部在背后作为统率，往往会造成“其利”容易落入吏胥之手，“徒供官吏侵挪”。进而难以取信于民。如果人民对它不相信，那事情就难办了。

郑观应这些观点，放在今天，已经是人人认可的常识，但在当时，却往往会让人“惊为天语”。不得不说，他与洪仁轩、容闳等人的努力，最起码给老旧帝国制造了不小的舆论氛围。日后，当盛宣怀创办中国通商银行之时，便提到“近年中外士大夫灼见本末，亦多建开银行之议”，以这些议论为自己背书。也许，作为盛宣怀的知己，在某种程度上，郑观应影响了盛宣怀的人生选择，让他将手又一次伸进了银行。

面对此情此景，也许容闳应该心中为之一凛。作为香山帮中的一员，他终究还是无法逃脱唐廷枢、徐润式的命运。

盛宣怀长袖善舞办“通商”（上）

1896 年的盛宣怀，在帝国已经风光八面，手上握有轮船、电报、矿务和纺织等四个帝国最为至关重要的企业部门。这一年，他还接连办了几件大事，先是应湖广总督张之洞的邀请，接办汉阳铁厂，接下来又在10月卢汉铁路督办[①]，并由光绪亲下谕旨，命张之洞以及直隶总督王文韶督率兴作。但好事并不仅仅成双，有时可能成仨。

当容闳在北京和翁同龢商谈银行事宜时，盛宣怀此时正在武昌与张之洞商讨汉阳铁厂扭亏为盈以及创办卢汉铁路的计划。同时，也谈到了创办中国银行的设想，得到了张之洞的首肯。说起来，创办银行，是盛宣怀的又一梦想。除了“近年中外士大夫灼见本末，亦多建开银行之议”给了他不小影响之外，他在洋务上经常性的要跟外国银行打交道，比如说向国际借外债，让他深得银行之数味。“盛宣怀作为铁路督办大臣干了九年。在‘借款筑路’的思想指导下，先后向外商借款共计1.8亿余两。从1896年到1906年，盛宣怀共修铁路2100公里，是之前30余年的6倍，甚至超过民国前二十年（1911—1931）所修铁路的总数。”[②]只是，外债并不是那么容易借的，人家是要开出很多条件的。比如说，“外国债权人为确保巨额铁路外债还本付息，通过合同对还本付息的期限、方式和保障措施等三方面作出一系列强制规定和安排，掌握了铁路直接控制权、勒索高额报酬以及垄断铁路收益来保障资本输出安全和绝对收益，因此构建起铁路外债还本付息机制”[③]。这样下来，钱不仅被别人白白地赚走了，而且，就像轮船招商局在保险上受制于人一样，这也会时时让盛宣怀感到憋屈，甚至连国家的权益都给丢光了。

一定要创办华人自己的银行，当然，更主要的是由自己来创办。因此，当盛宣怀“风闻”容闳抢先一步，颇有些时不我待的感觉。更要命的是，越来越多的对手加入到创办银行的游戏中。这对手包括其时身兼海关总税务司（1863年起）和邮传司（1896年起）主要领导的赫德。这个28岁就掌起海关大权，并长达45年，主宰晚清帝国的经济命脉近半个世纪的英国人，一直想插手中国人的“银行梦”。通过总理衙门，他申请以“各海关为根本”设立银行。他申请设立银行的动机很直接也很简单，那就是企图把海关税款的保管权交归其主办的银行掌管，同时又

---

① 卢汉铁路，即京汉铁路，又称平汉铁路。为了修筑该铁路，湖广总督张之洞1889年向清政府提出每年拨款200万两银子备修路之用，得到了允诺。随后，为生产该铁路所需要的钢轨，张之洞开始筹办汉阳铁厂等一系列重型工厂。但每年200万两银子，对庞大的工程无疑是杯水车薪，并且仅仅拨款一年，就因东北局势紧张，清政府下令“移卢汉路款先办关东铁路”。

② 《新京报》编，《辛亥风云100个人在1911》，山西人民出版社

③ 谢良平，《晚清铁路外债还本付息机制研究》，《苏州大学》杂志2012年

准备将新式银行纳入由其主管的海关之手。要知道，赫德手中掌握的海关税款，无疑是个大数目。这更让盛宣怀感到了威胁，加快了其创办银行的步伐。1896 年 7 月，他也向总理衙门呈送了一个开办银行的条陈，并于 27 日，致电王文韶和张之洞，指出开办银行的迫切性，“闻赫德觊觎银行，稍纵即逝”。对赫德此举，张之洞也不赞同，29 日回电盛宣怀说：“赫必取资官本，利权旁落，甚非所宜”，可以说，在面对外人的“热心肠”面前，两人坚决地站在了一起。正是他的周旋，张之洞的支持，总理衙门驳回了赫德的计划。但他和赫德的矛盾却因此植下，这让他创办银行之路平添无数掣肘和变故。

让盛宣怀很郁闷的是，此前对创办银行也很积极的张之洞，却改变了态度。在张之洞看来，盛宣怀又办铁路又要搞什么银行，简直就是吃着碗里的又看着锅里的。明摆着，搞银行肯定要分散精力，那盛宣怀什么时候才能把卢汉铁路搞定？再说，自己的汉阳铁厂还杵在那里，等盛宣怀经营呢。除此外，张之洞曾在 1893 年又建湖北银元局，所铸龙洋通行湖广和江浙一带，其铸币的利润是其财政收入的重要来源。如果盛宣怀鼓捣的银行又想铸造银元，再把它的总行设在上海的话，那么，肯定会对银元局的业务造成很大的冲击。张之洞不能不考虑到这一点。所以他积极反对说，盛宣怀“任寄已重，体制已崇，事权已专”，若再督理银行，“必致群议蜂起”。意思也就是，盛宣怀吃得够多了，如果还拼命给他加菜，会让饿肚子的人骂娘的。总而言之，在盛宣怀创办银行的过程中，张之洞成了最为重要的反对力量，倒是王文韶支持有加，正是在他的劝说之下，张之洞最终才勉强同意。

为了推进自己的计划，除了贿赂大太监李莲英之外，盛宣怀还积极利用自己和帝师翁同龢的老乡关系，来促成此事。事情果真有了很好的进展。1896 年 9 月 20 日，盛宣怀从上海进京，以备光绪召见咨询，在天津稍作停留，驻扎在通州待命。

正是在这里，他写下了著名的《条陈自强大计折》，奏折从甲午战败说起，提出富国强兵三大政策：“强兵”、“理财”和“育才”。至于如何落实这三点，他在《条陈自强大计折》中还加上了两个附片，一个是“请设学堂片”，一个则是“请设银行片”。总而言之，他认为创办银行，和创办学堂一样，都是很急需的。只有我们自己有了银行，才不会被外国银行所绑架。这里有他三个主要的观点：一、西人聚举国之财为通商惠工之本，综其枢纽皆在银行；二、中国银行既立，使大信孚于商民，泉府[1]因通而不穷，仿借国债可代洋债，不受重息之挟制，不吃镑价之亏折，所谓挽外溢以足国者，此其一；三、现又举办铁路，造端宏大，非急设中国银行，无以通华商之气脉，杜洋商之挟持——总而言之，“中国亟宜仿办，毋任外人银行专我大利”。

关于银行的业务，盛宣怀提出，可发行兑换券，和铸造银元、办理政府借贷和国债、从事官款的存储和汇兑；关于银行的性质，身为“官商”代言人的盛宣怀，这次却坚持商办，反对官办，即所谓的“合天下之商力，以办天下之银行”。具体方式是，“选各省公正殷实之绅商，举为总董，号召华商，招集股本银500万两，先在京都、上海设立中国银行，其余各省会口岸，以次添设分行，照泰西商例，悉由商董自行经理”。这种转变，并不意味着盛宣怀的思想境界有了提升，而是甲午以后，在中国新式企业中占统治地位的“官督商办”模式已日渐没落。盛宣怀长年浸淫其中，早知道这种模式不得民心，民间担心政府的干预，常常会踯躅不前。另外加上“国企”体系由于缺乏监督，很容易造成贪腐以及人浮于事，也往往导致企业经营业绩不良，而他本人就是其中的大蛀虫。为了自己的某种理想，盛宣怀这次也要自我革命，向过去的模式说不。当然，还有一个原因同样忽略不了，那就是当时国库空虚，户部为偿还赔款，整日为借债弄得焦头烂额，哪里有什么多余资金来官办一家银行呢！此前容闳上《请创办银行章程》的条陈，虽然很完备翔实，但其核心内容是户部筹款与发行债券相结合，筹集1000万两银钱，作银行资本，所以总理衙门与户部对容闳的创办银行是议而不决，最后弃容闳而选择了盛宣怀。这让容闳一直耿耿于怀，对盛宣怀也颇有微词，他甚至认为，“究国家银行计划失败之原因，亦不外夫中国行政机关之腐败而已，尊自太后，贱及吏胥，自上至下，无一不以贿赂造成”。

对盛宣怀的热心，光绪也抱之以欢迎。这个有着自强图存之大愿望的青年皇帝，尽管大半的人生陷在帝党和后党的纷争中无法自拔，但无论如何，中国在甲

[1] “泉”通“钱”。除了古音相近之外，也寓意钱能像泉水一样源源不绝。泉府的一种解释为官名。《周礼》谓地官司徒所属有泉府，掌管市的税收，收购市上滞销商品以待将来需要时出售，管理人民对财物的借贷及利息。后世北周仿古制，也有泉府中士、下士之官；另外一种解释是指储备钱财的府库。《魏书・高谦之传》：“是以昔之帝王，乘天地之饶，御海内之富，莫不腐红粟于太仓，藏朽贯于泉府。”

午战败的惨淡现实，无时无刻不刺激着他。10 月 19 日，他在召见盛宣怀之后，听闻其侃侃而言修筑铁路、练兵、理财、育才等事，颇为动容。次日，即命盛宣怀以四品京堂候补，督办铁路总公司事务，并授予专折奏事特权——也就是说，盛宣怀取得直接上书皇帝的资格。30 日，光绪又下旨任命为盛宣怀为太常寺少卿衔，让盛宣怀从候补得到实缺。为了报答君恩，也因为有了专折奏事特权，31 日，盛宣怀向光绪呈上《条陈自强大计》等一折两片。他的奏请也很快得到批准。1896 年 11 月 12 日和 12 月 6 日，光绪两次谕令军机处，著他兴办。

为了将银行的创办变成“板上钉钉”，从军机处接到光绪谕旨之后，盛宣怀立即公布了自己的殷商之人选，“本银行于光绪二十二年十月初八奉谕旨，责成盛大臣选择总董，故盛大臣遵旨选择以下八位为初次及现时之总董：张振勋、叶成忠、严信厚、施则敬、严滢、朱佩珍、杨廷杲、陈猷。”除了叶成忠、严信厚、朱佩珍这三位宁波帮人选，其他诸位也是各行各业的代表人物。其中，张振勋即烟台张裕葡萄酒的创始人，刘学询是杭州刘庄的主人，施则敬亦即施子英是中国红十字会的创始人。从中看出，这里既有有殷商富户，有盛宣怀在轮船招商局和电报局的老手下和老熟人，也有官僚重臣。可以说，成分复杂得很。当然，这样的人选构成，也有一定的好处，它在一定程度上，兼顾了官方的需求，也迎合银行自身发展的需要。不仅能带来大量的资金入股，而且避免了银行治理与社会各阶层利益的冲突，从而达到降低制度路径选择与运营成本的目的。后来有人将这种模式命名为“官助商办”，是“官督商办”向“商办”演化过程中的一种过渡形式。

变数又再次出现。它来自华俄道胜银行。在一份银行商董的呈递说帖中，就出现了这样的内容：俄国道胜银行洋董来告，现领得中国官股 500 万，将该行改为中俄银行，而不必另行开办。这里面包含着双重信息，一个就是中国已经有了自己的银行；另外一个就是，既然有了自己的银行，那就没必要再开设其他银行。但谁都知道，这个“自己的银行”只是名义上的，尽管清政府在该银行中附股 500 万两，但并没有享受到什么权力，在董事会中也无一席之地。倒是华俄道胜银行利用这个名义，在中国取得了很多好处。叹息之余不免又觉得悲哀，中国自己开办银行，国家尚且不肯入股，反而是外人的银行，却领有中国官本。这无疑是当时中国整个社会为外人所制的缩影。

为了阻止盛宣怀，其时的俄国道胜银行洋董，亦即四达祚福在威逼之时，还许以利诱，邀请盛宣怀为华俄道胜银行督办。对此，盛宣怀表示抗议和拒绝：“俄行附股，是我国交情美意，岂能禁止本国商人不开银行、不做生意乎？”对四达祚福的其他建议，盛宣怀也同样予以婉拒。

干涉之人不止华俄道胜，事实上，英、美、法、奥等国也伸出了自己“罪恶的手”——当然，它们的行径多发生在银行成立之后，这不禁让人感喟，在一个丧失了金融主权的国家，要想成就一个事业，的确有如登天之难。尽管“盛宣怀之一生，总难洗尽他唯利是图而长袖善舞之恶名”，但他在银行上的执着，一定会给他加分。

盛宣怀长袖善舞办“通商”（下）

在各种不确定的因素之中，盛宣怀越来越接近成功。

1897 年 1 月 12 月，作为盛宣怀意志的忠实执行者，严信厚拟定了第一套银行章程。他首先建议不领官本。由招商、电报两局拨款 200 万两。各省还英法俄德的债款有每年 1200 万，皆有银行收解。同时将江海关关号归并银行。将现有各省票号皆归并银行。如：闽海关同豫银号、厦海关永丰银号、江汉关协成银号。当然，这里少不了他在广东、香港、福州以及上海的源丰润票号——此前他就跟盛宣怀表达过，“情愿以独开之银号，归并公家之银行。”这里可以看出他对银行的莫大支持，当然，或许也有他的私心，一方面，可以借此使自己的源丰润实现转型；另一方面，当新式银行和自己的票号搭上关系之后，它跟自己也就脱不了关系，自己可以借机进一步把控之。

不过，盛宣怀很快又改变主意了。尽管口口声声说是“商办”，“不用委员而用董事，不刻关防而用图记，尽除官场习气，俱遵商务规矩”，但在创办过程中，一方面，要面对国内顽固守旧势力和清政府内部各利益集团的干扰和阻碍；另一方面，还得仰仗他们帮忙对抗外国强势势力的介入，所以，官家在这里不能缺席。尤其是在“官本位”的封建帝国，少了官家，很多事情都难以想象。所以，过了十来天的 18 日，严信厚又推出了第二套银行章程，开头赫然变成“奉旨开办”。到了 26 日，大略章程得以推出，“商股商办、官为护持，与寻常商家银行不同”——其中，盛宣怀又利用个人在官场中的人脉关系，促使清政府以非入股的形式存入 100 万两的临时资本，供银行较长期的应用，“以示官为护持”。经过这数次修改，银行章程二十二条初稿在 27 日终于议出，并在 2 月 20 日最终确定下来。

虽然有所退让，但在银行业务和经营上，盛宣怀还是坚持用人办事“悉以汇丰为准则”。一、在银行组建董事会，在董事会中再设立总董，实现权力的集中，达到代表股东利益的目的，“权归总董，利归股商”。二、管理层也按上海汇丰银行一样，设大班和买办。如前所叙，华大班选择了上海钱业董事、咸康钱庄的经理陈淦，而洋大班则是从汇丰那里挖墙脚，挖来了在汇丰充当总账房及天津分行经理多年的美德伦。在接到盛宣怀抛来的绣球后，美德伦也主动为自己开出了四项条件。第一就是担任上海总行大班，以十年为期；第二就是照汇丰办法授权，管理行内各事；第三就是行内洋人雇用及其去留，由他决定——这三条也就是说，你请我来可以，但是必须我说了算。最后一条就是，从 1897 年正月初一起，按月付薪 1200 两。为了能进一步打动盛宣怀，他甚至搬来了上海汇丰银行大班贾德纳、仁记洋行大班麦克鲁给他背书，为他写推荐信。在信中，贾德纳热情讴歌了美德伦在汇丰任职时经理各种押款、银钱交涉毫无贻误，担任新职“深为相宜”；麦克鲁自然也不好意思将表扬说轻了，强调美德伦在天津任职时，与李鸿章等清朝官员打交道，阅历甚深，胜任新职。自然而然，双方成交。1897 年的大年初一，恰是一派喜庆祥和的气氛。在律师柏拉脱见证下，也正是严信厚等人代表中国通商银行，与美德伦在上海签定聘用合同。不过条件有所改变，合同不再以十年为期，而是聘期五年。月薪也不是 1200 两，而是实行年薪制，规银 9000 两，当然按月给付。为了鼓励美德伦的工作积极性，合同还格外提出，自开办之日起，两年后如办事让总董满意，且银行收足股本能派息八厘，美德伦的年薪可增至 1.2 万两。合同还规定，总、分行所用洋人由美德伦举荐，但须总董允准。美德伦有权办理一切银行事宜。不过，为了怕美德伦擅权独大，盛宣怀还特别要求，一切事宜美德伦可以做主，但也须与华大班妥商办理，这样，华、洋大班“互相钳制”[①]。

从这一事例上，“由此可见，外国在华银行对中国财政金融体制影响之深。总之，晚清时期的外国在华银行作为列强经济侵略的工具，进入中国后，尤其是向清政府提供巨额借款，发生债权债务关系后，不仅从中获取了巨大的经济利益，而且扩大了其本国政府在华政治势力。与此同时，它作为一种新生的先进的金融

---

① 刘诗平，《银行界首个“洋大班”》，《财经国家周刊》

机构，客观上对中国近代财政金融产生了积极影响”[①]。我们不能因事废人，也不能因人废事。汇丰之所以值得盛宣怀愿意如此学习，也在于其自身的确表现出了很多优秀的地方，比如说：总行设在香港，对中国境内业务能迅速做出判断，资金运用快速高效；与在华外商企业特别是英商企业关系密切；与当时的港英政府水乳交融，得到诸多政策支持和优待；第一批股东便已显示出国际性、地方性共融的特征；把一些在欧洲银行远东分行工作多年的骨干人才派到重要岗位上；重视大客户的同时不放弃小客户，率先推出 1 元起存储蓄项目等。

也就在 1 月 27 日，说了多时的银行，也终于有了自己的名字。本来，它原拟“中华商会银行”，因为港沪已有英商开设“中华汇理银行”，似有重复，加上奉特旨开设，以收利权，公拟“中国通商银行”六字。为此，盛宣怀当日即电告总理衙门，问询此六字是否可用。自此，中国通商银行走进了中国的金融历史。尽管随后烦恼依旧不曾断绝，它还是于 5 月 27 日在上海正式开张。行址即在外滩 6 号。以前，这个位置是美国旗昌洋行的地产，但在轮船招商局成立后发生的那起中资兼并外资的案例中，该地产便被招商局纳入到自己的名义下。恰好招商局又是中国通商银行的股东，此地就成了银行的行址。“其外貌像是一座晚期维多利亚式的小型市政厅，具有威尼斯自由风格又略带苏格兰男爵豪华情调。”英国人班尼斯特·弗莱彻教授在自己的《比较建筑史》[②]如此煽情地说。无疑，把它放在此地，很能激起中国那被摧残得近乎卑微的民族自豪感。

在创办之初，国家即授予发行银元、银两两种钞票的特权，以为民用，使为整理币制之枢纽，故当时英文名称为“Imperial Bank of China”即中华帝国银行之意，至此国中始见本国纸币与外商银行之纸币

中国通商银行光绪二十四年 50 两纸币

① 石涛，《外国在华银行与晚晴借款》，《安康师专学报》，2004 年 2 月第 16 卷

② 此书是由班尼斯特·弗莱彻教授和他的儿子联合出版，出版时间是在中国通商银行开业前一年。1961 年，此书被更名为《弗莱彻建筑史》。

分庭抗礼，金融大权，不复为外商银行所把持。其发行的钞票，有银两和银元两种，为中国最早的银行券，一面是英文，一面是中文，在中文的一面印有“中国通商银行钞票永远通用”和“只认票不认人”。除发钞外，该行并代收库银，全国各大行省，均先后设立分行，重要者计有北京、天津、保定、烟台、汉口、重庆、长沙、广州、汕头、香港、福州、九江、常德、镇江、扬州、苏州、宁波等处。业务极一时之盛。上海市民欢欣鼓舞，为了支持这个新生儿，华人商号、钱庄和广大市民都纷纷前来开户存款，银行门前那是相当的壮观。最高峰时候一天营业额，就高达白银250万两。

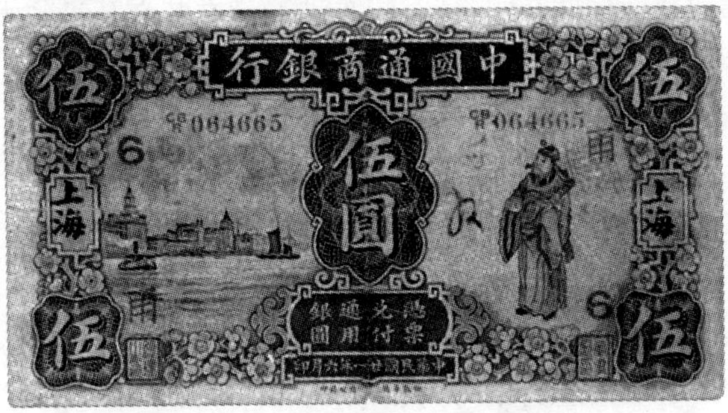

中国通商银行民国二十一年5元加盖“甬”

不过在后人的眼里，这家新式银行并不完美，甚至就连1911年以前的中国银行体系，几乎完全不能超出山西票号式的汇兑和地方性的钱庄的范围；盛宣怀操办下的通商银行，“董事们主要关心的，是控制各省与北京之间汇划政府经费这一有利可图的业务”，并“没有向工业提供贷款的打算”；其本来不多的工业贷款，也主要给了盛自己掌控的企业或地盘……比如说卢汉铁路。这让中国通商银行有些名不副实。另外，由于张之洞的极力反对，中国通商银行还是丧失了铸造银元的权利。“中国通商银行所用银元只得请他省造币机构代铸，首先请湖北银元局代铸十万元，因为赶铸不及，又请天津银元局代铸十万元，在铸造银元的事情上，盛宣怀始终依赖他人。上海也因此丧失了一次成立铸造银元机构的机会，只到1919年才开议建设上海造币厂，但一直议而不开，直至1928年才成立中央造币厂，1933年废两改元后才开始铸币。”①

只是，任何新事物的诞生，都一定会伴随着各种各样的不足。我们不能因这些不足，而否定新事物的意义。没有它们出现后的第一步，就没有以后的第二步，第三步……对宁波帮来说，正是严信厚等人参与了其中的实践，引领了宁波帮在日后创办银行的风潮，成就了宁波帮从钱庄到银行的华丽转身。

① 陈礼茂，《张之洞与中国通商银行的创立》

但更重要的是，它的出现，改变了中国金融业任由外人一统江湖的局面，标志着中国近代民族金融业“始基已立，自此扩充中土之商力，收回自有之权利”，而且，让华商群体就此拧成了一股绳。在某种意义上，它的出现是民间与国家联手或者说互动的结果，也是民间金融自觉的努力。对中国民间金融来说，如果没有一个统一的金融主权，它的命运终究会落入他者的“魔掌”，至于钱轻也终究会成为无根的浮萍。

不过，这里还要提请注意的是，努力维护金融主权，并不意味着就必须要维护封建王权。只有理解这两者的区分，才能理解中国民间金融在日后的其他表现。

同时，它的出现，加深了国人对股份制的理解。作为近代商业的一大进步，也是创造力的伟大体现，股份制曾经深刻地改变了英国，如今也让中国人看到了，原来我们是可以通过它，将各个散落或强大或弱小的民间资本一一地串联起来，凝聚起来，并以市场的方式来使得资本流动。毕竟，在进入时代大变局的“历史三峡”之后，国人的商业活动已不能再像以前那样，由几个人合伙或者独力经营，而是需要通过市场来获得使用他人财富的机会。这样，无疑可以减少了个人或组织的融资成本，让钱变得更轻。

对盛宣怀本人来说，1897 这一年是他大发迹开端的一年，既是阶段性总结，也是新征程的起点。“然而，就在盛宣怀经济上大发迹开端之际，却明显地暴露出一个矛盾，即他在经济上大展鸿图，而在政治上裹足不前。当时，正是以康有为、梁启超为首的维新运动蓬勃发展之时，康、梁除在军事、经济上的改革主张与盛宣怀大致相似之外，更主要的还是要求清政府进行政治改革，他们极力要变封建专制为民主立宪制，这是符合当时世界潮流的政治诉求。”[①] 显然，郑观应对君主立宪的推崇，并没有改变自己的这位知己。盛宣怀对老传统旧体制的坚守，不仅让这一年也成为他在政治上的分水岭，同样让中国通商银行在一开始就存在着不可否认的缺陷。和唐廷枢、徐润最早成立的保险招商局、仁和保险公司、济和船栈保险局，或者最终合并而成的仁济和保险公司一样，它们尽管都尽力呈现出商办的色彩，但自始至终和体制脱不了关系，不论是依附轮船招商局，还是寻求官家之护持，它们的独立性都存在着很大的欠缺。更要命的是，这种体制对它们来说，是一种不受约束的强势所在。这些都给它们日后的发展，埋下了不太好

① 刘玉全，《盛宣怀与中国通商银行的诞生》，中华纸币研究论坛

的伏笔。

它们的最终下场，自然也能想象。

国家出手：从"户部"到"大清"

命运跟容闳开了无数次玩笑。这个从美国到天国，从天国到帝国的香山人，一生多变，无疑都为了民族的复兴，但也无疑遭遇了多种打击。他一个心思地想创办国家银行，却因为盛宣怀的反对，以及中国通商银行的面世而中途夭折。日后，他只能将希望寄托于维新派，希望通过自上而下的改革，改变颟顸、腐败的政治局面，但是，戊戌变法成了百日维新，很快就沦为失败。没办法，他只好再次转变，坚信了革命的必要。1900 年，七十三岁的他组织了"中国议会"，准备起义事项，却遭到了张之洞的破坏，并被通缉，被迫逃亡台湾。然而，就在他站到帝国的对面之时，帝国却开始准备去创办国家银行了。

只是，这并不是为了去安抚他而完成他的心愿，而是有些情非得已。其时的中国，金融业逐渐呈现"你方唱罢我登场"之势。市场上流通的除了正常的金、银及制钱之外，还有各种各样的货币。像外国银行大量发行的"番票"，有的当时还可兑现，有的在本地不兑现，但可汇出，有的根本不兑现，这对中国的金融秩序造成了很大的冲击。除此之外，各行省为缓解地方财政困难，筹集赔款等——像张之洞在 1893 年创办湖北银元局，又于 1896 年在汉口成立湖北官钱局——都办起了官银钱局发行官钱票；民间也开办钱庄、票号。有的准备金很少，而发出的钱票很多，形成钱少票多的"虚票"。各种钞票、钱票混合流通或各占一地——你能想象，这是多么一个混乱、无章甚至是倒退的局面吗。想当年秦始皇统一中国，为人所称道的就有一项，"币同制"。如今，中国竟像一口气退到了春秋战国。这不免会让人忧心忡忡。清政府再愚笨，也不免会意识到，如果任凭这样下去，这不仅影响财政，而且会动摇政权，为了挽救危局，必须整顿金融币制。

成立国家银行——在搁置了多年之后，终于又被提上了日程。

1903 年，清政府派载振、那桐、张允言三人到日本考察财政币制金融情况，研究筹设银行发行纸币。1904 年 3 月 14 日，户部就向皇上奏报创办银行计划，奏曰："现当整齐币制之际，亟赖设立中央银行为推行枢纽。臣等再三筹商，拟由户部设立，筹集股本，参阅各国银行章程，斟酌损益，迅即办起银行，以为财币流转总汇之所。”尽管中国通商银行挂的是“中国”的名头，也有官家之护持，而且英文名也打着中华帝国银行的旗号，但它并不是由户部这个清政府财政部牵头成立的，显然没有人会认为，它跟国家银行有什么关系。在某种程度上，创办国家银行也是为了争权夺利，是为了向中国通商银行证明自己的“正统”地位。另外，中国通商银行总行设在上海，而非北京，这让政治权力集中的帝国首都，情何以堪，建国家银行于此，显然也是个面子。

1905 年 9 月 27 日，中国的第一个国家银行，也是第一家中央银行，在北京成立。总行设于北京西交民巷。天津、上海、汉口、广州、成都、奉天设有分行。你可以称它为户部银行，也可以叫作大清银行——因为在几年之后，户部改名为度支部，户部银行也因此被改名为大清银行。当然，为了让它更感觉是国家银行，我们不妨就叫它大清银行。《大清银行始末记》[①] 对它的记载，“清德宗光绪三十年（1904）春正月，户部奏请由部试办银行以为推行币制之枢纽，诏可之。是年三月，奏定《试办银行章程》三十二条”。又曰，“大清银行自光绪三十一年（1905）秋八月二十九日总行成立以来……”显然，“是年三月”及“八月二十九日”用的都是中国的阴历。作为国家银行，除了普通客户的业务，如存放款、汇兑公私款项、短期拆借，各种期票贴现，买卖生金、生银，发行票据，代收票据，保管紧要贵重物件等，它还享有铸造货币、代理国库，以及发行纸币的特权。

不管如何，大清银行的出现，在某种程度上也体现了政权的现代性追求，只不过这种追求到最后往往画虎不成反类犬，但这并不能掩饰它出现的意义。

一、它在统一币制上的确有所贡献。在成立当年，大清银行就发现了发行纸币，先是发行银两票，第二年起既发银两票又发银元票，先几年银两票比银元票发行量要多，后几年银元票比银两票发行量要多，其意图是逐渐过渡到以“元”单位为主。这也意味着，清政府也意识到中国的银两制度的欠缺，尽管它并不足以让清政府彻底地抛弃银两，但也为民国的“废两改元”打了前站。

二、“普及”了准备金制度。《度支志》中，一位户部官员在写给光绪的奏折中，除了请求发行纸币之外，“理财之道，求其事易而速效者，唯行钞票为最宜”。同时，他还提到，“大致各国银行通例，按照纸币数目，至少需储现款十分之三”，

---

① 《大清银行始末记》为大清银行总清理处于民国四年（1915）7 月 1 日所编

这可以说是我国最早的关于准备金制度的记载。在这之前，很多票号、钱庄都是以财东或者出资方的个人信用作为担保，在准备金上往往“准备”不足。这也是导致市场上“虚票”横行的一大原因。万一信用破产，或者遇到挤兑风险，很容易就出现金融危机。

三、作为国家银行，大清银行还肩负救济市面的重任。所谓救济市面，就是在各地银根紧急之际，借出款项接济银号、调解货币流通，作用类似于现在央行的公开市场操作，正回购、逆回购或发央票之类。据《大清银行始末记》记载，大清银行救济市面共计13次。

除此之外需要注意的是，大清银行也开始实行股份制，《试办银行章程》三十二条中就规定实行股份有限公司制，并将资本银400万两分为4万股，每股100两库平银，由户部认购两万股，其余两万股，“无论官民人等均准购买”。改名之后，资本银增至为1000万两，分为10万股，官、商各半，不准招他国人入股；在控制风险上，大清银行也有自己的一套。比如说，它在发行纸币的同时，也意识到民间可能私制假币，因此对造纸、印刷之事格外重视。清政府先委托美国钞票公司生产用于印制钞票的凹版纸，又委托商务印书馆选员至北京印造。印造厂是官办的度支部印刷局，即今天北京印钞厂旧址。不幸的是，它依旧没能逃过伪造钞票带来的损失，但为维持信用，在伪钞案破案前仍予兑现。宣统二年，大清银行奉天分行便因受“变造银行票之累”，亏损白银2.6万多两。

如果说中国通商银行的成功，是因为盛宣怀在股商的召集上，做得很到位，清政府在大清银行招股时，却遇到了不大不小的尴尬。一开始，他们把自己的视线投向了在庚子事变中表现得很“忠君”的山西票号。前面说了，当年慈禧和光绪西逃时，乔家的大德恒、大德通在交通、食宿上都鼎力支持，大德恒甚至还应诺借银30万两——这种雪中送炭无疑让慈禧对他们欣赏有加。因此，当户部奉旨组建大清户部银行时，其尚书鹿钟霖就号召北京各票号入股，但山西票商总号却明令“不仅不让入股，人亦不准加入”。户部多次相询无果，只好转向江浙丝绸商人筹股。

这是山西票号的一次大损失。因为短视，和固守自己的一亩三分地，让他们在很接近转型的时候，将机会拱手让人。不过，这次大清银行的创办，山西票号也不是一无所得，在大德恒工作的贾继英就一飞冲天，成了大清银行的首任行长[①]。关于这段经历，在今天似乎已经成为了传奇。据说给慈禧借钱的，正是这位年轻人。其时他还只是25岁上下，职位也只是大德恒的“跑街”（类似现在的业务员），但他却自作主张地答应下来。这无疑是冒着很大风险，因为谁都不知道，清朝的统治还会不会长久，万一有借无还，这损失可就大了去了。然而他估量的却是，中国是泱泱大国，八国联军不会长期侵占北京，皇室断不会欠下庶民之钱！就算大清江山亡于旦夕，覆巢之下岂有完卵！再说，票号、钱庄长期以来与朝廷官府互为依存，国家灭亡，票号哪还有好日子可过！所以，在这关键时刻，他认为，自己还是应该旗帜鲜明地站出来。与此同时，他还精明地向随驾行官桂月亭、董福祥提出“太后西行时，若有赋税等收入，还请允许我‘大德恒’票号经营”的要求。无疑，这是一箭三雕之举。第一雕，搞好了关系，拉近了票号和中央的感情；第二雕，拉来了生意，日后数钱数到手软；第三雕，就是让自己变成了慈禧眼里的红人，当大清银行需要人才时，慈禧自然而然就想到了他。不过，贾继英一开始并没有预期自己还能有这样的好事，所以当圣旨下来时，他还一脸的茫然。得承认，正是这样的“好事”，让贾继英有了全新的征程，同时也证明了，如果山西人愿意办银行，也不会比任何人差。

然而，我们也应该能看到，贾继英的成功，带有相当的运气成分，并不是山

---

① 关于贾继英是大清银行首任行长说法，最近成疑。晋中市史志研究院原副院长刘俊礼于2012年在《中国金融》杂志上刊文《贾继英大清银行任职考》就指出，这位榆次人民家喻户晓、妇孺皆知的乡贤名宦，确确实实不是清政府国家一级的大清银行第一任行长，官秩也不是正三品衔，而仅是担任过大清银行分设在山西太原的类似今天山西分行性质的大清银行的第一任行长（经理），官秩为正五品衔。他之所以提出这一考证，是源于自己在亲身参与贾家祖坟迁移一事时，从贾继英之父贾鉴堂墓中挖出的两块墓志铭刻石中发现了“异样”：这两块石刻的墓志铭全称叫《皇清诰授奉政大夫鉴堂贾公之墓志铭》，随棺入葬的时间是宣统三年（1911）农历正月，参与撰文、篆盖、书丹的人分别为当时山西名人并皆做过京官的郭象升、常赞春、马继桢。墓志铭全文1800字，除铭辞外，还介绍了贾公生平事迹和家庭儿女状况。其中，在提到二儿子贾继纲、三儿子贾继英时（长子少亡，四子在村主持家政），原文为：“已而继纲为茶商，继英业汇兑，不数年并成大贾，而公犹歉然也。光绪二十九年度支部奏设大清银行，公居家闻之，喜曰：‘而可以抵制外人矣。’光绪三十四年，继英应聘为山西大清银行总经理。公悔之曰：‘吾平生未竟之志，将于汝手是酬……然国事日艰，是汝盥掌剔爪，刻厉从公之日也。以一钱私家者，吾且死不瞑目。’继英为之悚然。”从这里可以明明白白看出，“继英应聘为山西大清银行总经理”。如果有人说这是笔误，但刘俊礼认为，作为与贾家关系非同一般，且是官场之人的郭象升、常赞春、马继桢，是不可能在“父以子贵”的墓志铭中把正三品的大清银行经理，错误地降低为正五品的山西大清银行总经理。

西票号主动的求转型求创新。一个贾继英是改变不了山西票号的集体意识的。有意思的是，当大多山西票号还在原地踏步之时，贾继英的成功，甚至让自己成了出身的叛徒。“作为清政府的官办银行，它当仁不让地垄断了几乎全部的官款汇兑业务，这对于一靠官款汇兑赚手续费、二靠官款汇兑的现金流放贷的山西票号来讲，无疑是沉重的打击。”①

打击接二连三。也就在户部银行改组为大清银行的同年 3 月 4 日，交通银行也正式开业，开启了自己的百年传奇。这个交通银行始萌于修筑铁路，于一年前由邮传部奏设，以经营轮、路、电、邮四政，又取“交通”二字交叉贯通，引申兴旺发达之义。其资本额 500 万两，官四商六，邮传部认购官股 2 万股 200 万两，另外商股 3 万股 300 万两任官民认购。邮传部是最大股东，总理、协理都由邮传部指派。

不得不说，作为国家银行，大清银行的出现很有必要。如果我们可以将时间向后延展到 1920 年，在布鲁塞尔召开的国际金融会议上，就有这样的声音：中央银行之存在，不独使各国容易恢复并维持其通货与银行制度的稳定，并且亦为世界合作所必需。因此所有尚未设立中央银行的国家，应尽可能从速进行设立。只是，在一切权力属于王有，政府的信用却又不佳，甚至随时都有可能破产的情况下，它的出现，往往会背离初衷，与民争利的同时，还成了国家干预民间的金融之手。日后，它和几乎同时出台的《银行通行则例》(习惯称为《银行法》)②，构

---

① 范卫峰,《晋商真相：黑社会化的管理》

② 有人认为，“清光绪三十四年（1908）正月十六日颁布《银行通行则例》，此为吾国有银行法之始”。李婧所作《近代银行法之法律渊源考》(刊发于《河南省政法管理干部学院学报》2011 年第 3 期）一文则表示，此则例的颁布，表明中国开始运用法律手段调整银行关系、规范金融市场，标志着我国银行法的诞生。

该则例由作为财政部的度支部制定颁布。该则例共十六条，规定凡经营各种期票、汇票之贴现，短期拆息，经理存款，放出款项，买卖生金银，兑换银钱，代收公司银行商家票据，发行期票、汇票及市面通用银钱票之店铺，均称为“银行”。并对银行的设立、监管等事项初步做了规定。该规章涉及银行的组织形式问题。其第二条规定：“凡欲创立银行者，或独出资本，或按照公司办法合资集股，均须预定资本总额，取具殷实商号保结。呈由地方官查验转报支部核准注册，方可开办。”设立银行可采取个人独资制，或公司法规定的公司制方式，均可。但资本总额要有预算，且为防范风险，需信用好的商家做担保。

此前，民间经营银钱业（除了典当业）几乎没有市场准入的限制，既不需要登记注册，又不需要核验开办人的资产和信用；对银钱业的经营范围、业务活动、盈余分配、财务报表的稽核等未加任何要求或限制，对银钱业的风险管理措施也没有规定。

筑了一道“包围圈”，让票号、钱庄都纳入到了国家的监管之下。这无疑给中国民间金融提出了新的课题：

当银行开始侵吞自己的利润，当权力开始跟自己抢生意，在占据了中国金融业主体地位数千年之后，再不认真思考何去何从，就来不及了。

第五章

民营银行突进：江浙商人的银行大梦

这是一张价值连城的纸币。尽管币面上的面额只有“壹元”。

花纹边框，四角设计有抽象的蝴蝶状花冠。框内正上方，是双龙戏珠图。龙是五爪双龙，珠上则刻有“中国”字样。图案之下，正中是一行篆体，为“华商上海信成银行”八字。其下，是竖写的“壹元”金额。两旁则是发行时间，以及其他说明，从右至左分别是“大清光绪三十三年正月谷旦凭票即付上海通用银元”、“只认票不认人执此为照中国信成银行洋票永远通用”。除了这些文字之外，该纸币的正面也有主景图，左为三层小楼，右为某位达官贵族，但比起大清银行采用李鸿章作为纸币图像，这位仁兄在今天看上去很面生。但底下一行小字能介绍他的身份，“大清国商部尚书固山贝子衔镇国将军载公振”，原来他是晚清大贪也是执掌权力中枢的首席军机奕劻之子。不过，这和今日各国喜欢选取伟人和其他名流作为钞票主景图一样，并没有太值得大惊小怪，倒是主景图下的两方大印，更值得人们注意，大印的印主，分别为周舜卿以及沈懋昭。

无疑，这张纸币透露出了好几处重要信息，一个信息便是，发行这张纸币的是一家名叫“信成”的银行，总行设在上海，其三层小楼就是总行行址，乃该银行于上海大东门万聚码头自建而成。又一个信息是，该银行发行的纸币，一如行名讲究信用，凭票就能兑换银元，而且永远通用。但更为重要的信息，是“华商上海信成银行”中的“华商”，是大印中的“周舜卿以及沈懋昭”，它们无一不直指，此乃中国人自己所开设之银行，往小里说，它是中国商人所开设之银行。用今天的话说，它就是中国人开设的民营银行。

在某种意义上，这张纸币在今天之所以珍贵，并不仅仅在于其的稀缺，而是因为它更承载了一段中国民间金融至为重要的历史，同时也是中国民间的银行大梦。抚展叹息，你似乎能感受到那上面，依旧风云激荡，众声喧哗。

以日为师

周舜卿是无锡人，又名廷弼，1852 年 5 月 10 日生人，无锡东埄小园里人。这个埄字很不好写，在 2009 版新《辞海》第 680 页中有它的词条，注音为 gàng，不过无锡人读它为 jiàng。其义项有二，一为山冈，二为狭长高地。总之，在农业中国，无论山冈还是高地，东埄都算不上太好的地方。

按照他的三个儿子在他去世之后所作的《行述》，周舜卿的先辈倒是地位显赫，但延至其父已经是王小二过年一年不如一年，“袭曾王父余荫，薄有积蓄”。到他 8 岁之后，更惨。先是母亲去世，为避兵匪，他又不得不跟随父亲漂泊于太湖上。11 岁时，入私塾读书，但没几年，为谋生计，随着族叔周晓亭一同前往上海，在同乡锡铁巷丁明奎开设的上海利昌煤铁行当学徒。据说出发时祖母仅给了他一身换洗的布衫和一双布鞋。时逢阴雨绵绵，道路泥泞不堪，他舍不得穿自己的鞋，硬是赤脚步行了十多里路，走到周泾巷车站旁的运河边，搭乘苏州的班船。

虞洽卿

多年后，这个桥段再次上演，比周舜卿小十五岁的宁波三北虞洽卿，在 1881 年投奔上海瑞康颜料号时，因为路上下雨，同样舍不得将母亲给的新鞋弄脏，就把鞋子脱下来，拿在手上，赤脚进店。因此演绎出一个“赤脚财神”的故事[①]。但谁都不能否认，周舜卿也是一位“赤脚财神”。

周舜卿的成功，首先，得益于对英语的态度。上海利昌煤铁行是一个为洋行代销的外贸公司，正是在与外国人的交道中，周舜卿敏感地意识到“华洋互市，首重通译”。他宁愿忍饥挨饿，也要用节约下来的午餐补贴费作学费，狠下苦功，白天在利昌煤铁行当学徒，晚上步行 20 多里，到业余补习班学英语。这种好学的态度，颇有宁波帮叶澄衷、朱葆三之风范。而这种勤勉的作风，让其得到了器重，被委以外出收账的重任。其次，还来源于他对诚信的坚守。和叶澄衷一样，他在收账的路途中曾捡到过装有一张巨额支票的钱包，但他还千方百计地寻找到了失主，而失主则是经营铁业的英国商人、大明洋行的大班帅初。正是精明能干又通英语，而且颇具良好的品质，让他的人生从此有了另一种可能。帅初不仅特聘他在自己的洋行任职，日后还资助他经营煤铁，让他由此一步步成为了上海的煤铁大王。在自己事业鼎盛期，他更是以一已之力缔造了一个城镇——无锡的周新镇，日后还接连创下了无锡的无数个第一，比如说在 1904 年成立了裕昌丝厂。也许是感念自己因信而得以成功，他在 1906 年创办银行时，就将其命名为“信成”。

只是，他能得以创办信成，还在于其时的中国，绝对的王权像进入了老年的门牙，已经开始松动。尽管戊戌变法成了百日维新，但 1900 年的庚子事变，还是彻底教训了西逃的慈禧。为了挽救自身的政权，以及应付列强所勒索的巨额赔

---

① 当年虞洽卿到上海瑞康颜料号，天阴下雨，赤脚进店，却没料到店里的地面同样湿滑，加上乡下孩子初到大码头，不免心慌意乱，一进门，他脚上一滑，狠狠地跌了一跤，那样子说不好看也好看，手脚朝天。这对讲究点迷信的中国人来说，第一天就摔了一跤，多不吉利！但聪明的店主却把他拉起来，上上下下、仔仔细细地端详了一番说，自己昨晚梦见了一位赤脚财神到店来，这不就是吗？再说，你看他跌跤的姿势，不活脱脱像只金元宝吗？你很难说店主真的就梦见了赤脚财神光临自己的瑞康号，有可能是他编了这么一个故事，来解一下虞洽卿摔跤所带来的晦气。但现实却给了店主一个意外的惊喜。日后的岁月里，虞洽卿凭借着自己的智慧和勇气，在宁波帮中脱颖而出，不仅给瑞康带来了极大的利润，还成了上海滩的大亨，这也让“赤脚财神”就此成了他洗脱不了的标签。不过，这个称呼广为人知，也有可能源于虞洽卿本人在发迹后对自己的一个有意宣传。

款，清政府开始谋求一国之变。1900 年 12 月，慈禧以光绪名义发布《变法诏书》。1901 年 1 月 7 日，惊魂未定的她，在袁世凯的陪同下，和光绪一起，从保定回到了一片瓦砾的北京城。自此，在她的主持下，清政府接连颁布了一系列“新政”上谕。除了正式编练新军，还放开了对商人阶层的压制，转而给予商人应有的支持。

1903 年 7 月，清政府专门设立了商部，作为中央政府制定商事法及相关法律的主要机构，下属设立了商务局、劝业道、商律馆、商报馆、公司注册局、商标局等各级商务行政机构。1904 年 1 月，商部颁布《钦定大清商律》，包括《商人通例》9 条和《公司律》131 条，这是第一部现代意义上的公司法。此后，商部又颁布实施《商会简明章程》等一系列商事法规，建立了第一套比较完整的商法体系，意味着中国公司由沿袭千年的特许主义，进入了现代商业的准则主义。同时，为了表达对商人的重视，清政府还给商人发出了一堆荣誉的“帽子”，在专门公布的《奖励公司章程》中就明确规定，奖励之大小视集股之多少而定，集股 5000 万元以上者，奖予商部头等顾问官职，并加一品顶戴；集股 2000 万元以上者可封一等子爵、一品顶戴及双龙金牌；1000 万元以上封男爵；500 万元以上、800 万元以下者，则奖予商部四等顾问官，加四品顶戴——周舜卿正因这一章程，在日后拿到了商部三等顾问特赏二品顶戴的头衔。

当然，这还不是新政的仅有内容。商人力量的崛起，带来了相应的政治诉求。“作为商人总是倾向于选择交易费用相对较少的政治体制，希望减少由于政治体制的缘故造成的交易费用的增加。而宪政无疑比其他任何政体都更能满足他们的这一合理要求。”[①] 对君主立宪的追逐，遂成了 19 世纪初的政治风尚。而近邻日本，便成为了最好的学习对象。其在明治维新实行君主立宪之后，迅速崛起，尤其是在 1905 年的日俄战争中，更是以蕞尔小国胜了大国，更让国人为之惊叹。在有识者眼里，日本对俄国的胜利，并不止是作战的胜利，更是立宪对专制政体的胜利。于是，向东去，成了很多国人的选择。除了向东洋派遣留学生，清政府还在派出

---

① 刘军宁，《商人：晚清立宪最强大动力》，网易历史

五大臣出洋考察立宪时[①]，将日本选择为考察的重点。与五大臣同行的，有一批随员，其中就包括周舜卿，还有虞洽卿。

无疑，到日本去，深刻地影响了这两位接下来的人生。作为商人，他们关注宪政的同时，更在意商业是如何改变了日本这个国家。其时的日本，一方面，政府极力扶持民营经济的发展。就在盛宣怀一个心思地靠督办企业来实现自己的权力欲望时，身为主管国家预算的大藏少辅的涩泽荣一却递交了辞呈，要弃官从商。这一年是 1873 年，他刚刚三十岁出头，如果不弃官，应该仕途无量。但他希望通过自己的举动，叫大家一下子认识到，其实，经商也是很有地位的，很有地位的人可以去经商。而他本人，也在自己的一生中，创办了 500 多家企业，被称为“日本的现代企业之父”。另一方面，日本还建立了可以调控国家财富和经济发展的金融银行业体系，为民营经济的发展提供了扶持。它们不仅利用银行的高倍杠杆，来大规模创造货币，极大地刺激了日本工商业的跃进的同时，让明治时期的工业化并不需要大量的引入外国资本和外债，从而没有陷入被西方列强利益绑架的困境。相反的是，以汇丰为首的六大外国银行，在日本自有的银行体系面前，被挤压得很没脾气，看不出它们在中国作威作福的模样——非但无力染指日本的货币发行大权，连进入日本市场的普通业务都寸步难行。正是有这些保障，明治初年的日本，还是自然经济为主的落后的农业国家，农民占总人口的 80% 以上。20 年后，1890 年左右，工商业经济体系已经非常完备，农业、工业、运输业、商业已经非常发达——无怪乎中日甲午战争，同样以清政府落败告终。

这是一次及时也很有必要的“洗脑”。周舜卿意识到，中国要想国富民强，就必须要像日本那样，有完备的银行组织，“吾国欲与之争竞，自当以广设银行

① 在以商人阶层为主的立宪派、地方实力派，以及革命党三股力量的合力“推动”下，1905 年 7 月 9 日，清政府正式决定派遣大臣出洋考察政治。目的地，日、英、美、德、法、奥、意、俄、比九国。因为主要大臣为五人，所以又称为“五大臣”。这五大臣的人选几经变动，最初曾想派贝子载振、军机大臣荣庆、户部尚书张百熙和湖南巡抚端方，后因荣庆、张百熙不愿去，改为军机大臣瞿鸿禨与户部侍郎戴鸿慈。以后又因载振、瞿鸿禨公务在身，不能出洋，改派镇国公载泽、军机大臣徐世昌，不久又追加商部右丞绍英，定于 9 月 24 日这天出行。但革命党人吴樾在北京正阳门火车站扔出去的一颗炸弹，却打断了行程。事发月余，清政府再次下谕，考察立宪再次起程。不过，人员再次变故，徐世昌因为另有他任，加上绍英受伤未愈，最后改派山东布政使尚其亨和顺天府丞李盛铎代之。并兵分两路。12 月 7 日，戴鸿慈、端方作为一路，率先出京；11 日，载泽、尚其亨、李盛铎一路也离开京城。其中，载泽一路首站考察的就是日本。有人认为，周舜卿是跟随载振等五大臣去日本考察，应该有误，应是载泽。

为要着”。回国后，他上奏商部，建议以日本银行为蓝本，建立储蓄银行。

同样，深受刺激的虞洽卿，也随后上疏慈禧，提出“列强利用银行来盘剥中国，制约中国工商的发展，为了振兴实业，挽回权利，必须创办中国人自己的银行”。

这两位同为江浙商人，且一起成了上海商务总会第二任（1905 年 11 月 27 日至 12 月 25 日改选）议董的“赤脚财神”，尽管年龄相差不小，却在此事上达成了共识。

不过，虽然大形势上对商人颇为有利，但要由私人来成立民营银行，也不是说到就能做到的事情。周舜卿之所以能最终成功，还在于他与载振的结交。此前，他借上京的机会，和载振义结金兰。相比较其父之贪，这位载贝子无疑更好色，日后曾闹出过“杨翠喜花案”，为御史所弹劾。不过，在某种程度上，他却是个新式人物。其子爱新觉罗·溥铨在《我父庆亲王载振事略》中便记载，“光绪二十年晋封二等镇国将军，二十七年又被赏加贝子衔；二十八年被派任出使英皇加冕典礼，并到法、比、美、日四国进行访问”。并“著有《英轺日记》一书，共四册十二卷，内容主要记载访问各国有关外交礼节和参观活动，以及各国的政治、学术、律令、典章、商务、学校、议院、工艺等情况（据悉这本书出自随行参赞唐文治之手），光绪二十九年由上海文明书局印行”。对立宪，其颇有支持之态度。正是如此，当周舜卿为创办信成银行，东渡日本向有关银行“借抄章程，摹写格式，旁看办公，调查一切”等，需要商部“咨驻日大使咨办”时，载振都给予了关照。另外，信成银行的批准注册，改名立案，各项章程也同样得到了载振的批准。更重要的是，没有载振，信成银行很难获得发钞权。于情于理，周舜卿将他的头像印上了信成银行发行的纸币。

一是为了表示谢意，二是将大清国的尚书印入纸币，有增信誉、防伪和炫耀之图。周舜卿有过此说：“蒙贝子尚书颁给肖像谨敬摹写印入钞票，以增信义而杜伪仿，系银行中之有发行钞票之权者。”

和周舜卿相似的是，虞洽卿之所以在 1908 年创办上海四明储蓄银行，也是背靠时任两江总督端方这座大山。

尽管这依旧让人看出传统中国政商关系的固有痕迹，但无论如何，它都不曾让民营银行的出现，减色分毫。

中国民营银行，至此终于不可自抑地亮出了身段。

信成与四明——民营银行“试水”

没有人会对信成的“民营”身份表示怀疑。除了创始人周舜卿是民间商人之外，而且，和“以示官为护持”的中国通商银行不一样的是，它招收的都是商股。当然，也不排斥官员以个人的身份入股。但不吸收外商认购。作为创始人，周舜卿认股20万元，占了初定资本50万元中相当大的一部分。其余的大股东，有商部官员王大贞、王熙农，还有纸币上出现的另一方大印的印主沈懋昭。

沈懋昭，其字缦云，原名张祥飞，1869年2月7日生在江苏吴县。在辛亥革命中成立的沪军都督府里，他曾担任过财政总长，是孙中山在财政上的左膀右臂。不过，当他成为信成的大股东时，立宪比革命更得人心。他只能暗地“潜伏”。

和周舜卿一样，他也是无锡人士，祖籍此地，后随父母乔居上海，“补博士弟子员，入清心书院肄业，于中西学业均造诣极深。少孤力学。12岁时，无锡东富商沈金士奇其才，字以孙女，令居甥馆，教养如孙行。金士公去世，因无后，缦云为持承重服，遂入赘于沈氏。光绪十五年己丑（1889），沈缦云中举，但他放弃仕途功名，在沈家自办的铁工厂、碾米厂学习技术和经营管理，助理家业”[①]。从此，官场少了一位混吃等死之人，商场上倒增添了一员虎将。正是对清政府的专制统治失望，他一直心仪革命，“清光绪二十六年（1900），沈缦云在经商的同时，兼从事社会公益。同盟会的唐才常于上海张园召开会议，沈缦云积极参加。他曾捐15000两白银资助唐才常在上海组织‘自立会’，筹组‘自立军’。马相伯、于右任、叶仲裕先生等于吴淞组织复旦公学，沈缦云又被聘请为校董”[②]。尽管革命还是个危险的事业，但他通晓外语，在商业上也精明能干，还是为他赢得了周舜卿的赏识，并参与到了信成的筹建当中。周舜卿由日归国之后，不仅向他介绍了赴日考察的收获，还委托他参照外国银行成例，结合上海的实际情况，起草几个章程。他不负重托，完成了《上海信成储蓄银行存款章程》以及《上海信成商业银行营业章程》。日后，在这家银行当中，他不仅是股东，还被推举为了协理，主持日常工作。

---

① 王振云、王金昌，《积极奔波为革命的沈缦云先生年谱》，《祠堂博览》2008年秋之卷（总19期）

② 王金中，《沈缦云积极筹款支持辛亥革命》，《无锡史志》

这两个章程也为中国民营银行立下了“首规”。《营业章程》共25条，指出该行是吸取东西各国商业银行的惯例，以存款、贷款、贴现、汇兑和发行钞票五项为营业大宗。而《存款章程》则有33条，开门见山地指出，“本银行兼办之储蓄银行，系为方便小本经纪及凡农工商食力之夫积存零星款项而设”。从这里可以看出它注重吸收社会游资，为此它在第二条明确规定：“凡有洋银满一元以上，不论多寡，不论士农工商，男女老少，均可存储生息，确实可靠，永保无虞。”这一方面改变了其他外国银行以及官办银行不屑于零星小款的现象；另一方面也开创了华资银行1元小额存款的先河，既填补了市场的空白，壮大了银行自身的实力，又让社会上的碎片化资金得到了很好的利用，从而进一步推动了钱轻。今天，很多人都把陈光甫创办的上海商业储蓄银行看成是1元小额存款的首创者，只能说这是谬传。作为民营银行，它在配套服务上，也让人耳目一新。比如说它制定了星期日照常营业之规定，这无疑方便了人民存取款之需要，一下子让信成大得人心。

光绪三十二年（1906），信成在上海北市的分行（今北苏州路176号）先行开业，经理为顾达三，同年七月，位于南市大东门万聚码头自建的三层楼洋式行屋落成，遂将总行搬入，并于七月二十二日开业。自此，银行业务兴旺，除发行钞票外，并代收道署库银，这也让存款节节上扬，仅上海总、分行存款额曾高达700余万元，钞票发行额最高时达110万元。其间，随着业务的发展，信成增加了商业银行业务，将信成储蓄银行改成了信成商业储蓄银行。除此外，它也积极拓展自身渠道，在北京、天津、无锡、南京设立分行，并在苏州、镇江设立兑换钞票处。

作为周舜卿和沈缦云老家的第一家银行，信成银行无锡分行成立于第二年的2月，资金10万两，经理是分行的主要筹办人蔡缄三，协理为殷俊卿。行址在北塘财神弄口。开张当天，颇为热闹，甚至无锡、金匮[①]两县知县，都带着各级官吏，亲临现场；地方著名士绅、各界团体的头面人物也礼服盛装，前往庆贺。这无疑给足了信成的“面子”，而信成对他们的期望，也回报甚厚。一方面，信成

---

① 1726年（清雍正四年），由于无锡县人口、赋税繁多，被分为无锡、金匮两县，西部为无锡县，东部为金匮县，2县共用1个县城。这也就是为什么信成开业，两县知县都亲临现场的缘故。1912年（民国元年）撤废金匮县。现在是无锡市的一部分。

可以按照钱庄惯例，向当地的厂家、典当、米行、堆栈发放信用贷款。其中，与蔡缄三有关系的永源生米行、复生堆栈等借款数字最大。倒应了“靠山吃山，靠海吃海”之语；另一方面，在抵押贷款上，信成也不作太多的限定，无论厂房生财、丝茧货物、金银栈单，都可用以抵押。这对同乡的荣宗敬、荣德生兄弟来说，无疑是个巨大的利好。这两位荣氏企业的创办人，一直以来就信奉“欠入赚下还钱”这一经营模式，在他们眼里，只有这样，“方有发达之日。”所谓“欠入赚下还钱”，意思也就是，先借别人的钱来办厂并求得发展扩大。待生产发展了，赚了钱再还债，如此循环往复。欠（借）——赚——还，一环扣一环，一浪推一浪，即可达到少花钱多办事扩大生产的目的。为此，荣氏兄弟将自己在无锡的振新丝厂、茂新面粉厂的生财全部抵押给信成银行无锡分行，从那里得到了用来扩大再生产的超多用款。1910 年，荣德生又从无锡信成银行和李裕成钱庄借款 8 万两，将振新丝厂赎回。

除了荣氏兄弟之外，信成还对无锡的其他缫丝行业，给予了极大的支持。其时的无锡，丝厂已经有了“实业厂”和“营业厂”之分。像营业厂这种模式，并不需要经营者直接置办厂房和购买机器设备，而是通过租用的方式来获取，然后按照约定付给出租人以租金。不过，如果没有银行的贷款支持，经营者也很难一口气支付购买蚕茧款，工人工资以及大笔租金。信成的出现，无疑给了无锡的工业，尤其是缫丝业以极大的推动。

著名慈善家、爱国志士、杰出民族实业家荣宗敬

在某种意义上，四明是信成银行的优秀“翻版”。这个全名为“四明商业储蓄银行”的银行，也具有纯粹的“民营”性。它是在虞洽卿的邀集下，由宁波帮所创办。这里就包括有朱葆三、“小港李家”的李云书还有一直追随严信厚的周金箴，当然也少不了严信厚之子，严子均。至于其他的几位新鲜面孔，则是陈薰、袁鎏、方舜年以及著名法学家吴经熊之父，曾担任过首任宁波总商会总理的吴传基。

这里特别要提的是周金箴，他大大小小算得上是官场之人，多年来一直在仕和商之间打转转，一会儿辞官从商，一会儿又弃商从仕。1896 年，严信厚创办中国通商银行之际，他正出任江西清江县知县。其时还很年幼的知名京剧表演艺术家周信芳曾随父旅居其在清江县的任所。说起来，他还是周信芳的从祖。不过，20 世纪后，他二度弃仕从商，再一次来到上海，自此就再没有太大的折腾。除了陆续集资创办了宁波通久源纱厂、上海华新纺织新局、中法药房、元丰面粉厂、大有榨油厂、赣丰饼油公司，他还在 1905 年创办华兴保险股份有限公司，以及华洋人寿保险公司——这家 1 月创办于上海，并在香港注册的公司，是中国最早由华人办理的人寿保险公司之一，由他担任总董，主要经营定期寿险、终身寿险等业务，在香港、澳门、广东、厦门、汕头、福州、烟台、牛庄（营口）、天津和新加坡、曼谷、西贡等地设有分公司 70 余处，其触角甚至深入到慈善机构，并力图在少数民族（尤其是满族、蒙古族中）扩大其影响。到 1908 年已经签发价值达 500 万银两的保险单。尽管上海华洋人寿保险公司后被永明人寿兼并，但这并不抹杀他在中国民族保险业上的贡献，后人甚至将其称之为中国民族保险业的“鼻祖”。不管这种定位是否准确，宁波帮对他应是推崇有加。在四明银行中，他出任总董，而总经理则是陈薰，尽管是主要发起人，虞洽卿却不得不退居为协理。说起来，周金箴尽管缺席了中国通商银行的创办，但也有银行方面的经验。此前信成创办时，他和湖州籍富商兼大画家王一亭就一起成为该银行的主要入股人，日后还相继当过信成的“一把手”。正是他的存在，让信成和四明宛若一家。

和信成一样，四明也将自己的营业种类共分两部，一个商业部，主要是经营存款、放款、贴现、汇兑、发行银洋各票业务；另外一个储蓄部，收存零星款项。另外，其也向清政府申请了钞票发行权，共发行了“壹元、贰元、伍元、拾元”等四种。有意思的是，这里的贰元券，是他行所没有，所以显得很别致。其纸币图案，同样有“双龙戏珠”，但不同于信成选用载振的肖像作为主景图，四明选取的却是宁波的“四明山”，以及行厦。这倒是让这个纸币颇具有一些宁波元素。除此外，它还将行址选择在了宁波路江西路口。

它的开业日子，选择了 9 月 11 日。911。很好记的一天。《申报》对此有所报道：“8 月 16 日晨 8 点，四明银行悬牌上市甚为热闹，前来道贺绅商络绎不绝，为商界中之特色。”[①]“开市之时，储蓄柜存款尤其踊跃。”“四明银行从创业之始，得到在沪宁波帮工商、钱业界的支持，当时钱庄资本‘浙帮’老板占整个上海钱庄业

① 8 月 16 日应为阴历。

资本的60%至80%，其实力之雄厚，可见一斑。”只是，此时的四明银行，却面临着更为险恶的“社会环境”。因为它的成立，总是让一些人不爽。其中就包括那些逐渐在中国站稳脚跟的外国银行。

就像西方列强总是要贪得无厌地勒索各种利益，它们也不会放弃独霸中国金融市场的意图。从汇丰挤垮阜康，到华俄道胜阻击中国通商……它们总是试图建立自己在中国的金融霸权。这也让它们对待中国的每个“新生儿”，都不会友好。所以，四明银行的钞票刚一发行，它们就找到了打压的办法。先是将这些钞票攒到一定的程度，然后再提着这些钞票去四明银行挤兑现洋，这一下让四明银行感到了巨大的压力。幸运的是，宁波帮的实力雄厚，又讲究团结互助，面对危难，他们纷纷登高一呼，自然帮者云集。接下来，各大商店、钱庄、银号争相代兑四明钞票，风潮得以平息，而这又无疑为四明做了一个免费的宣传和广告，一时更受市民欢迎和信任。

然而，没有人能为这些中国民营银行感到轻松。这次，它们能“反败为胜”，成功逃脱厄运，但下次，谁又能保证呢！

“拨伊铜钿”办“兴业”

在信成和四明之间，其实还藏有一家兴业银行。其姓，“浙江”。

它的出现，跟盛宣怀创办中国通商银行之前因相似，都是与办铁路有关。不过，和盛宣怀官督商办不同的是，这家铁路却是商办。

它源于商部为了“振兴商务，保惠商人”，在1903年年底奏定《铁路简明章程》，向民间开放了铁路的修筑权。同时，为了抵制盛宣怀因为借款筑路而与英商签订《苏杭甬铁路草约》，加上美商又在1905年取得了浙赣铁路的申办权，浙江商人遂自发地成立了商办浙路公司，以收回被出卖的路权。在这家新成立的商办浙路公司中，曾与通州张謇一起推动过立宪运动，而声望极高的浙江萧山人汤寿潜，为总经理。副理为湖州巨商刘锦藻。总协理同时又是董事的，是宁波帮叶澄衷当年的合作伙伴——樊时勋。

正是商办，以及激越的民族情绪，让汤寿潜为商办浙路公司招股之时，很快就募集到了大量的资金，据说，“杭州的挑夫、上海的名伶、绍兴的饼师，甚至各佛寺的僧人、教堂的教徒，以及拱宸桥的妓女，莫不竞相入股"，到 1906 年的 5 月就已集资 400 万元，当年 10 月，开始修筑从上海到杭州的铁路。这种速度，无疑让仰仗银行和外款的盛宣怀，有些望尘莫及。不过，手头上有钱有时也很让人发愁，这巨额的资金得有个存放的渠道，放在票号和钱庄吧，它们这时便显现出了"身小力弱"的缺点，不能一气吃下，只能分散存在杭州、上海等 30 多家地方，这样一来，保管和运输都显得十分困难，在资金的使用 / 获取上非常不便，为了让钱变得更轻，有人便建议汤寿潜，自办银行。

此人即为蒋抑卮，其名鸿林，字一枝，浙江杭州人。当宁波帮在上海乃至全国扬名立万之时，作为省府的杭州，不能销声匿迹，也得贡献人才。蒋抑卮便是其中之一。他算得上一位"富二代"，1875 年 6 月出生在杭州积善坊巷富商家庭。其父蒋海筹丝织童工出身，精明能干，日后成为杭州蒋广昌绸庄老板，有"蒋半城"之称。不过，他没有一般"富二代"的恶习，自幼好学不倦，对文字训诂颇有研究，日后还师从章太炎学文字音韵。如果能这样继续下去，他本可以在文化上一展拳脚。然而，长兄的早逝，让他不得已提前接班。加上中国在西方列强的侵略下日趋破落，尤其是《辛丑条约》的签订，让他刺激很大，开始寻求救国之道。早在 1902 年，他就别离妻子东渡日本求学，成了以日为师的先辈。最初准备进武备学堂学习军事，后由于体弱原因改学经济。在某种意义上，正是这一学之改，让他初通金融之道，最终成就了浙江兴业银行，并成了该银行的主持人。

在日本，他还遇到了自己人生中的生死之交——鲁迅。论一论，他们还算上是绍兴老乡。因为蒋抑卮的祖籍为绍兴，所以他有句口头禅，就叫"拨伊铜钿"，在绍兴话里，就是"给他钱"的意思。它无疑给鲁迅的兄弟周作人留下了很深的印象，说他"凡遇见稍有窒碍的事，常说只要拨伊铜钿，就行了吧"，于是鲁迅也给他起了一个绰号"拨伊铜钿"。不过，他并不是口头上的将军，事实上，他曾资助鲁迅入仙台医学专门学校，并为留日学生所办《浙江潮》捐过 100 元，日后，他把自己对文化的爱，投射到鲁迅身上，资助他出版了《域外小说集》——这是鲁迅弃医从文后的"首战"，没有此书的出版，鲁迅日后的文学之路未必能得以继续。可以说，他就是鲁迅的贵人。从 1912 年到 1928 年，鲁迅日记中至少有 42 处提到蒋抑卮，对蒋抑卮的感激之意，溢于言表。今天，收在《鲁迅全集》中，就有一封鲁迅在 1904 年 10 月写给蒋抑卮的信，讲到自己在日本仙台医专学习的情形，是现今留存最早的鲁迅书信之一。他们的关系，直到两人回国都未曾中断。

1936年10月19日，鲁迅在上海逝世，蒋抑卮便送挽幛《文章千古》，落款为：愚兄抑卮。

说起来，由这样一位动不动就“拨伊铜钿”的人来主持银行，在今天很像是个不太合适的选择。毕竟，如今的银行，多追求暴利，并不会将自己当成一个慈善机构，哪里会动不动就“拨伊铜钿”，但那时的兴业银行，目的不是以赚钱为要，而是“振兴实业”，这也是兴业银行以“兴业”为名的原因。振兴实业，自然要“拨伊铜钿”。

浙江兴业银行兑换券上海10元，民国十二年（1923）

一开始，兴业银行还只是商办浙路公司的附属银行，初定资本100万元，分为1万股，每股100元。然而，其时的杭州，银行还是个新鲜事物，一般老百姓都不敢认购，为了让它早日成功，蒋抑卮说服父亲蒋海筹率先认购1000股，以为榜样。不得不说，正是该银行的成立，方便浙路对自己募集到的海量巨款进行保管和取用。“可是铁路与银行毕竟是不同的业务，两者混在一起股权也容易混淆不清，于是又决定把银行从浙江铁路公司中独立出来。”①于是，在民营银行中便正式有了兴业的名号。1907年5月27日，浙江兴业银行在杭州保佑坊惠民巷口挂牌试营业，并获得钞票发行权。最初发行的面额有1元和5元。1907年10月5日，浙江兴业银行正式成立。这一天，位于中山中路边的太平坊，即今天的太平坊巷，熙熙攘攘，客流颇多，到处晃动着花翎、朝珠和官服。对他们来说，这家银行看上去像是钱庄，却又不尽然。首先，其气势很大，银行的主体为钢筋混凝土结构，面阔五间，三层，为仿西洋古典式建筑，大小房间共78间；另外，进钱庄，迎面就是高大的柜台，柜台上有直通屋顶的铁栅栏围住，给人一种不亲近之感，但是这家银行的柜台却缩小了很多，大厅中余出了不少空间给上门办业务的客户，让人打心里觉得舒服……在一片道贺声中，一胖一瘦两位男人不停地和来客抱拳作揖，礼尚往来。胖者即汤寿潜，瘦者即蒋抑

① 孙曜东（口述）、宋路霞（整理），《民国银行家：叶景葵、蒋抑卮与兴业银行》，《中国企业家》

厄。不过，此时，他还是由其父蒋海筹作为三大股东之一出任银行董事，两年后，1909年方取代父亲，成为浙江兴业银行的实际掌权人。不管如何，正是他的存在，让兴业业务发展迅速，除了服务商办浙路公司之外，还相继在上海、汉口开设分行。

如果我们梳理信成、四明以及浙江兴业的成长史，就能发现，它们的出生不尽相同，但出身却非常吻合，都属于民间。除此外，它们还具有几个极其相似的特点：

一、它们都不是直接由工业资本发展而产生的。尽管浙江兴业银行跟铁路有关，但也只能说，它们都是间接地由民族自救和民族工业的发展造成的。在很大程度上，它们都是“金融救国”的产物。

二、建立在旧有的封建生产方式之上的钱庄和票号，尽管在时代大变局的“历史三峡”中开始审视自身，自我否定，或者只能自我更新，但它们本身并没有直接演变为近代的新式银行。不过，银行的资金却大多来自商业和钱庄业的积累。

三、在民营银行的实践中，江浙商人毫无疑问地成为了领军人物。这跟江浙位于沿海城市，相对内陆更为开放有关。除此之外，江浙商人大多喜欢选择“创业”，由商人转为实业家，让他们对资金的需求尤其强烈，这也进一步推动了民营银行的出现。也正因为此，这些民营银行对民族工商业的放款，就做得比较到位。不提信成和兴业，在这里多说几句四明。像虞洽卿日后为了打破英商等外轮对沪甬线的垄断，在上海集资建立宁绍轮船公司，就得到它长期、大量的贷款支援。到抗战前夕，虞洽卿欠四明银行的贷款达到300万元之巨，故沪上称他为“借债大王”。

四、得承认，正是在民营银行上先行一步，也为江浙财团在其后二三十年雄霸中国本土金融业开了先河。

五、这些民营银行的主要创办人和主要投资者当时的身份不是官僚而是实业家、商人、钱庄老板等；开办资本中少有或完全没有清王朝各级政府投入的官股。这让它们和体制保持着一定的距离，在某种程度上，它们都有一定的进步倾向。

六、生逢乱世，注定着它们的成长不会一帆风顺。它们不仅要懂得“拨伊铜钿”，除此外，还要为这个乱世埋单。

果然，没过几年，中国民营银行就遇到了大麻烦。1910年的上海，再次风雨愁城，很像是在重演1883年的景象。那一年是因为胡雪岩的牛丝大战引发的金融危机，这次却是一个叫麦边的英国人，利用橡胶股票做局，大肆圈钱，竟将全上海的流动资金，基本上都给套住了。根据上海地方志的统计，当时上海资金投入橡胶股票上总计在白银4000万两左右。“据时人描述，自1910年春起，‘此风披靡上海，各官商竞向钱庄及外国银行调用款项，投机若狂’，而各大钱庄‘亦以此项股票远胜现金，争先收积’。至于一般中小商人和殷实市民，投入多年积蓄，甚至变卖家中衣物、首饰以换购股票者，不可胜数。”[①] 当股票的泡沫在击鼓传花之中，被越炒越大，最终破裂之时，上海一地鸡毛。就连叶澄衷家族的升大、余大、瑞大、承大也被迫同时宣告歇业清理，被称为“四大皆空”，严信厚的源丰润也宣告倒闭。不过，在第一批倒闭的钱庄中，尤其需要注意的是戴家宝的兆康、陆达生的谦余，以及陈逸卿的正元，因为它们的倒闭，引发了一系列的多米诺效应。

首先，四明银行深受其害。因为这三家钱庄是四明的主要往来客户，一倒闭，结果倒欠庄票22万两，四明受此影响股票大跌，营业衰退，总、协理等被迫于1911年4月辞职，日后，另一位宁波人孙衡甫乘机盘进该行，出任董事长兼总经理。

其次，它让川汉铁路公司也难逃厄运。该公司有相当一部分公款，被时任CFO（总收支）的候补道台施典章拿到这三家钱庄放款生息，同时，他本人也没忍住加入了这场游戏当中。而这些被糟践掉的真金白银，很多都是向四川全省农民强行摊派征收“租股”而得，是“川人一点一滴之膏血，类由倾家荡产，敲肌吸髓而来”（《民立报》），很能想见，它让川人为此愤怒异常。在某种意义上，正是施典章的炒股，引发了四川的保路运动，进而刺激了清政府从武昌派兵镇压，导致后方兵力空虚，革命党的武昌首义才得以成功。

随之而来的是，各省相继起义，那些督抚遂走者走，变者变，267年的大清帝国，短短一月间，半壁江山尽属民军。

这无疑是革命的大好局面，然而，对起步不久，根基不稳的中国民营银行来说，国家的动乱不堪，无异于又是一场灾难。

---

① 谭洪安，《“橡胶风潮”挽狂澜》，《中国经营报》

革命的“资金通道”

辛亥这一年，信成和兴业都面临着难以捉摸的命运。

在数次起义失败之后，革命再起风暴，这自然让沈缦云高兴异常。在和周舜卿一起创办信成之后，他就把这家银行当成了革命的“掩护所”。1910年冬，他和王一亭加入了中国同盟会，信成银行也随之成为“革命小金库”，为革命党秘密筹措活动经费、购买枪支。这之间，他还资助于右任等人创办《民呼日报》和《民立报》……前前后后，花费共有近40万，对信成而言，无疑造成很大亏欠。但是，比起革命，这些亏欠实在不算什么。到上海在武昌之后揭竿而起，信成支持依旧，“由宁波商人经营的四明银行与沈缦云、周舜卿经营的信成银行都积极为起义军提供经费，特别是起义最初两日军饷全部由两行承担。据《民立报》载，‘上海光复前后九月十三、十四日所发的军饷，大半由该两行所输出’……”[①]这让沈缦云在起义成功之后，获得了巨大的政治回报，孙中山赠送亲笔所写“光复沪江之主功”的匾额，加以表彰。除此，他还担任了新成立的沪军都督府的财政总长。但这却进一步让信成沦为了“抽水机”。此后的信成左支右绌，勉强维持经营。

四明之所以和信成一起成为起义的“金主”，在很多程度上源于虞洽卿的转变。这位办银行又接着创办宁绍轮船公司的宁波帮大佬，一开始还是立宪中人，背靠端方这棵大树好乘凉，不过，时局的改变，以及清政府在立宪上并无真正的诚意，尤其是光绪和慈禧在1908年前后脚去世，给清政府在政策的制定和执行上带来了很大的动荡。随着“皇族内阁”的出台，它们彻底地将立宪派推向了革命的阵营。虞洽卿尽管擅长政商关系，但他并不是一个特别有政治信仰的人，并没有鲜明的政治意识形态，而是随着政治局势的发展选择对自己最有利的政治依附对象。当革命已经无法拒绝，虞洽卿选择了合作。某种意义上，四明在辛亥年前后举步维艰，也和大量资金流向革命有关。

对兴业而言，它的困难，倒不是因为参与革命，而是源于革命对时局的影响。武昌起义的战火，首先就让兴业在汉口的分行陷入了被动的境地。尤其是随着汉

---

① 孙善根，《辛亥革命中的宁波商人》，《南方都市报》2011年9月28日

口和汉阳的银行、钱庄相继停业，社会上竟传出了这样的谣言：汉口的浙兴分行倒闭了……传到杭州，自然会引起一片恐慌。那些在兴业有存款的客户，纷纷涌到银行敲门攀窗争相提款。“挤兑者争先恐后，撞门攀窗，几乎不顾生死。手中所持者，不过一元或五元纸币数张，或二三百元存单一纸。”这下麻烦大了。要知道，其杭州总行发行钞票约60万元，活期存款50万元，各种票据30万元，而库存的现银仅30多万。这明摆着应付不了挤兑。一旦存款户拿不到现钱，必然又进一步加剧恐慌情绪。一来二去，兴业只有破产一途。

面对这种局势，蒋抑卮自然坐不住。他思来想去，得到一法，就是让他父亲将家中的存银，用担子挑到银行去，并有意招摇过市，以此来安抚人心。不过，这种手段收效甚微。“仅10月14、15日这两天中，杭州总行兑出现银达70多万，库银为之一空，多方求援，从大清银行杭州分行、两浙盐运使署借得巨款35万元。到10月18日，几乎已将发行的钞票、活期存款全数兑尽，剩下的只是浙江铁路公司的票据。好在营业一天没有停过，兴业创业以来第一场惊心动魄的挤兑风潮终于过去了。一波未平，一波又起。汉口商民东下上海，手持汉口分行的兴业钞票，要求上海分行兑现，为顾全信用，不能不兑，资产负债之数相抵，缺额近85万元。”[①] 怎么办？这些缺额就像一把钢刀，架在了兴业的脖子之上。面对着只剩下3万多元的库银，以及不明朗的局势，有人提出暂行休业，不过，蒋抑卮独持异议，表示“必须维持营业，取信于市”。这时，上海的巡捕房主动来问是否开业，如仍开业，他们可以派巡捕来维持秩序，他毅然决定继续营业，先拿出私产应急，然后到处奔走筹款。正好与上海光复前后脚，杭州也胜利光复。很有名望的汤寿潜被推举为浙江革命军政府都督。这下给了蒋抑卮希望，他急忙向汤求助。走运的是，其时正攻打南京的江浙联军有一笔银元要发饷，“汤寿潜下令全部交给浙江兴业银行杭州总行运到上海。银子一到，挤兑的人群散去大半。自10月10日以来，蒋抑卮每天早上天未亮就到银行，深夜12点钟后才回家，连续20多天，到此时才松了一口气。辛亥革命之际浙江兴业银行的挤兑风潮终于平息。蒋抑卮在风潮中不避风险，想方设法，运筹奔走，浙江兴业银行的信誉不减反增，受到同行们的推崇。董事长叶葵初后来说：‘苟非抑卮先生之毅力和热忱，漫天大风大

---

① 傅国涌，《蒋抑卮“拨伊铜钱”》，《杭州日报》2011年10月20日“西湖副刊·B15”

浪，最险之日，安然度过，本行亦当无复有今日之盛也。'" [1]

无论如何，信成、兴业和四明都挺过了辛亥革命带来的风波，并迎接了新生的民国。然而，对周舜卿而言，清政府的倒台并不是一件值得大肆庆祝的事情。因为它让自己所有的政治资本烟消云散，甚至成了"负资产"。沪军都督府曾因"治军行政需款浩繁，经济极为困难，事机急迫，拟将上海信成银行发行的钞票，由军政府担保，支发军饷及其他的用途"，视同军用钞票，并配发公告，称"如庄号及店铺或有挑剔，以致阻碍行用者，本军政府亦以违背法律论"，然而，载振的头像却让信成发行的纸币，备受指责。毕竟，新生的政权，怎么允许用前朝的人物。这种指责让周舜卿、沈缦云乃至沪军都督府颇为难堪。都督府准备自行组织银行。失去了军政府担保的信成，生存越发的尴尬。加上为革命垫资而导致的资金短缺，也暴露无遗，沈缦云具文呈请军政府同意将前清政府道台在信成的26万两存款做抵，无奈该存款簿已被上海末任道台刘燕翼逃往租界时交给外国驻沪领事团，虽经多次交涉，毫无结果，还是被外国驻沪领事团以赔款名义提取了，致使信成遭到沉重打击。

与此同时，沈缦云在财政总长一任上也颇为不顺。"因事起仓促，军无夙储，前清所设各捐税局所，已于起事时明令裁撤，当事者均闻风挟款远避，以致饷银无地方支出。而聚集沪上的革命军有数万人，声势汹汹。沈缦云黎明即起，深夜始归，晨夕不遑，艰困万状。而局外不知内情，尚多流言，恐吓侮辱之书每月必数至。军政各费用初时由上海信成银行筹垫，不足部分由沈缦云毁家以继之，前后垫款达30余万元，仍不足。"这让沈缦云在财政总长一任上干了不足一个月，就把这副重担交给了朱葆三。

朱葆三

身为沪上巨商，在叶澄衷、严信厚相继去世之后，朱葆三俨然已经成为宁波帮中的领袖。除了成为中国通商银行的总董，他还投资兴办了多处实业，从交通、电力、自来水、面粉到丝织等行业，无一不涉及，其资产也如滚雪球

① 阿囡，《蒋抑卮和浙江兴业银行》，《金融博览》2012年8月刊

越滚越大，最终跻身于上海为数不多的巨商行列。与此同时，他也在金融服务上，狠下功夫。1905 年成立的华兴保险股份有限公司，有他的一份。此后他还相继创办了华安水火保险公司、华成经保保险公司。1907 年，他发起成立了华商火险公会，并被同业公会全部 9 家会员公司推举为会长。不过，在商业上的左右逢源，并不意味着他在政治上嗅觉敏锐。他显然不是虞洽卿式的人物，对政治相对迟钝。不过，虞洽卿的劝说，以及自身对革命前途的审视，让他在上海起义之时，成了革命的一员。无疑，这个中国通商银行总董的加入，显然给刚成立的沪军都督府带来了经济上的改变，而且，对沪军都督府自行创办银行，也提供了很多思路。

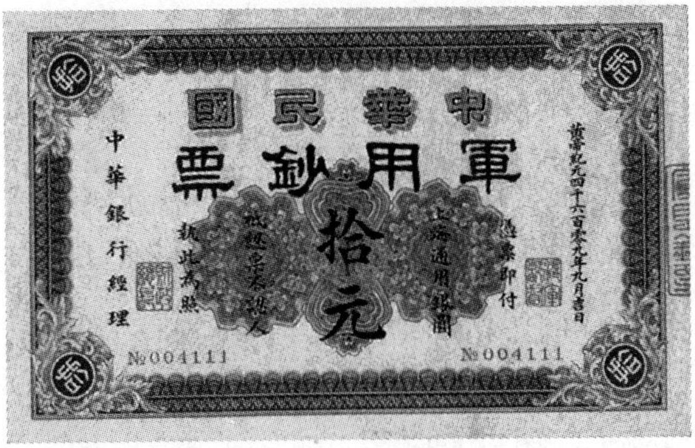

中华银行军用钞票 10 元

11 月 21 日，这家银行于上海南市吉祥弄正式成立，其名为中华银行，当天便发行了军用钞票，上面白纸黑字地注明，这是“中华民国军用钞票”。尽管此时距中华民国正式成立还有待时日，但孙中山的铁杆追随者，其时的沪军都督陈其美却抢先亮出“中华民国”的招牌。这个“中华民国军用钞票”面值分 1 角、1 元、5 元、10 元四种。正面有“沪军都督”、“财政总长”的印章，背面还有财政总长的英文签名。此时的总长，还是沈缦云。对它的发行，江浙商人同样投入了极大的热情。方樵苓以 50 元兑取伍元券第 2 号，虞洽卿与王一亭、沈缦云等人同样均用超过票面的价格兑换军用钞票前几号。这种空前未有的争购钞票场面，既给了革命极大的支持，也同样反映了辛亥革命为人心所向。这一年的 12 月 10 日，中华银行召开股东大会，成立董事会和执行部。亲任该行的董事长是孙中山，黄兴则为副董。朱葆三成了 16 名董事之一。尽管只是董事，但就像从沈缦云手中接任了财政总长一职一样，他也很快成了孙中山的“接班人”——在孙中山就任中华民国临时大总统之后，改任中华银行董事长。与此同时，出任该行第一任总经理的，也是宁波帮中知名的钱业领袖林莲荪，此前他是小港李家的立余钱庄经理。这让中华银行再次“落入”宁波帮之手。不过，随着袁世凯在南北和谈中成功“上位”，进而大权独揽，并严厉镇压了革命党人的“二次革命”，中华银行也只好淡化自己的“革命”痕迹，在1913年2月改名为中华商业储蓄银行，完全商办，而行址也迁至福州路镇裕五金号二楼。这个镇裕五金号亦即朱葆三在上海刚刚起家时所创办的产业。在某种意义上，朱葆三对政治的迟钝间接帮助了他——在“二次革命”中，上海组成讨袁军时，朱葆三等人屈服于袁世凯的压力，未予接济，让他最后没有被清算。

沈缦云却没有朱葆三那样的好运，他和陈其美等人一样，成了被袁世凯通缉的一员。不得已举家亡命大连。但他并没有熄灭自己的革命之志，仍以兴办实业为掩护，联络革命志士，秘密进行反袁活动。1915年7月23日，被袁遣人密谋投毒杀害。孙中山闻讯后，非常悲痛，题写“如见故人”四字，以志哀思。然而，故人一故，信成的业务更是大受影响。当年9月，信成召开董事会，组成了五人查察小组，仔细稽查账册，仍欲东山再起，然而资金短缺成为了命门，让人无力回天。

1913年秋天，开业七年的信成银行门口张贴出了停业清盘通告。此时的周舜卿依旧信守承诺，“信成我总理之，我终不负人一钱，使国人因信成故，于银行有戒心”。言下之意，不能失信于民，让人因信成而对整个银行业心存戒备。为此，他依托盈利较好的无锡分行，把自家的升昌、震昌商号卖出，并抽调裕昌丝厂的流动资金，终于在1914年全部清偿——其所发钞券按票面如数十足兑现收回，各种存款，于民国三年分期分批给息偿还，也正因为此，信成此前所发行的纸币，留存市面上的不多，所以像有载振头像的“壹元”，自然就价值连城。然而，周舜卿却元气大伤，“数十年辛苦所得，至此耗去大半”。

倒是四明和兴业还是活了过来。辛亥革命后，浙江铁路公司收归国有，其持有的兴业银行的股份，悉数转售给工商业者。这也意味着其与公司真正脱离，成为更为“独立”的专业银行。1914年，蒋抑卮实施重大改革，将总行移至上海，并在国内银行界首创董事长负责制及办事董事驻行制，杭州人叶景葵出任董事长。这让兴业重新焕发出极大的能量，到1931年实收资本总额高达400万元，号称民国前期浙系金融集团中流砥柱。至于四明，则在孙衡甫的经营下，先从内进行整顿，接着多种经营，除了聘任一大批跑街先生，甚至自己亲自外出活动，以期千方百计延揽存款，同时还大做媒体宣传，扩大银行信誉。比如在报纸上刊登广告，比如其所有的房地产均以“四明”为名，如“四明里”、“四明坊”、“四明村”、“四明别墅”，让你一眼望去都是四明……

也许，这是大难不死，必有后福？

只是，若要真这么以为，对不起，你天真了。

第六章

“南三北四”普惠前传

在20世纪30年代的天津，曾出现过这样一种私人小汽车，乘坐者一般都是自己开车，跳上跳下，不须开门关门，因为完好的车门已经被拆掉了。巡捕既不干涉，大家对车主也都习以为常。原来乘坐这种车的，都是职业经纪人。

无疑，这些职业经纪人都是应金融而生。作为北方大港，同时也是北方经济枢纽，其时的天津，金融市场也很活跃。他们在这市场里面，忙着为人代买代卖股票、证券，或者外币，“当然，他们也传递信息，或者故意制造信息。这些人就叫作跑经纪的，市井话，叫他们作‘跑合的’。他们跑来跑去，就是为了提取佣金。他们跟着‘行情’奔跑。他们腰中带的都是‘行情’、‘牌价’，脑子想的，都是数目字，嘴里说的都是‘看涨’、‘看落’、‘银根’、‘筹码’、‘坚挺’、‘疲软’、‘回升’、‘狂泄’一类的话。对他们这号人来说，时间才真是金钱。他们坐车就是为了追捕行情。他们不事生产，时间对他们来说，不是产生‘价值’，而是产生‘佣金’。把握住时间，就把握住额‘利润’。经纪人就靠穿梭似的跑来跑去。因为要争取时间，所以就把小汽车的门儿也拆掉了，以便跳上跳下时，可以节约时间内。这些人就靠‘跑’，‘跑’才有生意。生意作成就是‘合’，所以叫‘跑合的’。他们对时间的概念，和一般人不一样。因此，对汽车的看法和要求也不一样，他们坐的车子，不求舒适、美观，只求方便灵活。故意拆掉车门，也就是为了麻利快当”①。

---

① 端木蕻良，《时间呵！时间！》，载于《随笔》1988年第3期，花城出版社1988年5月15日出版

这些简练的文字，出自于端木蕻良的笔下。作为萧红最后一任丈夫，这位东北作家曾于 1928 年入读天津南开中学，1932 年，考入清华大学历史系，同年加入左联，发表小说处女作《母亲》，开启了自己创作的道路。正是在这天津数年的生活，让他对这个北方大港的金融市场，也耳濡目染。无疑，这些职业经纪人给他留下了深刻的印象。在文章的最后，他生发出这样的感叹：这种追逐时间的人，使我终生难以忘怀。

不过，也许更让人难以忘怀的，是这追逐时间的背后，所体现出的金融活力——此时的天津，也在争分夺秒地向北方最大的金融中心挺进。尤其是随着盐业银行、金城银行、大陆银行纷纷成立，并将总行设立于此，天津的金融业渐有蔚然盛大的气势。到 1935 年，天津已有英、美、日、法、德、俄、意、比 8 国外商银行 21 家，中资银行 29 家，因为它们大多坐落在中街——即今天的解放路，它也因此成为了“东方华尔街”。有人曾形容，“从中街流向国外的黄金和白银可以铺满整条街”。

这些银行的存在，不仅养活了一堆靠追逐时间而生存的人，而且有力支持了天津的本地发展——那时候的天津，显然不是今天的“灯下黑”，只能眼睁睁地看着身边的北京集万千之宠爱，而自己却步履维艰。

天子之津渡

天津成城的时间比较晚，比起北京简直就是个“晚辈”。但它在中国的商业史上，从来就不曾缺席。一方面，天津是南运河、北运河、海河三流交汇之处，其水陆交通颇为便利，是做生意的好地方。另一方面，金、元两代曾定都今天的北京城。这让天津成为京畿门户的同时，很长时间内都是南北漕运的集散地。

它的由来跟朱棣有关。这位就藩北平的大明燕王为了争夺皇位，发动了中国历史上著名的“靖难之役”。正是在这三岔河口渡河，后突袭沧州打了胜仗，为自己在 1403 年登基称帝打下了重要的基础。对天津地理位置的看重，加上多少为了纪念胜利，朱棣决定在此筑城设卫，并在群臣献名之后，朱棣选中“天津”二字，意为“天子渡津之地”，天津由此得名。1404 年 12 月 23 日，天津开启了新的历史。它也由此成为中国古代唯一有确切建城时间记录的城市。日后，天津的政治地位日渐提升，康熙年间，长芦盐区两大盐务监管机构——长芦巡盐御史衙署和长芦都转盐运使司衙署，相继移驻天津。要知道，长芦盐业一直以来都是传统中国的主要财政收入来源，它的管理部门落户天津，“也是天津区域政治经济中心地位日趋提升的重要标志之一，也为50年后的雍正三年（1725）至雍正九年（1731）间天津卫改天津州、升天津府、置天津县等重大行政管理体制改革的实施，奠定了基础，埋下了伏笔”[①]。同时，它无疑也推动了天津民族工业和金融业的快速发展，奠定了天津近代民族工业发展的基础。日后，盐业银行的出现正是其带来的积极结果。

对这样的城市，西方列强不能不看重。1860年，在《北京条约》中，它被增补为通商口岸，自此，西方列强在此设立租界。它也因此成为中国北方开放的前沿和洋务运动的基地。随着直隶总督在帝国行政权力之中的比重加大，十年后，它和营口、烟台的口岸通商事宜，被一起划归直隶总督管理。与此同时，同治还将北洋通商大臣一衔授予直隶总督。自此直隶总督多驻在天津，在冬天外贸淡季，才回到原有的驻地，也是直隶省城保定。

在某种意义上，天津得感谢李鸿章。正是他领衔的洋务运动，给了天津一个再次向上的机会。自1870年担任直隶总督后，李鸿章更是一举奠定了天津的交通、实业格局。这里有外国通讯社眼里“世界上最大最好的火药厂”——天津机器局东局，有唐廷枢主持的中国最早的上市公司——开平煤矿，更有与周边矿区、城市以及帝都相互勾连的铁路……就连轮船招商局的创办也为天津提供了新的可能性，“招商局总部虽然设于上海，却由李鸿章在直隶遥相牵制，天津是招商局开辟的新航线中举足轻重的一个节点，通过直接与外商竞争，这座城市找到了新的发展契机”[②]。除此，他创办的天津武备学堂，也为其后来者——袁世凯在小站练兵时提供了急需要的人才。另外，他还创办了天津水师学堂，并聘请严复为总教习，《天演论》就在此脱胎成型。

得益于特殊的商业以及政治、军事地位，天津也出现了不少豪门家族，比如远近闻名的“八大家”。只是“八大家”具体指谁，在不同的时代有着不同的内容。相传从咸丰初年（1851）以后，社会上就开始流传着一个有关八大家的口诀：

---

① 王勇则，《长芦盐运使署何年移驻天津》，《今晚报》2012年6月7日

② 张泉，《城殇》，新星出版社2012年11月版，P58

韩、高、石、刘、穆，黄、杨、张。口诀意味着公认，说明此时被社会认可的八大家就是口诀中的那几位。其中，承办盐务起家的是“振德黄家”、“益德裕高家”、“长源杨家”、“益照临张家”，从事海运业起家的是“天成号韩家”，从事粮业起家的是“正兴德穆家”，粮商兼大地主起家的是“杨柳青石家”、“土城刘家”……不过，随着事易时移，日后的“八大家”的成员便再所难免有所更替，旧的逝去，新的形成。与此同时，作为北方的主要通商口岸之一，“西方国家的先进生产方式和经营方式得以在这里迅速登陆，使天津获得了比内陆地区更为宽松的政策环境、更多的发展机会和更加广阔的国内外市场，商业上比以前更加繁荣，一个以天津为终点市场的北方外向型市场网络，逐步地构建起来。而和同期或此后开埠的北方其他港口城市相比，天津也因其所拥有的明显优势，而成为北方最大的对外贸易中心”。尤其民国之后，“受近代工业高额利润的诱导，许多官僚和军阀如袁世凯、曹锟、周学熙、黎元洪、段祺瑞、冯国璋、张作霖等人，纷纷投资于天津的轻工业。在他们的带动下，其他民间资本对近代工业的投资，也进一步活跃起来”[①]。按照各项数据统计，进入1930年代的天津，尽管比上海不足，但比起中国其他城市，它的发展却绰绰有余，所以在很多人眼里，此时的天津已经发展成为仅次于上海的中国第二大工业城市。

自然而然，天津的金融业也随之发展。近代的天津金融系统，由旧式钱庄、票号、当铺、银号和现代银行五大类共同组成。1900年以前，天津有银号、钱庄等300余家。不过，和中国大多地方一样，这些钱庄对工商业的发展起到了积极的作用，“与新式银行也存在着相互竞争、依赖和利用的关系。当然，钱庄业也存在着对工商业资助不够、向新式银行转型者少等缺陷”[②]。与此同时，它们本身的实力也不强大，“1900年以前，天津大多数钱庄的资本金只不过一万两以下。由于资本力量的脆弱，各钱庄都发行钞票以弥补不足的资本，因而易趋于投机”[③]。

正是实力不济下的投机，让天津的这些民间金融组织，在金融风暴中备受摧

① 樊如森，《天津——近代北方经济的龙头》，本文最初系作者在2002年天津“中国历史地理国际学术讨论会”上的主题发言稿。正式发表于《史学月刊》2004年第1期。为《中国高等学校学术文摘》2005年第1卷英文版全文转载。

② 林地焕，《论20世纪前期天津钱庄业的繁荣》，《史学月刊》2000年第1期

③ 张焘撰，《津门杂记》，清光绪10年刊，P107

残。1900年，当八国联军的铁蹄践踏过津沽大地后，一场意料之外也是情理之中的“贴水风潮”来袭。这源于一场“货币危机”——在义和团和八国联军的双重洗劫之后，作为主要流通货币的白银成为了稀缺品，而本来作为辅币的制钱，也因多年没有铸造而严重短缺——这让天津市面银根奇紧。但是，也有不少人从中看到了“机会”，比如说开办钱庄，发行不限量的钱贴，来代替白银作为主币使用。这门生意之诱人，在天津的银钱业从100余家增加到300多家之中就可见一斑。同时，由于战争的破坏，导致了天津地方的“执政能力”大大消弱，造成了这种生意无法控制。显然，它是影响极大的破坏。因为这些钱贴并没有多少准备金，市场上发行得越多，到最后就贬值越大，这样，如果要想用手中的钱贴来兑换白银，就必须“贴水”，也就是说，用钱贴1000两兑换白银，很可能只会得到980两，反过来说，有时候每1000两白银可以兑换到1300两钱贴——这种事情曾在八国联军侵略天津后的两年时间里真实发生。对很多人来说，这又是赚钱的机会，玩着“空手道”就轻轻松松将贴水挣回家。无疑，这在1902年由山东巡抚升迁为直隶总督的袁世凯眼里，无疑扰乱了金融秩序。所以他一上任，就下力整顿，其中一项就是勒令限期取消贴水；1903年1月，再次下令钱贴、银贴与现钱、现银等值使用，严禁贴水……这下让那些钱商叫苦不迭，投机不成，反而成了“套中人”。从1903年初到1904年4月，才一年多时间里，就有200多家钱商倒闭，这带来了一堆负面效应，像存款人蒙受损失，与此同时，市面萧条。

对袁世凯来说，这显然是个令人头疼的事情。整顿的效果不好，但不整顿，却又会孕育更深的危机。为了拯救当时天津的金融市场，袁世凯只得想办法，比如设立银元局鼓铸银元、铜元，开设银行，成立了天津官银号。在纸钞上，这家官银号的大名为“北洋天津银号”，亦称“天津银号”。其主景图正是袁世凯的前任，刚刚去世没多久的李鸿章的晚年肖像。它的出现，给了天津人民一个深入人心的地名——“官银号”。这个建在拆毁城墙后的北马路靠近旧城东北角的位置上，中西合璧风格的官式大建筑，拐角处有高达五层的塔楼，其顶部造型酷似八国联军的头盔。在创建这家官银号时，袁世凯也曾向山西票商发出过邀请，毫无疑问，它成了山西票商拒绝户部银行的预演。

只是，单靠官银号也很难解决问题，袁世凯还为此求助户部拨款，但国家要赖，空无所得；向外国银行贷款，列强又提出乘人之危的要求。袁只好转而求助于天津那些富家大族。不得不说，从本末边缘，到如今为高官所求，这种感觉，一定会让这些商人简直爽极了。日后，他们联合起来实行自治。“天津八大家，其中杨家、石家、卞家、李家、王家组成天津志成银行，发行可全兑换的纸币，以缓解货币短缺，给商人提供贷款。”[①] 今天，这家银行已经很少被人提及，但在某种意义上，它和信成、兴业、四明一样，都是中国民营银行的先行者，吹响了华资进军银行的号角。

在进入民国之后的北洋时代，这个“天子之津渡”遂再次水涨船高。

大环境上，王权的崩塌，中央集权的消弱，给了整个国家的民族工商业“减负”，与此同时，政府为了发展经济和自身财政收入，先后颁布了一系列保护、奖励近代工商业发展的政策法令，并采取了一些相应的经济措施，倡导、支持民间资本投资设厂、办矿、开银行。而由它们主导的国家资本主义还正处在雏形阶段，暂无力控制整个国家的经济生产领域，使得民族工商业的发展具有更多的自由性。加上时值一战爆发，西方忙于战争，无暇东顾，不仅减少了对中国的商品输出，反而对中国工商业提出了商品需求——这进一步推动了中国的民间金融业的发展。

小环境上，作为袁世凯起家的“宝地”，也是北洋的重镇，天津自然难免为人所青睐。随着官僚军阀及清朝的遗老遗少多在这里“落脚”，密谋政治，或者打发余生，也给天津“送”来了相当雄厚的资金。把银行开到天津，无疑一本万利。

天津，遂成了中国民间金融业的又一明星。

“北四”合力

今天去往天津的中街，只须由天津火车站西行，过海河解放桥，便一下子进入了这“西方的世界”。在这条不算宽阔的马路上，左右排列着一幢幢诸如哥特式、罗马式、日耳曼式、俄罗斯古典式的西洋建筑——这些都是当年那些金融机构的遗存。因为毗邻老龙头火车站（天津站旧称）和海河码头，又有位于租界的地理优势，西方银行把这条马路当成了风水宝地。据说还是汇丰银行率先在这里破土兴建，其时为1882年。接着华俄道胜银行、麦加利银行、横滨正金银行、中法工

① 刘刚、李冬君，《近代天津商人的自治》，《中国经营报》2013年9月28日

商银行、朝鲜银行、东方汇理银行等银行相继涌入进来。只是，也并非西方银行独霸这方天下，在这些西洋建筑之中，其实还掩藏着重要的“中国元素”——那就是被誉为中国“北四行”的盐业、金城还有中南，至于大陆，也离此不远。它们和西方银行站到了同一“起跑线”上，无惧直面竞争。

在这四家银行中，盐业银行出生最早，1915 年便由张镇芳创办。这位袁世凯长兄袁世昌的内弟，在袁世凯任直隶总督时，曾官至天津长芦盐运使。正是为了管理好盐政，他在袁世凯的支持下，创办了这家盐业银行。不过，总行一开始设在北京，直到 1928 年，随着其在中街的新址竣工，才将总行迁入此地。

谈荔孙

接着是大陆银行，它是在北洋代总统冯国璋的支持下，由谈丹崖与王桂林、曹心古在 1919 年 4 月 1 日共同创办，设总行于天津，并由谈丹崖担任董事长兼总经理。谈丹崖，亦即谈荔孙[①]，和信成的周舜卿、沈缦云一样，为江苏无锡人，1880 年生于江苏淮安。其一辈子热衷银行事业，在大陆银行一任上，曾坚持了 14 年之久。不过，和盐业相反的是，大陆的重心在 1920 年代初“北”移——随着其在北京设立大陆银行总管理处，天津总行随即改作分行。

金城为老三。其由周作民于 1917 年 5 月 15 日创办，最早总行设于天津，先后在京、沪、汉等地开设分行。取名为“金城”，“盖取金城汤池永久坚固之意”。这位曾师从大名鼎鼎也是王国维亲家罗振玉的淮安人，原名维新，戊戌维新以后，恐触时忌，改名为作民。1906 年，他以优异成绩考取广东官费赴日本留学。民国后，曾在财政部任要职，这为他积累了广泛的人脉资源。接着，他出任了交通银行总行稽核科科长，并兼任国库课主任，成了交

① 谈荔孙，在日本留学时就在东京高等商业学校（今日本东京商科大学）学习银行经济，毕业后到日本银行实习。回国后曾受南通张謇聘任，为南京高中等商业学堂教务长兼银行学教习。后被授予度支部主事职衔。在大清银行被改组为中国银行之后，他任该行计算局局长，积极在全国推行新式会计制度，成为将银行旧式账簿变革为新式簿记的中国第一人。后转任中国银行国库局长，亲自拟定了国库管理制度。因工作出色，他被任命为中国银行南京分行经理，没几年，调任北京中国银行行长。不过，在这家具有国家银行性质的银行工作，他发现其人事安排与政治背景关联甚深，很难施展拳脚，所以将自己的精力转向了大陆银行的建设。

通银行实权派的同时，也开始了他的银行生涯。正是在交通银行，他摆平了安徽军阀倪嗣冲，设立芜湖分行，此事也成为他日后成立金城银行的最直接契机。

由于周作民的穿针引线，金城银行的发起人，有了这两种类型：一类是军阀、官僚及他们的代表人，比如安徽省督军倪嗣冲（以其子倪幼丹出面）、安武军后路局督办王郅隆、陆军次长徐树铮、天津造币厂监督吴鼎昌、长芦盐运使段谷香、山东财政厅长曲荔斋、陆军部经手发放军饷的陈星柚，还有一类就是与军阀官僚有联系的交通银行当权人物，除了周作民之外，还有总行协理任振采、北京分行经理胡笔江。“前一类人拥有雄厚的资力，而后一类人又有管理银行的实际经验，这两类人结合起来使金城银行的资本较一般银行充实，揽取‘达官贵人’、‘军政机关’，存款门路广，买卖投机公债消息灵通，同时还能取得官僚资本的交通银行的特殊帮助。”①

在某种意义上，我们如果审视“北四行”，你会发现，它们的“出身”，大多成分很复杂，有各种各样的势力纠结于其中，有时甚至让人看出“官方背景”。一、参股的多有官场大佬，有亲自加入，也有隐形持股；二、与权力结合得比较紧密，甚至以权力作为依托；三、擅长做政府生意。

这在盐业银行身上体现得特别突出。张镇芳本人就是前清官僚，而且和袁世凯有着特别的关系。不过，其因参与辫帅张勋复辟，结果失败后锒铛入狱，但这并没有让盐业就此走衰。首先，它有“盐业”作为依托，信用依旧。其次，它被北洋政府段祺瑞内阁接收，为政府所庇护。也正是段内阁，派出吴鼎昌（1884—1950）作为盐业银行的总经理。这位生于四川成都，祖籍浙江吴兴，留过洋的一介书生，毕生有着三大“职业理想”：开银行、办报、兴学——幸运的是，他又都一一实现了。办报，他曾在1926年盘进过《大公报》，任社长，留日老同学胡政之任经理兼副总编，张季鸾任总编辑兼副经理。这一时期的《大公报》，颇具风流；兴学，他在任贵州省主席期间，大力支持创办贵州大学、贵阳医学院及贵阳师范学院，让贵州的教育得到了空前的发展。再回过头说第一个“理想”——开银行，也无疑很成功。早在1911年8月，他就出任大清银行总务局局长，旋调任大清银行江西省分行监督。辛亥革命时，他担任南京临时政府军用票发行局总办，参与了100万元军用钞票的发行。民国成立后，大清银行被改组为中国银行，他出任

① 天津市银行业协会编辑，《金城银行》

正监督，并主持拟定了中国银行条例。1917 年，他又出任财政次长兼天津造币厂厂长，主持铸造风行于世的“袁大头”。在袁政府倒台之后，他又投靠了段祺瑞，然后便有了盐业总经理一任。

在这一任上，吴鼎昌的行事风格也比较有意思，除了紧盯北洋政府各机关领导的军政费这一存款之外，还曾重用过一个人——在天津庆喜金店充外勤兼二掌柜的岳乾斋。此前，岳乾斋在从事金银首饰的买卖的过程中，结识了不少权贵显要和清代遗老。无疑，这些人的手中，必然掌握有清室大量的文物。吴鼎昌通过他，长年从事一项特殊的业务，即向这些权贵显要和清代遗老，包括末代皇帝溥仪在内的清室后裔办理押款。仅此一项业务，就使盐业大发其财。日后，当清室无钱还款，他们的押品就被没收处理。这一大批古物中，就有 2200 多件瓷器，是康熙、乾隆、嘉庆三朝之物。此外还有很多乾隆时期的玉器。将它们变卖，不仅还清了清室的押款本利，还剩下千余件文物，其中还包括中国文物史中最为知名的一套 16 只金编钟，它无疑成了银行的账外之财。

周作民

和吴鼎昌能有一比的，大概就算周作民了。作为金城的创始人之一，他在创业初期股份很小，只是总经理，直到 1937 年才当选为董事长，并同时仍兼任总经理，实现了对金城的完全控制。不过，正因为他给金城网罗了一堆“神仙”，让其在投机政府公债、库券和进行财政性投放等上面获得了巨额利润，这也成了它最大的利润来源。成立后仅仅经过三年时间，金城就在华北获得了与中国、交通、盐业银行并列的地位，奠定了其发展基础。这也导致了周作民不太注重管理，而注重经营与政府之间的关系，所以他要求基层行员一定要有服务礼貌，哪怕盛夏季节，上班接待顾客都必须穿上整洁的长衫。另外，他的手下还准备了“吃、喝、嫖、赌、玩古董”这五种人才，投那些需要敷衍逢迎的人物之所好。谁要是路子多，他往往很迁就放纵，哪怕生活腐化，挥霍公款，甚至拖欠行里很多钱，最后经过他批准，就可以作为呆账一笔勾销。

无疑，这两位行事风格颇为相像的银行家，在未来的日子里也一定“惺惺相惜”，他们除了在双方的银行里相互持股之外，像吴鼎昌在金城初创时期，就是它的董事，以及监察人，他们还实现了联营。当然，这一切源于吴鼎昌在1921年的欧美考察游历，“他认识到外国银行资本雄厚，而且协作精神强，遇到风险和难题可相互调剂；而我国银行界各自为谋，不相联合，势孤力弱，当此乱世，若不联合起来形成合力，断不能图发展”[①]。一开始，联营方除了盐业、金城，还包括中南，没多久，谈荔孙也表达了加入联营的意愿。于是，四行一拍即合，于1922年成立了“四行联合营业事务所”。

至此，“北四行”的名头一炮而响。

相比盐业、金城，以及大陆，作为“北四行”之一，中南却有点名不正言不顺。首先，它的名字，就透着一股“南方味”。和周作民一样，它的创始人黄奕住也是南方人，出生在福建南安。但和周作民主要就职于北方不同的是，他16岁就随同乡流浪到印尼，从剃头开始打拼，35年后成为当地显赫的糖商。不过，在强烈的爱国意识的驱使下，他最终放弃了在印尼打下的大好基础，回国定居厦门，并成为厦门首富。为了体现“华侨资本家良多于祖国国家社会各事业抱具执忱者”，也“以为今后为南洋华侨资本家社会各事业发生关系起见”，他与《申报》董事长史量才、银行家胡笔江等人谋设中南银行，并于1921年6月正式开业。之所以以此为名，“中南之者，示南洋侨民不忘中国也”。在这家银行中，他认股350万元，占第一期缴足资本的70%，所以在某种意义上，中南银行不仅名字很南方，而且也是侨资金融企业，在当时应为全国最大；其次，中南银行的总行是设在上海，位于上海汉口路110号，是“北四行”之中没有将总行设在天津的唯一一位。相比盐业、金城以经营官家为能事，同是交通银行出身的胡笔江在担任中南总经理的时候，尽管在开业第二年也增设了天津分行及北京办事处，但他慧眼独具增设了厦门分行和鼓浪屿办事处，以此来吸收南洋一带华侨汇款及侨眷存款，另外，他还以高薪聘用英藉雇员，开办对外汇兑业务。在他的筹划下，南方的诸多城市，如汉口、广州、南京、杭州、苏州、无锡、香港等地，都出现了中南的身影。这让中南银行的“南方味”变得更浓。不过，和金城、盐业、大陆实现联合经营，却让中南以“北四行”的面目而广为人知。

可以断定，“北四行”联营，成为利益共同体，不仅有利于壮大银行的实力，在面对风险和外界挑战时，更有把握。除此外，还能为接下来的金融创新提供重

① 李力，《乱世风流——民国银行家吴鼎昌的经济人生》

要支持。在大陆银行加入之后的同年 9 月 7 日，四行就修订了《四行联合营业规约》，其中明确了联合营业事业分别为联合准备事宜、联合储蓄事宜、联合投资事宜及联会调查事宜，并先后成立了四行准备库、四行储蓄会、四行信托部和四行调查部等机构组织。其中，四行准备库及四行储蓄会均具有开创意义。

先说四行准备库，它是四行的联合发钞机构。在某种意义上，它的成立得益于中南银行的特殊身份，因为是侨资银行，所以在开业当年还获得了钞票发行权。这也让其他三行跟着沾光。钞票的字样尽管仍为“中南”，但从 1926 年开始，盐业、金城、大陆、中南从四行准备库领取的钞票上分别加印了四行的首字母缩写 Y、K、C、S 作为暗记。另外，也因为有四行信誉担保，中南银行的钞票发行也格外顺利，发行额逐年增加，成为当时中国金融市场上最受欢迎的银行券之一。

再说四行储蓄会，同样风光不小，“可谓民国时期成员众多，而又贴近广大群众的金融组织了”[①]。如果说四行中的独立个体，像盐业、中南大多“眼光向上”，重存款，四行储蓄会则“眼光向下”，对准了社会的闲散资金，重储蓄。在某种意义上，储蓄是一种积少成多、聚沙成塔的行为，也是银行“服务社会”的举措。“在银行方面，则存户既众，积少成多，可成巨款。且每日进出，为数极微，故储蓄所收入资金，银行尽可安心运用，藉谋赢利；在存户方面，则于少数金额，既可得相当利息，又可开居积之端，乐于存储。”

如果追本溯源，某种程度上，此风由陈光甫所开，这位“小小银行家”在 1915 年创办上海商业储蓄银行，以“注重储蓄”为办行方针，推出“一元开户”、“零存整取”、“整存零取”、“存本付息”、定活两便等各种新型储蓄方式，改变了银行重存款而不重储蓄的路子。只是，此后的银行依旧将存款业务放在主要营业中，而将储蓄放在附属营业之中，四行储蓄会的横空出世，必将彻底地改变这一格局。

“大”时代下的“小”追求

陈光甫创办上海商业储蓄银行（下称上海银行），并不是因为自己无路可走，而是想另辟一条新路。

---

① 杨天亮，《浅析 1923—1937 年的四行储蓄会》，上海档案信息网

陈光甫

作为他本人，陈光甫1881年12月17日出生于素有钱庄生意传统的江苏镇江，其父为经营火油生意的商人，后到汉口的报关行谋职。1904年，他争取到了赴美参加圣路易国际博览会的机会，并留美学习，获得宾夕法尼亚大学商学学士学位。归国后，他因参与筹备南洋劝业会初露才华，为江苏巡抚程德全所赏识。在辛亥革命中，这位巡抚大人反正，成为了民国临时政府的江苏都督，陈光甫又被任命为江苏省财政司副司长。这让他有机会将自己在海外学到的现代商业思想投入到实业运用当中。日后，他将江苏的两家官钱局进行改组扩展，创办江苏兴业银行，成了一名银行人。

在这家银行的实践中，他做出了两个让人"看不懂"的决定：将总行迁往上海，放弃钞票发行权。不过，现在看起来，将总行迁往上海再正常不过了，这样有利于业务发展，而且远离省府，经营上就能少受政治的干预和控制。但放弃钞票发行权，一定会让人跌碎眼镜。因为钞票意味着利益。但在他看来，这完全是出于长远考虑，"如果保留发行权，省政府见钞票随时可以发行，会认为向银行要钱是天经地义的事，银行必然会重蹈过去官钱局的覆辙，陷入难以自拔的困境"[①]。然而，他终究没有摆脱政治。因为卷入二次革命，他甚至遭到了袁世凯的追杀，差点丧命。日后，接任江苏都督的张勋要求江苏兴业"抄报银行存户名单"，被他拒绝，勃然大怒之余，免去他的官职。不过，失之东隅，收之桑榆。这也给了他创办上海银行以机会和空间。

其时的官办银行，大多官僚习气严重、腐败之风盛行，而且官商办银行，使得它们眼光"就高不就低"，让银行与普通群众严重脱离关系。一如其每家都高大宏伟而又显得冰冷无情的建筑，让普通群众可远观，而不可亲近。尽管权贵巨商的存款，能让银行一时暴富，但是，"这种存款非常不稳定，一笔存款的转移就会对银行的经营产生致命打击。另一方面，资金来源的特性使银行不敢也不愿意向工商业投资，他们必须在最短的时间捕捉到最快的挣钱机会，于是，只能投机房地产市

---

① 邹高，《"中国摩根"陈光甫》，《南方人物周刊》2009年4月

场、证券市场或者经营政府公债”[①]。更重要的是，其时上海拥有众多中下层的群体，除了诸多工人、手工业者及其他体力劳动者，还有一些以职员、知识阶层为主的白领阶层。“1927 年中小学教师月薪平均 41.9 元，邮务生 28 元，中英文打字员月薪也在 20~100 元间。对照 20 年代上海市民五口之家的消费水平以月需 66 元为中等，30 元为中等以下档次，可以估出新式职业群体一般可维持中等水平的小康生活。正是这一群体有可能成为定期储金及长期储金的潜在客户。而分期储金或许对其家属更具吸引力”[②]。因此，陈光甫打定主意以一家银行来开拓这些潜在客户，“人争近利，我图远功；人嫌细微，我宁繁琐”。这不仅能聚沙成塔，让自已得到发展，而且还能使这些潜在客户都得到银行的服务，这也是“服务社会”的精神体现。

在陈光甫看来，票号之所以被淘汰，钱庄之所以落伍，在于“清季票号交结政府，声势赫然，一旦革命，即随清政府消灭，其原因何在？盖平时不为商民着想，对社会未有特殊贡献，天演淘汰，势所难免”。所以，“环境变更，思想亦当随之而变，苟执而不变，此之谓不识时务”；“当依据时代进化之情形，随时研究社会上有无需要本行之处，如何可以革新，如何可供社会之需要，抱定自强不息四字为办事之基本观念”。

1915 年 6 月 2 日，陈光甫与庄得之、李馥荪、王晓籁等人共同集资创办的上海银行，在宁波路开业。和它紧盯中下层市场相似，这家银行本身也很“屌丝”。资本号称 10 万，实则十之七八。为沪上同业中最少。其中，庄得之认股 22500 元，陈光甫因囊中羞涩，只认了 5000 元，其中有一部分还是由庄得之帮助垫付。而所有员工连陈光甫加一起也只有 7 名。其行址也是“螺丝壳里做道场”，为一栋三上三下、双天井的石库门房子，第一进厢房是经理室，东首统厢房为柜台间，灶披间（即厨房）辟作仓库，西首统厢房里还挤着一家会计所和一家交易所。无疑，把它放在老上海钱庄聚集的地方，更显寒碜。据说开业仪式上，陈光甫不敢办酒席，不敢请同业董事，连银钱公会的董事朱五楼都不敢请。

在第二天《申报》的“本埠新闻”一栏里，对上海银行成立，只给了一则豆腐块大小的新闻：“昨日午后为本埠宁波九号上海商业储蓄银行正式开幕之期，前往参与盛典者，络绎不绝，由董事长庄得之先生、总经理陈光甫先生一一延入接

---

① 邹高，《“中国摩根”陈光甫》，《南方人物周刊》2009 年 4 月

② 杨天亮，《浅析 1923—1937 年的四行储蓄会》，上海档案信息网

待室，款以茶点。三时行开幕礼，首由陈光甫先生起立，略谓：一国工商业之发展，全恃金融机关为之枢纽，我国百业凋敝，其故于金融机关之阻滞不灵，此次欧战已得极好之教训，凡一国国民，苟无远视大志，即无可以立足之地，我国实业今在幼稚时代，欲培植之之，必先当有完善之金融机关。本行旨，注意储蓄，盖欲扶翼中、交两行而为其辅助机关，既承惠临，乞赐教言，以匡不逮。继由上海商会会长周金笺、中国银行行长宋汉章相继，宾主尽欢而散。"

无疑，这是一则经过《申报》记者"修饰"的新闻，算是给了上海银行及陈光甫一些面子。至于外人，并不当它是一回事情，一度将它戏谑地称之为"小小银行"。他们看着陈光甫的努力，就像看着一场笑话。当陈光甫亲自游说宁波路上的那些钱庄在自家银行开户，嘴皮子磨了半天，竟没有一家答应。

上海银行却顽强地活了下来。为了吸引客户，上海银行推出了一系列的服务，这些服务在今天看来都不失其"优越"。比如说，推出各种新型储蓄品种，如零存整取、整存零取、存本付息、子女教育储蓄基金、养老储金，其中还有婴儿储蓄——这是专门为有孩子的家庭开办的一种长期定额储蓄。每当有新开户的存款者，由银行赠送一元银币以表贺意。另外，它还发行了储金礼券，分成红色与素色两种。红色礼券，供人们用于婚娶嫁迎或者弄璋弄瓦、小儿满月周岁、成人金婚银婚、老者高年寿诞等喜庆欢娱的场合；素色当然仅供奔丧吊孝的场合应用。购买时只需交付与票面相同的币值，不收印制礼券的工本费。这种礼券印制大方精美，礼赠不俗，而且革除陋习，避免浪费（如果收的是现金，有可能一时冲动就花出去了），如果想要兑现，可以在上海银行的总行或任意一个分支机构办理兑现。要是存期较长，银行还要付给持券者相当于活期存款利率的息金。除此之外，上海银行还有一些系列的开创之举动，比如说最早在银行中设立调查部；最早从事外汇业务和农业贷款；最早使用机器记账；最早将银两与银元兼收[①]，并积

① 尽管辛亥革命改变了中国，但币制还是承接清朝，以银两为计值单位，银元并行流通。计值办法沿用 1910 年清政府颁行的"币制则例"。根据资料，当时各地银钱业与商家往来，无论收付的是银元还是银两，都要折成银两记账。相反的是，民间贸易往来却普遍使用银元。当银钱业收付银元时，每元要收取二毫半的手续费，而商家以银元存款，却不付给利息。这也意味着，由于币制不统一，不仅造成折算收付的诸多麻烦，不利于流通，而且也使商家蒙受损失。正因为对银元的"看轻"，很多银行、钱庄都不屑于做银元的存款生意，更何况是小额存款。当大家都不做的时候，也意味着是自己的机会。上海银行正是由此切入，推出"一元起存"的新业务，银元与银两兼收，而且不取分文服务费。

极呼吁“废两改元”，统一币制；最早经营外汇业务。此外，推行对物信用，开创货物抵押贷款。甚至，在1923年，还在银行中设立了旅行部（中国旅行社的前身）——将银行和旅游业务捆绑在一起，这种别出心裁让人叹为观止。和上海银行一样，它也以“顾客至上，服务社会”为宗旨，努力将“有形的亏损”转变为“有形的盈余”——日后，它不仅在与洋商的竞争中站稳脚跟，而且，通过代办出国手续，发行中外旅行支票，又给上海银行多了一笔活期存款。更重要的是，陈光甫通过旅行部塑造了上海银行“服务社会”的形象，让上海银行在行业竞争当中，更得人心。在他看来，“能得一人之好感，远胜于得一人之金钱”。当时，凡知道中国旅行社的人都知道上海银行，所以陈光甫称旅行社是“银行的先锋队”：“本行欲往某地发展，先在某地办旅行社，取得社会一部同情后再设银行。”

在这些创新中，也许更让人念念不忘必有回响的是“一元起存”，曾经有人当面讽刺陈光甫，“如果每个存款人只存一块钱，而且存几天就提了去，请问陈先生，是不是连储蓄账簿的本钱也收不回来吗？”但陈光甫毫不为虑。毕竟，储蓄事关信用，有钱存进银行的人，绝不可能只存一块钱，也不可能只存上数日，大部分的小额存款反比有的大客户稳定性更强。再说，如果每个人都能来存上一元钱，众口能铄金，也能“成金”——不过，他还是碰上了这样一段怪事，有一天，上海银行来了位不速之客，掏出100块钱要求开立100个户头。这就有了些故意挑衅的意味，但工作人员二话没说，仍然耐心细致地按照要求开出100个账户——此事一传出，上海银行的信誉大涨，宁波路9号门口等着存款的市民排起长龙，这让那些看笑话的人，自身成了笑话。眼红之下，他们也顾不得当初的讥讽，也群起仿效之。数年后，小额储蓄便风行沪上。

不过，和日后的四行储蓄会相比，陈光甫倒没有将眼光紧盯在储蓄之上，他也要争取大客户。“1922年9月陈光甫给下属的信中把目标不仅瞄准了美孚、英美、亚细亚这些大企业，而且还瞄准了西方人掌握的海关、盐政、邮政这些机关。1925年11月他在上海《银行周报》发表文章，公开反对汇丰银行垄断关款，主张关款由华商银行收存、结汇。为了争取外企的业务，不惜低价承做美孚油公司、英美烟草公司汇款，哪怕一时亏损也做，还给予特别的便利，各处分行对于美孚、英美交款，即使过了办公时间或休假时期，也特别通融，照收不误。”[①] 正因为抱

① 傅国涌，《另类银行家陈光甫》，《财经国家周刊》2010年8月

着要和这些大客户打交道的目的，周作民对员工提出了上班着长衫的要求，陈光甫则要求办事人员多穿西装和皮鞋——无疑它让银行的办公成本增加，给人“上海银行的皮鞋太多”的讥讽，但陈光甫依旧不为所动。

咸鱼能翻身。“屌丝”可逆袭。谁能想象得到，就是这样一个“屌丝”银行，竟然在十余年间成长为实收资本超过 500 万元、拥有 42 个分支机构、通汇处遍及国内外超过 200 处地点大银行。在某种意义上，正是它的成长，让其成为了“南三行”的龙头，并带领着“南三行”与“北四行”既互相竞争又并驾齐驱。

相对于“北四行”在 1922 年就实现联营，“南三行”成形要晚，差不多要等到 1926 年，江湖上才真正有了它的“传说”。在“南三行”之中，除了上海银行，早早出现并挤入中国民营银行第一批实践者名单的有浙江兴业银行，还有出身官家的浙江实业银行——它的前身是 1908 年清政府在浙江设立的官钱局，1909 年改组为浙江银行，辛亥革命后又改称为中华民国浙江银行。1915 年 6 月正式更名为浙江地方实业银行，但其性质仍然是官商合办。1923 年，官、商股东达成协议，把浙江地方实业银行一分为二，浙江境内的杭州、海门、兰溪三行划归官股，定名为浙江地方银行；上海、汉口两行划归商股，定名为浙江实业银行，设总管理处于上海，另设分行于杭州。其中，和陈光甫共同创办上海银行的李馥荪（李铭），为浙江实业银行第一届的总经理。在第一届董事长胡济生去世之后，其继任董事长兼总经理。这位曾在日本山口高等商业学校银行学专业毕业，并在日本横滨正金银行实习，积累了丰富的现代银行经营管理经验的浙江绍兴人，和陈光甫以及曾任中国银行上海分行副经理，并于 1916 年被提拔为总行副总裁的张嘉璈（公权）为莫逆之交[①]，有上海银行界“三鼎甲”之称。除了他们的祖籍相近，教育背景相当，而且都有共同的想法，有爱国心，力主学习外国经验，开办中国人自己的银行，与外国银行一争高下，这也让他们最终走到了一起，甚至还犹如磁石，将大量江浙籍的银行家吸附过来，形成一个以江浙籍银行家为核心的“塔尖”关系网，包括浙江兴业银行董事长叶景葵、常务董事蒋抑卮、总经理徐新六，就连四行储

---

① 据《张公权先生年谱初稿》记载：1915 年 1 月，“上海金融界每年新正例有春宴，参加人物多为外商银行之华经理，通称‘买办’，钱庄经理俗称‘档首’。我系新进，对于与宴各人，非所素稔，周旋其间，颇感孤寂。嗣见同席有一青年，询知系浙江地方实业银行之副经理李君馥荪，浙江绍兴人，日本山口高等商业学校毕业。交谈之后，与之订交，竟成终身同士心。”

蓄会副主任及四行联合准备库主任的钱永铭，也位列其中。人员的联合，让上海银业公会的成立成了可能。“1918 年，在中国银行上海分行副经理张公权的倡议下，上海成立了银行公会，之前，北京已经成立了北京银行公会，此后，天津、汉口、杭州、南京、蚌埠、济南等地也相继成立银行公会，其中以上海银行公会影响最大。”[①] 这标志着一个新的社会群体——从事银行业的银行家阶层走上了舞台。正是凭借“宝塔”中的人脉关系和影响力，李馥荪曾多次当选为上海银行公会主席，并担任全国银行业联合会主席。

与此同时，它也促进了“南三行”的联手——它们在经营上互相声援、互相支持，互兼董监。比如说，可以互相对开户头，使三行之间的票据，可不托其他银行、钱庄代理，而自行轧抵清算；三行中头寸有紧缺时，互相融通支援；三行相互代理收解，互通往来，并在利息上给予优惠；在互兼董监方面，浙江兴业、上海银行两行中均有浙江实业银行的人担任董事；浙江实业银行的董事会中，也有上海银行、浙江兴业两行的人担任；浙江兴业银行的人还担任浙江实业银行的监察……可谓你中有我，我中有你。尽管相比较“北四行”，“南三行”并没有采取联营或集团的组织形式，但它们这种做法，在让浙江兴业、浙江实业以及上海银行成为了世人眼里的一个整体之余，也在业务决策上适时规避风险，推动了“南三行”业务的发展，而且对后来“江浙财团”的形成也起了促进作用。

这种崛起，尤其是南北之间的互动，让中国银行不再是外国银行的附庸和小弟，而自成一家。更重要的是，它们扎根在中国这片苦难深重的大地，不像外国银行那样，为利而来为利而往，根本不在乎离开后，这片土地是一地鸡毛还是洪水滔天。它们却懂得要珍惜要维护，要发自内心地去热爱。不得不说，正是抱有这样的情怀，中国的老百姓才有了属于自己的金融服务，而中国的民族工商业，也加速了自己发展的步伐。

民国亦见“普惠金融”

如果我们认真审视“南三北四”，会发现它们有很多的不同。除了联营组织

① 易棉阳、姚会元，《1980 年以来的中国近代银行史研究综述》，《近代史研究》2005 年第 3 期

的建立与否，对北洋政府的态度也不尽相同。相对于“北四行”，远离北京政治中心，“南三行”对北洋政府基本上持有反对态度。但是它们也有很多一致之处。

比如说，首先它们都跟紧时代步伐，周作民创办金城银行是“学日本三井、三菱的一套”，谈荔孙同样对日本太仓集团以现代资本主义方式创办化工、制麻、制革、酿造等多领域，并开设大仓商业学校很有触动，而李馥荪则将中外贸易视作立行的根本，因为“做外国人生意容易获利，也可以抬高社会地位”。

其次，它们还注重人才培养，在开办培训班和知识讲座之余，还定期挑选一些高级管理人员出国考察，以及选派有潜力的行员到美国银行进修实习。在陈光甫眼里，“有人才，虽衰必盛；无人才，虽盛必衰”。正是如此，让“南三北四”成了人才的“集中营”。

再次，它们都注重企业文化的建设。各行有各行的行刊，如上海银行的《海光》，浙江兴业的《浙江邮乘》，大陆银行的《大陆月刊》……这些行刊无疑成了知识交换之总汇和感情沟通的枢纽。另外，它们也创办有学术性刊物，其中，以“南三北四”为核心共同创办的《银行周报》尤为著名。它从 1917 年 5 月至 1950 年 3 月，共出版 34 卷 1635 期，在战争中亦从未间断[①]——这让“南三北四”出现在世人面前，为先进之代表。

最重要的是，它们的主持人不是留日就是留美，是受西方熏陶的高级知识分子，但他们都秉持着一种传统的儒商伦理。在后人眼里，上海之所以在 20 世纪上半叶能成为远东的金融中心，与这些金融家的贡献是分不开的，而在这些金融家身上，也激荡着类似新教伦理一样的精神——这就是中国传统的儒商伦理——“它构成了民国时期上海金融家大胆创业、努力工作的精神动力，也同样是今天中华民族的复兴和再造上海成为亚洲乃至世界金融中心的一种精神动力。”无疑，深受儒商伦理的影响，他们的目的并不是为了银行而银行，而是通过银行来传播思想，力图在金融思想的层面为这个国家的现代化转型出力。这是典型的中国士大夫知识分子情结，所谓家事国事天下事。很多人的家国情怀、现代化情怀，远远超过了他的财富之梦。

另外，他们在主持银行的过程中，颇有“儒家”所推崇的风范及价值观。比

① 洪葭管，《有人才，虽衰必盛——漫谈“南三行”和“北四行”的企业文化》，《上海金融报》2008 年 6 月 13 日

如说他们都有“智”（儒家的解释是一种判断的能力，具体到经济活动之中即“通权变”，善于观察时势行情，能灵活处理应付各种变化）、有“勇”（在商业活动中要看准机会后能当机立断，勇于决策）、有“强”（具体到商业经营中就是经商者要具有坚韧品质，百折不挠）、有“忠信”……更重要的是，他们都有“仁”，其具体到经济领域就是强调要“互利”、“互惠”，反对唯利是图，更反对用不正当的竞争手段去谋取利益。在谋取自己利益的同时也要考虑到合作方的利益[①]，除此外，懂得“服务社会”，既对普罗大众敞开胸怀，更对中国民族工商业，也给予了相当的热情。

在某种意义上，周作民是个“很分裂”的人。一方面，他熟悉和善于利用人们之间各种卑微苟且的勾当；但另一方面，他在与范旭东和卢作孚这些民族工商业创办者打交道时，也表现得很赤诚。当范旭东在1917年创办的永利制碱公司时，中国碱业市场还为英国卜内门化学工业公司所垄断，前景表现得非常不明朗，但周作民决定投资支持。“1921年后，永利直接和金城开户，订立透支10万元的合同，透支数额逐年增加，1924—1925年增加到15万元，1926年超过60万元。”[②]这些钱在当时都是一个庞大的数字，尤其对一个基础尚未巩固的企业来说，金城给予这样大的透支，确实冒着极大的风险。尽管银行同人对放款很有意见，但周作民依旧坚持放款，面嘱津行照做，责任由他承担。正是这些放款，让永利在面临英商化工公司卜内门洋碱公司的收买、挤压时，挺过危机。1928年，永利的“红三角”纯碱在美国建国150周年博览会上得奖，信誉蒸蒸日上，逐步将洋碱逐出国内市场。而他本人，也自永利成立日起，即被选为该公司董事长，直到他1955年去世为止。不过，尽管担任了那么久的董事长，但他知道范旭东的个性强，不喜欢别人插手自己的事业，所以他对永利的事也从不过问，直到范在重庆病逝后，关于公司的事，永利的负责人才经常和周作民商量，向他请示。

这种支持在注重“服务社会”的上海银行那里，更得到了验证。事实上，上海银行在创行之初，就清楚地表达了扶助工商业的志愿。南通张謇的大生集团、无锡荣家的面粉和纺织企业以及中国水泥公司、启新洋灰公司都是他们的放款对

---

① 马涛，《陈光甫的经营方略与儒家商业精神》，《东方早报》2012年7月3日

② 徐国懋，《周作民资助永利公司二三事》，《管理学家》2013年10月

象。日后，它和金城一样支持了范旭东的事业。1930 年代，当范旭东再接再厉想要在南京创办一家大型的硫酸厂，需要巨额投资，托人向陈光甫求助，尽管陈光甫与他本无渊源，但还是决定与金城各出 75 万元购买永利公司的股票，然后由中国、金城、浙江兴业、上海四大银行给他 550 万元的透支额，等厂基奠定，再发行公司债 550 万元，分 8 年还清。此举促成了亚洲第一大厂的建成。不过，支持归支持，陈光甫也清楚商业放贷的风险极高，所以他极其重视信用，标举诚信为本。另外，放款不能盲目，放款之后也要跟踪，所以，调查就是一个十分重要的环节。除了要以对借款人的熟悉程度、资产的多寡为依据，还要对企业的资产、经营实力、人格进行综合权衡，这也是上海银行首创调查部的源起。

曾有人给上海银行还有中国银行上海分行写过一封感谢信。他就是著名的无锡荣氏兄弟。这对奉行“欠入赚下还钱”这一经营模式的兄弟，一直以来就受到了银行的诸多“恩惠”——从信成，再到这两家银行。他感谢这两家银行，起因是自己遇到了人生的第一次低谷——自 1931 年的九一八事变后，随着日本的面粉和棉纱开始大量涌入中国市场，荣氏企业陷入困境，资金周转困难，导致了其所欠汇丰银行的债务到期无法返还，汇丰要求其将抵押的申新第七纱厂破产清算，并打算将这个纱厂出售给日本企业。对荣氏兄弟来说，这无疑是灭顶之灾，他们既担心破产引发连锁反应，也对汇丰将纱厂出售给日本企业心生抵触。然而，谁能来救他们呢？上海银行还有中国银行上海分行站了出来，它们一方面出面和汇丰交涉；另一方面，还联合几家华商银行组成银团，以申新纱厂的资产做抵押，继续放款。如此一来，纱厂清偿了汇丰的债务，度过了一次最严重的危机。所以，荣宗敬在感谢信中如此写道：“贵两行对于敝公司纱厂营业困难情形予以同情谅解，至深感纫。”此后，荣氏企业更多地开始与中资银行形成隐形的联盟。在 1936 年成立的申新纱厂“经营管理委员会”中,7 人里即有 3 人来自中国银行。

中国银行上海分行便是张公权在银行业上的起家之地。这位生于 1889 的江苏宝山人，兄弟姐妹共 12 人，有一大半成为近代历史上显赫的人物。其中，二哥张君劢与张东荪并称“二张”，为民国时期颇为活跃的政治家；其妹张嘉玢为现代著名诗人徐志摩的发妻。也许，大家对这个名字有点陌生，其实张嘉玢即为张幼仪……和李馥荪一样，张公权也是留日派，入东京庆应大学攻读经济学，导师是堀江归一和福田德三两位教授——这两位教授倾向自由主义，它无疑对他日后的事业施加了潜移默化的影响。但不太幸运的是，因为家道中落没法交起学费，他只好中途回国谋职。一开始，他对从政很感兴趣，不过在梁启超的劝说下，决定弃政从商，赴上海就任中国银行上海分行副经理，此时年仅25岁。和上海银行一样，中国银行上海分行的行训之一就是“辅助工商”，提出“抱定辅助工商实业的宗旨，凡可以增加国民生产力、改进国民生活的事业，当尽力为之”，在他成为中国银行中流砥柱的1929—1932年间，中国银行的工商业放款占中央银行、中国、交通三银行放款总数的70%以上；而在整个30年代，中国银行的工业贷款总额中，有80%流向了以纱、粉、丝为重点行业的新兴民族工商企业。九一八事变后，此时已是中国银行总经理的张公权曾在东北考察，“目睹宝藏落于敌手，南归后，即决心提倡农村贷款与提倡国货两事，以补偿东北出口之损失”。于是，经过数月筹备，“星五聚餐会”在中国银行开餐①。这个聚餐基本是放在周五进行，所以定名为“星五聚餐会”。尽管打着吃饭的旗号，它“实际上并不是为我们同人自己好吃饭而聚餐，其目的是为谋使一般人有饭吃”，主要是为了交换意见，互通信息，很符合国人在餐桌上谈事的习惯。参加首次聚餐会的人数不到10人，但因为聚餐会形式灵活且适应了当时国货运动发展的需要，上海国货厂商和各银

---

① 关于“星五聚餐会”有不同的说法，一种是根据中国人民政治协商会议广州市委员会提供的资料，星五聚餐会并不是由中国银行总经理张公权所建立。它是由上海机制国货工厂联合会（简称机联会）为了解决日货倾销这一问题而成立。应早在九一八事变之前。在一次大会之后，机联会的委员之一，浙江镇海柏墅方氏家族的后人，中国化学工业社总经理方液仙就提议搞一个聚餐会，使大家多一些机会接触，逐步深入议论，希望可以从中谈出一些办法来。大家赞成这个意见，议定每个月最后的一个星期五共叙晚餐。后来征求得机联会的全部执行委员和监察委员约共25人都参加。当时张公权不是机联会会员，不会参加初组成的星五聚餐会。他是在中华国货产销合作协会成立之后，星五聚餐会扩大为产供销联合组织活动时才参加的。不过，他的加入，为国货产销合作提供了极大的支持，所以被推为了协会的理事长。日后，各地国货公司为了互通讯息，交流经验，都仿照上海机联会的做法，在当地组织星五聚餐会——也许，因为张公权的影响力，所以后人将星五聚餐会的“创办荣誉”“颁发”给了他。当然，还有另外一种说法，那就是早在张公权刚出任中国银行上海分行没多久，就联合陈光甫、李馥荪、钱新之等人为核心发起星五聚餐会。不过，这种聚餐会主要是以银行界为主，藉以“彼此交换有关金融消息，并发表意见”，以达到联络感情、增进团结、互相支持、互相帮助的目的。有人说，正是在“张府小饭桌”的基础上，成立了上海银行公会。事实上，这种聚餐会在银行业之间也很普遍，在汉口，从1912年起，浙江兴业银行就与汉口中国银行、交通银行及其他银行经常性地聚聚餐，沟通信息，讨论金融问题。1920年，杭州市银行业同业公会在三元坊的中国银行杭州分行楼上成立，参加同业公会的中国银行、交通银行、浙江地方银行、浙江兴业银行、华孚银行、储丰银行和道一银行等七家会员，就效仿上海星五聚餐会，每星期集会一次，商讨行业内的大政方针，交流业务。参加集会的有各会员银行经理及重要职员，并举行聚餐。

行负责人纷纷加入，参加者人数不断，陆续增至60多人，都是上海工商界举足轻重的人物。他们通过这种聚餐会，实现了产、供、销以及金融等各界的合作。

出现在星五聚餐会上，自然少不了浙江兴业的同人。这家出生颇早，在1914年将总行移至上海，并在国内银行界首创董事长负责制及办事董事驻行制的银行，对中国民族工商业同样贡献良多。不提它自成立之后，先后为600余家民族工商企业提供过贷款，并解救了20余家濒危企业[①]，就提它和南通状元张謇的故事，就足够让人感动。这个以状元的身份，在甲午之后“下海”在南通创办了大生纱厂的商界领袖，刚起步之时，也是一片凄惶。他奔走于南京、湖北、上海、通海各地，还是很难招到股。在他儿子张孝若写的文章里，他“白天谈论写信筹划得手口不停，夜间又苦心焦思，翻来覆去，寐不安枕；官绅的接洽说话，一天几变，捉摸不定。有钱人的面孔，更是难看，推三阻四。上面的总督虽然赞助，而底下的官员没有一个不拆台。旁人也没有一个不是看好看”。即使名气再大，他也只能跑到黄浦滩对天长叹，流眼泪。幸好还有浙江兴业银行的贷款，让他摆脱了困境。从此每逢张謇告急求援，兴业都给予及时的帮助。1922年，兴业尽管存款总数也只有8000万元，但它依旧和中南一起，给张謇放款65万两。这种支持自然让张謇万分感激，后来当“浙兴”在上海北京东路江西路口的银行新厦落成时，张謇亲自来贺，并发表了热情的颂词；除了张謇之外，中国近代“企业大王”刘鸿生也得到过兴业的帮助。他曾在1930年合并燮昌、鸿生、中华三家火柴公司组设大中华火柴公司，任总经理。不过，和叶澄衷依托钱庄和外商大打价格战相比，这家大中华火柴公司却在1935年受日货的走私冲击，以及政府统税增加等原因濒临倒闭，他希望能将全部企业的股票抵押给中国银行，商请中国银行给予支持。不过此时出任中国银行董事长的已是宋子文，他却挖苦道，“O.S（刘鸿生英文名字的缩写）的股票如今连草纸都不如了！”刘鸿生后来在回忆录中写道：“那真是一个终生难忘的夜晚！”最后，还是由兴业续贷给他250万元，加上此前积欠的250万元，无疑又是一个大数目。刘鸿生不止一次地感慨：浙江兴业银行才是我们企业自己的银行！

除了给企业放款，兴业还经常做些“修桥铺路”的好事。今天，浙江著名的钱塘江大桥，就是由兴业放款修建的。其时，叶景葵首先承借150万元，又邀请

---

① 《旧上海的金融》，《上海文史资料选辑》第60辑，P110~111

中国银行和浙江实业银行参加，组成造桥贷款银团，再共同贷款100万元，大桥方于1937年9月建成通车。直到今天，我们还享受着这座桥带来的便利。

以上事实，无疑都指向了这样一个呼之欲出的观点，那就是在民国，普惠金融便已落地生根。今天，我们把这个概念定义为“一种能有效、全方位为社会所有阶层和群体提供服务的金融体系”，不过，如果换成大白话，所谓的普惠金融，其实有两重解读，一个就是“普适性”；另外一个就是面对“普罗大众”。“普适性”意味着金融服务的多样化；“普罗大众”则意味着选择对象的多样化。这种普惠金融的出现，不仅让社会各阶层都能享受得到金融所提供的服务，让再小的资金都能发挥其作用，更重要的是，它注定着要与实体经济发生紧密的联系，两位一体，而不像今天，很多银行与实体经济之间是分割的两块，资金只在金融体系内空转，而没有融入实体经济的血液当中。

也许，我们应该再回过头听听这个掷地有声的声音——它是周作民早在1918年12月29日的董事会上的发言：银行与工商业本有绝大关系，工商业发达，银行斯可发达，故银行对于工商业之投资，自系天职。

寻找失去的“黄金时代”

得益于中国民族工商业的发展所带来的社会以及个体经济的提升，中国的民间金融在辛亥之后，迎得了数十年的黄金时代。显然，它并不仅仅只属于“南三北四”。

秦润卿

在这数十年内，钱庄曾一度“老而弥坚”，尤其是钱业巨子秦润卿自1920年担任上海钱业同业公会会长以来，钱庄业务在银行的冲击下，依旧得以扩张。

这位生于1877年的宁波慈溪人，有着叶澄衷、虞洽卿似的生活经历，都是从贫寒中起家，因为诚信、勤劳、好学而成就自己。他曾在苏州典当业巨商程衡斋子孙辈所开设的协源钱庄（后改名豫源，又更名为福源）学业，从账房、信房再到跑街，从未发生过倒账、烂账事故。有一年去烟台收账，途中匪徒横行，然而他却不辱使命。回来时背心袋汗渍斑斑，其味难闻，所有账款却分文不少。这无疑打动了店东程觐岳，他到死都念念不忘。1909年，33岁的秦润卿被擢拔为经理。在程觐岳去世后，他又被聘为程家福康、顺康两家钱庄督理。正是在他手上，该三庄发展为沪上著名钱庄。后人周湜赞之曰:“白帝卧龙，通商惠工。唯信是崇，百业朝宗。”

不过，秦润卿尽管成名于钱业，但他并没有死守钱业的老规矩，而是稳中求新求变。其一，取消了钱庄旧式的宕账制度[①]，但同时适当提高了职工工资，并规定职工不得进行任何投机活动。其二，坚持做放款不超过客户存款及本庄资金的“多单”，不做放款大于存款及本庄资金的“缺单”，以确保信誉。其三，逐步向银行经营方式靠拢，逐步收缩信用贷款，改做抵押放款，并以纺织等工业为重点。其四，改进钱庄外部形象。1933年，秦润卿在宁波路建造了一座钢筋水泥的钱庄营业大楼，气派和规模可与几处银行大厦媲美。此楼一落成，福源声誉大大提高，当年年底的存款总额增至500万两以上。其五，在内部业务方面，在福源增设受托部，设立保管库，代客户管理房地产业等，此外，还废除老式记账制度，全部采用新式复式会计……

不难想象，当成为上海钱业同业公会会长时，他会带领着整个钱庄业走向何方。在会长一任上，他不仅推动制定公会章程，修订钱业业规，并汇编成集，使会员有规可依，有章可循;并创办《钱业公报》，积极向同人灌输新观念、新知识，刊登《同业录》，率先公布各庄股东、经理姓名、资本总额，成为沪上钱业的喉舌……更重要的是，他还引导公会坚持爱国立场，积极投入到抗日斗争，曾在1919年五四运动中支持钱业界罢市一周，并积极参加抵制日货运动。1925年五卅惨案发生后又支持上海各钱庄参加罢市，以示抗议。1931年九一八事变后，他发动上海各钱庄断绝与日商往来。1932年一·二八淞沪抗战，他组织钱业界捐募衣物钱币，支援十九路军。日后，上海沦陷，日伪还曾企图胁迫他担任伪职，他选择了蓄髭明志，匿居他处[②]。

---

① 宕账，意即拖欠未还的账。所谓的宕账制度，也就是允许透支。在某种意义上，这个制度有它的好处，可以让急需要钱的人有个缓急腾挪的空间。但是，它也潜藏着巨大的风险，万一有人以此为名，拿着钱去做投机生意，一旦投机不成，就全给套了进去。

② 秦亢宗，《宁波帮百年风云录》，浙江工商大学出版社2011年7月版，P181~185

有这样的领导人，是钱庄之幸，也是中国之幸。

如果说钱庄是“老而弥坚”，那么银行则是“少年有为”。根据资料，自1897年至1937年抗战爆发的40年间，包括盛宣怀创办的中国通商银行以及“南三北四”，中国本土银行累计设立390家，这期间有两个高峰期，一是1917年到1923年，新设131家（同期停业95家）；二是1928年到1935年，新设129家（同期停业31家）。第一轮高峰得益于第一次世界大战给中国资本主义工商业带来的外部机遇，不过，这些雨后春笋般诞生的银行命运多舛，尤其是那些民营小银行抗风险能力偏弱，所以相比第二轮高峰期，同期停业要多不少。第二轮高峰大致可归因于北伐之后，南京国民政府统一南北，政经格局相对稳定，以及本土银行业发展趋于成熟。

当然，也有另外一种“算法”，那就是在1912年到1927年，创办近代新式银行311家，投入资本总计约11943万元[①]。

在这些银行当中，有“南三北四”式的，主持人或投资人本身大多是金融业出身，但对民族工商业一直关爱有加，甚至在普惠金融上走得更远，从服务“市民”再到服务“农民”。这种渠道下沉，让中国那些长久以来被忽略的市场，终于看到了希望。同时，来自农村的需求，也在召唤着眼光长远的银行家。如1921年创立裕发永金号，被誉为上海滩的“金子大王”，1922年转向钱庄业，曾与人合资创办镇泰钱庄的王伯元，在接手1926年开设于天津的中国垦业银行之后，就为了帮助农村经济的发展，在浙东、浦东等产棉重要区域，建筑农村仓库，加起来达11座之多，为棉农办理棉花产品之出口押汇、押款和放款，仓租保费之利息极其低廉。对此，《申报》有评论说，此举“于农村经济裨益匪浅”。

在这家垦业银行担任董事长兼总经理的，就是秦润卿。这是因为王伯元顾忌自己在银行界信誉不足，遂请秦润卿代为主持。秦润卿在出任之前曾与王伯元约法三章，和他在福源时一样，除了业务要稳健，不得参与标金、股票等投机活动；银行职工不能宕账；办事、用人一律公开，不得任用家属私人，并不得采用行贿等手段谋取眼前利益；另外，银行董事长、董事均须每天到行办公，不得随意缺席。在得到王伯元的承诺后，秦润卿方才同意。1929年9月6日，中国垦业银行在上海重新开业，原先的天津垦业银行改为分行。果不其然，有了秦润卿的“站

---

① 许纪霖、陈达凯，《中国现代化史》第一卷，P330~336

台”，该行成立后，很快就在上海金融界声誉鹊起。

另外，这些银行中也有“跨界”式的，或者说，“反向”式的，它的意思也就是，主持人或投资人本业并非银行，而是其他的实业，但为了自己实业的发展，最后掉过头来介入金融业之中。这里最具典型意义的，也许是刘鸿生的中国企业银行。他在1935年企求宋子文的帮助却横遭冷遇的经历，无疑印证了，企业要想发展，没有一家属于自己的银行，总会受制于人。加上把自己赚到的钱放到银行吃低利息，等到贷款时，却要付银行高利息，这等于是在给银行打工，所以不如干脆自己办个银行，肥水不流外人田。除他之外，荣氏兄弟在深受银行的“恩惠”之后，也加入银行投资人的行列。1935年之后，仅荣宗敬一人就至少在7个钱庄、2个银行、1家保险公司有投资，他还以公司名义在3家银行有投资，多则几千股，少则几十股，包括上海正大银行、中国国货银行等。他在上海银行开始投资20万元，后来增加到45万元，成为大股东。另外，他也成为中国银行的董事。

上海滩中，还有一位大人物值得一叙，他就是1872年生于浙江余姚的黄楚九。他以开办中法大药房起家，创办了中国第一家由民族资本家办的专业药厂——龙虎公司（后更名为中华制药公司），其在1911年7月生产出的“龙虎人丹”甚至打败了日本人的翘胡子仁丹……在西药业获取成功之后，他又将目光投向娱乐业，创办了上海滩著名的新新舞台，又建新世界游乐场，最后在“大世界”上扬名立万。其开幕广告中提到，该“大世界”有各种艺术表演，诸如小京班与超等女伶会串京剧、优美社女子文明新剧、日本松旭斋天左男女大魔术团、林发公司订定特约之最新电光影戏……还有其他种种游戏，如走线飞船、机器跑马、升高楼、升高轮、秋千架、各种电光、西洋镜、哈哈镜等……并提到“晚间二点钟止”。但问题又来了，很多玩到很晚的游客，手头上没了现钱怎么办？于是，在1920年，黄楚九就在“大世界”附近开办了一家颇有特色的日夜银行，二十四小时通宵营业。当然，其他的一般市民也是该银行的客户对象。和陈光甫的上海银行相似，其也是一元起存，多少勿论。另外，它还将自己和“大世界”的业务捆绑在一起，搞了一个“券利并给”的游览储蓄品种，如果客户存满100元，赠送“大世界”游览券2张；存满一年的50元户，每月赠游览券5张；存满一年的500元户，还本利550元，赠游览券每月20张。为了宣传日夜银行的特色服务，黄楚九还亲自导演了一个生动场面：他给小儿子黄仙中和大外甥臧寿祺两个小孩子每人一元钱，不断去银行存钱取钱，进进出出，十分频繁。许多客户见此情景，自然产生这家银行服务周到、开户低廉、童叟无欺的印象。

不得不承认，这个时期的银行，非常具有“市场化”的因子，它们为市场而生，追赶市场的步伐，并擅于细分市场，反过来也为这个市场增添了无数个“产品”。

如果我们留意的话，你就会发现，在银行如雨后春笋一样兴起之时，一同兴起的，还有两方面的“内容”：一种就是中国证券市场；一种是保险公司。

中国证券市场的发育，首先得承认其源于中国民族工商业的发展。这无疑是必要条件。正是产业经济的发展，造就了越来越多的产业证券。在其时发展最快的纺织、面粉、卷烟、火柴四大传统轻工业中，出现了数百家股份制企业，这也意味着市场上一定会有它们的股票在流通。当然，在这些股票当中，还有银行自身发行的股票。

同样，我们也不能否认，那就是银行及其他金融机构的兴起和发展，是充分条件——如 1914 年秋成立的上海股票商业公会（后改组为上海华商证券交易所，于 1920 年 11 月成立，翌年 5 月 20 日正式开业）、1918 年 6 月 5 日开业的北京证券交易所，以及由虞洽卿担任理事长朱葆三为名誉议董，并于 1920 年 7 月正式开业的上海证券物品交易所——“北京、上海两地三个证券交易所的成立，标志着中国证券市场进入了有组织的证券交易所时代”，也给中国证券市场扩大规模和功能辐射提供了极为便利的条件。在这之中，银行依旧作用不减。《银行周报》第 211 号上曾记载，1921 年春，通泰盐垦五公司委托上海 24 家银行和钱业组成的银行团，发行年息八厘的公司债券 500 万元。这在首开中国企业发行公司债券先河的同时，也印证了银行和钱业等金融机构对中国证券市场的意义，“银行信用制度随着金融机构网络的延伸得到普遍运用，有效地克服了股份公司在股票、债票融资过程中的信用局限，扩大了股票、债券发行的范围，缩短了股份公司筹资时间”[①]。

另外，像金城银行在投机政府公债、库券和进行财政性投放等方式上的“大手笔”，也促使中国证券市场的有价证券数量迅速增加，而且还使得公债借助银行金融机构网络和银行信用在全国范围内广泛发行。中国公债发行交易市场正式形成，并后来居上，给了大量社会游资以“出口”。据统计，1927 年年底，仅国内 30 家较大的银行购进保存的有价证券（主要是公债）就达 10881 万多元，平均

---

① 张春廷，《民国时期的中国证券市场》，《证券市场导报》[深圳] 2001 年第 5 期

占其总资产的 8% 以上，而当年主要公债的流通市值大约为 22500 万元[①]。

无疑，银行的发展和中国证券市场的发展是相辅相成的两极。除此外，它也进一步推动了保险在中国的落地生根、开花结果。

此前，朱葆三、周金箴等人创办了一系列的中国民族保险公司，但由银行来牵头，却并不多见。这里就有金城于 1929 年 11 月 20 日独资创办的太平水火保险公司，其注册资本 100 万元，实收 50 万元。周作民任董事长兼总经理，曾留学美国宾夕法尼亚大学，回国后任交通银行青岛分行经理，并和周作民一同组建该公司的江苏老乡丁雪农任第一协理。其总部及分支机构大都借助金城办公场所。当时经营的险种主要有水险、火险、船壳险、汽车险，并酌量开办了玻璃险、邮包险、茧纱险等。并确立了朗朗上口的广告宣传语——太平保险，保险太平。日后，为了壮大公司实力，周作民在 1932 年邀请中南、大陆、交通、国华、东莱、四行储蓄会等银行入股，股东由 1 家增至 7 家，公司注册资本金扩大 5 倍，为 500 万元，实收 300 万元，并将太平水火保险公司更名为太平保险公司，增设了寿险部，后独立为太平人寿保险公司。在新的董事会中，黄奕住出任董事长，周作民为常务董事兼总经理——今天，我们所熟知的“太平保险”，就是由此开启了它的源头。

除了太平之外，上海银行也有动作，它分别开设了中国第一信用保险公司，专门办理商业借贷的保险；大华保险公司，专门办理水火保险；另外，还有家保丰公司，是为与英国太古洋行合办的保险公司。另外，张公权也在 1929 年向中国银行董事会建议设立中国保险公司。董事会通过这项建议，并额定中国保险公司资本 500 万元，先收半数，中国银行占全部股份的 90%。

这种由银行投资保险的潮流，在今天看来并不奇怪，一方面，保险业有大钱可赚，根据金城银行“董事会议录”，“就上海一地而言，每年保险费达 7000 万元（大体相当于现在 50 亿 ~60 亿元）”，然而，这些利润大多流入外人之手。尽管像朱葆三、周金箴等人在保险业上开拓良久，但依旧没改变洋商垄断中国保险业这一现状。“作民曾对陈光甫（上海银行经理）等办保险同业云：只可向外人争，不可自争，果能争得百分之十，每年亦有七百万元。”另一方面，银行自身的资本以及所拥有的渠道，为拓展保险业务打下了良好基础。最重要的一点就是，为了保障银行自身财产及贷放给工商企业资金的安全，也得办保险。

① 杨荫溥，《中国之证券市场》，《东方杂志》第 27 卷，第 20 号

与保险一起成为银行在未来日子里主要业务的，还有信托。

下面的故事还是发生在金城与中南的身上。1931 年，在世界经济危机浪潮的冲击下，国内的棉纺织业率先遭殃，甚至有不少纱厂因亏蚀累累而导致资不抵债，像金城投资的天津的恒源纱厂、北洋纱厂和上海的新裕纱厂就处于濒临破产的境地。如果银行放任不管，它的投资将和企业一起灰飞烟灭。面对此情此景，金城与中南合办诚孚信托公司，通过该公司聘请专家，对以上这几家厂都进行了全面科学地评估，确认其并非无药可救。随后又通过聘请管理纱厂有经验的专家任厂长，对纱厂进行一系列的整顿，加上续借款项，结果竟是起死回生。这种“银行由放款收利、进而为保本保利渗入到纱厂活动，实际上已把大量放款转化为直接投资，将债权变成股权，从而走上了经营工业的新路径”①。从棉纺织业起步，中国银行业走上了大规模直接经营工业的道路。

不过另外一方面，这也突出反映了近代银行资本渗透、控制产业资本的趋势——这种趋势在银行逐渐为国家所控制的未来，给产业资本带来了很大的重压和痛苦。与此同时，由于抗战的爆发，这种民族工商业和银行产融联合推动国家走向富强的内生机制被打破，中国金融业的走向也发生大逆转。

这无疑是时代的悲剧，也是普惠金融的悲剧，它前行的步伐就此被抑制，直到数十年之后，方以一个新鲜的名词，“犹抱琵琶半遮面”地出现在舞台之上。

由于相隔甚久，人民都快忘记了它原先的风采。

---

① 李一翔，《近代老银行的异变：“债权变股权”》，《经济参考报》2007 年 11 月

第七章

“统制”下的独立气节

宋汉章想必一辈子都不会忘记自己参加的那个“鸿门宴”。

其时，他刚刚就任中国银行上海分行的协理，距离他担任大清银行上海分行的经理，还没过去一年时间。在这个破旧立新的时代，他顺应时代的潮流，从前清人员转变为了民国新人。正是在他手上，大清银行实现了变身的计划，改组成了中国银行，并于1912年2月5日在上海汉口路大清银行旧址举行成立大会，正式对外营业。所以算起来，他应属于大清银行到中国银行之间最为重要的过渡性人物。正是这样的地位，让他在如今位于北京西单的中国银行总部的行史展中，获得了很大的篇幅。

只是，再大牌再元老如宋汉章，也脱逃不了来自他人的子弹。这次，和他杠上的，是新任沪军都督陈其美。这个靠着流氓手段[①]当上都督的湖州人，本和他

① 尽管陈其美在武昌首义之后的上海起义中，为打下清军占领的江南制造局，有着不小的贡献。但是这并不意味着他就能当上沪军都督。因为摆在他面前的，还有许多重量级的选手，比如说领导商团担任商团临时总司令的李英石，孙中山一生最器重的革命同志之一同时也是上海本地人的钮永建，另外，光复会元老级别人物以及上海起义的重要领导者的李燮和。不过，在1911年11月6号推举上海光复后革命领导成员的海防厅会议上，李燮和的光复会方面被排斥在外，竟无人出席。与此同时，陈其美的部下刘福彪还把手榴弹带了进来。当大会准备推选李英石为沪军都督之时，刘福彪猛地跳上了桌子，举起那枚手榴弹，威胁大家若不选举陈其美，便要同归于尽。手榴弹一出，众皆寒言。于是，会议在没达成共识之中休会。然而，会议刚一结束，“沪军都督陈其美”落款的布告已经贴满黄浦江两岸，时间是“黄帝纪元四千六百〇九年十一月口日”。除了年月，日期是空的。显然，这张告示早就已经印好。正是这一折腾，陈其美果真将生米做成熟饭。

是浙江老乡，但却非老乡见老乡两眼泪汪汪。他曾召见他，张口就是白银50万两。无他，当官的感觉很美好，但当官后面对的烦恼也不少。各种各样的军需开支，很让陈其美吃不消。他的同人沈缦云，作为财政总长有心却无力。虽然成立了中华银行，有朱葆三以及宁波帮中知名的钱业领袖林莲荪相扶持，但一时也很难见到成效。无奈之余，他只好打起了中国银行上海分行的主意。这种勒捐和摊派在日后的日子，并不鲜见。但戴着副眼镜，外形看上去颇具儒雅之风的宋汉章，绝非一个甘于逆来顺受和随波逐流的人，他说中国银行系官商合股银行，个人不能擅自做主，故对陈其美提出的要求婉言拒绝。

这是宋汉章对大人物的第一次说“不”，毫无疑问，它为自己招致了报复。1912年3月24日，他应华侨梁建臣之邀，前往极司非而路（今万航渡路）小万柳堂康惠卿家出席宴会，同往的还有工商界周舜卿、顾达三等人。无疑，这次宴会正是陈其美所策划。将它放在小万柳堂，因为其属租界越界筑路的范围，而后门恰毗邻苏州河西段，为沪军都督府的势力所及，正好方便下手。果不其然，宋汉章一露面，就被绑架了。

宋汉章

据次日公共租界工部局警务处的《警务报告》：“宋汉章约在下午2时被人用暴力劫往停泊在苏州河上的一艘小火轮上，船上约有20名着军服的武装士兵……小火轮很快向东驶去。”日后，宋汉章自述说，当天尚未等他入席，“约有12名佩带手枪的士兵用船将我带到南市第十团军营，扣押在那里”。

被拘押后，陈其美当即在报端通告：“据王兴汉、陈聚于1月4日举报，宋汉章在辛亥革命前夕，任大清银行经理时，有罔利营私、弗顾大局之行为，因此派员拘捕，听候审查。”但是宋汉章“迭经敝处函传质讯，奈该经理恃租界为护符，抗不到案”，言下之意，没办法只好出此下策。

无疑，这是欲加之罪何患无辞！一则，宋汉章并不认识王兴汉、陈聚这些人；二则，陈其美说他“抗不到案”，其实他根本没有接到过都督府的函传。但事情依旧发生，对宋汉章的打击和羞辱应是相当巨大。尽管有吴鼎昌、南京临时政府财政总长陈锦涛以及司法总长伍廷芳随后出头力挺，加上陈其美为掩盖真相而故意派出“查账小组”对中国银行上海分行进行查账，也未曾查出宋汉章半点侵吞公款的证据……此事最终不了了之，但它却无情地展现出了，在进入时代大变局的“历史三峡”，中国金融人付出无数辛酸的努力，以期获得荣光和尊严，却从来不曾拥有真正的独立。从银行的官督商办，到官助商办，再到官商合办，即使再到商办……形式虽然常翻常新，但政治或者说权力依旧有一种情不自抑的冲动，将它们视作了自己的私产，上下其手，任意调戏，始乱终弃。

这也让宋汉章们的说“不”并不仅限于这一次。

宋汉章们的说“不”史

宋汉章很早就感受到了权力的诡谲和压迫。

当他还叫宋鲁时，就经历了逃亡生涯。其时，戊戌变法已成了百日维新，清政府大开杀戒，甚至对同情维新之人，也不放过。为此，他和中国知名的教育家、社会活动家和金石家经亨颐的叔叔——经莲珊一起亡命天涯。时间一长，让他神情疲惫，一脸倦容。经莲珊便对他说，你还年轻，这样绵绵无期地流亡在外，终非长久之计，好在你不是清廷通缉的重要人物，这样吧，我身边尚有一些钱，你且拿去，另外，我给你改名叫宋汉章，如此一来，清廷就不会注意你了。于是，在经莲珊的再三劝告下，宋鲁只得向经莲珊辞别，从此改名宋汉章，并于不久后到了上海，成为新创立的中国通商银行的跑楼，其日常事务就是沟通洋大班与华经理之间的关系。这里得说的是，尽管他出生在福建建宁，但他的的确确是个宁波人。这也让中国通商银行的宁波元素又添一分。在这家银行，他勤勤恳恳，掌握了金融上的诸多业务经营和管理制度，这为他日后出任大清银行上海分行经理奠定了基础。当然，也正是这样一段经历，让他在辛亥前后，“就为适应革命形势的需要作了积极的努力。当时南京临时政府正在筹建，经费十分困难，他便将广肇会馆所存捐款规元 50 万两经大清银行上海分行力筹现金，交伍廷芳转孙中山使用，支持了南京临时政府的成立”[①]。日后，为了保全资本，宋汉章提出成立商

① 引自于《中国银行人物志》，《中国银行总经理（1935.4—1948.4）、董事长（1948.5—1949.11）宋汉章》，此为中国银行百年行庆专题

股联合会，并由商股联合会致电中华民国临时大总统孙中山，建议“就原有之大清银行改为中国银行，重新组织，作为政府的中央银行”。时势紧迫，加上大清银行握有十分重要的渠道资源，孙中山当即批示财政总长陈锦涛准予办理。

这也正是中国银行的由来。

然而，当原大清银行的股东们兴高采烈，高呼“中国银行万岁”之时，他们应该忽略了自己还有一个很有力的竞争对手，那就是中华银行。作为自己一手扶持起来的银行，陈其美从来就没有放弃过把中华银行建成中央银行的努力。中华银行有功于革命，而且陈其美也亲口承诺其日后将为中央银行。然而，陈锦涛却极力反对。面对财政总长，陈其美自然无可奈何，但矛盾却因此而生。如果我们进一步挖掘宋汉章被拘的幕后真相，你会发现，“大清银行与中华银行争夺中央银行地位的斗争却是更为深层的原因，从一个侧面反映着民初革命派与原大清银行集团之间的较量”[①]。在某种意义上，陈其美调查宋汉章并到中国银行上海分行查账，还有个重要的目的，就是为了扰乱视听，让人对中国银行的信誉产生恐慌，进而打断其成为中央银行的进程。不过，陈其美聪明反被聪明误，他不仅还给宋汉章廉洁奉公的清白名声，而且他的绑架反而更加凸显出了宋汉章不为权势屈服的形象，人们对宋汉章及中国银行更加信任了。事实上宋汉章也确实是条汉子，对上海都督陈其美如此，对大总统袁世凯同样如此。

下面的故事也许更精彩。

自从成了中央银行，中国银行显然受益匪浅，其上海分行就获得了诸多方面的好处，比如代收税款；从买卖银元入手，全面开展存、放、汇业务；扩展外汇业务；坚持实行基金检查制度——然而，在袁世凯的专制追求面前，它很快就和交通银行一起沦为了北京政府的“提款机”。一方面，在权力的要求下，滥发兑换券，引起通货膨胀，“中国银行发行的钞票在1913年只有502万元，到1915年猛增到3844万元。交通银行也一样，仅隔一年，就由1914年的893万元增加到3729万元。为政府财政的垫款，中国银行达1000多万元，交通银行竟达4000万元”[②]。另一方面，因为北洋军队以“不相信纸币”为由，要求发给现洋，袁世凯自然不会坐视不顾嫡系的“呼声”。这进一步造成两行现银库存大量下降，准备金不足。

---

① 张徐乐，《民国初年“宋汉章案件”评析》，《社会科学》2012年7期

② 吴晓波，《跌荡一百年：中国企业1870—1977（上）》，中信出版社2008年12月版

但这并没有让袁世凯就此罢手。为了挽救财政，他甚至与总统府秘书长兼交通银行总经理梁士诒等人策划，准备合并中、交两行，集中两行在各地分行的所有库存现银，一律解京，为政府所用。同时，要求中国银行上海分行“迅速迁出租界”，这让宋汉章预感到北京政府可能会不顾银行信誉和存户利益，强令银行停兑。而迁址，就是为了能更好地控制上海分行。果不其然，1916 年 5 月 11 日，来自北京的“鞋子终于落地”了：自奉令之日起，所有该两行之纸币及应付款项，暂时一律不准兑现付现。次日，北京政府又以国务院的名义正式向社会各界公布停兑令。此令一出，社会震惊。这不仅意味着广大中小储户的血汗钱将血本无归，更影响到依赖银行才能生存的江浙地区工商业大股东的直接利益。由梁士诒做总经理的交行自然首当奉行，然而中国银行却不干了。

此时的宋汉章已是中国银行上海分行的老大，而他的亲密搭档，正是张公权。尽管入行不久，但面对停兑令，张公权依旧头脑清晰：“如照命令执行，则中国之银行将从此信用扫地，永无恢复之望。而中国整个金融组织亦将无由脱离外商银行之桎梏。”宋汉章深以为然。两人协商之后，决定拒绝接受停兑令，中行上海分行照常办理兑现、付存。但是，这也有风险，万一激怒北京政府，将他们全都撤职查办，就前功尽弃。怎么办？ 11 日当天，宋汉章赶到租界的会审公廨①，询问公廨法官，一旦上海分行抗令，是否有办法可以让现任经理、副经理有几天时间

---

① 所谓会审公廨，又称会审公堂，早在 1864 年就开始在公共租界存在了。当时，针对公共租界内发生的华人违法犯罪现象，英国人巴夏礼提议设立一个华官审判庭，然后再由这个审判庭专门处理此类案件。这一机构在当时叫洋泾浜北首理事衙门。到了 1869 年 4 月，英国领事馆将这一机构改头换面，正式成立会审公堂，随后，由上海道同英国、美国驻上海领事订立《洋泾浜设官会审章程》10 条，几经修改由公布生效，总理衙门和公使团核准实施，会审公堂式成立，地址设于花园弄香粉弄内。根据章程，会审公堂为清政府上海道的派出机构，公堂官员由上海道任免——从这里可以看出，会审公堂是清王朝在租界设立的最基层的一个法庭。具体规定有，会审公堂对租界内中国人之间以及中国人为被告的案件实施管辖，并依据中国法律审判；涉及“有约国”外人，则由该国领事或者领事所派出的官员会同审理；若为“无约国”外人，仍须邀请一名外国官员“陪审”；而且，若为外国人或者外国在华机构雇佣的华人涉讼，领事馆或者领事所派官员也有权在开庭时“观审”。名义上，会审公堂是中国的审判机关，但实际上，因为是在人家的“地盘”，中国的主审官在话语权上远远比不上外国的陪审官，甚至有时只是泥塑菩萨，装装样子而已。到最后，外人不受中国之刑章，而华人反就外国之裁判。也就在上海租界之后，汉口、哈尔滨、西门鼓浪屿等地也相继设立了会审机关。明眼人一眼就能看出来，会审公廨制度进一步侵害了中国的司法主权。中国的法制在此时已经陷入了停滞甚至是倒退的境地。

留在银行继续工作？法官答曰，如果中行的厉害关系人，如股东、存户、持券人等，向会审公廨控诉该行经理，有损其权益行为，要求法庭阻止，即可成立诉讼；在诉讼进行中，判决尚未宣布之期间，政府不能在租界逮捕或任意撤换现任经理。一语点醒梦中人。很快，新的策划又出炉了。在张公权相继拜访了陈光甫、蒋抑卮、李馥荪等人之后，征得他们同意，由他们代表中国银行的股东和存户，各自请律师向法院提起诉讼，宋汉章和张公权应诉，这样，在诉讼期间，他们就不得被中国银行总行撤职。

与此同时，宋汉章和张公权二人还联络中国银行股东，在张謇的指点下，成立了中国银行商股股东联合会，由张謇任会长，叶揆初任副会长，钱永铭任秘书长。这样，有广大的股东作为自己的后盾，就有足够的力量来对抗北京政府。就在股东联合会成员的紧急会议上，决议出了具体的应对停兑办法。除了声明中国银行上海分行仍照旧章办理各项业务，所有分行支行的钞票一律照常兑现，存款一律到期立兑，照付现金，另外，政府不能随意在该行提用款项。当然还有其他一些内容。这些股东之所以愿意站出来，也在于他们认为骤行停兑，“则金融枢纽立时破坏，无异宣布国家银行破产，宣告倒闭，咸坚决表示：‘中央命令万难服从，沪行钞票势难停兑。’张嘉璈还向江苏督军冯国璋等地方实力派和上海租界当局进行疏通，取得他们的支持，以应付此次危机”[①]。

然而，抗拒停兑令，固然能维持信誉，但一着不慎，就有可能招致极大风险，比如说，别人都停兑，就你不停，市场的恐慌就全压你这里来了。好在行内的库存准备也有200多万，加上宋汉章对此有所准备，以个人信誉以及银行房产、苏州河两岸堆栈和地产道契担保，向汇丰、德华商借透支合同。但5月12日这一天，还是将中国银行上海分行推到了风口浪尖。当天清早，就人潮涌动，挤兑者多达2000余人，兑出现洋40余万元。张公权在日记中记载道：“余自寓所到行（汉口路三号），距行址三条马路，人已挤满，勉强挤至门口，则挤兑者争先恐后，撞门攀窗，几乎不顾生死。乃手中持有者，不过一元钱或五元纸币数张，或二三百元存单一纸。”到了第二天，人数也有1000多，兑出20万余万元。接下来本是周末，按照规定周六下午不营业，但上海分行为了平息外界的紧张心理，特意提前登报公告，周六下

① 引自于《中国银行人物志》,《中国银行副总裁、总经理张嘉璈（1917.8—1928.10）（1928.11—1935.3）》，此为中国银行百年行庆专题

午照常兑付，并延长营业时间，而周末开门半天，并宣布凡持该行兑换券可向该行委托有关钱庄协助办理。这些举措无疑安定了人心，到周日，前来兑现者只有100多人。这样，一场足够能打趴下一家银行的挤兑风暴，终于离开了上海滩。

祸福相依，宋汉章对北京政府的说“不”，为中国银行招致了天大的麻烦，但也为它赢得了莫大的声誉。张公权便说：“上海中国银行之钞票信用，从此日益昭著。南京、汉口两分行鉴于上海分行措施之适当，并获当地官厅之合作，对于发行之钞票及所收存款，照常兑付现金。影响所及，浙江、安徽、江西三省，对于中国银行在当地发行之钞票，十足使用。”上海《新闻报》也在5月15日发表一篇《新评》的评论说：“上海中国银行抗拒停兑之后，前日兑出43万元，昨日兑出15万元，两日以来，舆论翕然，然非资力雄厚兼有胆识者，何能若是！此后持有上海中国银行钞票者，均可少安毋躁矣。”

这无疑为中国银行上海分行在国内国际上赢得了相应的地位。国内，几至可与北京总行分庭抗礼之地步；国际，每当上海市面上发生金融风潮，汇丰、麦加利等银行都会会同中国银行出来维持局面，这让中国的银行也有了一定的话语权。更重要的是，他们以自己的行动表明，金融虽然与政治密不可分，却也不能完全听命于政府的旨意，将银行作为政府的“账房”。这属于革命带来的现代精神，也成为日后新式银行家的基本信条。宋汉章和张公权因此声誉鹊起，被中外报纸评论为“有胆识、有谋略的银行家”。

这一年，宋汉章四十出头，张公权则只有27岁。

不过，这次事情在很大程度上也“教育”了张公权——作为具有国家性质的银行，中国银行在很多时候都必然要受到政治强加的影响。1917年，当他越过分行经理一级，成为中国银行副总裁，但身居高位，他依旧“居安思危”。

首先，他聘请了自己的老师堀江归一来华讲学，并任财政部和中国银行咨询顾问。前前后后，堀江归一在中国讲演了22场，给中国银行界同行增长了知识，开拓了视野。此外，他还和老师多次商讨如何恢复京钞兑现及解决滥发钞票问题。

其次，修改了《中国银行则例》，确保商股股东在中国银行的话语权，让中国银行的领导层不至于受政府的好恶及更迭而变更。与此同时，他增招商股，扩大商股的力量，至1918年2月，中国银行的商股总额达到727.98万元，而官股总额不过500万元，商股数量超过官股。到1921年，张公权决定续招商股股本。到1923年，中国银行官股数量只保留了象征性的5万元，而商股数量则达到

1971万元——这也意味着中国银行尽管是国家银行，但“中央银行”的身份已然弱化，终于有了自己的独立性。

只是，在枪杆子面前，独立有时也很难保证。1924年10月，直奉战争前夕，执掌北京政权的直系军阀吴佩孚派人将张嘉璈请来，迫令中行勒借军饷500万元；1925年，第二次直奉战争时，入关的奉系张作霖曾向各银行勒借巨款，他专门警告张公权：“中国银行应领头先认大数，否则将采取非常手段！”对待吴佩孚，张公权答：中行现款支绌，无力承借；对待张作霖，张公权又答：中行无余款可借，不信请到行查看库存。然而，他的命运和宋汉章一样，身为中国银行高层领导，两次被扣押，经人调解才得到放回。

正是对北洋军阀混战的痛恶，让宋汉章、张公权等人最终选择了南方革命政府，在国民革命军自广东出师北伐时，选择了同情和支持。此时已经从北京总行移驻上海办公的张公权，不时密令南方一些分行给革命军以现款支持。根据宋汉章的统计，至1927年3月底，中行各分行对北伐经费的赞助高达549万元。

在某种意义上，正如一些日本媒体所说，“革命军北伐成功，得力于江浙财阀之支持”。这也是身为北伐军总司令的蒋介石，对他们一度较为谦逊，甚至不惜屈尊俯就的主要原因。但不得不承认，宋汉章、张公权之所以能改变中国银行的“面目”，除了自身努力，也源于军阀混战留下的权力空隙，一旦这种空隙被堵上，他们的未来也一定会变得扑朔迷离，而他们的境遇也将再次让人扼腕叹息。

信交狂热、废两改元及看得见的手

封建王权被推翻，尽管中间有袁世凯的“反复”，但终究无可奈何花落去。在相当长一段时间内，中国从一个大一统的封建帝国，被分裂成无数个军阀割据的地盘。无疑，“国家能力”被消弱，一方面，它给了民间市场以充分发育的机会；但另一方面，由于监管缺位，以及道德失律，“与理想中的市场状态相悖，现实中的市场（包括证券市场），存在着大量最终导致资源配置低效率的市场失灵（Market Failure）问题，从而使市场功能不能得以有效发挥”[①]。除此之外，为了生

① 刘志英，《“信交风潮”与近代上海华商证券市场的管理》

存，诸如金城将自己的精力主要放在投机房地产市场、证券市场或者经营政府公债之上，这也让人看到，"从中国银行业的发展过程来看，近代银行业建立伊始便具有严重的封建性，它同产业的关系不密切，却和政府财政结下不解之缘，银行业资本不是用来促进生产的发展，而是促进投机业务的盛行"[①]。这也导致了非理性成了中国金融市场的一种不可忽视的存在。

1921 年的"信交狂热"便是这一存在最好的现实反映。从这一年的 5 月，持续到 11 月，上海先后催生了 140 多家交易所和 12 家信托公司。尤其是上海第一家华人自办的交易所——上海证券物品交易所开始营业后的半年时间内盈利就达 50 余万元，年收益率达 100%，从事证券买卖的股东、掮客、"跑合的"也都获得厚利，像一个"造富神话"一样，让人狂热地投入其中。上海各大报纸广告栏，每隔数日就有新设的交易所或信托公司出现。在这些 140 多家交易所之中，只有 10 家经北京政府农商部正式立案，可称为合法；大多连任何注册登记手续都没有，也未有像样的规章条例、招股说明书之类文件刊登在报纸上，就一哄而起，仓促上马了，"起初，各交易所还只是充当有价证券和物品买卖的中介，收取佣金，但是，市面上可流通的证券和物品相对过多的交易所显得十分有限。于是，有的交易所就将本所的股票作为交易筹码进行买卖。交易所、信托公司相互利用，哄抬股价，从中牟利。股价在投机分子的操纵下，迅速飞涨，有的竟上涨了五六倍。此时正赶上第一次世界大战结束，外资卷土重来，国内战争频仍，市场萧条，工商不振，社会游资充斥市场，在暴利的引诱推动下，一齐涌向股票市场，不问缘由，盲目跟风。更有不少的人套用银行、钱庄信用，以小博大，以虚带虚。狂热的股票投机，使市面资金遂感缺乏"[②]。这里的"高手"就有"金子大王"王伯元，在创立裕发永金号之后，又办上海金业交易所，自任理事并任经纪人，在掌握金标行情后，遇赤金行情比外汇汇票行情低时立即卖出汇票买进赤金，从中套利，且不担风险。日后，他又开办元发证券号，买卖各种有价证券。这让他不久就成为百万富翁。有了这些资本，他才有可能在 1926 年盘下中国垦业银行。

不过，更多的人却"死"在了来年的"春天里"——1921 年的 6 月，已是上海钱业同业公会会长的秦润卿，就会同在抗拒停兑令中表现出色，日后又被推选

---

① 李明伟，《中国近代银行业的发展道路》，《社会科学辑刊》1998 年第 5 期

② 张春廷，《民国时期的中国证券市场》，《证券市场导报》［深圳］2001 年第 5 期

为上海银行公会首任会长的宋汉章，呈请北京政府要求限制交易所。10月1日，《申报》报道："昨日，北市汇划钱业馆董事秦润卿邀同南市汇划钱业全体，在铁马路公所开会，决定自阴历十月份起，凡同业各庄，无论经理伙友，皆不准入交易所作投机生涯，并互相查察，以杜后患，如有查出私做情事，经公会筹议处分。"银业公会也同样采取相应措施，联络金融界有识之士，相约停止向企业界放款。与此同时，外国银行也开始紧缩银根。这让投机者措手不及，资金周转不灵，告贷无门，破产者十之八九。有的交易所股票跌到一文不值。交易所、信托公司只得大量倒闭，不过，上海工商界倒认为，这未必就是一件坏事。他们称这类"赌博恶疾"的交易所"愈不支"，则上海市面"愈有望"。相反的是，因为有秦润卿主持大局，钱业在信交狂热中居然无一受累，和"橡胶股票"风潮截然不同。

在这里，有一个人因为投机失败，在接受了同乡虞洽卿的救济之后，南下广东开始了自己的新投机。他就是蒋介石。

这次信交狂热，让人不禁反思，亚当·斯密及其后的许多西方经济学家眼里那只"看不见的手"，为什么会存在失灵的问题。这种市场失灵的存在，"使得理论上得以完美构筑的市场功能在现实世界中遭到扭曲和抑制，这些市场本身无法克服的局限性使得市场不可能实现帕累托最优，从而为证券市场中政府的介入提供了理论依据"[①]。尤其是在这次信交狂热之后，政府为了自身的财政而大量发行公债，进而将公债的交易置于自身的严密监控之下，不断采取措施，进行整顿——那只"看得见的手"也越来越成为覆盖这个时代的巨大阴影。

宋汉章、张公权等人的日子也不好过。自从蒋介石北伐至上海，就向中国银行上海分行狮子大开口，一出口就是100万元。3月26日，蒋介石又接见上海中、交两行经理及银钱界、工商界代表，组织"江苏兼上海财政委员会"，为其统一负责筹措军款。上海银行公会副会长陈光甫为该会主任。钱业领袖秦润卿为15位委员之一。和银行界一样，钱业曾给国民革命军垫款100万元，款项由南、北市84家钱庄分摊，以此表明自己的政治立场。然而，蒋介石的手伸得越来越长，也越来越频繁。这无疑搞坏了很多人的心情。本来有心支持，但现在却越来越反感。日后，蒋介石改发行公债，而且雷厉风行，到1928年6月这短短几个月，就

① 刘志英，《"信交风潮"与近代上海华商证券市场的管理》

发行各种公债、库券达 1.36 亿元。为了摊派这些库券，蒋介石甚至用上了流氓手段，《字林西报》记者索克思曾指出，“他（指老蒋）原来对付共产党的恐怖浪潮转向了资本家”，除了以“反革命”等罪名绑架了荣德生、席宝顺、欧炳光等数人，时任中国通商银行的总经理，并在北洋军阀孙传芳的羽翼下当上上海总商会第六届会长傅筱庵，因为对孙传芳死心不改，也自然成为了银行界第一个被通缉的对象。无奈之下，傅筱庵被迫逃往在日本势力庇护下的大连，直到风头过后，他托杜月笙等人疏通关节，通缉令才被撤销；

宋汉章则步其后尘，在南京国民政府成立后的 5 月 3 日，被勒令预购库券 1000 万元，并限于 5 日内解交财政委员会转解南京。“宋汉章本为银行家，对政治缺乏应有的敏感，但并不反对国民革命和北伐，也不反对向蒋介石给予适当的接济，但他恪守银行的业务规章，强调银行经营之规范，反对随意动用银行款项，担心由此造成不应有之损失，影响银行信誉与业务。为此，他与信奉强权、动辄索款的蒋介石发生冲突势在必然。”[①] 这让蒋介石颇为恼火，在电文中口气咄咄逼人，颇有些威胁的意味，甚至给中国银行开列了无数罪状，从“资敌”（大款接济军阀），到“助逆”（此逆为宁汉合流前与南京政府对立的武汉国民政府），再到“资共”，让宋汉章压力重重，为此曾求助陈光甫。尽管身为“江苏兼上海财政委员会”主任，陈光甫也对蒋介石的不断勒索极为不满，遂通过张静江出面向蒋介石积极斡旋，遭到蒋介石警告，“万勿以私忘公”。为保持银行信用，金融发展，宋汉章准备宁由个人承受严厉的“惩罚”，亦不愿轻易接受蒋之要求，“若总司令不予见谅，必令增垫，风声所传，设谣言一播，纷纷挤兑，汉章个人原不足惜，恐银行从此倾覆，金融亦将不可收拾。”6 月初，陈光甫也致蒋长信痛陈利害，“若逼中行以准备金提垫将酿成挤兑风潮，金融恐慌”，“操之过急金融发生问题，今后将筹款无门”，“必遭别国对华反感”……最终，一场风波终于暂告止息。但宋汉章的健康也因此受到影响，最后决心辞职，得到总部允准后改任“沪行总经理”这一虚职，此前的职位由贝祖诒接任。而失去了亲密伙伴的张公权则在笔记中写道：“军人不明财政，而处处干涉，政治前途悲观在此。”

① 引自于《中国银行人物志》，《中国银行总经理（1935.4—1948.4）、董事长（1948.5—1949.11）宋汉章》，此为中国银行百年行庆专题

事实上，和宋汉章当年被陈其美拘捕自有深层原因相似，蒋介石这次盯上宋汉章，也有其他打算——那就是，他很想将中国银行纳入其直接控制下，为其筹措军政费用服务。此前，宋子文曾在广东创办了中央银行，并于1924年8月，被孙中山任命为中央银行行长。这个毕业于哈佛大学和哥伦比亚大学，获哥大经济学博士学位，并在纽约花旗银行实习的大舅子，自然明白成立一家中央银行对于政府的意义。不过，这家中央银行在财力上远远比不上中、交两行，加上南方革命政府伸手要钱的人实在是太多，让它在国内的信用极低。所以，蒋介石很想将中国银行直接改组或兼并于中央银行，这样能壮大自身的经济实力，很容易想象，这遭到了宋汉章、张公权的抵制。1928年，蒋介石死心不改，公布中国银行条例，提出官商合办的改组方案，规定中行为“特许之国际汇兑银行”，将国家银行之职能逐步转至中央银行。11月，中国银行董事会改组。尽管辞职，宋汉章还是被选为常务董事。财政部则派李馥荪为董事长，并在常务董事中推举张公权为总经理。对张公权来说，这无疑是人生的一大荣耀，历经在中国银行十余年的辛勤工作，他终于成为了这家中国规模最大、业务最发达、发行钞票和存款数均居全国之首的银行的当家人。

从以上可以看出，尽管有诸多不愉快，但对南京国民政府来说，银行还是需要依靠的，有些人的面子还是要给的。因为比起钱庄，它们在给政府垫款以及购买、承销公债上颇有巨大的优势。据统计，从1927年到1935年之间，上海钱庄共给政府垫款约3000万元，为数不可谓少，但同期的银行，却放予政府10余亿元。也正因此，钱庄越来越像后娘养的儿子。1929年，沪宁铁路运送钞洋，采取差别待遇，银行有的运费全免有的打5折，但钱庄却没有任何优惠，而在1931年，财政部开征钱庄营业税时，银行则不在营业税范围之内。尤其在1931年2月28日，国民政府公布《银行法》，将钱庄纳入银行范围内。该法的颁布，更是激起钱庄业者的强烈反应。“当时，上海钱业公会立即分函立法院、财政部、实业部、中政会等，指出《银行法》不适用于钱庄。其理由有三：1. 钱庄放款以信用为主，若照《银行法》加以限制，则资金呆滞，中小企业及内地农工均蒙其害；2. 钱业为无限责任制，如须将财产证明书呈报政府，以备审核，恐存户生疑惧之心，妨碍资金之流动周转；3. 钱庄以合伙组织为主，倘必改为公司，则钱庄不免倒闭，以致金融紊乱、影响市面。同时钱业公会又通函全国，联络各地钱庄及商业公会，向政府提出抗议，要求另订钱庄法。虽然因种种原因，该法未真正实施，但由此也可看出政府金融政策的方向。”[①] 但是，随着南京国民政府在 1932 年夏决定把废两改元提上议事日程，钱业的命运已然注定。

无疑，在中国的金融史上，废两改元是一件大事。但在钱业看来，银钱并用有其必要之处。要知道，钱庄当年起家就靠银钱兑换，后来才以经营银两和银元兑换为主，正是两者之间的“差异”，给了它们套利的空间。另外，钱庄在办理存款业务时，存入银两有利息，存入银元则无利息，存户若要取得利息，须兑换成银两入账，这又给了钱庄额外的利润。当年陈光甫的上海银行推行“一元起存”，就是对这一“偏见”的逆转。不过，尽管日后的银行在钱业面前颇有心理上的优势，但却因为银两制的存在，它们在实际上，也被钱业扼住了命运的咽喉——像银元折合为银两的价格即“洋厘”和同业之间互相拆借银两的利息“银拆”，历来都是由钱业所制定。这也意味着，上海银行业大部分票据清算须由钱业公会汇划总会进行，不少银行不得不在钱业开户存款，少则五六百万元，多则上千万元，甚至同时开设银两和银元两种账户，导致大量的资金被搁置，这让银行的交易和结算成本陡增。1928 年 3 月，马寅初在《统一国币应先实行废两用元提案》一文中对此痛斥，“何必沿用银两，推其原因，不外银两与银元有兑换之折合手续，从中可以牟利耳。商民受其盘剥，无可如何，敢怒而不敢言，苦莫甚也。”不得不说，钱庄自出生以来的相当长时间内，因为让钱变得更轻，让他人在使用 / 获取资金上得到便利，从而赢得了世界的宠爱，但所有的事物，都要讲究与时俱进，当它们依旧在老传统中打转而不愿意脱胎换骨，自然而然就成了被改革的对象。

钱业肯定不会主动放弃自己的利益。此时的秦润卿，尽管是个改革者，但他领导下的钱业公会，在 1932 年 7 月 19 日致电国民政府财政部之时，还是重申了“废两改元，不实行则已，苟欲实行，断非仓卒期”。并进而警告：“否则若于仓卒之间，突然宣布废两改元，将见市面立起纷扰，各业争事投机，物价失序，金融紊乱，是利未见而害即呈，效未显而弊已著……”，日后，秦润卿也在《银行周报》上发表《钱业公会为废两改元问题发表敬告国人书》[②] 来表明钱业的立场。

---

① 引自于《中国银行人物志》，《中国银行总经理（1935.4—1948.4）、董事长（1948.5—1949.11）宋汉章》，此为中国银行百年行庆专题

② 《钱业公会为废两改元问题发表敬告国人书》，《银行周报》第 16 卷，第 30 期，P32，1932 年 8 月 9 日，今见《上海钱庄史料》P228

不过，他们的努力却没有得到一个理想的结果，这次只能妥协——8 月 6 日，钱业公会被迫取消了洋厘。洋厘既告不守，银拆也寿终正寝。1933 年 3 月 2 日，银拆被政府勒令改名拆息——在一系列的“前戏”之后，1933 年的 3 月 10 日，废两改元终于进入高潮，正式在上海首先实施，接着，又比原定计划提前三个月在全国铺开。“废两改元的成功，标志着以钱庄为代表的‘银两圈’与以银行为代表的‘银元圈’势力的此消彼长”①。它也进一步意味着，新式银行业在近代中国金融市场上确立了主体和主导地位，这对银行业的进一步发展有着积极的影响。此后，上海金融业中能够对国民政府金融政策直接起到重要影响的，主要是银行业。

与之对应的是，不能再利用洋厘、银拆两大工具来进行垄断，失去了银两和银元兑换方面的所有利益的钱业，自此只能江河日下，对于抗击市场风波的能力也受到削弱。于是，白银风潮成了压垮骆驼的最后一根稻草。

当“统制”成为习惯

这次风潮的前因可以推前到大明王朝，张居正改革。

在某种意义上，正是这次改革，通过实行租、役、贡一律交银的“一条鞭法”，让中国最终确立了银本位制，成了众多金本位大国中的一个“异类”。无疑，它推动了商品经济的发展以及货币作用的上升。然而，不幸的是，中国却是一个贫银国家，这些货币的得到，更多的是通过向欧洲以及日本出口资源和商品而换来，相对而言，它也是进口商品。一方面，既然作为货币的银本身也是“商品”，银的开采生产自然也要受到供给—需求的影响而发生波动。所以这容易导致白银自身的价格也随之上下起伏，常常会造成市场上的“通货膨胀”与“通货紧缩”接踵而至。在另一方面，这也将自己的“货币生产大权”交给了外人之手，常给人“为人所制”的隐忧。当年大明王朝最终经济崩溃，在很大方面，就是因为它的财政和经济最终要受到国际白银生产的制约。日后，当世界一旦发生通货危机，作为白银的进口大国，中国依旧会受到最为沉重的打击——这成了它不可逃避的

---

① 刘平，《从金融史再出发：银行社会责任溯源》，复旦大学出版社，2011 年 9 月第 1 版

宿命。①

不过，作为唯一一个实行银本位的大国，中国也不是没有一点好处。1929 年世界爆发大萧条，通货紧缩，导致金子的价格逐年走高，相对的是，白银价格迅速下降，这意味着货币贬值，进而意味着提高了中国出口产品的价格竞争力。另外，国外的热钱也纷纷涌向国内寻求投资出路——跟当下中国的情形十分相似的是，由于资金流动的泛滥，导致了房地产业热火朝天，四行储蓄会大楼、大陆商场、国华银行大楼、垦业银行大楼、上海银行大楼、广东银行大楼、中汇银行大楼、中国通商大厦等都是这一时期建成的。然而，在世界大萧条中遭受重创的美国，为了改变自身的经济形势，于 1934 年颁布了《白银收购法案》，授权美国财政部以高价购买白银。在一些人看来，这是总统罗斯福为了取悦美国的白银利益集团，以获得选举上的支持。② 但更多的原因在于，他借此抬高银价无疑项庄舞剑意在沛公，目的是力图使中国这样的银本位制国家加入美元集团，同时刺激中国的购买力，从而转嫁自身的经济危机。果不其然，中国深受其害。自美国实行白银政策后，世界银价的收购价比国内银价高许多，因此输出白银成为一项有利可图的买卖。很多在华的外国银行，甚至也做起走私白银的勾当。如此一来，中国的白银大量外泄，导致中国货币奇缺。另外，白银的购买力一“人为”提高，中国一下子变“阔”了，这导致的一个后果就是，贸易顺差逐渐变逆差，洋货铺天盖地地涌进来，而毫不容易有所发展的国货，却少人问津，至于农村更是百业凋敝，农产品跌幅尤其惨烈，哪怕你“多收了三五斗”，也一样“丰收遭灾”。于是，在 1933—1935 年世界各地经济复苏的时期内，中国反而陷入了严重的经济恐慌。陈光甫服务社会多载，自然不敢怠慢，他和同行唐寿民、贝淞荪、徐寄庼等人联名给美国政府发出照会，向罗斯福总统呼吁：“敝国人民近来已备受天灾人祸之痛苦，而目下又有深陷于经济不景气之危。敝国人民冀与贵国人民在商业关系上深进一层，希贵大总统保障白银价格安定，不使其飞奔上腾。至于敝国购买力，依出口贸易为之维持，而现下受贵国实行银子政策谣言之恐惧。深希贵大总统将此项政策予以改变，庶几敝国数万万人民不致受此厄灾也。”

然而，呼吁石沉大海，杳无音讯。

---

① 韩毓海，《五百年来谁著史》，九州出版社出版 2009 年 12 月版

② 何帆，《君有所失》，浙江大学出版社

这一风潮在所难免地波及了中国的钱业，让它们的处境进一步雪上加霜。“1935年春节前夕，突然三日之间连倒了四家，春节过后，又有四家因亏折自动收款，在四月底大比期，又倒闭两家，端午节前后，又有一家信誉和规模与汇划钱庄不相上下的元字号钱庄倒闭，标志着1935年白银风潮的到来。”[①]尽管采取种种措施，但形势的发展迫使钱业，只能寄望那只“看得见的手”，来解救自己了。这无疑是饮鸩止渴，但似乎已经别无选择。受钱业公会的委托，秦润卿赶赴南京，与其时的财政部长孔祥熙交涉，“沥陈困难情形”，请求财政部给予救助。孔祥熙以“钱庄营业为救济工商业，安定市面起见，关系工商业甚巨”，因此决定由政府来援助钱庄度过危机，“以钱业准备库押品，财部先拨借公债，两千万元，以资救济”。同时，财政部要求中央、中国、交通三行组织放款委员会，放款总额以2500万元为限。这个救济的具体模式是，钱业以自己的准备库押品以及钱业公会保单为第一重担保，在获取财政部拨发的金融公债券之后，用其向放款委员会借款。这也意味着，它以财政部拨发的金融公债为第二重担保。至于借款利率，则按年息8厘计算。各钱庄听到这个消息，“极深感荷”。不过，孔祥熙并不是一个“毫不利己专门利人”的大善人，他趁着钱业公会对国民政府有所求，借此成立了钱业监理委员会，让它成了国民政府救济金融危机时的代言人，可以对钱业进行发号施令。“它的5个委员是徐堪、杜月笙、王晓籁、顾贻谷、秦润卿，前三位都和孔祥熙及国民政府有着特殊的亲密关系，而作为钱业公会主席的秦润卿却位于五委员之末，不过是孔祥熙顾全影响而不得不任命的。端午节刚过，秦润卿主持了最后一次会议之后，就无奈宣布引咎辞职。”[②]无疑，它赤裸裸地展现出，尽管得到了政府和银行的救济，但这种救济是以钱业接受监督和控制为代价的。

自此，万劫不复。

银行同样也未能免受其灾。时任行政院副院长兼财政部长、中央银行总裁孔祥熙利用工商界的要求，乃以“巩固金融，救济工商”为名，借口增加中央、中国、交通三行股本，乘机扩大政府在中国、交通两行中的官股。尽管张公权在中国银

---

① 侯桂芳，《上海银钱界与1935年白银风潮》，《上海师范大学学报（社会科学版）》2002年5月，第31卷第3期

② 侯桂芳，《上海银钱界与1935年白银风潮》，《上海师范大学学报（社会科学版）》2002年5月，第31卷第3期

行根深蒂固，颇得成就，但他的性格在此时已经坐稳江山的蒋介石眼里，已是难忍。3 月 22 日，蒋介石在给孔祥熙的密电中就提到，“只有使三行绝对听命于中央，彻底合作，乃为国家民族唯一之生路”，又提，“闻中行总经理张公权君有意辞职，弟意应即劝其决心完全脱离中国银行关系，而就政府其他任命或调任其为中央银行副总裁”。言下之意，对张公权已经颇不待见。第二天，孔祥熙便突然宣布，政府必须接管中国银行和交通银行，两行都须增资而由政府控制半数以上股份[①]。与此同时，中国银行总经理张公权被免职，董事长和总经理之职由宋子文取代。不过，孔祥熙也考虑到中国银行毕竟仍有大量商股，为了缓和矛盾，他决定拉出资历较深、经验丰富、在社会上有一定声誉，并与中国银行有长久关系的宋汉章担任总经理。同时，为了确保对中行的控制，《中国银行条例》又一次被修改，将一切权力集中在董事长手中，而总经理只是“承董事长之命办理全行事务，并执行董事会议决事项”[②]。如此一来，在蒋介石的操纵下，构成了宋氏家族霸占中国银行，孔氏家族霸占中央银行、交通银行这一局面。而蒋介石本人，手头上也直接控制有中国农业银行——6 月 4 日，国民政府公布《中国农民银行条例》，将 1933 年成立的豫鄂皖赣四省农民银行改组为中国农民银行，资本额为 1000 万元，蒋介石自任董事长，有发行兑换券及农业债券的特权。12 月，它被国民政府宣布为国家银行之一。其设立的目的，一方面是为筹集“剿共”经费；另一方面，也成为蒋介石扩大嫡系势力、任意拨款的私人金库。

无疑，在中国的金融史上，这三位亲戚是逃避不了的人物。尽管在为人处世上，他们很不相同，但在经济理念上，他们却逐渐趋同。相比较“武人干政”的蒋介石，以及被人称为“哈哈孔”的孔祥熙，宋子文早年留学哈佛，受熏陶和浸润的是自由主义和古典经济学思想：主张市场自由竞争，国家政权不直接介入社会生产和流通，但他回来之后，就发现自由竞争的市场在中国找不到培植生根的市场，尤其是随之而来的经济危机、八年抗战、三年内战，让政府干预经济，集中力量办大事成为一种主流。“宋子文不自觉地成为‘国家意志’、‘统制经济’、

---

① 白寿彝主编，《中国通史》

② 引自于《中国银行人物志》，《中国银行总经理（1935.4—1948.4）、董事长（1948.5—1949.11）宋汉章》，此为中国银行百年行庆专题

'中央集权'的执行者和代言人"。[1] 这也让这三人殊途同归。而要统制经济，就必须要独占金融事业。

随着离开奋斗了近23个年头的中国银行，张公权不无伤心，他黯然说："况天下无不散的筵席，手栽的美丽花枝，何必常放在自己室内……所惋惜者，自民国成立后，希望以中行之力，辅助政府建立一完善之中央准备银行，一面能永保通货健全，一面能领导公私金融机关分业合作，创造一力能发展经济之金融系统，庶几内有资金充沛之金融市场，外具诱导外资之坚强信用，足以追踪经济发达后进之日德两国。此志未遂，斯为憾事。"在某种意义上，他的离开，成为民国银行家地位的一个标志性的改变。

然而，孔祥熙的视线并不止放在中国、交通这样的国家银行之上，他对四明、中国通商银行同样有兴趣。白银风潮无疑给了他这样一次好机会。"在中国经济史上，孔祥熙对后世最具影响力的举动是，一举掐断了中国金融业的民营传统。"[2]

这一年的5月，四明银行、中国通商银行以及中国实业银行，竟在一周之内全部陷入困境，资金周转失灵，挤兑风潮再次爆发。谁都清楚四明银行、中国通商银行在银行界的地位，虽然中国实业银行有些陌生，但它也是中国银行前总裁李士伟、北洋政府前财长周学熙、前国务总理熊希龄等人于1919年4月在天津发起设立。相比较"南三北四"，这三家银行则被人称之为"小三行"，实力也不可谓不雄厚，但落得这样局面，无疑让人惊诧。不过，如果梳理一下内因，你就会发现，这三家银行都有个共同的毛病，那就是在存、贷款和钞票发行这三个核心业务上，经营大胆，但风险管控较弱，比如说，为了揽存巨款而不惜给出高息，狂发钞票，但却准备金严重不足，如中国通商银行就"外强中干，频年受发钞影响，准备空虚"，另外，投机公债导致不良贷款巨大……更要命的是，它们都很喜欢房地产投资，像四明银行就拥有多达1200幢左右的房产。同样，在白银风潮到来之前，中国通商银行也曾斥巨资在福州路建造了一座大厦，据说这是傅筱庵为了装潢门面，但却让通商更加亏损。这些房产在市面旺盛之时，无疑让人手握巨大资本，但一旦形势下行，几乎都成了"负资产"。最终逼人不得不自食其果。

自从1911年出任四明银行总经理之后执掌四明25年有余的孙衡甫，为了挽

---

① 徐琳玲，《民国"财长"宋子文》，《南方人物周刊》2012年第27期

② 吴晓波，《国贼孔祥熙》，《经济观察报》2009年7月

救局面，曾求助于同乡虞洽卿——这位四明的创始人不忍坐视不顾，亲自押运几箱银元，应付挤兑，另以砖石装箱数十只尾随其后，抬入四明库房，以示现金准备充足——这样的空城计一度让四明挺过了难关。然而，此时的“小三行”早已经落入了国民政府布下的圈套。据说孔祥熙曾嘱咐中央银行在回笼民营银行钞票时，将四明银行钞票拣出并分批派人向四明银行兑现，造成四明一时无法应付，除了将房地产抵债之外，还被迫同意政府以公债入股。这样一来，这家中国民营银行的首批实践者，最终还是成了政府的敛财工具。宁波帮股东因此损失惨重，几年后几无立足之地。至于孙衡甫本人，没过多久就被孔祥熙撤换，并在被政府调查之后，在抑郁中于 1944 年病故；至于中国通商银行，也晚节不保，除了将大厦以 150 万元的低价卖给了宋子文的中国建设银行公司，并被更名为建设大厦，而傅筱庵本人，也面对着种种困境，不得不被迫离开，其留下的职位，由杜月笙接任。

杜月笙

这个上海滩的大亨，此前依靠经营烟赌聚起大量钱财，又协助“清党”有功受到蒋介石赏识，但在金融业上一直未曾突破，有门生和亲信就建议其创办银行，以期“自摸不求人”。加上黑道生意毕竟不能长久，也摆不上台面，如何能真正让上流社会承认并接纳自己？跻身金融圈、与拥有强大经济实力和较高社会地位的银行家们建立密切联系，是合适的选择[①]。于是，他选择了进军银行业，并有意识地选择了与政府合作，从创办中汇银行起步，步步胜算，在银行业大变局的 1935 年，逆市上扬，成了国民政府在金融界的代言人，除了新任中行、交行董事，他还被国民政府授意改组中国通商银行，成为该银行的董事长，日后他还当上了上海银行公会理事，钱业监理委员会理事，甚至是法币发行准备委员会委员，这难免让人很难以置信——一个黑帮头目，居然进入了币制改革核心机构。

这个法币发行准备管理委员会即是国民政府决心废止银本位，实行纸币制，实行法币改革，并为昭示法币信用而成立。不得不说，白银风潮除了让“国进民

① 刘诗平，《黑道银行家杜月笙》，《财经国家周刊》

退”再演之外，也产生过一定积极的效果。“长期以来，美国白银集团一直担忧中国取消银本位，导致全球白银需求量进一步减少，但恰恰正是他们极力撺鼓的《购银法案》，最终逼迫中国放弃了银本位。这真不能不说是一个莫大的讽刺。”[①]11月3日，国民政府正式宣布实行法币改革。其主要内容是：一、统一货币发行权，以中国、中央、交通三银行所发行的钞票定为法币。二、所有完粮纳税及一切公私款项之收付，均用法币。三、废除银本位制，全部白银归国有以充法币准备金。四、法币与英镑挂钩，实行外汇本位。

对于中国来说，法币改革无疑促进了经济发展。在今日的教材当中，曾给出这一改革的积极意义：第一，它统一了全国的货币，有力地推动了商品经济的发展和国内统一市场的形成；第二，由于法币与现银脱钩，中国的货币就完全摆脱了世界银价涨落的影响，并且由于法币与英镑挂钩，可以到世界市场去流通——这有利于中国的对外贸易发展和国际收支平衡；第三，法币发行之初规定银元兑换法币一元，但实际兑换时，却是白银60%可兑100%的法币，这样，纸币的流通量就增加了，后来法币又逐次增发，这些都缓解了从前通货不足的局面，使物价开始回升，物价的回升使商业和生产变得有利可图进而刺激了商业的繁荣和工业生产的发展，至1936年更是达到了民国时期最高的经济水平。诸多现象表明，法币改革后，情况一直朝着对中国经济和其他国家在华利益大有好处的方向发展。从长远方向考虑，法币改革提供了一种新的货币制度，这种货币制度是进步的，它是中国经济向现代化方向发展过程中不可跳过的一环。

得承认，正是看到了法币改革带来的积极后果，让日本感到中国正以“有害于日本的方式”加强着中国方面的力量，如果日本再等待下去，只意味着日后再想去摧毁它就难以做到了。所以，日本对中国关内广大地区的扩大侵略选择在了1937年。

无疑，法币改革成了国民政府在控制钱庄、银行之外，垄断金融的又一主要形式。它不仅聚敛了民族资本银钱业的白银存底，也削弱了地方军阀的经济实力，最终使得国家垄断资本得以形成。正是这一垄断，不仅让权重再次成为了现实，也让法币最终成了国民政府“制造财富”的工具。与此同时，作为其为昭示法币信用而成立的法币发行准备管理委员会，“成立之初对于推行法币、

---

① 杨志，《白银风潮：美国内政重创民国经济》，《法治周末》2012年12月

检查公告发行准备、提高法币信用发挥了积极作用。但由于其组织的不完备和职能的缺陷，非但没有达到最终确立法币信用的初衷，而且成为检验国民政府屡次失信的晴雨表”[①]。

于是，在抗战全面爆发之后，滥发纸币、通货膨胀、物价飞涨便成了中国人挥之不去的时代阴影，而钱轻则成了遥不可及的梦想。

民族大义：银行家仅剩的尊严

在某种意义上，日本的侵略让中国进一步陷入了苦难深重的境地，同样，它也打断了中国现代化的第一次飞越，让中国民族工商业的发展就此停滞不前，而金融的现代化也因此被逆转。一方面，抗战的爆发，让统制经济更成了名正言顺的行为，这进一步掠夺了民间的机会。另一方面，日本人在侵略的过程中，不仅任意掠夺公私财产，还建立起依附于日本的以掠夺中国资源财富为目标的殖民地经济体系。

遭遇不幸的，就包括中国的金融业。

比如说，东北边业银行。

这家在民国时期，为东北地区盛极一时的金融机构，前身是 1919 年成立于库仑（今蒙古乌兰巴托）的地方性商业银行，是由西北筹边使、皖系军阀徐树铮“以开发边疆，巩固国防为名，呈准当时的北京政府立案”而设立。边业银行这个名字即取开边创业之意。1920 年，边业银行的总行迁到北京。不过，它随着段祺瑞的下台，很快改换门庭，由直系军阀曹锟成为最大的股东。1924 年第二次直奉战争之后，它再次换了东家，为张作霖和张学良父子控制。日后，经过增资扩建，该银行于 1925 年 4 月 10 日再次开业，总行设在天津，张学良为总经理。在北京、上海、张家口、奉天（沈阳）、长春、哈尔滨、黑河设分行。1926 年 6 月，边业总行由天津迁往奉天，7 月 1 日，奉天分行改为总行，即东北边业银行，而天津的总行与之互换身份，变为分行……可以说，这家银行诞生于皖系、幼养于直系、壮大于奉系，但最终在风云变幻之中，成为了张氏父子的私家银行。迁往

① 张秀莉，《法币发行准备管理委员会考述》，《史学月刊》2009 年第 6 期

奉天后，其总行即设在张作霖大帅府的接待处，而这个接待处为达官显贵、社会名流常常聚居的地方，所以有“帅府舞厅”之称。将银行设在舞厅当中，想必一边跳跳舞，一边谈谈生意，让人在轻松愉悦当中，就把事儿给办了。不过，这毕竟不是正经之道，随着新的办公楼于1930年竣工，边业银行遂有了自己真正的“门面”。

这座由德国人设计的，离张氏帅府只有一箭之遥的罗马古典复兴式建筑，有着相当雄伟的气势——除了采用当时最先进的钢筋混凝土混合结构，十级台阶上设有门廊，而且，六根直径为一米的爱奥尼巨柱全部由花岗岩石雕刻而成。不过，这座建筑最大的“特点”并不能靠平常的目力就能及，它需要从高空之中俯视才能发现——其东西长而南北短，西侧和北侧的边沿皆平直，而东南则呈阶梯状，越往东边沿越窄，最窄处是边业银行正门所在——不用多加联想，你就能发现它像是一把平躺的手枪。有人以为，这大概是行伍出身的张氏父子为彰显威武豪迈的军人气魄，所以才将银行设计成自己每日佩带绝少离身的手枪形状。不过，也有人提出质疑，毕竟谁都知道“和气生财”的道理，将黑洞洞的枪口对准前来的客户，张作霖怕做不出来。根据一种说法，原先的设计根本不是现在这样，但在征地过程中，位于现在银行建筑东南侧的一间小铺的主人却拒绝搬走。哪怕许诺数倍的搬迁费，小铺主人也没搬。张作霖竟没有为难他，而是令设计者修改建筑图纸，于是便有了现在的模样——这样一个结局真的很难让人想象。不过，这也让这家银行变得更为神秘和怪异，其内部结构转折盘旋，有如迷宫。如果不熟悉一阵子，进去肯定会迷了方向。这在很大程度上保证了银行运营的安全——谁要是想打它的主意，保管你进得来出不去。

依靠着奉系势力的维护，加上股东多为政府要员，边业的业务颇为顺利。根据其日后的经理韦锡九回忆，九一八事变时，东北边业银行资产就在千万元以上，另外，张家在该行寄存的黄金高达“四万七八千两”，此外还有古董字画若干。然而，这些财物在日本人的侵略面前，全都为人作了嫁。这让人不得不承认，物理上的设计再精妙，在日本人的强权面前，依旧不得不门户大开。1932年7月1日，边业银行在东北地区的所有机构全部并入新成立的伪满洲中央银行，与其一起被归并的，还有东三省官银号、吉林永衡官银号以及黑龙江官银号（原永信公司）。好在关内的边业分行，日本人鞭长莫及。最后，张学良把天津支行改为总行——这里称呼为“后边业银行”——继续经营，并批准将银行改为股份有限公司形式，公开向社会募集资金。韦锡九便在此时出任经理。当时驻天津的长芦盐运使荆有岩兼任监理。不过，原关内各分行资金有限，只有不到 170 万元的资产，加上其他的支出，这让银行的资金较弱，人气和以前已经不可同日而语。更要命的是，“后边业银行”所面临的社会环境已是雪上加霜，不仅时局多变，而且战乱频生，这让后边业银行募集资金的工作变得很不顺利。数年时间，银行竟一直没有盈利。1936 年 8 月 1 日，后边业银行将总行迁至上海。同年 12 月 12 日，张学良、杨虎城发动西安事变，促成了国共抗日统一战线，但没多久，张学良即被蒋介石软禁，见此，边业银行的股东们纷纷抽回股本，银行的经营活动因而无法继续维持。1937 年初，当张学良被囚禁于浙江奉化雪窦寺时，韦锡九通过宋子文，请示了张学良，张学良同意了他们的停业请求。

在清理善后的过程中，用韦锡九的话说：“此时边业银行不欠存户一文存款，没倾过民众一张钞票”。这种做派，让人无疑对其尊崇有加。

不得不说，边业银行毁在了日本人所包藏的“祸心”。如果我们认真梳理一下就会发现，日本人在伪满洲国成立中央银行的背后，其实是在竭力阻止国民政府形成作为近代民族国家所必须具备的统一货币体系。事实上，后边业银行之所以在天津没能挺住，也在于日本人企图在华北成立第二伪满洲国，以此形成日满华经济区域，从而把华北纳入日元区。这些动作，赤裸裸地对准了民国政府的法币改革——它们在拼命地和这 改革进行赛跑，一旦跑不过，就战争。

面对日本人的侵略，有人选择了退让和苟且，但也有人选择了迎难而上和抗争。虽然随着张公权被赶出中国银行，民国银行家的风流已渐次被雨打风吹去，丢失了往日独立自主的地位，但在关键时刻，他们还是展现出了应有的家国情怀和民族大义。这也让他们在后银行家时代，依旧熠熠生辉。

不过，首先站在日本人对立面的，不是人，而是物。它是位于上海闸北区南部、苏州河北岸、西藏路桥西北角的一座仓库建筑，其建于 1931 年。它之所以爆得大名，源于八一三淞沪抗战，八十八师下属五二四团团副谢晋元在此曾浴血奋战四天四夜，取得毙敌 200 余人自己仅牺牲 5 人奇迹。更重要的是，这让日军“三月亡华”的计划彻底破产。以后，谈起它，总是让人不由自主地与谢晋元，与数百壮士联系在一起。得承认，在中国抵抗日本侵略的历史中，它无疑是一处重要的地方。它就是四行仓库。正是四行储蓄会在苏州河畔买地所建。它的出现，可以反过来证明四行储蓄会的业务是如何的兴盛。正是储蓄多了进而放贷业务增加再进而抵押货物也随之增加，为了堆放货物，不得不建此仓库。但千想万想，谁也没想到它在抗战中竟发挥了如此重要的作用。

如果说四行仓库站在了抗战的第一线，那么，银行家群体自是不甘落后。曾和黄奕住谋设中南银行，并担任中南总经理的胡笔江，就是这样一个爱国者。不过，他的人生经历也有一个明显的“污点”，那就是他在交通银行一任上，利用内幕交易，大发了一笔横财，最终受到了京津金融界人士的严厉指责，只得以辞职而谢罪。正是在他事业低谷时期，黄奕住向他伸出了手。士为知己者死，胡笔江将中南银行经营得名声在外，信誉日隆，并成为“北四行”中的一员。随着四行为联合发行钞券，专门设立四行准备库，胡笔江成了这个准备库的总监。但这还不是他的终点——1934 年，他被推为中南银行董事，次年又被选为常务董事。不过，在他心里，却一直有个心结，那就是从哪里跌倒，还得从哪里爬起来。为了重返交通银行，他结交了宋子文，这也直接地帮助了他——1933 年，交通银行高层再次改组，宋子文顶替了孔祥熙成了银行的实际控制人——他不仅回来了，而且一回来就坐上了董事长的宝座，至于原董事长卢学溥，则改任上海造币厂厂长。

“金融巨子”胡笔江

没用多久，他就迎头撞上了国民政府的法币改革。他很清楚，尽管交通银行所发行的钞票被定为法币，但中南银行却因此被终止了发钞权，这将会带来不小损失，不过他还是坚决拥护币制改革——尽管身为宋子文的心腹，但他并不是无原则地迎合，在他看来，这次币制改革是无法阻止的，对统一全国金融秩序具有战略性作用。这种态度让他更得到国民政府的信用。1936 年 4 月，交通银行又将总经理负责制改为董事长负责制，大大增加了他的权力。作为交通银行最高当权者和全国金融界瞩目的巨子，当祖国面临外敌的侵略时，自然不能无动于衷，而是更要以身作则。

一方面，他赞同国民政府的统制经济，主张集中国家财力，支持政府整军备战，抵抗日本的侵略。同时，积极向政府提交自己对战时金融政策的研究；另一方面，在上海发起成立上海市各界抗敌后援会，并担任该会委员。8 月 12 日，他还亲自在上海电台演讲，动员广大爱国人士响应募捐，自己更是从财力物力上支持抗战。随着八一三淞沪抗战爆发，他坚持留在上海主持交通银行工作，誓不撤退，直到上海沦为了孤岛，才与宋子文、徐新六等人乘法国轮船离沪赴港，在香港遥控指挥交通银行事务。一年后的 8 月，他在香港忽接重庆国民政府财政部的电邀，商讨筹款到美国购买飞机一事。本拟 23 日动身，后因故改为 24 日，乘坐中国航空公司内部邮机“桂林”号，准备飞往梧州，转赴重庆。然而，其所乘飞机起飞不久即在广东地区上空遭到日本军用飞机截击，最终机坠人亡。

胡笔江遇难后，国民政府追认他为烈士，汉口市商会银行业公会在武汉总商会召开了隆重的追悼会。毛泽东、朱德、彭德怀皆送了花圈挽联，毛泽东、朱德在挽联中称其为“金融巨子”。蒋介石得悉，也电唁家属，称他为“金融硕彦，劳绩卓然”。

和胡笔江同行的还有浙江兴业银行徐新六。这个祖籍浙江余杭，1890 年生于杭州的南洋公学学子，“是旧中国早期少有的兼攻科学和经济的人才”[①]，他在伯明翰大学学过冶金，1912 年毕业获科学学士学位后，又入维多利亚大学学经济，1913 年获商学士学位。接着又去法国，入巴黎政治学院学习国家财政学一年。回国后，历任财政总长秘书、北大教授、中国银行京行副经理、巴黎和会赔款会议中国专门委员、上海工部局华人董事兼图书委员会主任委员。1921 年任浙江兴业银行董事会秘书，不久为总办事处书记长。1923 年为副总经理，1925 年升任常务董事兼总经理。正是在他任期之内，兴业大量向民族工商业放款，支持民族企业的发展。同时，他还在银行内部，进行了一系列重要改革：如雇用新人、训练原有职工、采用西方银行经营方式发展业务，先后设立储蓄部和房地产信托部——这些经历不仅让他成为了江浙财团的中坚人物，更重要的是，还与美、英、法等国财政金融部门要人关系较好，据说深受罗斯福总统信任的美国政府财政部长摩根索正是他在上海租界工作时的好友。不过，这位部长据说也和陈光甫私交甚好。

和胡笔江一样，徐新六跟宋子文的关系也很密切，并在 1936 年受宋子文的聘任成为中国棉业公司的常务董事，成为国民政府统制经济的一大帮手。事实上，1935 年的法币改革，就有不少内容来自他的建议。他甚至撰有《币法考》留世。对徐新六，就连张学良都给予了高度的评价。宋子文曾在自己的日记里披露：西安事变发生时，张学良、杨虎城两将军即在西安向从南京前来调停的宋子文提议，应由徐新六出任外交部长，因为他是务实的银行家，办事有魄力有主见，又力主

① 欧玮瑜，《徐新六》，《中国金融》1987 年 10 期

抗日，是热情的民族主义者，比一向亲日的张群之流平庸的官僚强得多。宋子文表示这建议以后可考虑代为向蒋提出，事实上，他本人也倾向于让徐新六出任外长。在蒋介石看来，如果让徐新六担任外长，还可以加强与美、英等国的联系，从而获取更多的美援。所以，1938 年 6 月，蒋介石在汉口国民党一次高层会议上，表示出要在吴国祯与徐新六两人中挑选一人来担当此任。有人因此认为，相比胡笔江，日方眼下急切需要除掉的正是徐新六。因此，当它们得知徐新六正要启程飞往重庆之后，立即开始实施自己罪恶的计划。

据说，日方获取这一情报，与戴笠部下军统南京区女情报员陈素贞被捕叛变而甘心为日谍效劳之事密切相关。也正因为此，当蒋介石闻到恶讯之后雷霆震怒，指示戴笠务必尽快弄清情报泄密真相，严惩失职人员，戴笠唯唯称是，但后来却敷衍了事。

其中原因，自是不想引火烧身。

好在还有陈光甫接替了徐新六未竟的事业。这个在人生早期曾因卷入政治而屡遭打击的银行家，恪守“敬远官僚，亲交商人”的人生信条，亦曾在宋汉章为蒋介石勒索时，勇于替同行说话，不过在国难当头时刻，他还是领命赴美争取美援。一方面，他在美国金融圈有着良好的个人声誉，非他不可；另一方面，他和钱打交道良久，懂得如何去运作。果真，在分析了美国孤立主义盛行，政治借款的可能性极小之后，他把自己在国内首创的银行对物信用借款制度搬用过来，利用国内的桐油来贷款，把需要艰难博弈的政治问题置换成了商业问题，一举绕开了美国某些势力的阻隔，达成了中美桐油贷款。不久，武汉沦陷，胡适评价，桐油协议是“正当中国局势危急的时候，这一笔钱，真是有救命及维持体力的作用，也是心脏衰弱时的一针强心剂”。日后，他又再次运作滇锡抵押贷款。“两次贷款成功的消息传回国后，立刻具有了政治意义，使抗日军民受到鼓舞，打击了汪伪集团的气焰。陈光甫以一个银行家的身份完成了国民政府外交官难以做到的事情，向国际传递了美国支持国民政府的信号，推动美国逐渐与中国越走越近，和日本的矛盾与芥蒂越积越深”[①]。

不管如何，日本人对中国金融业所采取的诸多行动，不仅打乱了中国的抗日进程，更沉重地打击了中国的金融业，让中国丧失了难得的金融人才，同时让国

---

① 周斌，《一百年前叱咤中国的民营银行》，《国家人文历史》2014 年第 10 期

民政府的统制经济失去了有声望的背书人。这也是国民政府在统治后期经济崩溃时，很难扭转民众信心的一大原因。对胡笔江、徐新六、陈光甫等人来说，尽管统制经济让他们失去了宝贵的独立，但他们也想必知道，所有的独立都得建立在主权独立的基础之上，为了获取主权独立，他们宁愿放弃自己的其他尊严。

只是，当救亡完成，国家还能将这些尊严还给他们吗？

第三部分

浴火重生（1949—未来）

尽管新中国的成立，清算了官僚资本，让中国民间金融得到“大解放”。不过，随着中国在探索社会主义道路的过程中“走俄国人的路”，这也让中国自 19 世纪末以来热衷引进西方金融理论与制度，转为了向苏联学习，从而最终形成了计划经济、计划金融。在这种由国家一手包办的计划经济面前，中国民间金融只能面临着以下两种道路：改造，或者，出局——改造意味着它们必然放弃原来的面目，而出局则意味着灭亡，或者被迫成为“地下金融”。无疑，这让中国民间金融在相当长时间内保持着非正常的状态。

好在改革开放的大幕拉开，给了中国民间金融重新恢复生机的机会。然而，这种改革只是增量改革，很少涉及存量改革。因此在计划经济向市场经济的过渡过程中，广泛存在的金融压抑依旧成为中国金融体系的重要特征。“100 多年前我们担心的金融体系建设成效问题，今天依然困扰我们，但造成的原因却不相同。100 多年前，政府管控缺失，法律体系建设滞后，民间单体的金融实践不能推动国家层面的金融支撑体系建设和固化，从而无法提升整个国家层面的金融竞争力；100 多年后，我们却是由于政府管控过度，把金融资源垄断在国家层面，不向民间开放，造成另外一种形式的金融体系发育的小儿麻痹症。”① 于是，我们很容易就看到，“政府通过实行利率管制和信贷控制，人为压低企业融资成本。而在国有大银行拥有绝对控制权的金融结构之下，银行信贷主要流向国有企业……在规避管制和追求利润的双重驱动下，中国式影子银行业应运而生”②。

---

① 王红新，《这是一个变革的时代》，《交大海外全球 CEO》，2014 年创刊号

② 高海红、高蓓，《中国影子银行与金融改革：以银证合作为例》，《国际经济评论》2014 年第 2 期

这对在中国经济转型的30多年间崛起的重要力量——创新型中小企业是不公平的。而且，地下金融和影子银行的顺势而入又让资金游离于监管之外，从而带来不可预知的风险。这意味着金融格局的改变，一定会成为必然。而且，当放开成了一种社会的普遍诉求和心理惯性，增量改革最终必将倒逼存量改革。

民营银行的回归，是这一格局发生改变的印证。毫无疑问，产业升级期的中国，银行业格局的多元化对于助力中小企业的成长至关重要。自民国以来，对民族工商业的扶持，就是民营银行无比珍贵的传统。如今，它的回归，有助于进一步健全和完善我国现有银行业体系，补上银行业缺失的一个环节，形成大、中、小金融共存的格局，从而在组织体系上与经济结构相匹配。另外，民营银行在市场化上的优势，也将促进银行业市场化进程加快，包括利率市场化的推进——而这最终会将金融推向自由，让钱轻重新成为现实。

当然，这一金融自由还需要仰仗互联网时代的到来。尽管它的到来，让数十年建构起来的传统企业遭遇了严重的冲击，其牌照垄断、资源垄断、渠道垄断被慢慢瓦解，与此同时，广告营销的效果也越来越不明显，赢得消费者的认同也越来越难，但这并不能否认互联网时代到来的重要意义。无疑，它推动了整个金融的生态革命。首先，金融不再是少数人转移利益、控制利益的手段，而是我们生活中的武器和工具。建立在互联网的大数据，放大了信用，让金融的触角伸向了角角落落，将其光辉普照到每个人的身上。其次，金融与互联网的结合，让它必然要深刻理解"平等，自由，开放"这样的互联网精神，当然还有"尊重，参与，分享"。正因为如此，当下的金融必然要求看重用户体验，在这里，顾客才真正的成为了上帝。最后，由于"平等，自由，开放"，往昔那种不可一世的强势监管，在这里注定会行不通。它必将推动监管的破局以及行业的自律。不得不说，在互联网出现之前，中国的民间金融是"失去的几十年"，它紧赶慢赶，也很难追上世界远去的步伐，但幸运的是，中国及时地加入了互联网时代，这让中国过去口头上常聊以自慰的"后发优势"终于有机会变"先发优势"，而互联网金融也有可能让中国迎来第三次金融浪潮。

只是，相对于中国历史上的民间金融，是建立在熟人社会上的信用，到了互联网时代，却面临着匿名社会的挑战。如何保证民间金融在接下来的时代摒弃市场非理性，健康发展，也许正如他人所说，既要有国富论，也要有道德情操论。具体对于中国民间金融而言，如何将儒商伦理现代化，是个值得研究的课题。

第八章

“计划”困境求生

“1979 年 2 月，时任广东省委书记吴南生向中央建议，可以在汕头开设一个出口加工区，踌躇满志但却也不知从何做起的他，在深夜里拨通了庄世平的电话。”

这是凤凰卫视一档节目的解说词。这档节目聚焦了中共中央“50 号文件”的出台始末。正是这一文件，正式下达了在深圳试办“出口特区”的决定，由此推动了此后 30 多年的中国经济的高速腾飞。无疑，谁都清楚这份文件的重要意义，但也许很少有人知道，在这份文件的背后，还有一个重要的推手，庄世平。

庄世平，1911 年出生于广东省普宁县果陇村，是典型的以四海为家的潮汕人。1934 年，他从中国大学经济系毕业，然后旅居泰国多年。1936 年，担任泰国华侨抗日联合会常委，1945 年担任“安达公司”董事长兼总经理。在新中国成立前后，他开始介入金融业，曾参与创办南方根据地的南方人民银行，为南方新生的革命政权奠定了坚实的经济基础。1949 年 12 月，他借款创办了香港南洋商业银行——正是这家银行，成了新中国成立时在香港第一个升起五星红旗的机构。次年 6 月，又在澳门创办澳门南通银行。

无疑，这两家银行的成立，在新中国刚成立急需要支持之时，有力地团结了港澳同胞和各界侨胞。更重要的是，它还打破了西方对华的经济封锁，成为外界向大陆转移物资的一条重要通道，以及中国经济建设很重要的外汇来源。难怪周恩来总理生前曾经对他赞许有加：潮汕为中国革命贡献了两个经济人才，一个是理论的许涤新，一个是实践的庄世平。不过，他也许没料到的是，随着大陆在意识形态上对“资本”的排斥和摈弃，以及计划经济的逐步确立，他在相当长时间内，空有一身的爱国心，以及在香港磨炼出的智慧，却再也回不去了。直到 1982 年，他才和他的南洋商业银行加入到了深圳经济特区建设的开荒牛行列——从第一个为新中国升红旗，到成为第一家进入内地市场的港资银行，这中间的历程，他和他的香港南洋商业银行居然用了 33 年。

此时的深圳，依旧还在是不是租界的争论中，摇摆不定。

潮商：世界“弄潮”

潮商，在很大程度上，也是中国经济以及金融史逃避不了的符号。

作为中国商海中的一支古老战舰，潮商渊源可追溯至明代。据《周府》记载："潮民力稼穑，收果木，蔗糖及鱼盐之利，经商不出布帛，米粟之门。"因为潮汕近海，易于长途贩运，他们以此起家，同时，又因为近海，他们不同于同时代的晋、徽，倒和宁波帮颇为相像，"活泼较胜，进取较锐"，且具有相当的冒险精神。所以，在相当长时间内，他们走过了"亦盗亦商"的路数，并因此积累了相当巨大的财富。

另外一方面，潮汕在中国的地理中，颇有些特殊，是国角省尾，所以它自古就是贬官的流放地，在潮汕方言里有很多骂官的话，诸如"官有二口"，"交官穷、交鬼死"。"这种地理上的弱势也造成了潮汕人的犬儒主义。潮汕地区的潮商群体极少发生由商向官流动的现象：商人培养子弟，只求精通文字，专心商业贸易，有意无意地与政府保持距离，坚持其在商言商的纯粹商业人格。"[①] 与此同时，因为自己的祖先大多都是因为朝官被贬南迁，这些反应在潮商的商业心理中，就是对风险的控制，都比较谨慎。

所以，在潮商当中，有诸多这样的价值观：商者无域、不熟不做以及稳健中求发展，尽管性格中很有些不安分，但也永远不会把自己逼到无路可走。

尽管不为权力所看重，但潮汕在商业上的成熟，还是让西方趋之若鹜。虽然在《南京条约》当中，它并不是五口通商口岸之一，不过，西方并不将自己的行动范围限制在五口之中，而是不停地逾越界限，他们将船只开进汕头港的妈屿岛海面，并派遣外国商人和传教士进驻妈屿岛，进行商业贸易和传教活动，这让汕

---

① 林军、张宇宙，《马化腾的腾讯帝国》，中信出版社，2009 年 8 月版，P19~20

头在第二次鸦片战争之前，就已经成为了一个颇为繁荣的商埠，恩格斯曾在 1858 年 11 月 18 日于《纽约每日论坛报》刊登《俄国在远东的成功》一文，称汕头是《南京条约》继五口通商之后“唯一有一点商业意义的口岸”——这更刺激了西方的胃口，终于在 1858 年 6 月 26 日、27 日，通过《天津条约》将潮州（汕头）与牛庄、登州、台湾、琼州等一起增开为通商口岸。1859 年 11 月 15 日，美国人先下手为强，在汕头先行开市。

开埠带来的影响，无疑改变了近代汕头的城市贸易、对外贸易和埠际贸易的发展，改变了潮汕地区的经济格局，让潮商在近代迅速崛起，随之而起的，自然而然的是潮汕地区的金融业——正如潮商独特的个性，他们的金融业也同样别出心裁。

在这里，有货币史上的信用学奇观的汕头七兑票①。它在某种意义上是一种地方纸币，但和宋交子不同的是，它并非是国家以自己的信誉提供担保，而是建立在乡土情结基础上的具有高度信用的票据——它的出现，有力地稳定了潮汕的资信体系。即使在市场币值波动不止时，特别是在 20 世纪 30 年代世界经济危机面前，“惟汕头七兑虚本位独能巍然操伸缩金融之权”②，可谓潮商对抗通胀的金融创造。

当然，更像是潮商“专属”的金融标签的，却是侨批。它的源起自然跟潮商的“流动”有关。在开埠之前，潮商就喜欢东奔西走，开埠之后，他们更热衷于全世界弄“潮”，比如说到东南亚和香港从事种植业、商业和转口贸易业，前前

---

① 根据张更义所著《潮商资本演义》中的解释，七兑票是潮汕当地商人先在本地通用的直平码的基础上，并在一度流通本地的每重七钱的花边洋银的启发下，创制了本地虚位银元“七兑银”。不过，这种“七兑银”在使用过程中逐渐出现了弊病。当时市面上原封银泛滥；辗转流通的七兑银封皮上印章斑驳，难以辨认并追究责任；更有甚者，有人故意在封银中掺入假冒伪劣的伪银、次银。故而，商业贸易中，或先约定拆封银付款，或因发现个别原封银有弊而导致全城商号递相追究。为了解决七兑原封银使用中的问题，汕头的澄海钱庄汇安、德万昌、同吉等行号，效法上海规元券的做法，发行了每元折合七钱的凭票兑现的纸币——这就是“七兑票”。它无疑给人民在使用 / 获取资金上带来了极大的方便。很快地，除了英美洋行以龙银为本位外，市面上买卖、工资、租赁、保险等款项交收时全用七兑票。这种纸币的出现，意味着潮汕地方币制已实现了从金属货币向信用货币的自觉过渡，同时直接促成了地方银庄行当的产生。银庄行当成立后，通过建立起行业内部结算的“换纸”（又称“抽纸”）制度，有效地杜绝了滥发纸币的弊端。由于潮汕地方金融界商人资力雄厚，组织健全，七兑票在商场上的信用甚至超过了已进入潮汕的全国通用银——重七钱二分的大洋（即银圆、银元，潮汕地方称为“龙银”）。

② 饶宗颐，《潮州志 · 实业志 · 商业》

后后，他们形成了三次大规模的对外移民。这些移民也成了当今海外潮商的先辈。他们大多一无所有，但经过打拼，白手起家，有的就逐步发展成为独立创业并出人头地的成功典范——如南洋华侨传奇人物，著名华侨企业家、报业家和慈善家胡文虎（1882—1954），从继承父亲在仰光的一家中药店开始，后来在制药方面崭露头角，以虎标万金油等成药致富，被冠以“万金油大王”。他没有受过高等教育，从来不以知识分子自居，却独资创办了十多家中、英文报纸，为星系报业（包括著名的《星岛日报》）的创始人，一度享有“报业巨子”的称号；又如在南洋苏门答腊谋生，日后又和弟弟一起投奔到张振勋门下当职工的张榕轩（1851—1911），羽毛渐丰自立门户之后，曾多处投资，并经营锡矿、橡胶，并与张振勋合资开办远洋航运和日里银行，成为当时南洋巨富。日后，张振勋受诏归国，就将南洋的一切企业委托他管理，一时间张家成为了南洋举足轻重的财团之一。随着国内商办铁路兴起，张榕轩受张振勋之邀，集资兴办潮（州）汕（头）铁路——这是中国第一条华侨出资兴办的铁路。1904 年 3 月开工，1906 年 10 月竣工，全长 39 公里，后来加筑意溪支线，共合 42 公里。1939 年，为了避免其落入侵华日军之手，被迫拆除[①]。

正是出没于世界各地，让潮商的流动性越发加剧，这带来了一个巨大也是常识性的问题——那就是如何构筑自己和家乡的联系纽带？！侨批，这个带有独特地域特色的潮式“信用社”，自此走到了世人的面前。

所谓的批，即信也。在闽南方言中，信与批同音。不过比起一般的信函，它还包含汇款的功能，是一种“银信合封”。直到今天，潮汕地区还流行着这样的描述：“批一封，银二元，叫妻刻苦勿愁烦，仔儿着支持，教伊勿赌钱，田园着缴种，猪仔哩着饲，待到赚有猛猛归家来团圆。”尽管今天对侨批的研究一直未曾有突破，但要承认的是，侨批的数量是非常可观的。在一些人看来，中国之所以能支应英国、印度通过对中国的鸦片输入而造成的

南洋著名华侨企业家、报业家和慈善家胡文虎

① 林馥榆、彭涛，《特别策划：汕头开埠》，《潮商》2010 年第 5 期

长达百年的不平衡贸易，境遇虽如林则徐所述的那样悲催，但没有因为逆差而最终经济崩溃，“史料不足以让人得出确切答案，但最合理的推测是海外华工、华商汇回中国的资金填补了差额”[①]。能填补这种差额的资金，不用说清楚也能想象。于是，专为华侨移民递送汇款和信件的组织，将海外收集的信款送到国内侨眷手中的侨批局就应运而生了——这个侨批局，是华侨及侨眷对它们的称呼。“除了称之为‘侨批局’外，还有‘批信局’、‘批局’、‘银信局’、‘批馆’等不同名称。但从事于这个行业的组织多自称‘批馆’、‘信局’。”[②]除了宁波人首创的私人邮局——民信局在早期经办这类业务之外[③]，潮汕人自己也没有放弃这个市场。1835年，澄海籍黄继英兄弟创办了潮籍第一家批信局——致成商号。其鼎盛时期，曾在汕头、澄海、新加坡共开设8间商号，经历了三代掌门人，声誉卓著。自此，一批批的潮商开始进入汇兑庄、侨批局，把商业资本逐步转化为金融资本。无疑，这是一项比“洋务运动”更早的“金融通洋活动”。

当然，除了侨批，还有其他的方式，比如说通过同乡会馆安排。这些会馆类似于今天的同乡会，主要为同乡提供“组织上的温暖”，以及解决一些生活中的难题。像潮商的广东同乡香山人，就在旧金山、夏威夷、墨西哥、秘鲁、澳大利亚以及南洋各地，办有自己的香山会馆。但是，这需花费很长的时间，也不能形成规范。另外，还可以通过山西人开设的票号。不愧是“汇通天下”，它们也曾将自己的分支机构直接设在了国外。不过，和当年晋商主要的活动路径相类似，它们即使走出国门，也多在中俄边境，以及朝鲜、日本。像光绪二十二年（1896），以祁县荣任堡郭源逢和祁县城关张廷将（大盛魁商号创办人张杰后裔）作为财东

---

① 彭慕兰、史蒂夫·托皮克著，黄中宪译，《贸易打造的世界》，如果出版，2012年9月初版，P151

② 徐建国，《民信局与侨批局关系考辨》，《福建论坛：人文社会科学版》2011年5期

③ 前文所说，在很长时间内，中国的通信系统——驿递制度一直为官方专营，民间无权使用，但自嘉庆年间之后，由宁波人首创的私人邮局——民信局开始规模化出现，让通信系统也为民间所有。到了清同治、咸丰、光绪年间，全国大小民信局达数千家，机构遍布国内及华侨聚居的亚洲、澳大利亚和太平洋地区，形成内地信局、轮船信局和侨批局——这也是后来的研究者把侨批局纳入民信局的范畴，把侨批局作为民信局的一种形式的原因之一。不过，考虑到侨批局所具有的特殊性，民国政府在1933年12月8日发布通令规定：“为便于区别起见，就民局业务性质分别办理：（1）专营国内普通信件者，定名为民信局，不准兼收批信。（2）专营国外侨民银信，及收寄侨民家属回批者，定名为批信局，不准收寄普通信件。”自此，民信局和侨批局有了明确的区分。

的合盛元票号在安东（丹东）设立分庄后，又在被俄国势力控制的朝鲜新义州设立了代办所，开始了国际汇兑业务。到了 1907 年，其大掌柜贺洪如又在日本神户、东京、横滨、大坂都开设分支机构。倒是平遥的永泰裕票号则南下印度加尔各答开设分号……饶是这样，票号在国际上的布局，远远达不到真实的需求。另外，尽管在第一次鸦片战争之后，就有外国银行进入中国，通过外国银行汇钱回国也是一个途径，但是，这说来说去，总比不上由“同乡人”经营放心。所以，潮商有了侨批局，香山人日后也有了金山庄①。

在某种意义上，侨批局和金山庄有很大相似之处。一者，它们都是华人传统信用的产物，其建立、经营和业务拓展都建立在信用文化和道德制约基础上。经营者的个人信用关系到侨批局和金山庄的生存。

二者，它们都迎合了主要“顾客群”的习惯和方式。按照《潮州志》上的说法，就是“收款人不谙文义，则批局能代为缮写，甚至有时华侨欲汇款而无现金，批局亦可代为垫汇”。这给华侨很大方便。而金山庄也同样如此，像香山人马应彪于 1892 年在悉尼创办了永泰昌金山庄，并在香港开设分号，为往来香港、澳大利亚的华人提供出国、入境、汇兑、代购船票等一揽子服务。而后起之秀郭乐兄弟于 1907 年 8 月在香港创立永安百货公司时，内设小客栈金山庄，不仅为侨胞办理汇款业务，而且还代办护照以及提供食宿——这也是银行始终未完全取代它们的原因之一。

三者，它们都打通了资本跨国流通的渠道，这无疑反映出了广东人在金融上的作为。日后，我们很能想见，更多的潮商或香山帮会站在侨批局和金山庄的肩膀上，成就自己更大的荣誉。像马应彪和郭乐兄弟就曾先后介入保险业，日后又分别在香港创办了国民商业储蓄银行以及永安银行。相比而言，潮商同样不落下风。其中尤为优异的，无疑是祖籍潮阳县峡山镇的陈弼臣。

这个出生于泰国曼谷吞武里府郊区的 1910 年生人，是一位在泰国打拼的普通锯木厂工人的儿子，家境可想而知。幼年时曾回老家求学，到 17 岁时，重返泰国求生存。不过，他有自己的谋生之道，那就是吃苦耐劳而又聪明好学，最后竟在木材行业一展身手，成为森业隆有限公司的全权经理，并创办了“曼谷木业公

① 金山为澳大利亚的墨尔本的另一称呼。这是因为它在 1851 年发现了金矿。日后，华侨将整个澳大利亚都称为新金山，几经营对澳大利亚进出口业务的商号都称为金山庄，包括金融业务。

司”。日后，他的经营逐渐扩展到五金、文具、食品、大米以及保险等行业，比如说成立“亚洲保险”公司。1944年，他进一步拓展自己在金融业上的业务，联合中泰商贾一起在曼谷创办了盘古银行。不过，对他来说，创办盘古银行的本意是为了服务自身乃至其他商人的进出口业务，因为“如果没有银行给予信用和融资扶助，对国外贸易是难以进行的”，意外之喜的是，盘古银行在侨批业上却收获甚丰。此前，泰国的侨批业大多由银信局（侨批局）经营。不过，在1945年的7月4日，泰国国家银行颁布条例说，所有汇兑业务，包括侨批，一律要通过银行进行——这意味着银信局只能作为“代理”身份，集中寄批的款项后，悉数交给银行处理汇出。它无疑给了盘古以机会。不过，他在盘古中的地位并不高，一开始只是董事会中的一名董事，没有直接参与银行业务，到第二年夏天，才出任银行买办。所以，在1950年，他成立了亚洲信托有限公司，经营银信局业、货币兑换业务，“由于有权势集团撑腰，此公司垄断了侨批汇兑，一度成为垄断批局业、货币兑换的一个重要基地”[①]。与此同时，他在盘古银行中也节节走高，因为成绩卓著，1953年，他被盘古的董事会推举为银行的总裁。正是在他手上，盘古一步步发展为泰国最大的商业银行，几乎掌握了全泰经济，甚至在东南亚地区都深有影响……美联社对他曾有所报道：“陈弼臣，貌不惊人，和蔼可亲，平易近人，是性情中人。他所拥有的巨大财富与新加坡、香港等地的船王、地产王等富豪的资产不相上下。到1981年，盘谷银行的总资产已达58亿美元。”美国的《时代》周刊则给出了另外一种说法：“盘谷银行1981年资产总额已达73亿美元。同年获利4840万美元。”不管如何，《时代》对陈弼臣的赞许是溢于言表，在其1982年3月号上，称陈弼臣为“泰国的头号大亨”、“泰国的最大家庭企业王国的北极星”。这种赞誉简直无以复加。

和庄世平一样，成功后的陈弼臣依旧保持着一颗中国心。不过，还是和庄世平一样，在相当长时间内，他在国内的业务大多集中于香港。1946年，他入股香港汕头商业银行。1954年，盘古在香港开设支行。没多久，他的长子陈有庆进入香港汕头商业银行工作，当时月薪加津贴为500港元。1959年，他又带领陈有庆以及多位杰出港商、东南亚侨领，创办了亚洲保险有限公司。1990年10月，这家公司和改名为香港商业银行的香港汕头商业银行，一起合并为香港亚洲金融集

① 洪林（泰国），《泰国侨批与银信局刍议》，此文为第五届国际潮学研讨会所写。

团（控股）有限公司，而陈有庆则成为了亚洲金融集团的掌门人。自此，亚洲金融集团开启了陈氏家族的新希望。只是，很不幸的是，陈弼臣于 1988 年辞世，没能看到这一天。

不得不说，在某种程度上，正是得益于这些潮商的努力，二战之后的香港，最终取代了上海作为远东金融中心的地位。

上海没落与香港崛起

1949 年前后的中国人，无疑见证了一场“金融权力”的转移，那就是上海没落，香港崛起。想来庄世平和同龄人陈弼臣看中香港，无疑是看中其作为自由港在亚太地区的重要地位。相比香港的自由，上海这个昔日巨大的资本市场，却因为来自新旧政权的各种管制，最终没能在新中国初创时赢得它应有的一席之地。

这是一场疾风骤雨似的变脸。事实上，在 1949 年 5 月上海解放之前，上海的金融机构的数量依旧相当可观，而且机构的种类与层次也极为丰富。除了 119 家民营银行之外，还有中央、四明、万国等 5 家跨地区的储蓄会（局），中央、中国、生大等 10 家信托公司，中国、太平、宝丰等国内最著名的保险公司，另有华商证券交易所和西商众业公所，以及分别以纱布、金业、机制面粉、杂粮油饼等为标的物的交易所，其规模和影响均居全国之首位。尽管遭遇华洋各大银行的打压，钱庄业不得不接受权力的监督和控制，地位急剧下降，但它依旧还顽强存在，到上海解放时，还有 80 多家[①]。

然而，其时的上海，正是全国通货膨胀的风暴眼——尽管抗战在 1945 年取得胜利，但根本不作停息的内战，让军政费用极度增加，造成纸币滥发严重，加上蒋介石自 1947 年 2 月 17 日开始推行的《经济紧急措施方案》，导致国有资产大量流失，更成为法币贬值的深层原因。在这个方案里，除规定禁止黄金买卖，禁止外汇在国内市场流通外，还特别规定：“凡国营生产事业，除属于重工业范围及确有显著特殊情形必须政府经营者外，应即分别缓急，以发行股票方式公开出卖或售与民营。”尽管他的本意是想让这些国有企业通过私有化改革来达到提升活

---

① 张徐乐，《20 世纪上海国际金融中心的兴衰与启示》，上海金融新闻网

力的目的，但在一个专制的权力体系下，这一改革越发呈现出“资产评估过低、改革缺乏公开透明”这一致命问题，官商趁机勾结，上下其手，贪腐横行，贫富差距急速拉大。对这样的局面，民间企业家自然对实业毫无信心，资本大多用于投机，与此同时，全市几乎所有的银行、钱庄全部在从事金银外汇、证券股票等投机买卖，加上金号、证券号、银楼、钱兑业，以及地下钱庄和职业性的金钞贩子、银元贩子等，全市的金融性投机活动者竟达30万人之众[①]。为此，蒋介石以总统名义于1948年8月19日再次发布“财政经济紧急令”，宣布实施货币改革方案。根据货币改革方案，新发行的金圆券一元折合以前的货币——法币300万元，这无疑更凸显出法币的不堪面目来。与此同时，还再次重申禁止私人持有黄金、白银、外汇。凡私人持有者，限于9月30日前收兑成金圆券，违者没收。另外，全国物价及劳务价冻结在8月19日水平。也就在第二天，南京国民政府行政院特设经济管制委员会，下设上海、天津、广州三个督导区。上海区以曾任财政部长、中央银行总裁的俞鸿钧为经济管制督导员。同一日，宋汉章、钱新之、李馥荪等11人受邀赴行政院开会，行政院长翁文灏说明原委，希望大家拥护。随后，蒋介石也亲自接见与会人员，并阐述改革币制的意义，要求他们拥护政府的措施。但这些为了生存而不得不将自己独立地位拱手送上的银行家们，这次却没有那么听话。说起来，他们对国民政府已然没有了丁点信心，就连当选为国民政府立法委员的陈光甫也已经“若即若离”。因此，当蒋经国为了树立民众对金圆券的信任，以俞鸿钧的助理身份，实际上挟太子党的虎威前往上海“打虎”时，虽然喊出了“严厉惩治腐败”的口号，将矛头对准了握有重权的官员和那些跟权力紧密联结的官商集团，但那些早已落势的银行家也同样跑不掉。在蒋经国看来，“商业银行多做投机买卖，不晓得发了多少横财。现在要他们将外汇拿出来，都不大情愿”。为此，他曾召刘鸿生训话，从刘一人之手，就活生生地“劝”出了800根金条和250万美元。另外，他还将周作民斥得“垂头丧气，情绪紧张万分”，与此同时，他还要求周作民不得私自离开上海。在一个小辈面前，这种遭遇无疑是奇耻大辱。感受到人身安全受到威胁的周作民，只得派人前往南京，请张群、吴鼎昌设法相救，最后悄悄离沪赴港。

---

① 吴晓波，《1949年陈毅陈云治沪：开打新中国第一场经济战》，《经济观察报》2009年9月14日

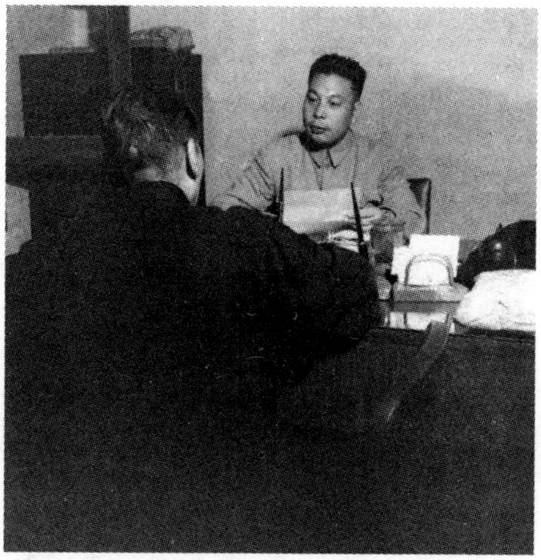

1948 年，蒋经国在上海的“打虎”办公室。

受到传讯的还有李馥荪，他同样被蒋经国批得“面红耳赤，神色颓唐”，甚至还要被法办。时任上海市长吴国桢在回忆录中称，“我突然听说要逮捕李铭，指控他未将银行里的全部外汇交给政府，据说他隐藏了约 3000 万美元的外汇。我到南京去见蒋介石，问他要逮捕李铭（即李馥荪）的消息是否属实。”蒋对此答曰，这是真的，因为蒋经国查出具体证据，他拒交 3000 万美元。吴国桢说：“我告诉蒋，他最好亲自过问此事，李的银行资本只有约 500 万美元，即使李将他每一分钱，加上存款都变成美元，总数也绝达不到 3000 万，蒋感到吃惊。于是李铭未被逮捕只是受到了警告。”如果吴国桢所说属实，那么，从他对李馥荪资本的掌握中，无疑透出这样一个信息，那就是在国民政府统制经济下的商业银行，日子已然不太好过，今非昔比。如今，国民政府再次想通过金圆券来釜底抽薪，显然让人是可忍孰不可忍。在吴国桢看来，“关于金圆券，所有的问题归结起来只有一点，就是他激怒了中国民众的各个方面、各个阶层，以致他们群起而攻击国民政府……而像李铭这样的银行家和商人也对政府怀着怨恨和仇视。”

这种怨恨和仇视无疑成了压跨国民政府这峰骆驼的稻草。与此同时，蒋经国的高调“打虎”，尽管为其赢得了“包青天”等多种雅号，但他没想到的是，自己打来打去最后打到了孔祥熙之子孔令侃的头上，最终无法推行下去，仅仅 70 天之后，就败下阵来，黯然退场，只落得一地鸡毛。

面对着不明的前途，逃离成了很多银行家的选择。没有逃离的，只有在 1933 年因病去世的谈荔孙、在 1938 年遭日机袭击身亡的胡笔江、徐新六，还有不幸也是万幸赶在 1949 年 4 月病逝于上海的叶景葵——他们都不需要为自己规划日后的人生了。和周作民一样，香港成为了他们逃离的最佳目的地。

吴鼎昌走了。这位“北四行”金融集团的首脑，因为与南京国民政府走得相当之近，曾在 1937 年 11 月到 1944 年 12 月，主政贵州，还先后任国民政府文官长兼国民党中央设计局秘书长、总统府秘书长等职，因此在 1948 年新华社公布的

43 名战犯中，吴鼎昌名列第十七。他在设法相救周作民之后，见势不妙，于 1948 年年底在《大公报》上登出启事，声明辞去《大公报》新记的董事，淮海战役结束后，他料理了自己的财产，把应该转移的外汇都寄往到国外，1949 年 1 月去职，赴香港做寓公，但他很快就于 1950 年 8 月病死。

陈光甫也走了。自思与国民政府渊源太深，又认为新中国必将倒向马克思主义，商业银行难有作为。他只有一走了之。不过，他在香港有自己的安身之地。早在抗战期间，他就将上海银行相继迁往法租界和香港，并及时在西南组设新机构。1950 年，他还将上海商业储蓄银行香港分行易名为上海商业银行，并在香港注册。

为蒋经国羞辱的李馥荪也不得不走。此前，他主持的浙江实业银行在 1948 年被改组为浙江第一商业银行。他仿照陈光甫，也于 1950 年在香港另筹香港浙江第一商业银行。只是此第一商业银行和彼第一商业银行并不发生关联。

逃离的队伍中还有张公权、钱新之，以及杜月笙。1949 年的 4 月 27 日，这个“黑道银行家”也在四处隐约传来的隆隆炮声中，独包一艘荷兰轮船“宝树”号，选择在夜里，黯然神伤地携妻妾、子女、朋友和随从数十人，逃离上海，去香港避风。此前，蒋介石曾再三拉他去台湾，但他知道这一去必将寄人篱下，所以借口去香港治疗自己的气喘病，从而在香港坚尼地台 18 号底层三房一厅的狭小空间里一窝就是数年，直至 1951 年 8 月 16 日西去，也未曾“践约”。

不过，这中间还有一位宋汉章，但相对于以上诸位是主动前往香港，他倒不是，是被特务劫持去的。这位以对政权说“不”而著称的金融人，却没有想到在年近八旬之际，依旧还不能为自己的人生做主。

说起来，他这一辈子都在政治的烤炉上，身不由己地被翻来覆去。他本淡泊名利，一心务实。在 1928 年，尽管他被选为中国银行常务董事，但他以前的下属以及小兄弟张公权却是中国银行的总经理，这放在今天的职场，是个相当让人尴尬的事情，不过，他却努力地配合张的工作，并接受张的推荐，全权筹办了中国保险公司。此时的他已经年近花甲，但为了打破洋商的垄断，保障中国银行自身财产及贷放给工商业资金的安全，同时也向社会开展业务，他依旧领命。经过筹备，1931 年 11 月 1 日，由中国银行全资控股的中国保险公司在上海开业，总部设在上海仁记路（今滇池路）中国银行大楼内。外地的经营机构附设在中国银行各分行。除了他之外，早在 1888 年 8 月以不足 17 岁的年龄就开始在上海怡和洋行保险部工作，并成为最早、最年轻的华人保险从业者之一的过福云，被他邀请进入公司担任总经理。至于公司的其他董事，全部由中国银行声名显赫的董事兼任。排在董事第一位的就是宋子文——这位蒋宋王朝的二当家，不仅当任过国民政府的财政部长，又在1935年排挤掉张公权，一身兼中国银行的董事长和总经理——在某种意义上，中国保险公司背靠大树，财大气粗，政商两通。一开始，它以火险为主，1933年，它又增资50万元开设了寿险业务。根据它在1934年的财务年报，此时公司的营业种类已扩展到火险、水险、寿险、汽车险、车辆运输险、邮包险、银钞兵盗险、牲畜险八大类。1937年，它将人寿保险与财产保险分开，另设中国人寿保险公司①。此时的宋汉章，随着张公权被驱逐以及宋子文的“让贤”，又被架到了中国银行总经理的位置上，尽管总经理只是“承董事长之命办理全行事务，并执行董事会议决事项”，但他还是从全局利益出发，依旧兢兢业业，配合董事长宋子文，力求中国银行的扩大与发展。在抗战爆发之后，因宋子文还有其他任务时，他更要不时代理董事长一职。日后他先香港后重庆，同时主持中国银行和中国保险公司的工作。1941年，他主持制定了《中国银行筹设简易储备处办法纲要》，并另建中国保险公司总管理处。不过，1944年2月1日，宋子文因专任外交部长，孔祥熙被蒋介石任命为中国银行的董事长，但这并没有影响宋汉章的工作热情，从1943年至1947年，中国银行的“营业状况”报告都是由他亲自撰写。只是，在这一年的6月，中国保险公司遇到了一大坎儿——日本实行军事管制，起初威逼其与日本合资建立新公司，继又饬令向汪伪政府办理登记注册，好在都被它借口敷衍，保持住了自己的气节。随后的10月，国民政府财政部规定将它改组为中国产物保险公司。12月27日正式更名为“中国产物保险股份有限公司”。在某种意义上，它以新的面目迎来了抗战的胜利。宋汉章也以胜利者的身份，重返上海，随即重庆总管理处复员上海，两者重又合二为一。与此同时，中国银行因为得以顺利复员并接收了日伪占领区的一些金融机构，业务仍有所拓展。但让宋汉章万万没想到的是，内战再起，时局重新变得不安，加上恶性通货膨胀，蒋介石在货币政策上也歪招迭出，年近八旬的他越来越有心无力，对国民政府的腐败无能也深感失望。然而，蒋介石却在1948年4月16日毫无商量地要其同意接替孔祥熙担任中国银行董事长，他已不愿再为人作嫁衣，故

① 童伟明，《80年云烟：宋汉章与中国保险》，《中国保险报》2011年8月

极力推辞，但不得不受命。5 月 1 日，他被财政部指定为中国银行董事长。日后便发生了请去行政院要求支持金圆券的一幕。这之间，他还是坚请辞职。似乎这次说“不”倒是满了他的心愿——1949 年 4 月，中国银行终由晚清四大买办之一的席正甫的后人席德懋兼代董事长。但万万没想到的是，随着他被劫持到香港，财政部在 5 月 5 日又复任他为中国银行董事长，其电中说：“兹闻董事长已脱险到港，上述训令自应予以撤消，所有该行董事长职务，仍由宋汉章先生担任。”不过，宋汉章已经意兴阑珊，为了避免再被逼去台湾，1949 年 12 月，他还是辞去了中国银行董事长职务，自香港到南美的巴西定居——当说“不”行不通的时候，他只有逃得更远。

也正是在宋汉章被劫持去香港的当月 27 日，上海解放。不管他们是被动还是主动，这些大佬弃上海而聚香江，已然让人看出上海的地位。解放后的上海，面对着蒋经国“打虎”所遗留下来的问题，采取了更为果敢而又坚决的管制政策。在社会主义意识形态之前，上海这个巨大而又浮华的资本世界，更日渐尴尬。

在上海解放的当天，中国人民解放军上海市军事管制委员会成立，其下便设有财经接管委员会金融处，代表新生的人民政权对金融业实行接管和监管。除了没收官僚资本，金融处还分赴中央银行、中国银行、交通银行、中国农业银行、邮政储金汇业局、中央信托局、上海市银行等 20 余家金融机构，全面执行接管工作，“被称作‘南小四行’的新华信托储蓄商业银行、中国实业银行、四明商业储蓄银行和中国通商银行属官商合办性质银行，官股都在股本总额的 80% 以上。根据新民主主义经济纲领及相应政策的规定，其官股部分由国家银行接收，并由新政府派出公股代表，改组其原有董事会，参与管理各行业务。上海最早的一批公私合营银行由此诞生”①。

其时的国家银行，正是 1948 年 12 月 1 日于华北银行、北海银行、西北农民银行的基础上合并组成，并在河北省石家庄市宣布成立的中国人民银行，正是它印制发行了新中国唯一的法定货币——人民币，这也意味着，不管是“南三北四”，还是“南小四行”，它们在国民政府法币改革之后失去的印钞权，再也没有回来过。

至于宋汉章，随着他离沪去港，他所留下的中国产物保险公司和中国人寿保险公司，也在 5 月 30 日，被金融处的保险组接管。

---

① 张徐乐，《生存与消亡：上海私营金融业的公私合营》，《当代金融家》

对上海经济以及金融的治理，这还远未到头。此时的北京，陈云刚被毛泽东从东北调入，出任中央财政经济委员会主任，主管全国经济的重振与规划。7月17日，他又亲自抵沪坐镇上海。在这之间，他已经与时任上海市长的陈毅“两陈并肩”，再在上海大战一场——不过这次的战役集中在经济领域。他们要用自己的铁腕手段，来向世人证明，自己的队伍不仅能打好仗，也能管理好经济。

按照财经作家吴晓波的说法，这场战役主要围绕以下三个方面，一个是生产资料管制，通过对“两白一黑”（纱布、面粉和煤炭）的吃进和抛售，将民间炒家全数击溃，当时上海常有投机商破产跳楼，飞涨不歇的物价也日见企稳。二个是流通渠道管制，将每一个重要的商品流通领域垄断在国营企业手中，私人企业不得从事流通业，违反者被定性为“投机倒把”。另外一个就是资本市场管制。6月10日，上海远东最大的证券交易所、位于汉口路422号的上海证券大楼被解放军查封。234人被当场扣押，并被移送人民法院审判，随后，全市的证券交易场所全数遭查封，民间的金融活动被彻底取缔，“资本市场”从此退出了经济舞台。对上海来说，这意味着远东金融中心的功能被摘除，香港取代了它的地位。在此后半个多世纪的时间里，它成了单纯的轻工业和商业中心。

无疑，这些手段，让上海自此成为计划经济色彩最浓、政府管制最严的城市，而这种统一财经，统一金融的做法，也为尔后建立集中统一的计划经济体制打下了基础。

随着上海经验被推向全国，各地的证券交易机构相继被取缔，外资公司被“和平驱逐”，全国性的棉花和粮食计划调配会议相继在北京召开，对这两大战略性物质实行统购统销政策，各大城市随即建立起相应的计划管理体系。到了1953年，随着“一五计划”的实施，在社会主义“老大哥”苏联的无私帮助下，中国不仅引进了技术，而且还全面引进了斯大林式的、高度集中统一的计划经济模式。国家计划委员会因此成立。随后又相继成立国家建设委员会、国家经济委员会、国家技术委员会和国家物资供应总局等机构，这些机构均下设至县级政府，形成了一个封闭、垂直式的计划管理体系[①]。

看得出来，“看得见的手”又一次挥舞在经济领域的上空。

谁也不清楚，在这种由国家“全统全包”的投资分配和管理制度面前，等待

---

① 吴晓波，《历代经济变革得失》，浙江大学出版社2013年8月版，P176–179

中国民间金融的，会是怎样的一个未来。

“国家资本主义”悄然成型

宋汉章终究没能叶落归根，回得了自己的家乡。

起先在香港时，宋汉章曾接通和恢复了与中国产物保险公司的关系。在某种意义上，尽管新政权对“资本世界”大刀阔斧地进行管制，但对在港的宋汉章等人，新政权一方面得考虑统战工作的需要；另一方面也意识到，民族资本家在蒋宋经济戡乱的压迫下，必然也与自己一致反对外国资本和官僚资本，反对反动统治。因此在今天的斗争，他们也是自己的战友。在将来城市解放之后，许多建设工程仍然需要他们大大发展以求增加生产、繁荣经济。所以，在新中国创立之前，新政权就已经对香港工商界开展工作。1946 年 10 月，曾和庄世平一起被周恩来盛赞的许涤新，就受周恩来派遣赴港。如今，为了让宋汉章等人能回心转意，有朝一日重返内地，除了继续紧抓统战工作，另外，还必须要表达相应的诚意——比如说，在被接管后不久，中国产物保险公司就于 6 月 20 日被批准复业，其在天津、北京、汉口等分公司亦获准先后复业。宋汉章和过福云依旧分别为董事长和总经理。

与此同时，经上海市军管会批准，周作民一手创办的太平保险也恢复营业。另外，47 家华商民营保险公司联合组成民联分保交换处[①]，太平协理丁雪农被公推为主任委员，而民联的办事机构也设在太平保险公司内。

---

① 根据《中国保险报》报道，1949 年 5 月，鉴于对外分保关系中断，大部分保险公司资力薄弱，承保能力有限。为打破若干分保集团割据形式，达到保险业大团结，充分发挥保险业在国民经济中应具有的基本作用，维护民族保险业的健康发展，促进相互共济和共同繁荣，在军管会金融管理处的领导和中国保险公司的支持下，1949 年 7 月 20 日，由 47 家民营保险公司联合组建华商再保险集团“民联分保交换处”，即把各公司再保险部门放在一起集中管理，有利于增加业务。该交换处曾推董汉槎为领导人选。此公于 1935 年曾与宋汉章等人发起成立中国保险学会，并当选为第一、第二届的理事。1942 年，又出任上海市保险同业公会常务理事，以后历届均当选为常务理事。1947 年 4 月，董汉槎当选为中国保险公会联合会常务理事。1949 年后，在新公会未成立前的过渡时期，作为保险同业与军管会和人民政府之间桥梁的代表人物，董汉槎担任保险同业公会业务委员会主任。不过，因为他的谦让，加上他的若干公司都不是最强的公司，所以大家对他也就不勉强。

在这个月份当中，中国银行也开始了它的新一轮改组。不过，这也从另一个侧面，反映出新政权对中国银行的重视。和国民政府“四行二局”等官僚资本金融机构不同的是，它和交通银行“两行均有商股，有海外机构，都是历史悠久的老牌银行，是后来被四大家族吞并过去的”，所以在时任中国人民银行总经理的南汉宸眼里，两者是要注意区分的。于是，在被接管之后，中国银行还被赋予了重大的职责——那就是成为稳定上海庞大而复杂的金融市场，以及促使上海与长江流域各地的金融往来得以恢复畅通的“大利器”。此前的5月30日，中国人民银行华东区行与上海分行同时设立，但其立足未稳，实力有限，并不足以成为领导，这让中国银行的改组“上市”势在必行。

显然，这次改组也表示出了对宋汉章等人足够的尊重。在制定中国银行新条例时，时任政务院总理的周恩来也特别指示：对原有中国银行的商股董监事，只要不是战犯者全部予以承认。在改组之时，新政权还特地派人到香港，拟邀请他们回北京参加改组会议。因此在杜月笙逃离香港没多久，陈光甫便给他带来了一个消息，说接到北京来电，中国银行已派人来港，要与他们以及张公权、宋汉章等金融界头面人物见面。然而，出于蒋介石的恶意阻挡，以及对新政权依旧心存疑虑，他们并没有回归。

对他们来说，更大的心理冲击还在后头。那就是新政权业已开始自上而下建立自己的监管体系，比如说在1949年8月份举办的上海财经会议上，金融小组就一致认为，要对全国保险事业进行集中领导和统一管理，“提议在现有各地接收之保险机构基础上，筹设一个全国性的保险公司，担负这一任务，拟定名为中国人民保险公司：同时以原中国产物保险公司为基础，设立专对国际贸易有关之外汇专业保险公司”①。很快，中国人民保险公司就于10月20日在北京成立，同时，其总公司和直属营业部在北京西交民巷108号正式开业。成立之初，它“不仅是一个经营各种保险业务的经济实体，而且是兼有领导与监督全国保险业职能的行政管理机构”②。也正是在9月，起临时宪法作用的《中国人民政治协商会议共同

① 此语出自1949年9月21日由中央人民政府政务院财政经济委员会主任陈云、副主任薄一波就成立中国人民保险公司报请中央批示的文件。

② 陈杰，《建国之初中央决策成立中国人民保险公司原因》，作者为中国人民保险公司集团公司文化品牌部员工，此文为司庆60周年所作。

纲领》中更是规定，金融业属于有关国家经济命脉的重要行业，应受国家的严格管理——这无疑明确地提出了新中国在对待民间金融上的主张。

为了继续争取宋汉章的回归，中国人民保险公司总经理胡景沄、副总经理孙继武多次约谈中国产物保险公司的驻港代表，并代表宋汉章而来的洪传韬。在12月6日写给上海的信中，两人说："据谈宋对中保情况不太了解，顾虑很多，考虑中保是否已改回，这机构将来能否保留，如中保不存在，人员失业如何解决，即使存在，中保恐无事可做。按宋尚能倾向我们，对中保表示愿受人保领导，但是要求仍在天津及长江沿岸设立机构，对国外关系意将驻港办事机构职权扩大，他们认为目前对外发生关系，仍以通过香港为宜……"只是，这样的要求，无疑与北京的设计多有分歧，看得出宋汉章的胃口要大得多。如果宋汉章真要是回来，冲突一定难免。不过，眼见着新中国银行第一届董事会议于1950年4月9日在北京召开，新政权依旧通过宋汉章在香港的同事郑铁如，将开会通知书送到宋汉章等人之手，欢迎他们出席会议。这次宋汉章没有逆拂好意，虽然没有到达现场，但还是亲自写了委托书，委托郑铁如代表他出席会议。

这里得补充说明一下郑铁如，其字寿仁，为1887年生人，和庄世平一样，也是潮商，曾念苏州东吴大学，美国俄亥俄州立大学商科毕业，1915年后念宾州大学商学研究院院士。1917年留学回国，任北京大学讲师及教授等。1922年后，任职中国银行汕头、汉口等分行。1927年后转任中国银行香港分行经理。在日据时期，他曾为日军抓获，委以伪职（属汉奸类），但被他坚拒。而在解放时期，他又率中银上下起义，拒蒋介石的指令转移现金往台湾，并向中共投诚。此事受庄世平等人赞重。

就在郑铁如代为出席的这次董事会上，宋汉章还是被选为常务董事，并被保留到1954年，但他的中国银行董事席位则一直保留至其逝世。除了他之外，担任常务董事的还有未曾露面的陈光甫。当然，当任董事长的，还是中国人民银行行长南汉宸。这也意味着，中国银行要接受中国人民银行的领导。至于总经理，则是中共早期的银行家，日后曾任中共中央统战部副部长的龚饮冰。无疑，改组之后的中国银行依旧保留着部分的商股，以及相应的股东，为公私合营银行，不过，因为国家投资占2/3，实质上，它已经成为新中国国家银行的一部分。1953年10月27日，中央人民政府政务院更是公布《中国银行条例》，明确中国银行为中华人民共和国中央人民政府政务院特许的外汇专业银行。

相比较宋汉章的犹豫，周作民却回来了。通过《群众》周刊的编辑同时也是“现代著名客家文人”林默涵，他结识了潘汉年、章汉夫、许涤新和乔冠华等人，并在这些人的影响下，冲破重重阻力于1951年6月返回内地。当他由香港回到北京之后，曾受到周恩来总理的接见，并被特邀为中国人民政治协商会议全国委员会委员。

地位受到推崇，但周作民的事业，却已然不受自己的掌控。因为他接下来所要直面的，不仅是斯大林式的、高度集中统一计划经济模式，而且是其时颠扑不破的社会主义计划经济理论——在这一理论里，私营经济被认为是一个应该被彻底消除的部分。“消灭资本家私有制”就明确写进1921年的中国共产党的第一份党纲。至于如何“消灭”，后期又有不同的阶段性主张。刘少奇曾提出“合营过渡，和平赎买”的办法，并认为“我们与民族资产阶级至少可搭伙10年至15年”，在毛泽东的时间表里，“应于1967年完成对资本主义工商业的社会主义改造”，也就是用18年的时间消灭私营成分[①]。这也意味着，周作民在人生最后几年所要做的工作，就是自己革自己的命。

就在他回来的这一年，中国金融业的公私合营蔚然成风。因为形势已然摆在自己的面前，那就是如果不公私合营，将活得很艰难。一方面，存款纷纷涌入政府支持的公私合营的银行；另一方面，劳资矛盾凸显。“南小四行”在实行公私合营后，除了在干部、经营管理方面获得中国人民银行较多的支持与照顾，在资金、信用条件以及劳资关系上都得到了很好的保障。这无疑让人对公私合营产生了向往。就连“北五行”——原先的“北四行”，再加上以四行储蓄会为主体在抗战结束后逐步形成的另一家银行“联合商业储蓄信托银行”——也多次面临困窘，不得不数度申请公私合营，最终获得中国人民银行批准。1951年8月25日，五家银行董事会分别推派代表董事，与中国人民银行指派的十名董事一起组成北五行联合董事会，由回归的周作民任董事长，谢寿天、中南银行总经理黄钦书担任副董事长。9月1日，在保持各行原有法定地位，兼顾公私股东权益的原则下，公私合营北五行联合总管理处成立。谢寿天任主任，徐国懋、王绍贤、谈公远任副主任[②]。同样，在这一年又一次恢复中国保险公司之名的中国产物保险公司，也

① 吴晓波，《历代经济变革得失》，浙江大学出版社2013年8月版，P180~182

② 张徐乐，《生存与消亡：上海私营金融业的公私合营》，《当代金融家》

在6月份决定将总部迁往北京，并在9月25日，正式将总管理处与中国人民保险公司合署办公。除此外，它将国内业务全部移交给中国人民保险公司，并作为中国人民保险公司的附属公司，专营海外业务。

不得不说，1951年是中国民间金融在新中国的“转运”之年。在这一年，全国绝大部分行庄在国家银行领导下先后实行了联营联管。到了1952年5月，中央财政经济委员会再次发出指示：对全国金融业进行全面改造，淘汰钱庄。同时，指示中还说：根据资产负债状况合并或淘汰私营银行；已实行公私合营的银行在其劳资双方酝酿成熟后进行人员整编、机构合并……这表明，全面实行改造，已经到来。到了年底，除侨资私营银行外，全部私营行庄五个系统共60家银行、钱庄、信托公司改造成为中国人民银行领导下的统一的公私合营银行，设总管理处于北京。周作民被推为该银行的副董事长。

对中国民间金融来说，谋求公私合营，你很难说这不是一种无奈之举。不过更让它们无奈的是，“应于1967年完成对资本主义工商业的社会主义改造”却在悄无声息中，以另一种“大跃进”的形式，只用了7年就全部完成。1955年，公私合营银行的各地分支机构都被并入当地人民银行。这也意味着，“在社会转型与制度变迁的复杂环境下，上海私营行庄公司把公私合营作为唯一的生存选择，但最终又正是公私合营引导着私营金融业整个行业走到了历史的尽头”[①]。

也就在这一年的3月8日，周作民因心脏病猝发，在上海逝世，享年71岁。他肯定没想到，在他去世后不到一年时间，全国各大中城市就一个接一个地完成了工商业的“社会主义改造”。在私营经济被消灭得如此迅速的同时，列宁在《论“左派”幼稚性和小资产阶级性》中所提到的“国家资本主义”悄然成型。

银行业上，中国银行得以保留成为专业银行，但已然是国家银行，另外，随着“一五计划”中以建设156项重点工程为中心的大规模经济建设在全国陆续展开，为管理好巨额建设资金，中国人民建设银行在1954年10月1日应运而生。它即是日后的中国建设银行。1955年3月，中国农业银行又重新成立——其前身为1951年8月正式成立的中国农业合作银行。相反的是，为南汉宸所提醒的交通银行，则在1958年遭到了“肢解”，除香港分行继续营业外，其国内业务分别被并入当地中国人民银行和中国人民建设银行——自此，偌大的中国，只剩下的中国

① 张徐乐，《生存与消亡：上海私营金融业的公私合营》，《当代金融家》

人民银行、中国银行、中国人民建设银行和中国农业银行这几杆大旗在飘摇。不过，在农村中，还出现了“信用社”这样的金融机构，它是国家对小农经济进行社会主义改造的产物，和农业社以及供销合作社一起，为农业合作化提供了支持。

与此同时，根据国家的整体安排，从1956年起，国内保险市场由中国人民保险公司独家经营，太平保险停办国内业务，专营境外业务。自此，太平保险不得不移师海外，将自己的业务重心放在了香港、澳门，以及东南亚，这样一“别”就是整整45年。这无疑又是香港之幸，但也是它本身之幸。因为从1959年到1979年期间，中国国内所有的保险业务居然都停办了——为什么会这样？现在说起已经很难让人相信，那时认为，企业和家庭都不需要这种“资本主义的剥削工具”。

不得不说，“在中国经济史上，私营企业在1956年的集体消亡是独一无二的事件，这意味着四大利益集团中的有产阶层像毫无作用的盲肠一样被整体切除。在百年现代化历程中，这是第五次，也是最彻底的‘国进民退’”[①]。

饶是这样的大环境，还是敌不过宋汉章想“回来”的心——年纪越大，他思乡越是甚切。尤其是1962年，故乡余姚发生水灾，让人更为忧心。经国内家属及同乡好友的敦促，在1963年6月，他设法摆脱台湾国民党特务的监视，自巴西回到香港，以中国银行董事身份住在中国银行香港分行楼上。上海市政府得知后，特别要求宋的小儿子宋抗宁和儿媳何香媛到香港照顾其生活。期间宋汉章曾写信给乡友，表示对祖国和家乡的眷念之情。然而，大陆不久又开始了“文化大革命”，宋汉章终究还是与家乡失去了联系。

1968年12月，近乎失聪的宋汉章在香港逝世，终年96岁。

他的结局显然成了中国民间金融一个巨大而醒目的“寓言”。

春去春又回

在国家资本主义悄然成型的背后，是民间经济的全面萎缩乃至倒退。

首先，农民成了被牺牲的一个群体。为了保证中国能尽快发展工业化，并利

---

① 吴晓波，《历代经济变革得失》，浙江大学出版社2013年8月版，P182~183。此外，吴晓波所说的四大利益集团，在书中分别指代的是中央政府与地方政府、无产阶层与有产阶层。

用工农业的“剪刀差”，从农业获取工业原始积累，国家以牺牲农民来达到自己的目标。一种方式是统购统销制度的推行，先是棉纱实行统购，到1953年10月，再是粮食。这一月,《关于实行粮食的计划收购与计划供应的决议》出台。所谓“计划收购”被简称为“统购”；“计划供应”被简称为“统销”。到1955年开始，城镇粮食“凭证购买、按户核实”修改为“按人定量供应”，并发行粮票，实行粮食统购统销的制度化。陆续地，统购统销政策还扩展到棉布、棉花、油等其他农产品——这也意味着，这些重要的农产品，以及农民日常生活所需的工业品，都相继退出了自由市场，一般由国营商业部门经营，其他农产品和农用生产资料一般由供销社经营，信用社则垄断了农村全部生产资金的分配。这种对生产和流通两端的严格管制，让农民的产出只能听从国家的支配。与此同时，延续了上千年的买卖，就此成了一个难题，不是你想买就能买，也不是你想卖就能卖；另一种方式则是农业合作化亦即集体化的推行，将农民的人身都束缚在土地上而不得“转移”，这保证了农业上的劳动力投入，让农业的发展得到了保证。但这同时带来了一个问题，它也极大地浪费了劳动力，更重要的是，“吃大锅饭”严重地打击了农民生产的积极性。比如说安徽凤阳，作为花鼓之乡自古以来就是流浪和乞讨的代名词，但新中国的成立依旧没有改变它的处境，其小岗村在相当长时间内“吃粮靠返销、用钱靠救济、生产靠贷款”，生活依旧困顿无比。

其次，被牺牲的还有“资产阶级”。从新中国成立初期消灭私营经济，到1957年之后，全党全国的各项工作从根本指导思想上说均以“阶级斗争为纲”，尤其是十年浩劫当中，“‘文化大革命’时期是‘以阶级斗争为纲’理论的付诸实践的灾难年代,我们称之为‘以阶级斗争为纲’的理论成熟与实际执行阶段……‘文化大革命’时期，‘以阶级斗争为纲’又进一步发展为‘无产阶级专政下继续革命的理论’，发展生产力成为资本主义、修正主义的代名词”[①]，这让反资本主义特别是反资本主义复辟的斗争，成了压倒一切的主旋律。与此同时，“资产阶级”更成了人人喊打的对象。虽然社会主义改造已然让中国没有了私有经济的天下，但按照美国“文革”研究学者理查德·克劳斯（Richard C.Kraus）的见解，“文革”中的“资产阶级”一词有三种指谓：“第一，它可指解放前资产阶级残余；第二，它可指人的政治态度、行为或‘阶级立场’；第三，也是最棘手的，它可指党内官

① 刘吉,《碰撞三十年：改革开放十次思想观念交锋实录》，江苏人民出版社2008年12月版

僚集团。”尽管第三种意义上的“资产阶级”才是毛泽东要真正打击的对象，但是，混乱不堪的“革命”局面，让每个意义上的“资产阶级”都进一步在劫难逃，更让计划模式变得铁桶一般。

这些政策和作为，无疑导致了一个惨重的结果，那就是在新中国成立30年后，除了军事工业技术某些方面有些进展外，其他各方面的自主科技进步明显滞缓，与世界发达国家，包括一些新兴发展中国家科技水平的差距也越来越大，落后于发达国家40年左右，落后于韩国、巴西等发展中国家20年左右。1948年，中国人均GDP排世界第四十位，到了1978年，中国人均GDP排倒数第二位，仅是印度人均GDP的2/3，人均GDP水平按当时官方高估的汇率计算，也只有224.9美元。

“中国新民主主义革命半个多世纪，新中国社会主义建设近30年，得到的竟是这样一个结果，这极大地刺激了刚刚从‘文革’中解放出来的老一辈中国共产党人。”[①] 在某种意义上，这促使了改革开放的国策在1978年开始确立。

开放伊始，国家百业待兴，“大干快上”、“把失去的时间夺回来”几乎成为当时中国各个领域各个阶层共同的目标和口号，中共中央也制定了第三次大规模引进成套设备的方针。为此，国务院有关部门在1978年签署了22个成套设备项目的进口协定，这也成为1979年经济调整的重点。但问题很快就摆到了面前，那就是这些设备共需外汇130亿美元，然而就在1977年年末，中国的外汇储备仅为9.52亿美元，到了1978年年末，仅为1.67亿美元——这无疑表明，外汇支付存在明显缺口。此外，多年社会主义计划经济下形成的理念依旧在桎梏着国人的头脑——此前，新中国曾两次大规模引进技术设备，一次是依靠苏联的借贷，用资源物资作为偿还的保障；一次是采用延期、分期付款和补偿贸易的手段。由于长期受到“左”的意识形态的影响，“既无内债又无外债”的理念深入人心，负债经营在中国被视为禁区，第二次引进时，中国仍然不敢借贷，这极大地限制了引进规模。同样的问题，使得第三次大规模引进设备的执行急速刹车[②]。就在22个重点引进项目中，一大批重化工项目很快就停止引进，仪征化纤等项目暂缓引进。显然，中国试图急速拥抱现代化，却毫无意外地遭遇了

① 千伟群，《艰难的辉煌》，中信出版社2012年5月版，P5-7

② 王晓璐、陆玲，《探路三十五年》，《财经》2014年第17期

寒流的撞击。

1977年的7月正式复出的邓小平很快意识到，这股寒流显然不仅仅来自国家财政的窘迫，更来自体制的缺陷和弊端，而上述两块短板的改造，在当时严密和封闭的计划经济体制内部是无法破题的。他更需要找到破题之策和破解之人，“他急需要一个急先锋，开出一片新战场，得以用资本主义的方式与资本主义打交道。而所有资本主义的方式，是革命了半个多世纪的中国共产党人所不熟悉的。他深知，这个急先锋一定不在体制内部。他必须在体制边缘，依仗最活跃的边缘力量和边缘资源，培植一股全新的力量，并最终撬动体制变革”——在这一愿景面前，一个人物浮上了水面[①]。

他就是荣氏企业的第二代传人，二房荣德生四子荣毅仁。

荣毅仁出生的那年，正是第一次世界大战前后，荣氏家族企业处在上升通道，迅速扩张。荣德生为其取名毅仁，乃是希望他宽厚待人，坚强不自满。1932年，16岁的他考入中国第一所完全以英语授课的大学——上海圣约翰大学历史系。也正是在他初入大学没多久，家族企业便发生了件大事——1933年3月，湖北汉口荣氏家族的申新四厂突遭大火，损失达200余万。万幸的是，申新四厂曾在中国保险公司投保。但对中国保险公司不幸的是，如果全部照赔，这笔钱约占公司实收资本的80%。这难为了其时的宋汉章。它也可以看成是中国保险公司在发展过程中的一个坎。但是出于诚信，宋汉章依旧咬牙坚持全赔，使得申新四厂及早重建，并恢复生产。尽管申新四厂主要是荣德生之兄荣宗敬的股份，但整个家族依旧对宋汉章及中国保险公司感念甚深。荣毅仁特地在上海《申报》《新闻报》上刊登了通篇的鸣谢启事。根据同业公会规定，保险公司不得自登广告，自我宣传。荣氏家族的鸣谢，无疑起了广告的作用，使中国保险公司信誉倍增，客户纷沓而至，业务量成倍增加。中国保险公司在当年不仅未亏，反而出现盈余，同时宋汉章在金融业的声望也如日中天——可以说，这是荣毅仁和宋汉章之间的一次最为难忘的“忘年交集”。

不过，他们在1949年解放上海前后却走了一条相反的路径，宋汉章被动地离开了，荣毅仁却因为父亲秉持着“共产党再坏还能坏过国民党”的朴素信念，而主动地和父亲坚守在大陆，共迎未来，并在1956年，率先将全部荣氏企业拿出

① 王伟群，《艰难的辉煌》，中信出版社2012年5月版，P5~7

来和国家合营，成为一名“红色资本家”。不过，他也在其后的十几年内，几乎成了一个“废人”，没法做什么事情，也有着更为黑暗和低谷的人生经历——“文革”中的“红卫兵”曾在他家安营扎寨，对这位“老牌资本家”又批又斗。但是，逆境中的他不骑墙，不趋炎附势，以自己的人格赢得了诸人的尊敬。当时间的指针被拨到了改革的方向，他似乎听到了时代的呼唤。中国颇具声望的政治家叶剑英曾数度找到他，对他说，“四人帮”粉碎了，你要做好准备，出来做一些事情。尤其是复出的邓小平出现在北京工人体育场国际足球邀请赛的观众席上，观看了香港足球队同中国青年足球队的比赛，而且在第二天为《人民日报》所报道，他敏锐地预感到：

中国终于开始了一个可以“做一些事情”的时代了。

“为了加速祖国实现四个现代化，从国外吸收资金、引进先进技术、聘请各业专家来投入国家经济建设，来为四个现代化服务……”，“当前……似有必要建立国际投资信托公司，集中统一吸收国外资金，按照国家计划、投资人意愿投入国家建设，有步骤、有秩序地来开展这项工作……”1979 年 2 月，荣毅仁上书邓小平，在这封信中，他急切地表达了自己“建议设立国际投资信托公司的一些初步意见”。很快，访美归来的邓小平，就对此予以批复。今天，我们广为熟悉的“中信”（CITIC），便在 1979 年刚开始没一两个月，就进入了实质性的筹备阶段。

在某种意义上，这个国际信托公司让人看到了当年广州十三行的影子。

一者，它们都是权力所特许的，没有权力自上而下的允许，它们很难成为现实；

二者，它们的经营人都和权力有着相当的关联；

三者，它们几乎承担了当时对外的唯一窗口的职能；

四者，它们是国家对外贸易或者交流的中介。但不同的是，一个是寻求主动的对外开放，想通过它来为自己走出一条新路，可以说是内源性的，一个是被动的对外开放，是源于世界对自己持续不断的压迫和要求，可以说是外源性的；另外，作为中介，中信是通道，通过它让资本世界和中国发生更多的关联，可以说是正能量，但广州十三行却更像是屏障，它的设立，更多是想让这种关联被限制或压缩在一定的范围之内，这显得多少有些负能量。更不同的是，它们的经营人虽然都和权力有关联，但广州十三行的经营人更像是权力豢养的家奴，没有进入的自由，同样没有退出的自由，而中信的经营人却是在政治越发开明的语境里，有着相对的独立，以一种主人翁的心态为这个社会和国家服务。

庄世平

在荣毅仁推动中信之后，庄世平推动的深圳特区，也在1980年5月正式成立。然而，正如成立后的特区，一直在是不是租界的争论中，摇摆不定，早两年的中信更是要面对无处不在的禁区，其开创的"仪征模式"——和荣氏家族当年"欠入赚下还钱"模式颇为相似——通过向国外发行债券筹集资金来救活江苏仪征化纤，也一度引来了意识形态上的争议："社会主义向资本主义借钱，这搞的是哪门子的经济？中信到底想要干什么？"这无疑让人在迈出每一步之时，都感觉是踩在泥沼里，拔腿颇是费力，但中信的每一步，都有力地向世人表达了中国开放的决心和理念。这个任谁已经改变不了。

1982年1月，中信债券发行成功，日本30家金融机构认购了这个期限为12年、年利率为8.7%的债券。这带来的一个积极结果就是，仪征化纤的项目终于可以上马，而且，随着投资模式的变化，带来了各种各样的变化。以前是国家做"老子"，"儿子"拿到钱后可以赖账，现在换了债主再想赖账，已经没有那么好说话。很快，仪征化纤仅用了三年时间，就拿出了第一批试产品。正式投产后，每天可创造的产值为110万元。到1988年，全公司已实现利税11.06亿元，赚回了一个新的大型化纤联合企业。

这无疑是让人振奋的时刻，在面对美国记者时，荣毅仁用他浓重的吴语口音说："资本回来了！"

温州模式，及"地下"妖娆

也就在荣毅仁开始"做一些事情"的前后，中国广袤的乡村，同样也开启了自己的追梦之旅。1978年11月24日，安徽凤阳小岗村的18个村民签下一张大包干契约，让家庭联产承包责任制就此在中国出现。

相对于自上而下的中信，自下而上的大包干，更冒着相当的政治风险。即使国家在1978年确立了改革开放的国策，但“包产到户”、“分田单干”还是中国农业的禁区。因此，这18个村民抱着坐班房甚至必死的决心。

无疑，这种被饥饿逼出来的生死抉择，改变了中国农业的形态。它不仅解放了生产力，而且随着家庭联产承包责任制的推广，在根本上解决了中国的口粮能问题。更重要的是，“它让中国农民摆脱了遏制劳动积极性的人民公社制度，从而解放了生产力，它的推广在根本上解决了中国的口粮产能问题。而在另一个方面，它让农民从土地的束缚中解放出来，在土地严重缺乏而观念较为领先的东南沿海地带，大量闲散人口开始逃离土地，他们很自然地转而进入工业制造领域寻找生存的机会，这群人的出现直接地诱发了乡镇企业的‘意外崛起’。在某种意义上，中国民间公司的庞然生长，在逻辑根源上也可以从小岗村的那个冬夜开始追寻”[①]。当然，除此之外，知青回城，以及城市里大量的下岗工人，也导致了劳动力的溢出。相对于乡村的乡镇企业，这些溢出的劳动力也纷纷进入了个体行业。不管如何，他们让民间重新拥有了活力。

温州，位于宁波的东南，有2000余年建城史，其南毗福建，东濒东海，晋人郭璞在《山海经》中描述温州的地形为“瓯居海中”——此“瓯”为温州之简称，实乃温州人自古就会制造瓯器，亦即新石器时代的陶制器皿。除此外，温州在历史上还以造纸、造船、鞋革、绣品、漆器著称，亦是中国青瓷的发源地之一。在某种意义上，温州和宁波很有相似之处，都是“向东是大海”，是帝国的边陲之地，人多地少，资源匮乏，到改革开放之前，其依旧是“三少一差”，除了矾矿外，没有更多可开发利用的自然资源；人均耕地在浙江最少，当时不到半亩。另外，国家对它的关注度也相对较弱。从新中国成立到1978年，国家对温州累计投资只有5.95亿元。这也导致了温州的基础设施建设一直很滞后，没有机场、没有铁路，只有一条通上海的水路和一条路况很差的104国道与外界相接。不过，也正因如此，内地的主流意识形态也很难侵入到这块地方，这给了温州相对自由的发展空间——因此，在集体经济为这个国家农业所秉持的最高模板时，温州的家庭经济和自发经济，却在资本主义泛滥的批判声中酝蕴成长。尤其是改革开放的大门一打开，温州人的热情更是借此勃发。1982年，温州出现创业小高潮，当地个体工

① 吴晓波，《激荡三十年》，中信出版社2008年1月版

商企业超过10万户，约占全国总数的1/10；与此同时，30万经销员奔波于各地，成为让国营企业头疼不已的“蝗虫大军”。1983年，温州创办了全国第一个专业市场：永嘉桥头纽扣市场。到年底，温州全市形成了永嘉桥头纽扣市场、乐清柳市五金电器市场、乐清虹桥综合农贸市场、苍南宜山再生纺织品市场、苍南钱库综合商品批发市场、平阳水头兔毛市场、平阳萧江塑编市场、瑞安仙绛塑革市场以及瑞安塘下、莘塍两地的塑料编织袋、松紧带市场等十大商品产销基地和专业市场——它们无疑是中国第一批农村专业市场。自此，“以家庭经营为基础，以家庭工业和联户工业为支柱，以专业市场为依据，以供销员队伍及农村能人为骨干，以农村包围城市，发展经济、繁荣经济”的“温州模式”有了雏形，在当时遂有“北有温州，南有吴川”之誉。1986年2月28日至3月6日，写就《江村经济》、《乡土中国》的费孝通来温考察，并在《瞭望》杂志上著文，并将这种模式概括之“小商品，大市场”。

关于这种模式的兴起，温州研究者张仁寿有“边区效应”说，“温州十大市场大多坐落在水陆交通都不是很便利的地方，唯一合理的解释只能是，在那些地方，“左”的思潮相对薄弱，计划经济的束缚相对较小，否则，这些市场很可能在兴旺之前就遭取缔。中国改革的经验证明，对旧体制的最初突破，往往发生在旧体制最疏于防范的地方。”

随着民间的“意外突起”，这也给中国民间金融从权重的极度压抑状态下重新找回自己，带来了相当巨大的意义。正是温州于“小商品，大市场”上的“先知先觉”，它也在某种程度上，成了中国金融改革的先行者。1984年，温州苍南县钱库镇方培林在中央1号文件中，找出了这样一句话，“鼓励农民集资兴办各种事业，尤其是兴办开发性事业……”，根据这样的政策，他在1984年9月29日年于钱库镇挂出了一块“方兴钱庄”的白底红字木招牌，这是新中国建立后，大陆第一家由私人挂牌营业的金融机构。方培林也成为了第一个浮出水面的公众人物的钱庄老板。为了长远发展，方培林在经营管理中采取“董事会制”。尽管这是拾前人之牙慧，但在当时，已是十分罕见。钱庄采取投股集资，每股金额1000元，个人入股不限，总股为100股，计10万元。由股东选出董事会和董事长，由董事长委任经理主持日常工作。年终结算，由董事会研究做出合理分红；钱庄还采取财产法人承保制，凡将现金存入钱庄，借贷双方都要有法人资格，严格借贷手续，到期不能偿还者，按政府有关条例处理。除此外，方兴钱庄的“优越性”还表现在：相比较当时银行、信用社的月息——活期存款 0.24%；5 年长期存款为 0.78%；贷款利率为 1.5%，方培林在方兴钱庄开张的当日，给出的存贷表则是——长期存款：月息 1.2%，3 个月以上结算；临时存款：月息 1%，随时存取；贷出款项：月息 2%，视情况而定。这种“中间利率”对存、贷客户无疑都充满了吸引力。同样，相比银行的八小时工作制，方兴钱庄则是二十四小时服务——这种灵活变通的经营模式，显然很符合“温州模式”中家庭工业和联户工业的个体需求，弥补了银行在严格的法律体系内运行的各种制约给用户带来的不便。当地政府显然知道方兴钱庄存在的“价值”，尽管并没有明确发文支持，但“默许”了。然而，突破也往往会带来某些意想不到的“反弹”——仅仅是过了一天，当地的农业银行就上门查封。迫于多方压力，方兴钱庄只能摘下招牌转入了地下，成了没身份的人，坚持 5 年之后，它自行关闭。方培林曾为此自嘲，“新中国的第一家私营钱庄其实只见过一天的阳光。”

也就在方兴钱庄开张一年后，从 1985 年秋天到 1987 年冬天，温州全境爆发了一场至今忆起仍让人不寒而栗的“金融抬会大灾难”，更让中国民间金融在重

2012 年 5 月 29 日，浙江温州，方培林，1984 年成立新中国第一家私人银行“方兴钱庄”；2000 年他又在温州创办了第一家担保公司。

新找回自己时，进一步，却又被迫退两步。

费孝通来温考察之际，抬会正在温州火热一时。作为一种民间的融资信贷，抬会在助力当地的民营经济上，曾一度表现出色。资料显示，在1984年前后的温州，以这种方式进行流通的民间资金已超过了3亿元，成了当地私人企业发展最重要的资金动力。

在某种意义上，这种抬会很符合费孝通在《乡土中国》中对“熟人社会”所描述的习惯法。这种熟人社会一般是指人与人之间有着一种私人关系，人与人通过这种关系联系起来，构成一张张关系网。因为在乡土中国，受地方性的限制，大多人生于斯、死于斯，彼此之间甚为熟悉，因此，这又是一个“没有陌生人的社会”。在这样的社会里，法律是用不上的，社会秩序主要靠老人的权威、教化以及乡民对于社区中规矩的熟悉和他们服膺于传统的习惯来保证。这也可以用来说明，尽管有数万供销大军走出家乡在全国流动，但温州人还是喜欢看得见摸得着的东西，在很长时间内，他们都信不过股票、基金、期货等这些虚拟资本。他们只相信自己身边真实存在的人和物。也正如此，温州的抬会缺乏法律的保护与规范，纯靠乡亲间的个人信用保证，在平常时刻并无太大风险，然而到了经济快速成长和资金供求失衡的时候，就会引发意外的事件。

除此之外，抬会还表现出了不可避免的负面影响。在进入80年代之后，对吃不饱饭的恐惧以及压抑多年后对财富欲望的勃发，让摆脱贫困成为至高无上的公共理想，在这个目标之下，对制度和道德的漠视受到默许。这也造成了道德传统的约束性急剧被稀释。抬会从一开始支持民营经济，到最后，出于对“钱生钱”的诱惑，不仅高息融资，而且其资金大部分脱离实体，无从产生利润，前边的抬会所获的高息，吃掉了后来者的本金，最后因再没有新的资金进入继续抬会，终于倒会。更要命的是，在这种诱惑面前，无数普通百姓都卷入到了这种做会的形式之中，成为了倒会的牺牲品。

1985年9月，温州永嘉人郑乐芬和其夫——温州乐清人蔡胜南便合谋组织了“民间金融互助会”（俗称“平会”），同年10月，两人为了牟取暴利，将“平会”转为“抬会”，以高利率为诱饵，郑充当会主。他们采取了两种方式来经营这个“抬会”，一是先由会员向会主交纳一笔大额会款，然后由会主分期返还会员；二是先由会主付给会员一笔大额会款，然后由会员分期返还会主。会主利用多收少付的差额，从中牟取暴利；会员则利用所得会款放高利贷而非法得利。不过，郑、蔡开始组织“抬会”时没有资金，就尽量发展新会员，收取新会员的大量会款作为“抬会”周转资金，付给先期入会的会员。社会上许多人因见有利可图，遂把“抬会”当作发财的捷径，东奔西走，筹措资金，以求入会，致“抬会”规模迅速扩大。1986年2月14日，乐清县人民政府发布公告，明令禁止“抬会”活动，但他们对此置若罔闻。至同年3月，该“抬会”下属中小会主达427人，会员遍及多个县、市区，并远至江苏、山东、新疆等地。该“抬会”收入会款6200万余元，支付会员款6010万余元，经营金额为1.22亿元，收支差额大189.6万元——郑、蔡将差额款大部分用于自家建房、还债、挥霍或借给他人。破案后，经对会款的收支、出借等情况进行清查，以及对赃款、赃物进行追缴、变卖之后，郑、蔡还造成会款实际损失49.7万元。上述事实，有会账明细册、会证、会单及证人证言证实①。

在80年代，这样的金额无疑是大手笔了。不过，在所有的抬会中，郑、蔡所组织的“抬会”还只算得上中等规模。随着政府的打击，抬会的链条在1986年春就出现断裂崩盘的迹象，但它一直挺到了1987年冬天，才发生了集体性的瞬间雪崩。整个秋天，温州陷入空前的混乱，讨债者冲进会主的家。短短3个月中，有63人自杀，200人潜逃，近1000人被非法关押，8万多户家庭破产。

随着潜逃在外的蔡胜南于上海自首，郑乐芬于江苏金坛县被捕，他们在1989年11月3日，由浙江省温州市中级人民法院作出一审判决，以投机倒把罪分别被判处无期徒刑和死刑。根据同一材料的指控，郑、蔡二被告组织的“抬会”造成了严重的社会危害——罪状之一就是其以投机取巧、唯利是图的思想腐蚀了人们的心灵，败坏了社会风气。尤其是其被取缔后，会员急于向中、小会主索回会款，而有采取绑架人质、非法拘禁之举，致乐清县社会秩序一度严重混乱。除此外，就是其导致高利贷活动猖獗，破坏了国家金融管理秩序，造成国家银行储蓄额急剧下降，信贷资金不足。

尽管被告人郑乐芬不服判决，提出上诉。江苏省高级人民法院于1990年12月27日作出裁定：驳回上诉，维持原判。

不过，也有人对此表示了不同的意见。“仔细分析上述各点，可以发现这些指责远不够坚实”②。在研究者梁治平看来，权力对中国民间金融的打击，还有着

---

① 《人民法院案例选》（总第1辑）

② 梁治平，《乡土社会中的法律与秩序》

更深层的原因。那就是中国民间金融活动一旦开展，“势必与正规金融组织争夺同一市场，因此，问题不在于前者是否导致国家银行储蓄下降，而在于正规金融组织能否满足市场需求，以及，在它们无法满足市场需求的情况下，民间金融组织及其活动在多大程度上可以被合理、合法地承认和引入。高利贷云云，乃是人们指责民间借贷惯常所用的说法，实际情况还需要具体分析。经济学的研究表明，民间借贷的高利率反映了信息投资的资源成本，是对农村金融市场上关于还贷风险信息的严重不对称分布状态的一种理性反应。”

在某种意义上，正是正规金融组织在某些方面的不作为，以及在权力体系下自缚手脚，给了中国民间金融生存乃至发展的空间。

在这里，提及了此前一直没有提及到的“正规金融”一词。很多时候，“正规金融”即为政府批准并进行监管的金融活动。相对应，中国民间金融即为“非正规金融”——国外多将民间金融界定为“非正规金融（Informal Finance）”。这样的定义本没有什么太多的价值判断。但在中国，它更多透出的却是一种歧视和偏见——尽管中国民间金融为市场所需求，但在计划经济依旧有着很强“存在感”，国家垄断依旧有着强大惯性的当时，不言而喻，权力总会在内心底将中国民间金融当成了边缘化的存在。加上其自身的不规范以及非理性，这也让中国民间金融往往落得被“非正规”，被整顿，被地下的结局，最终只能在“地下”妖娆，反而更难让人把握它的“踪迹”。

日后，中国金融学会理事、老银行家曹尔阶在回忆温州当年的抬会时，也提醒大家注意，在打击“抬会”时，也不要“把婴儿和污水一起泼出去”。“至于温州‘抬会’造成两亿多损失，曹尔阶引用学者夏小军的说法，任何金融活动都会有呆坏账。用国有银行的呆坏账比例去衡量，整个温州民间金融活动算上‘抬会’造成的损失，其资产优良率仍然出奇的高；而与那些近年被中央银行关闭的金融机构比起来，1985 年温州‘抬会’所涉及的资金总额也与被关闭的金融机构所造成的后果不可同日而语”[①]。

相对于方培林，杨嘉兴要比他要稍微好运一些。1984 年，正当壮年的他是温州乐清鹿城区一家街办企业——温州环南机电厂的厂长。尽管只是街办小厂，但他还是在这年夏天，有幸从太原重型机器总厂订到很多业务。但问题是，工厂因

---

① 罗屿，《温州模式“蜕变”》，《小康》2012 年第 5 期

为资金不足，无法组织生产。为此，他只好向温州几家银行申请贷款，但区区几万块钱，还是被断然拒绝了。理由很简单：国家银行没有向街道企业发放贷款的义务。为履行合同，杨嘉兴只好以高利息向社会举债。与此同时，愤愤不平的他，一直在思考，能否办一家面向街办小企业、个体户，没有门槛的“民间银行”？当地的领导——鹿城区委书记王思爱对此很是支持，认为这有利于区街企业发展，让杨嘉兴大胆去试[①]。然而，他这一想法刚一冒头，就横遭打击。温州市人民银行曾明确对他表示：“办私人银行是完全不可能的！”不过，杨嘉兴自认为胆子大，想赌一把，把银行开起来再说。所以，他租下了信河街 272 号一家三开间三层楼的临街店面，同时联络了 8 位股东，筹集 31.8 万元资金，准备创办温州鹿城城市信用社——这种有别于国家建立的农村信用合作社，同样有别于 1979 年在河南驻马店成立的第一家城市信用社——它的所有人不是政府，而是杨嘉兴等人。在向鹿城区工商局申报执照的过程中，他并没有遇到什么麻烦，10 月 15 日，他顺利地领到了“临时工商营业执照”，但是，10 月 28 日，温州市人民银行就找上门来，告诉他不准开业，否则后果自负。好在当地更大的领导——时任市委书记的董朝才在了解情况之后，答复他：“温州的金融体制改革，就让你先来试点好了！”并亲自给温州市人民银行主管领导打了电话，指示要让杨试办信用社，这家温州鹿城城市信用社才得以在 11 月 1 日正式开业。尽管如此，开业之后，因为其他人不是怕政策变化，就是怕风险，真正的股东又只剩下他一人。不过，信用社的开业成绩还是很喜人，温州市民成群结队排队存款，当天吸收存款 30 多万元。这无疑给了后来人以前行的希望。6 天后，东风家具厂厂长苏方中创办了第一家由他私人独资控股的城市信用社。他用自己的家具商标“东风”命名了这家信用社。紧随他们之后，类似金融机构纷纷诞生。到 1987 年 12 月，温州全市已有 18 家。这似乎印证了民间金融在温州大有可为。

在某种意义上，这种以区街企业为主要服务对象，且浮动利率、服务灵活多样的城市信用社，是服务市民和民营企业的很好载体。和方兴钱庄相似的是，鹿城城市信用社的营业时间同样是二十四小时，如果有客户到晚上有大笔业务，只要电话通知到他们，他们就会上门服务。另外，一年只有正月初一休息一天。这显然是国有银行很难做到的。不过，和方兴钱庄采取的中间利率有所不同的是，

---

① 沈绍真，《杨嘉兴：中国城市信用社第一人》，《光彩》杂志 2006 年第 6 期

鹿城城市信用社的储蓄利率是 8.64%，比国有银行高 20%，不过贷款利率最高时是 19.8%，同样比国有银行要高得多——不过，相比较在国有银行根本贷不到款，这点高利率对民营小企业算不得什么。

更高兴的事情还在后头，1987 年 1 月 14 日，经温州市人民银行批准，鹿城信用社公开向社会增资扩股，发行了 50 万元股票。在杨嘉兴看来，这支股票应该说是中国改革后第一张规范的股票。那时候，上海股票交易所还没有成立，今天的平安银行亦即于 1987 年 12 月 22 日正式成立的深圳发展银行，也不知道这个股票该如何发。杨嘉兴曾保存有一张股票，票面将近 16 开大小，是上海印钞厂印刷的，有着好多防伪的花样。

直到今天，杨嘉兴还感激董朝才的莫大支持，因为他的这个决策，无疑是承担了极大的政治风险，因为那时的温州，还在“抬会”风潮中，余波未平。但是，让他失望的是，这种好运到 20 世纪 90 年代就戛然而止。

如果说 80 年代，由于思想的解放以及民间活力的兴起，造成了“民进国退”这样一个难得的局面。然而，一旦既得利益者“醒悟”过来，肯定会进行疯狂的反扑。更要命的是，民间在自身加速发展的过程中，也很难做到洁身自好，将自己的屁股擦干净——尽管杨嘉兴为了规范经营，曾倡导成立了“温州市城市信用社协会”，并当选为理事长，但挪用、在利息上弄虚作假等违规经营行为还是层出不穷，温州先后有 50 余人被追究司法责任，有一家信用社多名主要负责人甚至全部被抓。

不过，这里也有特殊的原因，“那就是大量的城市信用社并不是民营资本出资成立的，它们由过去人行和国有商业银行的劳动服务公司改制而来，主要为解决子女就业和职工福利问题，按所有制划分，这些信用社应该属于集体性质。这样的企业，成立的初衷就背离金融机构的原则，而且不是由专业人员经营，怎么可能办得好？”[①] 所以，一颗老鼠屎，往往会毁掉一锅汤，最终导致了监管力量的加强，让 90 年代又开始了新一轮的“国进民退”，甚至，就连改革开放也面临着被否定的危险。

1997 年，国务院将其定为“防范金融风险年”，全国各地都在忙于关停、撤

---

① 余力，《“它的成长史是新中国民间金融业的缩影”——浙江大学经济学教授史晋川访谈》，《南方周末》2004 年 11 月 4 日。

销城市信用社，温州同样也没逃过。1998 年 12 月，温州市区 29 家城市信用社、6 家金融服务社和 8 家营业处被整合归并为温州商业银行，即今天的温州银行。杨嘉兴也因此退出了自己经营十多年的民间金融业。到了 2001 年，20 世纪八九十年代温州盛行的民营金融机构，不管业绩好还是不好，全部退出市场，在今天留下了总让人一声叹息的数目：

零。

第九章

市场倒逼“存量”改革

如果我们审视 1978 年之后计划和市场之间的博弈，你就会发现，无论人生，还是其他，从来都不是一蹴而就的。它们之间会有长时间的纠缠、恋战，谁都不曾主动退出战场，似乎不做一辈子的对手，都不甘心。

从计划到达市场，于是就有了四次转变。第一次，自然是 1978—1983 年间，提出了“计划经济为主、市场调节为辅”的改革思想——有人从正面认为这“体现了从我国当前的国情出发，为我国的经济发展指明了正确的方向”[①]；有人从反面认为，“当前比较突出的问题是对计划经济为主有所忽视，过分强调了市场调节的辅助作用”[②]。总而言之，都体现出了对计划经济的迷恋；到 1984—1987 年间，提出了“有计划的商品经济”理论——这个理论的提出，显示出了国家对经济体制改革，以促进社会生产力的发展的决心。其突破了把计划经济同商品经济对立起来的传统观念；提出计划经济是公有制基础上的有计划的商品经济，必须自觉运用价值规律；商品经济的充分发展是社会经济发展的不可逾越的阶段……不过，在这个理论当中，商品经济还只是一个过渡性的概念，更不用说在它的前面还有“有计划的”这样的定语；到 1987—1992 年间，“市场”终于出现在了中央最高领导人的言谈之中，提出了“计划与市场相结合的社会主义商品经济”理论。1990

① 于焕之，《计划经济为主　市场调节为辅》，《学习与研究》1982 年第 4 期

② 张培桐，《坚持计划经济为主、市场调节为辅的方针》，《山西师大学报（社会科学版）》1982 年第 3 期

年年底邓小平说："我们必须从理论上搞懂，资本主义与社会主义的区分不在于是计划还是市场这样的问题。……不要以为搞点市场经济就是资本主义道路，没有那么回事。计划和市场都得要。不搞市场，连世界上的信息都不知道，是自甘落后。"[①]——这些都鲜明地指出，社会主义也可以搞市场经济，计划经济与市场经济不是社会主义与资本主义的本质区别；离当今最近的一次，则是1992年以后正式提出了社会主义市场经济理论。至此，在计划面前，市场从不被认可，再到"附属"，再到平起平坐，最后脱颖而出，彻底将计划甩开……这些博弈的经历，既看出了计划的顽固，又看出了市场的生命力。

在某种意义上，市场的成功，既是国家权力在面对时势面前，选择了由上而下的顺应——尽管其有果敢下手也有犹豫不决，同时，它也是一种由下而上的倒逼，是民间在权力的夹缝中，以一种智慧的技巧获取生存，并用"生米煮成熟饭"的行动倒逼权力对其给予追认。正是来自民间和国家之间的这一良性互动，使得市场经济最终得以在中国确立，让计划内的"存量"一步步被逼进行"改革"，从而实现了新的活力和增长点。这对中国民间金融来说，无疑是个天大的利好。

重启股市，建立资本市场

1986年11月14日，对中国的股票[②]市场，有着不同寻常的意义。这一天，邓小平将上海飞乐电声总厂下设的上海飞乐音响公司（即"小飞乐"）于1984年11月18日开始发行的一张股票，赠予了到访的美国纽约证券交易所总裁约翰·凡尔霖，自此，俗称"小飞乐"的"中国第一股"，为全世界所轰动。

谁都不会想到，计划经济下的中国，会"与股市握手"。

---

① 《邓小平文选》第三卷，P364

② 股票作为一种同近代股份制企业联系在一起的资本凭证，最早是外国在华企业在上海发行的。鸦片战争以后，西方资本主义侵入中国。上海取代广州，成为中国最大的对外贸易中心和通商口岸。一些外国商人陆续在上海创办了企业。这些企业大多为股份制企业，"并仿欧西成例，在沪集合资本，发行股份证券，俗称股票"。股票出现以后，股票交易也随之而产生。现在所知最早的股票交易，发生在1862年。这一年有人在《上海新报》上刊登广告出售股票。转载于彭厚文，《19世纪80年代上海股票交易的兴衰》，《近代史研究》1999年第1期

事实上，股份制在中国已经落地生根很久了。自从在“外企”久经历练的唐廷枢、徐润大胆地为轮船招商局引进股份制以来，股份制基本上成了中国民间创办实业的一种有效的融资途径，也是把分散的资本集中起来经营的一种企业组织形式。然而，在新中国成立后的社会主义改造过程中，我们努力追求建立社会主义公有制，却在其实现形式的选择和理解上，存在着过于简单化的倾向，只注意到集体所有制和全民所有制这两种基本的实现形式，没有认识到公有制还可以有其他多种实现形式——这让股份制逐渐被排斥和冷落。甚至还有不少人极端地认为，股份制唯有资本主义私有制社会才有，是资产阶级套在无产阶级脖子上的又一根绞索：服从、听话的押金绞索。与此同时，无产阶级交了股份钱，做主的却还是资产阶级大股东和资产阶级董事会。

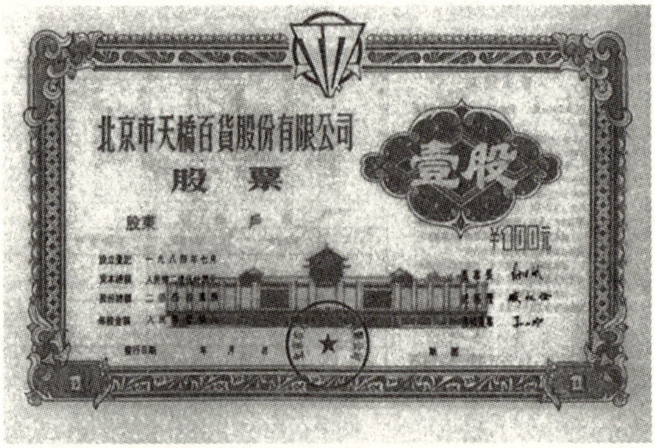

北京天桥百货股份有限公司股票

不难想象，小飞乐的“冒出”，为什么会引起那么大的反响。同样不难想象，它会带来怎样的政治压力。当然，一样有压力的，还有和它几乎前后脚进入人们视野的几只股票——一个来自1953年4月创办的天桥百货商场。它在借鉴国外经验的基础上，自1984年开始实行了一系列股份制改造工作。同年7月26日，北京天桥百货股份公司召开成立大会。一期发行股票300万元，1988年二期又发行700万元。另一只股票则来自延中实业。它在1985年1月2日得到中国人民银行上海市分行批复，发行500万元股票，其中集体股200万元，个人股300万元。这个延中实业今天已然很陌生，不过它曾在1998年10月，被更名为更知名的方正科技。相比而言，“小飞乐”在时间上并不占先，它之所以能成为“中国第一股”，应该在于它的影响力。

如果我们梳理这些股票的前生今世，我们会有以下几点认识：

一、旧中国的股份制实践给后人带来了启发和营养。作为小飞乐的主要“推手”——时任上海飞乐电声总厂厂长的秦其斌就是在参加上海市长宁区工商联的一次集会时，听到一些老工商业者聊天说起旧上海很多民族企业用股票集资，让他茅塞顿开。这也是他第一次听说股票这个东西。

二、在这些股票之前，新中国的有价证券还是一个十分新鲜的事物。直到1981年，中国政府开始发行国库券，才让新中国有了第一种有价证券。但在当时，老百姓只知道国库券是一种能让钱比存银行回报更高的东西。知识和了解的缺乏，让这些股票在推出时，有的遇到问题，有的只能做出变通。

比如说，小飞乐在1984年11月18日发行的股票，其实更像是债券，它规定对个人股东实行自愿认购，不能退股，但可以转让；并按银行一年期定期储蓄存款利率计算股息，每年付息一次。更值得一提的是，排队买股票的人在付钱后也没有拿到所谓的“股票”，得到的不过是一张写着收到某某人若干元股金的收据而已，收据换股票则是以后的事情了。日后，于同年成立的中国工商银行的上海市分行信托公司副经理胡瑞荃和员工看到了南洋烟草股份有限公司的股票，知道股票上应该印一些什么内容后，才设计出“小飞乐”股票的样张：绿色的票面，上面注有“上海飞乐音响公司股票”。此外还有“创设年份：公元一九八四年十一月”、“股票总额：壹万股”、“每股金额：人民币伍拾元整”、“股数：壹股”等字样，底下落款是“一九八四年经中国人民银行上海市分行批准发行”。现在把它和南洋烟草的股票放在一起看，真的是有很多相似之处[①]。相比来说，北京天桥百货股份有限公司的股票更为古怪。土蓝色勾边，大小如壹元人民币。下附一张草绿色的股息、红利票。背面注明：5年还本，除分红外，还保证每年5.4%的利息——无疑，这是一张“保息还本”的股票。今天看来，其应是“天桥”股份制最不规范之处，被打上了深深的时代烙印。但当时的中国人民银行副行长刘鸿儒说：“1984年，习惯于计划体制、毫无风险意识的普通老百姓怎能轻信一张不还本、不保息的纸呢？”[②]

三、在某种意义上，这些股票能横空出世得感谢香港。正是香港股市在内地改革开放后，随着经济受到刺激而大涨，让内地的证券市场之梦开始萌动。有了香港这个参照物，中国政府越来越坚定了开放证券交易的决心。恰恰好赶上了这些股票的发行时间，新中国有关证券方面的第一个地方法规——《关于发行股票的暂行管理办法》就在1984年8月10日于上海出台，同年成立的中国工商银行的上海市分行也在9月24日颁发了《关于代理发行股票业务的暂行规定》，要求

---

① 吴缵超，《两市已上市1581只A股 小飞乐带出1亿股》，《青年报》2008年10月31日

② 《首家股份制企业北京天桥百货股份有限公司寻踪》，《人民日报》1998年7月22头版

按此规定操作发行股票——这在很大程度上意味着股票被纳入了权力体系当中，为权力所认可。日后，邓小平将小飞乐赠送给约翰·凡尔霖，无疑是用个人及国家信用为股票担保。

四、股票的出现，既是响应上层的决心，也是“市场”在“计划”下突围之后，所带来的钱轻的诉求。推出小飞乐，正是秦其斌在扩大经营创立上海飞乐音响公司时，面对资金欠缺时，所能想到的最佳解决方案。与此同时，“市场”上的反应也出乎意想的热烈。曾任飞乐音响副总经理的蔡用溥说，股票发行当日，他早上8时去上班的时候，作为股票临时发行处的上海飞乐电声总厂的门房间，大门口已有二三十人在那里排队了。而延中实业的股票开始发行当日，其股票认购地点——江宁路45号的静安体育馆，一大早就有人排队，排成的长队从江宁路转弯到北京西路，又绕过好几条街，以致造成了交通堵塞。原本计划只发行350万元，可到中午已超过了这个额度。负责发行的中国工商银行上海市信托投资公司静安分公司（申银万国证券公司的前身）副经理胡瑞荃情急之下，赶紧打电话请示有关部门，要求增加额度。然而到下午3时发行量已达470万元，不得不关门停止发行。

五、在姓社还是姓资的大环境里，“先行者”永远都是不易的。从一开始，小飞乐的股票只面对企业内部职工销售，但是他们中有不少人对股份制很不理解，认为这是在培养一批“食利阶层”，所以对出资认购股份大多有着种种顾虑和质疑——这也逼着秦其斌将目光和希望放到了公司外的社会公众；到公司成立之后，去工商部门注册登记，表格上只有三种选择：国营、集体和私营，找不到股份制的影子，秦其斌只好选择了“集体”这一隶属关系，这也为他后来第一次的分红带来了困扰和代价。1986年年初，小飞乐进行第一次分红和扩股，然而，税务局稽查大队在上门查账审核时，毫不客气地说：“你们这是私分国有财产！”同样，北京天桥百货股份有限公司在进行股份制改革时，原北京市体改委主任李俊华曾不无忧虑地提醒：“你们的股份制将面临政治、政策、经营三大风险，要顶住。”果不其然，即使股份制了，天桥还是在随后的十年中，遇到了很困难的时刻，300万股金被“股民”退掉145万，1/3的董事会成员卸职，监事会全体解散。除此外，天桥虽然跳出体制之外，但跳不出政策不配套的掣肘。它既要给国有股分红，还得按55%交所得税。掐指一算，等于交了两次利税。股份制的商品价格表、会计报表，在上级眼里如同“天书”，情急之下，苦求上级单下一份价格表、另设一个科目才算“接轨”。

六、小飞乐、延中实业以及天桥实行股份制，初衷与日后的资本市场并没有太大的关系，主要是为了解决企业资金短缺的难题。不过，它们多少有一些潜意识的其他追求，就是股份制改造能让政企分开，获得独立自主经营的机会。

相比而言，身为国企的北京天桥百货股份有限公司在这方面的诉求更为强烈。虽然新中国成立之初，国企在恢复生产和振兴国民经济中发挥力挽狂澜的作用，功不可没，然而，其一直处在政府垄断企业的经营权和产品的支配权以及收益处置权的状况下，因而导致国企长期处于低效率的运行状态。为了改变这一状况，政府曾向企业让渡了一定的经营权，如生产自主权、原料选购权、劳动用工权和产品销售权等等，这也意味着企业的经营者具有了一定程度的剩余产品的控制权和索取权——某种程度，它是在没有改变原有产权框架，并不涉及“姓公姓私”或“姓资姓社”的基础上，调动了各方面的积极性，形成了一种社会绝大多数成员都能接受并受益的帕雷托改进。但是，它虽然取得了一定的成效，随着时间的进程，依旧被证明是浅层次的权宜之计。即使如此，这种“权宜”也没有落在天桥的身上。身为北京天桥百货股份有限公司的总经理，张继斌在转制之前就尤其苦恼，因为他连修个厕所，都需要上边拨钱，而他本人，也只有“一把笤帚”的审批权。天桥为了发展，曾在外地找了七八个联营点，以商品形式投资，但还是被有关部门狠狠训了一顿：“北京的物资能这么随便外流吗？”在某种程度上，天桥之所以追求成为中国首批股份制企业，也是张继斌预感到，股份制能政企分开，能让企业有更进一步的自主经营权。

七、中国的“股市”从一开始就是跛足的。因为它只有发行，而没有流通。尽管上海一开始公开发行了小飞乐和延中实业，但是热闹过后，这些股票就静悄悄地躺在“股民”的手里，像一堆死钱。随着越来越多的人纷纷打听股票买卖、转让的情况，胡瑞荃和其领导——中国工商银行上海信托投资公司静安分公司经理黄贵显逐渐意识到，股票如再不建立流通市场，股票市场再不开放，社会主义的股票就要失去生命力，失去信誉。中国企业向股份制迈进的行程也将大受影响，甚至导致股份制改革的夭折①。不过，他们在给有关部门打了三次报告之后，却杳

① 连建明，《延中实业与放开股价的故事（三）》，《新民晚报》2014年3月7日D7版

无音信。好在他们寻求到了时任上海市市长江泽民的支持。1986 年 9 月 26 日，经中国人民银行上海市分行批准，中国工商银行上海信托投资公司静安证券营业部开业，并挂牌代理买卖飞乐音响公司和延中实业公司股票。这是上海第一家经营证券柜台交易业务的场所，也是新中国首次开办股票交易。和陈光甫的上海银行有些相似，这也是“小小的交易所”，甚至被视为世界最小，仅有 12 个人，营业面积 12 多平方米。但是它的设立，被看作是沉寂 30 年后的中国股市的重新开设。引起海内外巨大轰动的同时，也成为 1986 年全国十大经济新闻之一。同时，它还为上海证券交易所在 1990 年 11 月 26 日的最终成立，奠定了基础。就在 9 月 26 日这一天，位于南京西路 1806 号的交易所门口，一早就被围得水泄不通，投资者蜂拥而至，交易到 16 时 30 分收盘，共成交股票 1540 股（当时为 50 元 1 股），成交金额 85280 元。不过，在整个证券业务上，静安证券营业部并非第一个吃螃蟹的人，在此之前的 1986 年 5 月 8 日，沈阳信托投资公司沈阳信托投资公司开办了第一家证券交易市场，率先开展了债券买卖和抵押业务。

尽管还是一片争议声，但小飞乐和延中实业发行的股票，以及静安证券营业部的开业，依旧点燃了股市的热情。“到去年（1985 年）8 月底，上海市申请发行股票的单位近 700 家，已经批准的 187 家，集资金额 4540 万元，多数用于发展第三产业。这 187 家集资单位中，向社会发行股票的 13 家，金额为 1795 万元，向本企业职工集资的 174 家，金额为 2745 万元”[①]。日后，有 8 支股票出现在了上海证券交易所在开张时的上市交易中。它包括原名延中实业的方正科技、原名真空电子的广电电子、原名爱使电子的爱使股份、原名申华实业的申华控股、原名豫园商场的豫园商城、原名浙江凤凰的华源制药，自然还有飞乐音响以及飞乐股份，它们被分别称为“大小飞乐”。与此同时，上海万国证券公司、上海海通证券公司在 1988 年相继成立，其中万国证券的总裁即为著名的管金生。加上工商银行上海信托投资公司在静安证券营业部之外，又于 1987 年 3 月成立了虹口证券营业部……这样，上海证券机构也拉开了行业竞争的格局。

作为中国的经济特区，深圳也不能自甘落后。1990 年 12 月 1 日，深圳证券交易所试开市。不过，正式批文要到 1991 年 7 月才下达。筹办深交所的禹国刚日后说：“孩子生出来了，还能再按回娘肚子里不成？”这充满着中国民间金融人的

① 顾壬章、何绍宋，《从延中实业公司发行股票所引起的思索》，《经济管理》1986 年第 4 期

狡黠和智慧。不过，作为深圳证券交易所的第一任副总经理，筹备者、创建者之一，深圳证券交易所早期的理论专家和专家组组长，禹国刚本身就是一个善于学习和思考的人。他一开始在深圳爱华电子公司工作，为党办秘书，但因为爱读杂书，不仅懂得日语，而且还知晓证券知识。1982 年年底，中国方面在日本方面多次邀请下决定选派留学生赴日学习证券业务，不过条件得是精通日语、懂证券知识——这似乎就是为他量身定制。他也就此成为了改革开放后中国第一批选派日本学习证券的留学生……这些知识让他在筹备深圳证券交易所时派上了极大的用场。

正是得益于这些交易机构的开设，那个时代的小人物，又一次成了时代的“宠儿”。杨怀定，上海铁合金厂的小职工，然而，却成为了 20 世纪 80 年代末最先富起来的极少数的人。作为静安证券业务部最早的一批客户之一，杨怀定一开始瞄准的却是国库券。作为国家财政当局为弥补国库收支不平衡而发行的一种政府债券，在发行的一开始，不得当作货币流通，不得自由买卖。直到 1988 年 3 月，为了遏制国库券的黑市交易，财政部提出了《开放国库券转让市场试点实施方案》，允许国库券上市流通交易。然而，由于当时全国并没有形成统一的国库券市场，

2000 年，“杨百万”杨怀定和儿子在家炒股。

也由于经济发展程度不同，一些试点城市的银行为了周转资金，往往会出现低于100元面值出售国库券的现象，从而不同城市之间国库券出现了套利空间。尽管长得粗粗实实，杨怀定却不乏上海人的精明，在他发现不同城市之间的国库券价格存在差价之后，就凑了10万元到了安徽，从当地国库券经营机构买入国库券，再回上海卖给上海的证券业务部，一倒手可以赚几千元。在他的自序中，“从第一批7个试点城市到第二批54个试点城市，我的足迹几乎遍及全国，最远去过新疆、黑龙江”。就这样，采用“蚂蚁搬家”的方式，杨怀定很快就做成了“杨百万”，他的真名反而无人知晓。日后，原申银万国证券总裁阚治东在其自传中写到这段历史时，不禁感慨良多。“谈到国库券买卖，不得不提到当年资本市场颇有名气的杨怀定。”还回忆说，“杨怀定是我们静安证券业务部最早的一批客户。他是不是当年发现国库券淘金秘诀的第一人，我很难确认，但他肯定属于当年国库券买卖最活跃的那批人。”在淘到第一桶金之后，杨百万随后成为上海滩第一批证券投资大户，股票市场上炙手可热的风云人物[①]。

随着这些现象的出现，是权力对股市的继续追认。1987年10月，十三大报告指出股份制“可以继续试行”，1992年，在视察南方谈话中针对股份制的争论，邓小平说了“允许看，但要坚决地试”，不过，直到1997年9月的十五大，才一锤定音：股份制“资本主义可以用，社会主义也可以用”，要“使股份制成为公有制的主要实现形式”。

无疑，中国股市可以说是30年改革开放中最为抢眼的成果之一。不过，这里也暗藏着一些当时很难看出的隐忧。因为其时股票的发行，主要是为了募集资金，与此同时，获准发行股票的都是一些经营困难、没有办法从银行贷款的国营企业（大型国营企业因为能从银行贷款获得优先），以及与政府关系比较密切、发展情况较好的集体及乡镇企业。可以说，这种政策上的倾斜，是一种“照顾”。但谁也没想到，这种照顾在未来却给了很多中小型企业一条生路。而国营大型企业由于在股票市场上的迟钝，导致了它们在日后的改革更陷入了一种泥沼；同样，也正因为中国股市最早的一批成员悉数是国有企业，为国有企业圈钱、输血是中国股市的主要使命之一，这也让它一开始就建立在这样一个错误的基础上，最终表现得与成熟的资本市场远远不同。

---

① 彭洁云，《“中国第一股民”杨百万：国库券异地买卖》，《第一财经日报》2010年10月27日

这也意味着，中国股市注定会成为一个巨大的“寻租场”，也让“庄家”这个赌场中的概念堂而皇之地进入了股票市场。“事实上，国有企业当年所面临的问题远不只资金缺少这么简单，其在将融到的资金挥霍一空后，除了留下一个个‘壳资源’，也留下了恶性圈钱的传统。与之相伴的是，监管的漏洞与政策的任意性，导致股市随时都有可能发生动荡。以上三方面，构成了产生中国股市中‘坐庄’现象的基础。”①

这注定着经济体制的改革，依旧得继续推进。

“招商”再造

在邓小平的一生中，有两次重要的南下，一次是 1984 年，一次则是 1992 年。它们都对中国经济的风向变动都起到了决定作用，“邓小平南巡”这个词汇组合从来没有在正式文件中出现过，但是它却在民间和媒体上被广为采用，它寄托了人们对邓公的尊重和期望。同时，它也逼发出了民众出乎意料的改革热情。

如果说 1992 年的南巡让股份制改革有了定心丸，那么，早在 1984 年的南巡，则让深圳特区是否是新的“租界”的争论告了一段落。在这一年的深圳，邓小平一路上不讲话，不表态，参观时也很沉默，不露声色，“他用行动表明了自己支持的态度，却又在言辞上留下空白”。也正是在邓公面前，袁庚汇报自己治下的蛇口工业区时说，他们提出了“时间就是金钱，效率就是生命”作为整个工业区的口号，并用自问自答的语气说：“不知道这个口号犯不犯忌？我们冒的风险也不知道是否正确？我们不要求小平同志当场表态，只要求允许我们继续实践试验。”此言一出，全场大笑②。

蛇口，这个位于深圳宝安县的一个毫不起眼的边境小镇，只有海鸟将其视作自己的专属领域，像极了体制之外的边缘人物，不受重视和关注。就连袁庚将自己后辈子的改革试验选在这里之时，还引起了人们的怀疑：“这会是最合适的地方吗？”但是，越是不受他人的注意，就意味着改革试验越不会受到他人的打压或

① 陈斯文，《庄家之死》，中信出版社 2011 年 12 月版，前言 XIII

② 吴晓波，《激荡三十年：中国企业 1978—2008（上）》，中信出版社 2007 年 1 月版，P128~129

攻击。等到他人注意到之时，它已经长大成人，很难再被随便撼动了。

和蛇口一起成长的，也是互为因果的，是中国企业股份制的鼻祖，但却为人冷落多年的招商局。然而，正如改革开放后的股份制一直停留在争议的风头浪尖，招商局最后也随着盛宣怀的入主，重归“官督商办”的老路，自此在无法厘清的政府意图和产业回报之间，摇摆不定，命运蹉跎。辛亥革命之后，其董事会虽几经改组，但经营上均无起色，只有在一战期间获利颇丰。1948 年 8 月，在蒋介石推行《经济紧急措施方案》之后的国有企业私有化改革中，招商局被改组为股份有限公司，以一半股本出售招商股。到新中国成立后，招商局在内地财产被人民政府接管，迁往香港的招商局全体员工及 13 艘轮船于 1950 年 1 月 13 日在香港宣布起义，此后继续经营并有所发展。此后的 1951 年，被接管的内地财产被全面改组为中国人民轮船公司，而在香港的资产则继续沿用“招商局”名称，承担一些新中国政府无法实施的使命，直到 1978 年 6 月，它迎来了袁庚。

这位 1917 年出生于宝安县大鹏湾镇的 61 岁老人，曾在 1945 年以上校身份赴香港与英国海军夏悫少将，负责日军受降谈判，为尽快结束二战起了重要作用。也许与香港距离近，又打过交道的经历，让他本都准备好退休之际，却从交通部部长叶飞那里接到一项特殊任务，要求他去香港招商局检查工作，广泛调查，研究如何进一步办好招商局。既来之，则干之。1978 年 10 月，他赴香港主持工作，成为了招商局历史上的“第 29 代掌门人”。11 月 1 日，他在香港富丽华酒店举行了盛大的招待会，已是超级富豪的李嘉诚和霍英东等亲自出席。事后，有媒体如此评价这次招待会：“百年中资再度活跃。”只是，此时的香港也非他当年工作过的香港，正如前面所说，上海没落，香港却在崛起，取得了两大经济成就，一个是从转口港转变为富裕的工业经济体，一个就是崛起成为了国际金融中心。它不仅让内地的证券市场之梦开始萌动，另外，反客为主让内地成为自己的资源和经济战略腹地。随着“内地有望成为香港资源和经济战略腹地”这一提法在 1979 年初的香港《明报》的评论专栏上第一次出现，“产业转移”开始成为这个时期最热门的词汇，这些都为招商局在深圳蛇口的试点埋下了伏笔，而这一伏笔，则在 1979 年 7 月，被揭示了出来——这一月，中国第一个对外开放的工业区——招商局蛇口工业区基础工程正式动工。从此，招商局和蛇口两两相依，共为进退。依托蛇口工业区，招商局很快由一家交通部驻港“窗口机构”，变成一家真正的在港中资企业。由资产 1.3 亿港元的航运公司，壮大成资产逾 200 亿港元的大公司。

不过，这一切都有赖于袁庚的果敢，以及冒险。就像“时间就是金钱，效率就是生命”这一提法，一度让人指责这是“资本主义”的口号，而他本人也被指责为资本主义的代言人，要搞“资本主义复辟”。好在有邓小平的支持，让他如释重负，渡过难关。

不得不说，蛇口无疑是中国改革开放的“试管婴儿”，在计划经济体制之外，以另一种生命的孕育方式，让中国的改革蓝图得以铺开。作为军人出身，为新中国的成立奉献了自己青春的革命者，袁庚在新时代顺时应势地转变成了一个坚定的改革者。文化学者余英时在《戊戌政变今读》中说：“80年代出现了两股改革力量：一股是执行改革开放政策的党政干部，他们的处境和思路，很像清末自强派，是所谓‘体制内’的改革者；另一股则来自知识分子，特别是青年学生。”他无疑是前一类人的代表。正如他在邓小平面前“只要求允许我们继续实践试验”，他的确将蛇口搞成了当时中国最醒目的改革试验场，即使把自己的政治生命全数押上，也了无退却之意。

这也让他拥有了无数个第一：比如说第一个进行民主选举；在全国率先实行人才公开招聘；第一个改革人事制度，冻结原有级别、工资等级，实行聘用制；第一个实行工程招标；第一个进行分配制度改革；第一个实现住房商品化；第一个建立社会保障体系；建设第一个企业自办的对外开放港……在金融上，他也不乏亮点。1984年，为实现财务更大程度的自由以及资本更有效的利用，他还在招商局成立了中国第一家企业内部结算中心和财务公司——在当时，这被媒体当作一项普通创新进行了报道，而几乎没有人认识到，在资金管控高度严密的中国，一家企业内部结算中心以及财务公司的出现将意味着什么——“资本管控的松动第一次让人意识到，中国在有一天会出现由企业资本为主导的商业性银行，这是近50年来中国金融业最具震撼力的事情。”①

也正是在这一年，中国的“商业银行”终于有了自己初步的雏形。此前，在高度集中的计划经济体制下，中国是大一统的国家银行体制。随着改革开放的步伐，多元化银行体系开始重建。先是1979年2月，曾在1965年11月因精简机构而被并入中国人民银行的中国农业银行得以恢复；接下来的3月，中国银行从中国人民银行分设出来，专司外汇业务。外汇管理局专职负责外汇管理工作；8月，

① 王玉德、杨磊等，《再造招商局》，中信出版社2008年11月版，P10~23

1954年在中央人民政府政务院基础上成立的中华人民共和国国务院（以下简称国务院）批准中国人民建设银行从财政部独立，改称中国建设银行；不过，随后的几年时间并没有太大的动作。相对于20世纪80年代初期的企业改革，在某种意义上，金融改革远要滞后，颇有些脱节。直到1983年9月，国务院再次决定，工商信贷和储蓄业务将从中央银行分离；1984年1月，中国工商银行成立，中国人民银行开始专门履行中央银行职能。这样一来，工、农、中、建四大专业银行，就此集体“闪亮登场”，成了主宰中国金融业的“四大天王”。这也意味着，当年的中国人民银行与其他商业银行“不分彼此”，又监管又放贷，既是运动员又是裁判员的格局，就此被打破。这让1984年成为了新中国商业银行的元年。但这些动作，依旧不足以应付整个国民经济的发展以及经济体制改革对银行业和金融业提出的更高要求，另外，专业银行运作中存在的不少弊端也逐渐暴露——这让建立体制较新、业务较全、范围较广、功能较多的银行，打破“四大天王”的一统天下成了新的时代任务。

1986年7月，曾在计划经济体制下被“失踪”的交通银行，却在机缘巧合中，又再次被选择，率先成为这一时代任务的“接单人”。在人们眼里，这个跨越两个世纪，见证了三朝金融历史的银行，无疑是涅槃的凤凰，不仅不惧火海，而且还充满着无限盎然的生命力，这也帮它成为了新中国第一家全国性股份制商业银行。它的重组，打破了专业银行垄断的市场格局，无疑是中国金融改革的标志性事件，对中国金融改革起到了巨大的推进和催化作用。[①]时隔不久的8月11日，招商银行再起波澜。中国人民银行正式下文批复，同意试办招商银行——这是一家全新的银行，从名字上就可以看出它的渊源，其正是袁庚探索金融体制改革，决心在蛇口工业区内部结算中心、财务公司的基础上，所创办的一家商业银行。在某种意义上，招商银行要比“吃老本”的交通银行更具有开创价值。因为其是由企业自办，更能体现金融体制改革的新时代诉求——那就是银行能与实体相结合，互为左右手，为实体的发展增添金融的血脉。

之后的1988年，袁庚再进一步，与中国工商银行深圳信托投资公司合资成立了新中国第一家企业股份制保险公司——平安保险公司。此前，从1959年到

---

① 吴雨珊、王海明著，蒋超良序，《变革二十年（1987—2007）：交通银行与中国银行业嬗变》，中国金融出版社

1979年期间，中国国内所有的保险业务都被停办，到1980年，中国人民保险公司虽然恢复成立，随后却进入了长达6年的独家垄断时期。到了1986年，终于有所改变，由国家财政部、农业部专项拨款，新疆生产建设兵团组建成立的新疆兵团保险公司成立，其总部原设在新疆乌鲁木齐，2010年12月正式迁往北京。它是新中国成立的第二家具有法人资格的保险公司，日后其更名为中华联合财产保险股份有限公司，也是全国首家以“中华”冠名的全国性综合保险公司。不过，和平安保险不同的是，它乃国有独资。在平安保险之后的1991年5月13日，太平洋保险公司正式成立。不论这些公司的性质如何，它们的出现，无疑打破了中国人民保险公司垄断经营的局面，让元气大伤的中国保险业重新起航。

平安的诞生，自然跟蛇口大量引进外资、外商，而刺激出的保险服务有关。因为按当时中国外商投资法规的要求，在中国境内投资的企业必须在中国境内投保。“百年之前，李鸿章以其坚韧魄力，上疏清政府并联合社会募股，打破外资保险公司的垄断，以招商局保险为代表的民族保险业一飞冲天；而这一次，历史再次将重任赋予了招商局，‘一家独大’待破，掌门人袁庚带领着年轻人马明哲披荆斩棘，重整旧业，开始寻求政策底线的突破”[①]。马明哲，1955年生人，在18岁高中毕业后就下乡当知青，曾在乡下学会开拖拉机，后来到蛇口，先在劳动人事处负责干部调配，接着到工业区的社保公司当经理助理，曾建议蛇口的工人每人每月交一定数量的钱做基金，为工伤或离职人员提供保障。建议虽被采纳，但毫不意外的是，它又遭遇了政策上的阻碍，中国人民银行深圳分行的副行长找到马明哲，告诉他工伤保险属于商业保险，社会保险公司不能做商业保险，如果做就要申请牌照。就这样，将他推上了创办商业保险的艰辛之途。1986年，经过时任蛇口工业区副总经理车国宝的引荐，马明哲见到袁庚，并提议成立一家商业保险公司，以期恢复招商局办过保险的传统。汇报了只有五分钟，袁庚就说可以。[②]日后，他就一直奔波在路上。一次次地被拒绝。一批批人都说没可能。但有着坚韧的品性的他，却不曾罢手。山穷水尽时，他甚至决定直闯中南海。其间曾有一段插曲此后被传为“小笑话”：招商局北京办事处的人曾一本正经地告诉他，到了中南海，可千万不要随意停留，也一定不要把手揣在兜里。否则，很容易被当成

① 王玉德、郑清、付玉，《招商局与中国金融业》，浙江大学出版社2013年1月版，P111~113

② 刘建强、王春梅，《平安：走出不安》，《中国企业家》2009年第7期

特务，藏着的机关枪就会伸出来。他信以为真，在中南海里始终战战兢兢地亮着双手，不敢稍有停留。但功夫终不负苦心人，几年的努力终于有了结果。在袁庚的支持下，他作为招商局股东代表接掌了平安保险。此时，他年仅 32 岁。1988 年 4 月 28 日，他在平安保险第一届董事会召开的首次公议上，被选为了总经理，后被任命为副董事长。董事长则是大股东中国工商银行深圳分行行长刘鉴庭。

得益于拥有自己的金融工具，招商局在日后的发展中，虽然一直面临资金紧缺的问题，却没有停下向前的步伐。与此同时，蛇口工业区也以前所未有的经济活力，展现在了世人的面前。它的成功，无疑印证了改革是现行僵硬的体制之下，必须要走的一步棋。

不过，得承认的是，在操办招商局和蛇口工业区的过程当中，袁庚也不是没留遗憾。早在选址蛇口时，时任中共中央副主席李先念曾在他们带去汇报用的香港的简明地图上，用铅笔画了两条杠，准备将几乎是深圳市现在一半面积的土地——南头半岛给他们，但他们却无人敢承担如此之大的幅员范围，最后的实地面积便缩减成了大约 2.14 平方公里。袁庚日后很后悔，如果当时不是胆子太小了，要不蛇口开发区的面积就不会是今天这么小；第二个遗憾则是，没能通过人大立法来保护开发区的许多制度创新；第三个遗憾就是，在 1981 年，他拒绝了自己的朋友，同时也是李嘉诚、霍英东还有胡应湘为首的 13 位香港企业家共同入股共同开发蛇口，但是被他拒绝了。他说，他没有必胜的把握，不敢连累各位。不过，他说的这个话似乎不是他的心里话，他不是怕连累各位大老板，而是担心李嘉诚一旦进来，成立一个董事会，还搞什么体制改革，似乎完全就变成了做生意赚钱的地方了。这也让人看到，再改革如他，也有囿于当时的意识形态之处。但这样一来，他显然只看到了改革的近忧，没看到改革的远虑——随着体制内的改革突围逐渐遇到阻力，到最后到达“极限”，他这个体制内的改革者也会越发地觉得有心无力。如果他当初同意李嘉诚、霍英东等人共同入股共同开发，那么，借助于这更为强大和自由的外来资本的“混血”，蛇口将彻底地资本化，或许会获得更大的经济活力。

也许正是意识到了这样的错误，他在任内的最后一项重要决定便是，排除众议让蛇口的三个下属公司走出体制外，实行股份化。这三家公司，包括前面所说的招商银行、平安保险公司，还有一家是南山（港口）开发公司。同时，他还对平安保险在 1991 年搬离蛇口，将总部迁移到深圳福田八卦岭，给予了理解。

事后，他曾对马明哲说：“当时你们出来时，我是有点看不懂，我现在觉得你们是对的，你们一定要走出去，我也要招商银行走出去。”在晚年，袁庚常常与人聊起，“如果把整个蛇口都放出体制外，今日蛇口又将如何？”

今日的蛇口似乎高开低走，已然泯然于众人也。因为依旧留在体制之内，没能想起彻底“走出去”，它的命运，不如从它体内脱胎而出的招商银行和平安保险。随着领头人袁庚在1992年以75岁的高龄，交出了他管理了15年的蛇口，此后，蛇口迅速地褪去了它的先锋颜色，仅仅三五年后，便变得“无声无息”。若不是其留下的招商银行和平安保险，还在不停地提醒着人们，今天已经很少有人能联想起这块改革的前沿阵地。

只是今天的平安，显然已经跟招商局无关。它在2002年被招商局出售。不过，此时招商局所拥有的股权早已被摊薄为13.544%，早已失去了对它的控制力。一方面，这跟平安在不断壮大的14年间，不断引进“大鳄”股东，如摩根士丹利和高盛，加上员工持股计划的推行——它已然算不上第一股东了；另一方面，保险企业的一大特点在于，随着保费规模、业务范围的扩大，对资本金的消耗很快，且需求是刚性的。2001年前后，中国开始以国际标准要求各保险公司补足偿付准备金。以平安提供的两年前相关数据推测及市场保守估计，招商局预计要为平安计提超过100亿元的保险偿付准备金。这对招商局提出了一个巨大的要求。更要命的是，招商局自清末以来“官督商办”的气质，让其在新时期并没有彻底地改变自己的命运轨迹。在很多人眼里，它是企业，但是它又背负着很难摆脱的政治背景，在“政府＋企业”的畸形模式下大举、盲目地投资——除了办银行办保险之外，它还从油轮运输到房地产开发，从有色金属到证券投资——随着股市在80年代中后期的“兴旺”，以及深圳证券交易所的试营业，招商银行的证券部也就在1991年筹建，并在反复奔走之后，得到了中国人民银行的允准，进入了“试营业”的车道。同年的8月8日，其证券部开业。除此之外，招商局还不停地介入了制药、商业贸易甚至是广告业——到1997年，其下属各种控股企业就已超过200家，资产超过500亿港元，横跨数十个领域——这种无所不包的“大跃进”，让它自1996年开始出现不良资产淤积，债台高筑、支付困难的情况，甚至在国际金融市场上出现信贷危机。尤其是1997年的亚洲金融危机，更对它的困境火上浇油，甚至让时任集团总裁的傅育宁生发出“无法向银行还钱”的感慨。不得不说，没钱，加上失去控制力，导致平安成了招商局断臂求生的选择。

它的被出售，共为招商局创造资本性溢利 6.64 亿元人民币，提供现金流入 15.37 亿元人民币，为招商局消化不良资产、降低负债总额等创造了重要条件。

这算是平安为招商做的最后一次也是最重要的一次“贡献”吧。

不过，失去平安，并不意味着流淌着百年保险血脉的招商局，就此与保险画上句号。2002 年 8 月，招商局通过集团下属子公司与外资股东组建了合资的寿险公司——招商信诺人寿保险公司，依托招商银行进行保险电话行销。

也正是在这一年的 4 月 9 日 9 时 30 分，招商局集团以及招商银行新任董事长——曾在 1995 年 4 月到 2000 年 7 月任中信总经理，期间还担任过中信实业银行董事长、亚洲卫星公司董事长，并在 2000 年 7 月任中信公司副董事长的秦晓，与 1999 年年初接任前任王世祯成为招商银行第二任行长的马蔚华，在上海证券交易所的交易大厅，共同敲响了招商银行 A 股挂牌上市交易的锣声，拉开了招商银行在资本市场竞逐风流的序幕。

从股份制到上市，进入更广大的市场，这对招商银行来说，是一次更远的“出走”。无疑，在“母体”为计划所限，这一“出走”更具有启示的价值，尤其是在 2001 年中国正式加入世界贸易组织这一大的背景下，它用自己的行动“反哺”母体：

我们只有和世界以及市场主动接轨，引入现代企业制度，改革才会真正的有成效，才不会浅尝辄止，事倍功半。

“五道口”金融圈&“92 派”企业家

在招商银行的创办史上，还有一个人物，刘渝，很少提及。但是在他的背后，站立的却是新中国一个谁也不能忽视的群体——五道口金融圈。

先说五道口金融圈，它无疑来自今日北京的潮流所在地——五道口。不过，在 20 世纪 80 年代，五道口还是偏居京城一隅的小地方，因为是从北京北站出发的京包铁路的第五个道口，始得此名。不过，在其周边，聚集了众多北京知名高校，包括清华和北大，以及老外“横行”的北京语言大学，这让五道口成了北京不可小视的地标。但在 1981 年，随着中国人民银行研究生部选择五道口东升公社的一个尚未启用的卫生院而成立，五道口的含义便逐渐扩大了，其不仅具有地理位置的信息，还特指该研究生部以及其所培养出的金融人才。说起“五道口”的成立，一方面得益于80年代初期，新一轮的金融改革正在推行，多元化银行体系开始重建，这让金融高端人才的需要变得尤其迫切；另一方面，得力于时任中国人民银行副行长，分管银行改革的刘鸿儒的推动。在他看来，必须培养一支既懂得市场经济又了解中国国情的队伍，但又不可能直接推动大学的改革为金融系统培养干部，所以只能另起炉灶，建立一个研究生院。在某种意义上，“五道口”是国家意志的产物，所以，很快就开张大吉，第二年的3月和9月，它先后迎来18个和22个学生，在“五道口”历史上，他们分别按年份，被称为81级和82级，但事实上同在一年入校，几乎分辨不出谁和谁不是同班同学。1983年，又一批22个学生入校。这三拨人加起来，一共有62个学生，这也构成了“五道口”的“老三届”。

对这“老三届”来说，他们无疑赶上了好时光。此前他们正忙着上山下乡，把自己的青春挪留在田间、地头以及马路、车间。现在突然遇到这么好的学习机会，自然让他们兴奋异常。更重要的是，为了打破计划经济体制下的惯有思维，在教学上，“五道口”颇有一些创新之举，比如说在建设伊始，就着重于培养适应市场经济改革的骨干力量，培养务实工作者，而不是培养研究型人才；聘请大学及国外名牌教授，搞杂交优势，不像其他高校教师近亲繁殖。这就有点类似于现在的商学院。于是，“老三届”的老师们，包括备受尊敬的学界前辈如陈岱孙、金融学术界泰斗黄达、当时最著名的市场经济学家厉以宁，也包括像刘鸿儒自己以及人行各司的司长，当然，还有人总行金融研究所自己的研究员。从1984年（级）起，开始聘请外籍教师，到1985年达到高峰，请了90多人。他们将国外金融的最新潮流带了进来；另外，在课程的设置上，也不停地改进，重新设计，请世界银行的专家改造，更贴近现实，跟上国际金融市场的潮流……这些无疑都极大地熏陶着这些学子，让他们在没有受到邀请的情况下，“大闹”在合肥举办的中国第二届金融年会。在发言提纲中，“要逐步建立起以中央银行为核心，以若干大银行为骨干，以众多中小银行为基础，以投资银行、保险、证券交易公司等为辅的金融体系；以金融中心组织全国的金融活动应该成为全国改革的方向；非中央银行各种金融机构要实现经营企业化……”今天看上去很普通，但在当时，无异于启迪，从中可以看出他们的锐气和精神。1985年9月，“老三届”第一批毕业生离校的季节。其中，81、82 两批学生基本上是同期毕业。和其他金融院校毕业生有一个很大不同，这些学子并没有回归体制内，除了班长吴晓灵做到中国人民银行副行长之外，大多数人直接冲向深圳、海南等金融实践的源头，扑下海实际操练。

这也让“五道口”在成立几十年间，创造了中国金融界的许多第一：刘自强成了第一家股票上市金融机构——深圳发展银行首任行长；廖熙文成为全国第一家证券公司“特区证券”首任总经理；戴志康在海南创建了中国第一只基金——富岛基金；夏斌成为深圳证券交易所首任总经理；万建华则组建了中国银联，提出“一卡通”……

这让人总是不由自主地想起乔治·索罗斯在他著名的《金融炼金术》一书中描述 20 世纪 80 年代美国银行界变革的一段话：“平静的表面下，一场变革正在酝酿之中。新生代银行家们出现了，他们在商业学校里接受了教育，把获取净利作为思考的所在。新思维派的精神中心是……在那里受过教育的人们撒向全国各地，纷纷占据了其他银行的首要职位。新的金融工具被引入了，一些银行开始更加积极地运用它们的资本……”

在他们看来，这段文字，多么像是在描述 80 年代的“五道口”，以及它首批的 62 位毕业生[①]。2002 年，中新社在其三十而立之时，以“五道口金融学院：‘金融黄埔’30 而立再出发”为题的报道中，不吝赞扬，称“五道口”为“走向商界成功的通行证”，并拥有“金融黄埔”的美誉。

在某种意义上，“五道口”是计划下的市场婴儿，是一次有意识、有目的的“自我突围”。它受孕于计划，最终却成了计划的“逆子”。然而，正如戊戌变法，也有谭嗣同等人的流血牺牲。最终，这一批毕业生受困于体制原因、行业风险，以及“一边干一边制定规则”导致游戏规则跟不上金融实践，游戏者往往会大意自肥，加上枪永远都习惯打出头鸟，从一开始的意气风发，逐渐到内外交困、心力交瘁，最后竟逐渐退隐江湖，有的去过另外一种人生，有的竟成了“失联”的人。20 年后，当《中国企业家》杂志决心寻找这 62 人时，发动关系到处打听，到最后也只是找到了其中不多的几位。

北京人刘渝便是“失联者”之一。在进入“五道口”之前，他曾是个工人，

---

① 房毅、刘建强、刘涛，《五道口金融先锋》，《中国企业家》2003 年第 10 期

是从电大毕业考的“五道口”。作为励志典范，当时的《北京日报》为此还发了一个整版的文章。提到他的人都觉得他很聪明，“是很有才的一个人”。在那次合肥会议上，他就是参与者之一。从那个发言提纲可以看出他为什么会热衷于创办招商银行。

根据他自己在招商银行成立25周年之际的著述，他自“五道口”毕业之后，就去了蛇口，被聘用为总会计师室代理主任，具体工作是负责工业区的财务核算、对外融资，并直接管理结算中心的日常运作。在短暂的工作之后，他于1985年8月向蛇口工业区主持工作的熊秉权副主任提出，可否申请设立财务公司，扩大蛇口工业区的融资能力，此议受到认同。1986年，又因为资金持续短缺问题，蛇口财务公司准备升级为招商局国际信托投资公司，以吸收境外信托存款。但中国人民银行总行万建华却建议说，与其申请升级为信托机构，不如直接申请成立一家商业银行，在传统国有专业银行体制之外，探索企业投资办银行的新路子——一开始，刘渝打算给银行取名为“招商局实业银行”或者“南海商业银行”，或者招商局历史上曾拥有的“通商银行”，但却没有胆量加上“中国”两字。万建华就在他写的纸上划了“招商”和“银行”两词，并说，“招商局的历史悠久，用招商银行这个名称——上来就是老字号品牌。”“招商银行”的名字就此诞生。但它的审批过程，却没有那么的顺利。虽有万建华帮助推动，当时在金融管理司工作的张志平也给予了帮助，但因为没有关于新设商业银行的条法规定，到了7月上旬，审批一直处于不明朗状态，为此，他甚至找到自己在“五道口”的老师刘鸿儒，询问他审批中的障碍何在，但也没得到正确答复。后来有国务院主要领导在问到金融体制改革时，从专家那儿得知缺乏竞争是主要问题，于是就赞同多搞几个银行，先从特区办，有经验后再扩大，领导同时说，袁庚他们不会胡来。这算是给招商银行的呱呱落地，定下了基调。

在刘渝看来，批复同意试办招商银行，是很特殊的事件，因为，第一，没有任何政府背景；第二，没有高层社会关系。而招商局也没有设立任何专门机构从事此项工作，仅仅由几个初出校门的年轻人提出动议，并以探索金融改革的激情和干事创业的劲头促成此事。在某种意义上，招商银行的最终成立，除了时逢金融改革，以及得到袁庚的大力支持之外，还和他这样一个人物的存在，打通了蛇口与中国人民银行之间的“通联”或者说渠道，不然这样的好事情很难落在招商局的旗下。当然，高风亮节的是，尽管在招商银行的创立中从始至终都在出策出力，并在成立之后，协助王世桢担任副总经理，但刘渝出于“历史的价值在于真实”这样的信念，很坚定地认为，万建华是提出创办招商银行建议的第一人。有趣的是，这个“第一人”在 1993 年 3 月，也来加盟招商银行，成为参与招商银行在 20 世纪 90 年代腾飞式发展的重要推动者。

问题在于，年轻人有“探索金融改革的激情和干事创业的劲头”是好事情，但用另外一种视角来说，有可能就是“政治不成熟”。在称赞他的同时，有人就觉得刘渝“不懂规则”，但至于怎么不懂规则，没人说过。很快，他就从招商银行隐退，做起了“寓公”。在他发表以上著述之前，一度“下落不明”，据说他的一位同学曾经在香港碰见过他。这让人不禁感叹这些年轻人，在做过一件大事之后，就彻底地消失在历史的迷雾中，留在我们这些探寻者眼里的，依然是那张 20 年前的、看起来执着而年轻的脸。

在万建华加盟招商银行，从“体制内”到“股份制内”的当年，身为副局级官员的陈东升也同样脱下了官帽，下海创办了具有国际概念的拍卖公司——嘉德国际拍卖公司，成为了中国拍卖行业的开山鼻祖。此前，他一直就在对外经济贸易部、国务院发展研究中心等国家宏观经济研究部门从事经济研究工作，曾一度期盼着自己能成为 J.P. 摩根那样巅峰性的成功企业家——这个伟大的美国人，不仅一手组建了美国最早的钢铁托拉斯，还创立了 GE，另外，投资了爱迪生实验室，留下了摩根士丹利，更重要的是，摩根成功还不忘回报社会，捐赠了美国大都会博物馆大概 1/6 的器物。同时还充当过中央银行、拯救过美国——在某种意义上，摩根激发了陈东升“产业报国”的梦想。而这一梦想，随着邓小平在 1992 年的南方谈话确定了中国市场经济的改革方向，让其时正处于十字路口的改革开放，扭转了徘徊不前甚至要倒退的状态，以及国家体改委在同年颁发了《有限公司暂行条例》和《股份公司暂行条例》（这两个文件是《公司法》和《合同法》的雏形），让中国企业开始有了真正发生变革的转折点，也摇身一变，成了一代人的共有特征。像他一样，在 1992 年之后，更多的政府官员、知识分子等社会主流精英离开体制，下海创业。如田源、毛振华、郭凡生、王中军、冯仑、潘石屹、黄怒波、胡葆森等人。因为他们这一行为都源于 1992 年的那个春天，所以在陈东升那里，将自己这拨人视作了“92 派”企业家。

和“五道口”金融圈相比，他们具有相似的气质。

一者，他们的成长过程都和 1992 年相互交织。只不过有早有晚。但得承认，

1992年都曾深刻地影响过他们。

二者，他们都具有理想主义，以及精英意识，很有为国家的前途和命运担当的抱负，"五道口"金融圈要改变中国旧有的金融体制，"92派"企业家则逐渐成为了"新士大夫企业家"，在赚钱的同时，也积极参与到了社会公共事务当中。

三者，他们出身大多草根，但也大多通过自身的努力进入体制，在某些方面，他们都享受到了体制带来红利效应，一方面，了解并熟知体制内的运作以及动态，并对现实问题的症结看得至为透彻——用另外的意思说，他们就是具有"天然的信息垄断权"，不仅明白了灰色地带之所在，而且比其他人更容易发现市场的空白点。用陈东升自己的话来讲，就是"用计划经济的余威抢占市场经济的滩头"。另一方面，他们甚至还可以亲自"携资源以下海"，这些让他们比一般人成就更大，也更少曲折。

四者，他们都善于向国外学习并模仿。在很大程度上，创新就是率先模仿。谁模仿得越像越多位，谁就能占有市场，甚至创造市场。

五者，股市的重启以及资本市场的建立，让他们多迷恋基于资本市场的财富游戏。金融业是他们的必选项之一。"五道口"金融圈自不必说，"92派"企业家中，也有陈东升这样的人物，在保险市场纵横驰骋。

最后，他们生存的状态，无异于三明治的"夹心层"。一方面，他们被寄托或者自我寄托成为突破旧有体制的先锋；另一方面，也从来没有一个体制主动会放弃自己曾经的地位和利益。于是，在市场和计划之间，他们左冲右突，伤痕累累，有时走得太远，甚至忘记了自己出发的初衷。刘渝的遭遇不用再说，就连意气风发的"92派"企业家，也在日后自嘲"久了就二"。在政府大量的行政干预面前，市场虽然已是"政治正确"，但依旧没法充分发挥配置资源的基础性作用——这也不得不让人反思，"92派"企业家成为"新士大夫企业家"固然没错，但企业家更需要被提振的是其创新和管理能力，然而，现实却迫使他们扮演起了公共知识分子角色，这无疑是一种身份错位。

陈东升喜欢摩根，同样也喜欢美国，更准确地说，喜欢美国的创业环境。在他眼里，美国就是企业家的天堂。相反在中国，几千年的集权统治，官总是压过了商人，到今天依旧尾大不掉。如果有人要问，为什么中国没有一流的、伟大的企业家？这与政府主导经济的模式有关系。"中国这30年发展的成功是政府主导经济模式——中央搞特区、省里搞开发区、县里搞开发区，然后招商引资，都是这样发展起来的。‘政府强势，经济繁荣，但代价是抑制了企业家精神’。”①

但在 1993 年，陈东升还没这方面的烦恼，刚刚“出发”的他，还壮怀激烈。在创办嘉德国际拍卖公司之后没几年，他又成立了自己的保险公司——泰康人寿。此时的中国保险业市场，有平安，有太平洋，也有刚被允许进入的外资保险公司——如 1992 年开始在中国大陆发展的友邦，同年，它的第一家分公司在上海设立。它是第一家获许在中国大陆经营保险业务的外资保险机构。从它的进入，可以看出中国的保险业正在梯次开放。不过，和这些或者规模很大，或者创新力很高，或者资历很久的公司相比，陈东升很智慧地选择了以专业化为导向的寿险，这亦成为泰康创业的一个逻辑原点。在很多人眼里，陈东升的发家，是赚了三种人的钱，第一个是古人——拍卖公司当然多和古人、古物相联。第二个是未来的人——人寿保险自然赚的是未来的钱。日后，他又出任快递公司——宅急送的董事长——这又是在赚今人的钱。总而言之，他把所有的人的钱都赚尽了。

作为一个善于学习的人，陈东升在创办泰康人寿之后，创下了无数个第一：

国内保险业首家采用国际惯例进行信用评级，并在三年内信用评级从 AA 跃居 AAA- 级的寿险公司；国内保险业第一家获得 ISO9001 国际标准（UKAS）质量体系认证的全国性人寿保险公司；国内第一家完成经国务院同意、保监会批准，吸收外资参股的全国性保险公司；国内第一家聘请独立董事的保险公司——著名经济学家董辅礽出任泰康人寿独立董事……然而，政策的变动不居，以及大环境的改变，泰康人寿的上市梦想，却历经波折，一直停留在口头上，数度被推迟，到 2011 年，随着寿险市场遭遇“寒冬”，泰康也遭遇了全年保费负增长的局面——在外人看来，泰康的“增长天花板”似乎到来了，而陈东升创业道路上的一道“坎”，也就此来临。②

不得不说，不管陈东升这样的“92 派”企业家，占尽了不少天时地利，他们还是有如“五道口”金融圈的结局，“我本将心向明月，奈何明月照沟渠”。在这

---

① 黄秋丽，《陈东升：“摩根梦”不再》，《中国企业家》2012 年第 6 期

② 杨芮，《泰康人寿陈东升：经济学“票友”遭遇天花板？》，《第一财经日报》2012 年 10 月 26 日

20 年间，他们虽然不时成为“中国富豪榜”的常客，但还是让人很难奢望在世界 500 强的行列当中能找到他们的名字，相反的是，国企却大出风头。

日后，中国著名经济学家吴敬琏不得不感叹——由于国有经济和政府部门的改革滞后，中国在 20 世纪末期初步建立起来的新经济体制，便有一个重要的特点，就是市场经济和统制经济双重体制并存：一方面，商品买卖和货币交换已成为社会通行的交易方式，市场价格引导相当一部分资源的流向，这意味着市场在资源配置中已经广泛地发挥作用。另一方面，各级政府仍掌握着土地等最重要的资源和对企业微观经济活动广泛干预的权力；一些重要行业也保持着国有企业的行政垄断，这就意味着各级政府和政府官员在经济资源的配置中依然处于主导地位。[①]这些现状无疑都企待继续改变。

在“五道口”金融圈和“92 派”企业家之后，还可以期望谁呢？

从民生再到“民营”

也许，轮到民营银行来为中国金融改革破局的时刻了。

这些年，民营银行一直在“隐身”，从来未“出线”，自从在社会主义改造的公私合营中，被逐步地挤出“计划”之外，它就再也没有找到过去的感觉。这种隐忍状态，与改革开放后急速壮大的民间资本，不成正比，甚至比无可比。与此同时，自改革开放以来，在不同领域有大批民营企业家摸爬滚打成长了起来，但民营银行家的面影还是模糊不清。这同时给民间资本和民间实体带来了双重“饥渴”——民间资本找不到宣泄的“渠道”，而民间实体也得不到被扶持被救助的途径。它们只有干瞪眼儿，却无可奈何。

事实上，民间资本也不是没有努力过。在民营银行还是遥不可及之时，它们也曾尝试过参与银行业金融机构的机会。在某种意义上，由杨嘉兴创办的鹿城城市信用社有些靠近民营银行了。另外，在 20 世纪 80 年代初的农村，也开始流行试办农村合作基金会，作为社区内的资金互助组织。十多年后，农基会遍布全国。

---

① 吴敬琏、马国川，《中国可能“中断”现代化进程》，《决策参考》2012 年创刊号，原载《同舟共进》2012 年第 2 期

不过，和杨嘉兴所引领的城市信用社因迅速膨胀带来了一堆问题，农基会同样因为形成大面积的兑付风险，而导致了国家出手，对其全面清理。这让民间资本好不容易得以提振的信心，再次受到重挫。如果说还有什么利好的消息的话，那就是从1995年开始，在城市信用社的基础上陆续组建的城市商业银行，在资本构成上还是给民间资本留了一席之地，而且还允许其继续进入。另外，随着各大商业银行的股份制化，也给了民间资本以入股方式参与商业银行增资扩股中来。但是民间资本也别高兴得太早，它们即使获得机会，也只是银行的边缘人，没有太多它们说话的权力。

拥有属于自己的银行，成了民间资本急切需要重拾的梦想。

不过，有人却差一点为它们提前实现了这一梦想。其时的“中国第一民企”——前身为1986年先后成立的乌鲁木齐市新产品技术开发部和天山商贸公司，日后其旗下有着6家上市公司的“德隆系”①，在自身壮大的同时，正逢城市商业银行的组建热潮，遂顺势介入，甚至还在昆明市商业银行、株洲市商业银行以及南昌市商业银行上，以各种途径，如通过繁复借壳本地公司等方式，实现了直接控股的目的。另外，德隆系还直接控股了多种金融公司，比如德恒证券、金新信托。另外，据说它还控股着东方人寿保险、泰阳证券，但查无资料。这一“控股”，给“德隆系”带来的好处是不言而喻的。根据银行业监管部门自2002年年末以来长期的调查结果表明，德隆通过关联公司互保、股票抵押等方式，在整个银行体系的贷款额高达200亿元至300亿元。其中，它在某城市商业银行一度占用资金就高达40亿元以上。不得不说，德隆的疯狂发展，源于这种通过控股来为自己输血甚至是肆无忌惮的抽血。这种过度膨胀的金融手段，无疑给银行带来了极大的隐忧，比如说会造成大量的不良贷款——当它们意识到这一点时，银行体系的整体抽紧便在所难免。在某种意义上，正是源于银根收紧，让德隆极度绷紧的资金

① 该6家上市公司分别是新疆屯河（600737.SH，现名为“中粮屯河”）、湘火炬（000338.SZ，现名为“潍柴动力”）、合金投资（000633.SZ，现名为“SST合金”）、S*ST重实、北京中燕（600763.SH，现名为“通策医疗”）、天山股份（000877.SZ），从更名中，也可以看出，这些上市公司在德隆系崩溃之后，各易其主，并于2007年全部重组完成。这6家上市公司的新主人分别是中粮集团有限公司、潍坊柴油机厂、辽宁省机械（集团）股份有限公司、中住地产开发公司、杭州宝群实业集团有限公司、中国非金属材料总公司。华融资产管理公司作为国有金融机构托管了德隆系资产，统一对其进行处置、清算，以偿还债权。

链条，就此崩塌，并最终一发不可收拾。

不得不说，“德隆系”在民间资本争取进入银行业期间，所带来的影响，绝对是负面而巨大的。它不是造就，简直就是谋杀。

能让民间资本能舒上一口气的，也许是1996年1月开业的中国民生银行了。今天，它已经成为了民间资本入主银行的标杆。在它成立的背后，有“92派”企业家的身影——比如说冯仑。他是将自己在阜成门开发的万通大厦的一、二层卖给了民生银行，然后再将这钱转过来入股，共入了7406万元，还有个零头。不过，其时他还有个身份——“泰山会”的成员。这个“泰山会”不是金庸笔下的武侠流派，而是由中国知名且有相当影响力企业的CEO（或董事长）组成，算得上这些企业家的“自组织”。会员单位包括联想控股、四通集团、泛海集团、远大集团、复星集团、巨人集团等15家，而人员除了冯仑之外，还有柳传志、卢志强、史玉柱等人，其中柳传志相当于“掌门人”，其亲任会长，段永基任理事长，顾问吴敬琏，以及时为全国工商联副主席的胡德平。因为其于1993年11月28日在山东潍坊召开了成立大会，所以取名为“泰山”——除了这层意义之外，还寄予了这些企业家的愿想以及所要追求的高度，那就是“五岳独尊”。不过，该会却在柳传志手上定下了一个规矩，那就是“不见媒体、不见报，开会的时候不录音、不记录，畅所欲言，有什么说什么”。曾经，该会去台湾活动。根据当地媒体报道，此次聚会不仅全程保安严密，看到餐厅好意挂出的欢迎红纸时，更呵斥尽快扯下。这也反映了这些精英的审慎意识，在当时“国进民退”的大环境，一边想做出大事业，一边又得顾忌各个方面的心态，怕引起政府的某些意见。另外，它的成立还反映出了其时中国企业抱团以期互助取暖的决心——不管如何，它的存在，总让人想起张公权、李馥荪等人组织的“星五聚餐会”。

正是在山东的座谈上，会员们普遍提出，民营企业最大的困难就是贷款难，怎么办呢？于是，创办一家民营银行的动议由此而生。对其时的史玉柱来说，这更是一件值得去做的事情。对别人如此，对自己更是如此。尽管在90年代初期，这个不甘心在安徽统计局这样的机关单位坐一辈子，南下深圳又到珠海的年轻人，所创办的巨人集团就成为了行业的领军，他本人也成为商界知识分子代表，但是在事业之巅的他，却被国家的激进洪流裹挟，在1992年决定建造巨人大厦，并头脑“大跃进”，将其从38层变成了70层。这给史玉柱带来的资金链上的压力可想而知。也正因为此，史玉柱曾坦言，当年他曾积极地参与民生银行的创办工作。

不过，负责筹办银行一事的，却是科瑞公司总裁郑跃文。因为他早先在家乡南昌办过三个信用社，被大家当成了个行内人。

毫无例外，“行内人”也必然要遭遇“行内事”或“行内规则”。在创办过程中，民生银行自然而然地，就遇到了体制的纠葛。尽管是由泰山会推动，但其在申报筹办的过程中，主导权被转移到了全国工商联的手中，成了“是由全国工商业联合会牵头与10家民营企业共同发起组建的我国第一家民营股份制银行”①。而不由工商联主导，作为民间组织，泰山会想要创办银行的愿望，根本就没有渠道到达国家主管部门。恰恰好，时任中华全国工商联主席的经叔平也在1993年年底提出成立一家主要股东由民营企业构成的股份制商业银行——真是打瞌睡的时候，有人给送上了枕头。两者一拍即合，但一拍即合后却出现了偏离。因为是工商联发起，要求入资者必须是各级工商联会员。在因缘交错之中，这又导致了一个意想不到的结果：在最初缴纳筹备资金的8家泰山会成员中，只有杭州通普电器公司和泛海集团（原通达集团）的名字最终出现在了民生银行59家发起人股东之列。另外，在中国人民银行下发的筹备批文中，又一次规定，民生银行的行长、副行长要由央行指派，董事长由工商联指派。这样，工商联并无一股民生银行股份，但由78岁的经叔平出任民生银行的董事长。这难免会让人心生不平，作为民间投资的产物，民生银行本应该由民间来自主经营，结果到最后成了国家来“摘桃子”——无疑，由于国家权力的深度介入，让民生银行从一开始就变得面目可疑，似是而非。所以，到后来注资的时候，很多泰山会的会员都不注资了，其中就包括柳传志。同样，作为民生银行筹办期的关键人物，郑跃文也成为了最为失意的人物，和民生银行彻底没有了关系。而史玉柱则因为巨人大厦所带来的危机全面爆发，最终选择放弃入股。不过，在2002年，他还是从冯仑手中受让了民生银行的股权，成为民生银行的股东和董事②。

1996年2月7日，民生银行终于登记成立，注册资本金为13.80亿元。总股本1.38亿股，每股1元。创始股东59家，股权极为分散。根据1994年中国人民银行下发的《关于向金融机构投资入股的暂行规定》，单一股东最大持股数不得超过10%。广州益通集团公司出资9028万元，持股比例为6.54%，位列第一

---

① 此语出自《中国泰山产业投资有限公司筹备文件》，其落款日期为1994年7月

② 王春梅，《暗战民生银行》，《中国企业家》2009年第20期

大股东。

民生银行的问世，虽然并不尽善尽美，但它毕竟让国家意识到，民间资本有着旺盛的荷尔蒙。准许民间资本进入银行业不仅可有效缓解中小和民营企业融资难，满足它们的融资需求，还可分流国有银行过多的储蓄资金，化解流动性过剩，分散金融风险。尤其是在中国加入世贸组织之后，作为加入世界贸易组织承诺的一部分，中国将允许外国公司以合资的方式进行投资银行的业务——面对新一轮的“狼来了”，积极鼓励民间资本创设民营银行，无疑是一条求生存、求点赞之道。

2000 年 7 月在陕西成立的长城金融研究所，曾在随后的几年间，牵头做出了民营银行的试点方案。这个为专门研究民间经营而成立的研究所，和“泰山会”一样，有着巨大的雄心，那就是“筑起一道捍卫民族金融业的长城”。包括徐滇庆、樊纲、茅于轼、华范章、文贯中、曹远征、汤敏、王燕等 18 名在国内经济学界堪称重量级经济专家对此一致赞同。其中，著名经济学家、美国匹兹堡大学博士徐滇庆为该研究所所长。这个深深怀有故国情结的华人知识分子，一直以来怀着一个心结，那就是中国产业部门有较强竞争力，但金融部门却是软肋。中国的金融改革必须两条腿走路，在国有银行公司化改革的同时，催生民营银行对改善整个金融系统有着不可替代的意义。在他看来，虽然在某种意义上，中国的民营银行早已存在，像民生银行，以及现有的某些股份制银行，但是它们的准入还完全是政府一手主导，而不是市场竞争的产物，因此，现有金融体制中不仅缺乏银行的市场准入规则，而且连带导致监管规则不健全及退出规则缺位。不过，也正因为如此，尽管 5 家民营银行的试点方案在 2003 年 7 月初步完成，但民间资本发起设立银行的目标依旧未能实现。2003 年的 7 月 22 日，长城金融研究所假座北大中国经济研究中心致福轩，举行民营银行试点方案研讨会，但有媒体注意到，这次盛会并不以长城金融研究所倡议数年的民营银行为口号，而是冠名为“金融制度创新研讨会”。这个细微的变化意味深长。

不过，也正因为柳传志、徐滇庆等人的努力，让中国民营银行之争，在这十多年间，从“该不该让民间资本进入银行业”，进入了“民间资本进入银行业，是采限‘改造’模式还是采取‘新建’模式”。尽管民营银行具体该如何建，股权结构如何、市场定位怎样、关联贷款风险如何防范等方面，专家也好、金融界也好、实业界也罢，到今天尚存诸多争议，但是民间资本进入银行业已经毫无怀疑。

在民国的民营银行实践上，一直走在前列的江浙商人，这次也展现出了自己内心中的不灭欲望。尽管杨嘉兴创办城市信用社功败垂成，但温州这块土地，从来就不缺乏我心永恒的人。1947年出生于温州瑞安，和杨嘉兴年纪相差不多的温邦彦，在民生银行的创设上，就不曾缺席。这个与词人周邦彦同名不同姓的温商，同样“妙于剪裁，精巧工丽”——1966年以优异成绩高中毕业，在“文革”时被迫进入工厂，成为了一位临时工，不过，他对技术的钻研，让他学艺三年之后，就因多项技术革新而被破格晋升为七级技工。经过知识青年上山下乡，他在1981年等来自己的创业机会，砸锅卖铁创办了永久机电厂，成了温州民营大潮中的一员。毫无疑问，他的创业经历赶上了温州民间金融火热的时刻。这也激发了他创设民营银行的热情。早在1994年年底，他到北京参加全国工商联组织的一个会议，就和其他人一起联名写了一个倡议书，决定联名投资一家以民营企业投资为主、为民营企业服务的银行，对经叔平的提议进行了必要的呼应。所以，他无论如何也不能错过民生银行。当时，他很想搏上一把，入股2000万元，然而，在90年代中期，对任何一个民营企业来说，2000万现金都是一笔巨资。当时永久机电的股东因为家里要建房，所以没有同意温邦彦的投资建议，于是温邦彦只能入股100多万元。尽管一开始，并没有太多的回报，而且投资回收期也较长，好在他硬挺着，直到柳暗花明。随着经济、银行业的迅速发展，以及股权分置改革，温邦彦当年100万元投资获得了超额回报，在最高峰时几乎增值了100倍。日后的他一想到这个就有些后悔：“如果当初投资2000万元，那我现在可能完全是另外一个局面。”不过，他也转念一想，“当然，当时投入2000万也有风险，当时通货膨胀严重，银行利率达到15%多，通货膨胀达到20%多。投入2000万可能迫使我不得不中途撤资”。无疑在他看来，当初的决策有利有弊[①]。

和温州“同命相连”的台州，也在接下来的2002年，遇到了一次机会。说“同命相连”，是因为台州和温州不仅同属浙江，在地理位置上颇为接近，而且都濒临东海。更重要的是，它们的民营经济也很发达。今日远近闻名的台州路桥，在20世纪80年代中后期同样是无户不商、无街不市，有着数十个专业商品市场，

---

① 朱国栋，《温商奇人温邦彦：押宝民生银行获利1亿》，《上海证券报》2007年12月20日

市场摊位达 3600 多个，商品成交额近 3 亿元。随之而来的，是其迅猛发展的资金需求，但显然，国有专业银行在态度以及服务上都很难跟上。对此，陈小军深有体会。1980 年，刚刚 17 岁的他就接过父亲的班，成了路桥共和公社农村信用社的职员。正是在这 8 年，让他对中国金融业在计划下的困境，有了自己的初步判断。但如何去改变这样的局面呢？ 1988 年年初，他偶然从一张报纸上，看到了温州农民成立信用社的消息，这让他冒出一个大胆的想法，温州可以做，我们台州也可以做。只是，为了实现这个梦想，他却要“牺牲”很多，首先，必须要从体制内辞职，另外，还要个人筹钱。不得已，他从父母和亲戚处借了 5 万元，另外由 10 个个体户凑了 5 万，这样才得以解决 10 万的资本金。一开始，该社在路桥的一间临街小屋挂牌，6 个工作人员，简陋的尺字形柜台，多少有些过去钱庄的格局，但他却将它叫成了“银座金融服务社”，亦即日后的“银座城市信用社”——这无疑寄托了他对未来的期望。他知道银座是东京的金融中心，要做就朝着好的方向做。第一年的创业很艰辛，除了自己又当老总又当业务员之外，他还采取了两种制度，一种是“存贷挂钩、利率浮动”，将客户按存贷比例分级，比例越高，贷款利率越低——这一办法别人也在用，但他却赋予了它全新的内涵——除了增加存款，更重要的是建立客户的现金流量数据。同时，实行了信贷人员收入与业绩挂钩的方法，如果出现逾期贷款，处罚很严厉——不仅有效地赢得了客户，而且保证了信贷资产零风险，到 1993 年，存款规模过 1 亿元，超过当地国有银行居首位，1994 年，这一数字达到 4.2 亿元。与此同时，他从 1995 年开始，开始专注于内部制度重建，到 1997 年，决策体系、实施体系、监督体系分离，客户经理制、绩效考核制等现代银行制度基本成型，让自己成为真正的银行。在某种意义上，这也帮助他挺过了国家对城市信用社的清理整顿，日后更是接下了其他七家城市信用社的不良资产，在 2002 年以银座城市信用社为核心组建了台州全市第一家城市商业银行——台州市商业银行。在这家商业银行里，政府股权只占 5%，这在全国是第一例。

在某种意义上，它是浙江省第一家地方性民营银行[①]。

不得不说，台州受益于自身的民营经济的发达，同样得益于民间资本被逐步

---

① 陈小军口述，陈向阳整理，《商业银行陈小军：10 万元办起全国首家民营银行》，《台州晚报》2008 年 10 月 11 日

放开的东风，让民营银行落地生根——正所谓赶得早不如赶得巧，当杨嘉兴只能黯然神伤地退出之时，更年轻的陈小军却借势而起。随之而来的，有成立于2006年的浙江泰隆商业银行——其前身是1993年成立的台州市泰隆城市信用社；以及同年成立的浙江民泰商业银行——其前身为1988年5月创建的温岭城市信用社（温岭在行政上属于台州）。这让台州竟然“一口气”拥有了三家“民营银行”，已然成为一种现象。

在整个浙江，也有行动。2004年8月，全国性股份制商业银行——浙商银行在杭州诞生，由13家民营企业控股85.71%。有人称之为“国内银行吸收民间资本的‘第一号重组’”。而在2006年8月，义乌市稠州城市信用社也升格为浙江稠州商业银行。据浙江省银监局材料，2012年一季度末，浙江156家地方法人银行业金融机构民间资本持股合计487.15亿股、占股本总额的74.08%。其中，包括浙江泰隆商业银行、万向财务公司在内的40家地方法人银行业金融机构为100%民间资本持股。

不过，回过头来说，尽管这些银行被称之为“民营银行”，但民间资本在这些银行里面，还是只能算“入股”——监管机构选择的依然是民资参与银行增资扩股和重组改制这一模式，尽管其在新设村镇银行上一次次放宽民资入股比例，但是直到2013年6月19日，由民资“做主”发起设立银行才取得突破。“在当天举行的国务院常务会议上，首次提出了探索设立民间资本发起的自担风险的银行。半个月后，国务院发布《关于金融支持经济结构调整和转型升级的指导意见》（‘金融国十条’），民营银行的提法再次得到明确。民营银行又一次来到了历史机遇的门口”①。

与此同时，互联网和第三方支付技术的发展，也为民营银行施展拳脚提供了无限想象的空间。腾讯、百度、京东等互联网企业，均表达了试水民营银行的意愿。

在2014年的“两会”期间，国家银监会主席尚福林便透露，首批5家民营银行将在天津、上海、浙江和广东开展试点，商汇、华北、均瑶、复星、阿里巴巴、万向、正泰、华峰、腾讯、百业源等民营资本参与试点工作。在这首批民营银行中，浙江占据2家，分别由阿里巴巴和万向、正泰和华峰作为发起人；上海占据1家，

① 刘诗平，《民营银行归来》，《财经国家周刊》2014年第3期

由均瑶、复星作为发起人。值得关注的是，这6家当地大型企业，均有丰富的资本运作经验，其负责人籍贯均为浙江人士。这难免让媒体感叹“民企办银行获得重大突破”的同时也要承认，民营银行首批试点，“浙江系”称雄[①]。不过，最终获批的，却只有三家，它们分别是，以华北、麦购为主发起人，在天津市设立的天津金城银行；以正泰、华峰为主发起人，在浙江省温州市设立的温州民商银行；以及以腾讯、百业源、立业为主发起人，在广东省深圳市设立的深圳前海微众银行。也许，这里尤需值得关注的是“金城银行”——尽管它和周作民时期的金城已没有“血缘”上的联系，但依旧以此为名，应说它们有意重拾传统，以回望的方式遥看未来。

不得不说，民营银行的“开闸”，是一件利好的事情。“出身草根金融的它们，和中小企业保持着天然的亲和力。在经营上，既能契合中小企业的融资特点，又具有产权的天生优势，由此呈现金融和经济互动协调的理想状态”[②]。大家都知道，中小企业融资难是个国际性难题，被称为麦克米伦缺口。缺口源自金融机构和中小企业之间的信息不对称。如果让国有金融机构来填补，它们总在考虑宏观效益和微观成本的冲突。如今，可以让上帝的归上帝，恺撒的归恺撒，国有金融机构不愿意做的，不如就交给民营银行。当然，出于体制以及其他各方面的因素，你很难对民营银行一开始，就抱着太大的期望，它在当下的主要作用也许是“鲇鱼效应”——通过它的加入，进一步健全和完善我国现有银行业体系，补上银行业缺失的一个环节，形成大中小金融共存的格局，从而在组织体系上与经济结构相匹配。在某种意义上，民营银行将继续“五道口”金融圈以及“92派”企业家未竟的理想和责任，进一步倒逼“存量”改革。不过，也不是所有人对民营银行的出现，都予以热烈的欢迎，毕竟，崩溃的德隆系无疑就是前车之鉴。“在世纪初一度极为热闹的民营银行之所以末落，原因在于普遍存在的关联交易骗局”[③]。谁能保证，那些资本大鳄不会借民营银行暗度陈仓，到最后将大量的资金“化为已有”？

---

① 陈周锡，《民营银行首批试点浙江系称雄》，《第一财经日报》2014年3月12日

② 中国经济时报台州报道组，《那些活跃的“尤努斯”们——解读台州现象之八》，《台州日报》2008年11月19日

③ 叶檀，《为什么不支持民营银行》，《每日经济新闻》，2013年9月17日

民营银行要想真正地站稳脚跟，一方面，需要筛选出诚信、有能力的经营者，给投资者提供不同的服务；另一方面，要谨记当年的“南三北四”对民族工商业的支持。这里想说的是，不以实体经济为目的来搞民营银行，就是耍流氓。

第十章

互联网时代的金融浪潮

水泥＋鼠标。

1999年3月出任招商银行行长之时，马蔚华面对的招商银行，还只是一家偏安深圳蛇口的地方性小银行。在他眼里，与国有银行比，招行网点少、规模小；与外资银行比，招行欠经验、有差距。总而言之，发展零售银行业务，招行原本就没有多大的竞争优势，那么，它得靠什么来发展呢？

幸运的是，互联网来了。自1987年9月20日，在北京ICA王运丰教授和西德卡尔斯鲁厄大学维尔纳·措恩教授的主导下，中国内地与外界互联网创建了首个连接以来，信息技术革命在悄然之间开始深度改变中国。就在王菲和那英在春晚联袂献唱《相约1998》的相约那一年，新浪以及搜狐等门户网站纷纷成立，这让中国进入了新的互联网时代。而在隔水相望的台湾，台湾成功大学水利研究所一个博士研究生，在BBS上写下了这个标题多少有些别扭的故事的第一章——《第一次亲密接触》，两个月后，“痞子蔡”和“轻舞飞扬”这两个名字就传遍了海内外，而到麦当劳点一杯可乐、两份薯条的约会方法也成了无数人顶礼膜拜的求爱高招，一如韩剧《来自星星的你》热播之后，催生出了“啤酒加炸鸡”。1999年11月，该故事的简体版书出版，发行量一口气超过了50万本。也正是这一年，内地的榕树下全球中文原创作品网站举办了“首届网络原创文学作品奖”，以此为标注，中国内地的网络文学也开始有了雏形。与此同时，电子商务热潮由全球波及中国内地，让B2C、C2C成了人们乐于见到的新鲜词汇。

借着这一信息技术革命带来的历史机遇，马蔚华大力推行银行电子化建设，用“水泥 + 鼠标”的战略，突破了物理网点少的短板，让招商银行在强手如林中，竟“异军突起”。日后的招商银行，也因此成了传统银行中互联网化程度最高的。这不得不让人感叹，很多时候，创新并不是什么太“高大上”的行为，它只需要你因时而动，借势而上，便是成功。就像把一只猪放在风口上，它也能飞起来。

无疑，马蔚华把招商银行放在了互联网大潮的风口上。

驷“马”难追

把自己放在“风口”上的，还少不了又一“马”——马明哲。

作为招商银行的“同胞兄弟”——平安保险在互联网业务上的“布局”，同样不落其后。从 1999 年年初开始，平安就花了一年的时间来考虑自身电子商务策略的可行性。2000 年 2 月，成立了电子商务公司。次年 5 月，推出了货运险网上交易系统（cargo.PA18.com）——正是这一系统，为平安在投保竞标上海磁悬浮列车项目时，带来了可观的利益。当客户了解到其可以大大提高效率、节省成本，心仪的天平不言而喻向平安倾斜。到了 6 月,PA18. 网站又建成,8 月正式对外开通。它让平安拥有了自己的网上交易平台，而且还推动了“e 化平安”的战略。2001 年 9 月，平安又在电子商务策略上迈出了坚实的一步，推出了网上交通旅行险——将保险放在网上卖，无疑是中国保险业发展的一个突破。2008 年 6 月，平安集团的又一款金融产品——万里通积分平台诞生，它是国内首家通用积分，联盟多个行业，用户可通过购买平安集团旗下任何子公司产品，或日常生活消费中获取积分。积分具有现金价值，可以在线上线下合作商家抵现购物。

无疑，马明哲希望通过互联网，借用资源的开放、共享等模式，来为自己在强大的国际资本面前，以及国有大银行面前，实现弯道超车。

在某种意义上，正是马蔚华和马明哲的以身示范，让中国的民族金融业有了自己的全新起点。中国的民族金融业需要感谢他们。只是，相对于这种传统金融行业与互联网的结合，来势更为凶猛的，则是互联网企业与金融的结合。

这个结合的代表人物同样姓“马”。众所周知，一个是马云，一个是马化腾。

前者于 1964 年 10 月 15 日出生于浙江杭州；后者与前者同月不同年，小前者 7 岁，为广东省汕头市潮南区人。尽管两者的相貌没有什么太大的可比性，而且，一个高调，一个有着潮商所独有的低调。但他们也有非常相近的“特质”：

首先，他们都是中国商业重镇下的“蛋”；

其次，他们的成长恰逢改革开放，接受了比较完整的学校教育。马化腾自不必说，曾就读于深圳大学，毕业于该校计算机系计算机专业。日后，他开始任职软件工程师，据称第一桶金就来自软件销售及股票交易等。马云倒是一波三折，曾三次参加高考，才在 1984 年，勉强被杭州师范学院以专科生录取——但 80 年代的专科生，显然比 21 世纪的硕士生还要值钱。不过，毕业后的他，倒没有接受过金融方面的熏陶，主要是在杭州电子工学院任英文及国际贸易讲师，业余做做翻译；

最后，他们都很幸运地赶上了中国互联网的时间窗口——1994 年年底，马云首次听说了互联网；1995 年年初，他偶然去美国，首次接触到互联网。对电脑一窍不通的他，在朋友的帮助和介绍下开始认识互联网，并在妻子以及朋友的帮助下，凑了两万块钱，创办了中国最早的互联网公司之一——杭州海博网络公司，其所开设的“中国黄页”的主要业务，就是给企业做主页。日后，他和自己的团队承接了外经贸部官方网站、网上中国商品交易市场、网上中国技术出口交易会、中国招商、网上广交会和中国外经贸等一系列国家级网站的开发工作。也许，正是在这一系列摸索当中，让他领悟了电子商务的美妙之所在，1999 年 3 月，马云正式辞去公职，和他的团队回杭州，以 50 万元人民币开始了新一轮创业，开发阿里巴巴网站，发力 B2B。就在马云开发阿里巴巴的前一年，腾讯诞生。相对来说，马化腾毕竟是计算机系出身近水楼台先得月。但不管如何，它们在未来的日子里都分别长成了电子商务以及网络社交上的最强势力。

作为互联网企业，它们与金融的结合，也基本上同步。2004 年 12 月，马云创立了第三方支付平台——支付宝；随后一年的 9 月，马化腾正式推出专业在线支付平台——财付通。正是在这些支付的基础之上，马云打造了余额宝——用户只要将支付宝里的余额，转入余额宝即购买了由其对接的天弘基金提供的增利宝货币基金，可获得收益。在马化腾这边，除了将财付通与微信捆绑在一起，推出了微信支付服务，他还与华夏、易方达、广发和海富通等四家基金大佬“结盟”，推出“微理财”。2014 年 1 月 15 日晚间，对接华夏财富宝货币基金，俗称为微信版“余额宝”的微信理财通客服正式上线。

如果说这是他们不约而同的结果，那么，他们之间也有一定的“差异化”经营。相比较着力打造社交网络的腾讯，注重电子商务的阿里巴巴对金融有着更内在和深远的诉求。尤其是其在 2003 年 5 月 10 日投资创立了淘宝网，业务从 B2B 横跨 C2C 以及 B2C，将众多买家和卖家云集到这个平台，无疑让资金的获取 / 使用成为一种急切需要解决的渴求。只有从金融上对阿里巴巴和淘宝的商务行为进行有效支持，阿里巴巴和淘宝的人气才会一如既往地旺盛下去。但是，这里有个问题就是，根据淘宝方面提供的数据，淘宝这些企业（卖家），大概是 600 万 ~800 万之间，这波人当中 85% 以上是“80 后”——这也意味着，急切需要资金的是一些中小企业，甚至只是个人性的“微企业”。而这些并不在传统金融业关爱的范畴。另外，他们虽然需要资金，但资金的数目未必大——出于投入产出比的考虑，传统金融业也未必对此感兴趣。当然，制约传统金融业对这类群体关爱，还有一个很重要的原因，在于它们无法有效地获取这些群体的海量数据，如果一对一的进行线下操作，这样的成本无疑太大，让人承受不起。相反的是，马云能解决这些问题，他可以利用阿里巴巴和淘宝积累的交易纪录和诚信纪录，来对这些群体进行筛选和甄别。于是，2010 年 6 月 8 日，阿里巴巴集团联合复星集团、银泰集团和万向集团在杭州成立浙江阿里巴巴小额贷款股份有限公司。这是中国首个专门面向网商放贷的小额贷款公司。贷款金额上限为 50 万元。

正所谓无巧不成书。马蔚华、马明哲、马云以及马化腾的出现，让中国互联网金融领域出现了一个很有趣的现象——驷马奔腾又驷马难追。

他们无疑代表着中国互联网金融的两个方向。一个方向是从线下到线上，但另一个方向未必是从线上到线下。在马云看来，第一个方向事实上应该叫作金融互联网，也就是金融行业走向互联网；第二个方向才是真正的互联网金融。不过，相对于金融互联网，互联网金融是纯粹的外行领导，不过呢，“其实很多行业的创新都是外行进来才引发的。金融行业也需要搅局者，更需要那些外行的人进来进行变革”①。

马云和马化腾的搅局效应显然达到了。首先，它严重冲击了传统金融的业务。互联网的去中介化、第三方支付的出现，瓦解了传统银行作为融资的中介以及支付的平台这两种职能。同时，以支付宝、财付通为首的“宝宝”们的出现，导致

---

① 谢卫群采访整理，《马云详解“金融互联网”和“互联网金融”》，《人民日报》2013 年 6 月 21 日

了传统银行活期存款的流动、流失。但这些还只是小问题。更重要的在于，它打破了传统金融对“信息”的垄断。在某种意义上，信息是金融的核心。正是建立在信息不对称的基础上，传统金融业的产业链才得以构建，并大发横财。一方面，对很多客户来说，金融知识的相对匮乏，让他们在面对银行时，就如病人面对医生，一直不放心，却又一直无可奈何。有例子说，银行的一个等额本息和等额本金，就会把很多老百姓糊弄了，比如前者，如果你从银行贷款 100 万，分 20 年还，哪怕最后一个月，你所还的银行利息都是 100 万本金的利息，对老百姓来说就很亏，会比等额本金多还不少利息，但老百姓却并不知道，还以为这样算起来方便。另一方面，他们因为无法获知市场上最全面的贷款产品，所以无从向传统金融业申请贷款——这是中国大多中小微企业在不受待见之外，心头上的又一个痛。因为这些企业相对弱小，不要说有专业融资的 CFO 或财务总监，也许就连专职会计都不一定有。所以它们根本不知道有哪些机构可以贷款，最后将自己的需求只有转向不太正规的民间借贷市场。这也是当下民间借贷依旧兴盛的一个重要原因。相反的是，互联网金融却在这方面有着自己天生的优势——马云对互联网曾经有过深刻地评价，“互联网的本质是分享，唯有分享才可能把资源都聚拢在一起，而唯有资源聚拢在一起，才可能降低沟通和交易的成本，世界在这个意义上被碾成了一块扁平的大饼，而以往依靠信息不对称而构筑起来的产业链便会被彻底地打破。”

在互联网金融领域浸淫多年的马蔚华显然很清楚它带来的冲击。在他看来，“互联网金融对传统商业银行的商业模式发起了挑战”。除了收益的挑战，更重要的是商业思维的挑战。要想做好互联网金融，就必须要有互联网思维。

这包括三个方面：

一是用户体验至上。传统银行讲究的是通过规范的制度流程和严密的风险控制，最大化地提高投入产出效率，而互联网企业则通过提升客户体验尽可能地为客户创造价值，财务目标是水到渠成的结果。

二是开放包容。互联网是一个开放的生态系统，可以充分利用众包、众筹以及众创的模式，用集体的力量和智慧创造价值。互联网企业习惯于主动邀请顾客参与从创意、设计、生产到销售的整个价值链创造中来，在用户参与和反馈中逐步改进，精益求精。相比之下，传统银行更多是封闭的思维方式，通过机械式的运动研制产品，这已经很难满足互联网时代的创新要求。

三是平等普惠。互联网金融是一种更为民主、更为普惠，而非少数专业精英控制的金融服务模式，因此更容易得到社会大众的拥戴。比如碎片理财，传统银行出于成本的考虑，不会研发设计门槛 1 元钱的理财产品，而余额宝等现金管理产品则可以借助互联网，以“团购”的形式将客户零散资金低成本地聚集起来开展理财活动，这无疑内在体现了普惠金融的精神内核。可以说，互联网技术的出现与发展，为普惠金融的发展插上了翅膀，使边远贫困地区、小微企业和低收入人群能够获得价格合理、方便快捷的金融服务，使得人人都有平等享受金融服务的权利。①

无疑，马蔚华所提到的这三个方面，正是互联网思维的核心之所在。它无限接近于本书绪论中所提到的“平等、自由、开放”。说是互联网思维，它实际上就是互联网价值观的体现。只是，价值易得，价值观难求。在大多时候，传统金融业已能看到互联网的价值，但却往往很难体味到它的价值观，甚至潜意识里，心生疏离或抵触。这种状况，注定着它们即使主动追求和互联网结合，大力进军互联网金融，但最终往往徒有其表。

当传统金融业开始从线下到线上时，对马云和马化腾这些“外行”来说，是不是就意味着自己，就一定不和线下发生关系呢？答案是否定的。事实上，在今天，传统金融业还是具有相当的优势：客户基础更雄厚、服务网络比较健全、信用度更高、资金供给有优势、风险管控优势，还有产品组合的优势。更重要的是，它在信贷核心业务能力上，是很多互联网金融不可比拟的。在马蔚华看来，互联网时代在虚拟空间可以拉近我们的距离，但不能在实体空间完全融合，另外，互联网信用问题仍然存在——这些都导致了互联网金融在今天还是出现了不少问题。因此，从线上到线下，未必不是一个很好的选择，可以让互联网金融能得以“落地”。在某种意义上，传统金融与互联网金融并不是你死我活的敌手，而是有竞争也可以有合作，在未来形成优势互补。

这在 2013 年又一次得到了印证。除了牵手不同的基金公司之外，马云和马化腾又一起牵手平安保险。这一年的 11 月 6 日，众安在线财产保险公司正式挂牌

---

① 此为马蔚华于 2014 年 5 月 29 日在深圳市民中心礼堂举行的“时代商家大讲堂”上纵论互联网金融时所作的发言，此时的他已经卸任招商银行的行长，不过他还依旧担任香港永隆银行董事长一职。

成立。它的意义并不只限于中国又多了一家新的保险公司，更重要的是，它无疑是中国互联网金融发展史上的一次标志性事件。这家公司由平安保险与腾讯、阿里巴巴合资设立——谁能想象，当年的驷马难追中，竟然有三“马”，会站在同一条战线上展开如此深度的合作？按照马明哲的说法，这是源于偶然的机会——作为同一个圈子的朋友，他向他们学习互联网，他们又向他了解金融，于是，在他的提议，“三马”一拍即合。无疑，他们的合作带来的好处是不言而喻的，一个拥有最大的电商平台，一个拥有广泛的个人用户基础，一个则是综合金融开拓者；另外，马云和马化腾具有线上的经验，平安又具有线下的布局；同时，阿里和腾讯能让合作伙伴做好跨时空、新变革的准备，而平安保险在多年来积累的宝贵经验和财富，也同样值得马云和马化腾敬畏、思考和学习。

“我觉得帮助‘三马’一起合作做众安保险，帮助我们的对手，帮助我们的合作伙伴成长，是我们的责任。”马云还说，这是他们三人的理想，相信也是这一代很多互联网和金融公司的理想。

钱包革命：从银票到支付“宝贝们”

在携手创设众安在线财产保险公司“同台唱戏”之前，马云和马化腾之间并非那么友好，他们的“成长史”，其实也是一段你追我赶的“互掐史”。

在中国的商业史实中，“同行是冤家”这句话已经流传了千百年，尽管马云、马化腾做的都是“创新”的事情，但在这句话上，他们却是传统的“古典派”。如果说在 2005 年以前，两人还是在不同的领域里摸索，井水不犯河水。但是，随着腾讯在 2005 年也进军第三方支付领域，两者开始短兵相接。如果说在第三方支付上，腾讯是追赶者，而且在短时间内很难撼动支付宝的地位，但是到了 2011 年，它又成了领先者——这年的 1 月 21 日，腾讯推出为智能终端提供即时通讯服务的免费应用程序，也是其在 QQ 之外的第二号核心产品——微信。不过，真正让它名声大振的是 2013 年的 5.0 升级版本面世。2 月初，腾讯开始让微信的付费公共账号体验试运行版，正是通过升级版微信，公共账号品牌可以与潜在客户沟通。与此同时，它还带来了一个意外的惊喜，用手机微信“打飞机”——这款经典的飞机大战游戏，让微信的噱头十足。不过，这显然是“醉翁之意不在酒”——它赚足眼球是为了"暗度陈仓"——即推广其偷偷潜伏的"微信支付"。在某种意义上，"微信支付"一出生就风华正茂。一者，它是微信和财付通的联手，有着1+1大于2的功用。二者，它通过"扫一扫"功能就可以实现支付手段，可谓便捷。这也带来了一个很意想不到的后果：当年在中国差点死掉的"二维码"借此咸鱼翻身。三者，它让企业的公共账号从单纯的客户服务和信息沟通局限中跳脱出来，打通其与用户的交易瓶颈。这让"微信支付"的出现有着极其重要的现实意义。正是这样，"微信支付"在短时间内便深入人心——它也从接入航空、基金公司、电商业务一直杀入线下百货、餐饮业。它甚至还为小米做了一促销，向着急入手体验的客户卖出了15万台小米3手机。至于它旗下的综合购物网站易迅网，更不会放弃"微信支付"——8月20日，易迅网就宣布已在PC网页版、Android及iOS手机客户端全面支持微信支付——这给易迅带来的利益显而易见。自8月16日到10月29日短短几个月间，它便通过微信支付完成订单付款总额已经破亿，累计达到35万单。

别人的蜜糖，却是自己的毒药。这对支付宝来说，显然是要椎心顿足的，不仅支付市场要被抢走大块蛋糕，更要命的是，在移动互联网领域俨然有被"架空"的趋势。同时，大阿里的发展，也横生威胁。因为随着微信支付环节的完善，以及交易闭环的打通，用户通过微信支付就可以绕开淘宝，在微信内完成沟通、购买、客服和售后等整个购物流程，如此一来，淘宝纯粹就成了为人作嫁之地，仅仅成为了一个"光秃秃"的商品展销柜。

马云只能自救。当竞争对手将火烧到了自己的后院，迎头痛击是一招，但避实就虚然后抄别人的后路同样很不错。这也让业内预判已久的"阿里、腾讯必有一战"，从暗战摆上桌面——同年4月，阿里与新浪微博宣布"结盟"。其一举用5.86亿美元买下新浪微博18%的股权，无疑彰显了阿里要走出电商，在社交领域抗衡腾讯的决心。9月23日，阿里又正式发布移动好友互动平台"来往"——这同样是一款跨平台的即时通信工具，也是阿里第一款独立于电商业务之外的社交产品，其核心功能是实现熟人之间的社交。显然，阿里通过此举在向微信叫板。与此同时，阿里还重拾"封杀"这一古老却从来不曾消失的手段，来予以还击。早在微信5.0发布前夕，就撤销了此前加入的淘宝搜索功能。8月1日，淘宝又再次宣布屏蔽微信公共账号——阿里以"安全"之名，停止淘宝与微信的一切数据链接。声明中指出："为了保障淘宝消费者的用户感受和控制交易风险，我们暂时停止了与微信相关的应用在服务市场的订购。”——这话看上去很官方，“保障用户感受”无异与恋人分手时的“性格不合”，其实是顾左右而言他，顾全双方的面子而已。几天后，淘宝再次发布公告，宣布将在1个月之内，全面屏蔽能够指向其他网购平台的外链二维码图片——从8月9日起，淘宝网中新发含有外链二维码的图片将无法使用，对于已发含有外链二维码的图片，一个月的整改期内会逐步冻结这些图片，但不作商品删除、扣分等处理。9月10日后，如果商户发布外链二维码图片，将会被当作滥发信息行为进行处理——这个举动也意味着，淘宝的网购用户将不能通过扫描网店中的产品二维码，自动链接到店主的微信公共账号或者微信上的产品网页。对淘宝来说，这可以一举杜绝用户通过微信平台完成支付、购买产品，让微信的影响尽量消减到最小。但对用户来说，自己只能弃用微信支付这一便捷手段，而通过微信来营销自己的产品，也成了空想。

不过，腾讯也不是“善茬”——其实，早在淘宝宣布屏蔽微信公共账号前，就曾“以牙还牙”终止了在微信平台上发出“来往”邀请的功能，就连新浪微博也不能幸免，被短暂地卷入旋涡，曾被停止允许用户在微信平台分享微博内容，但这项功能很快就被恢复了。另外，微信还大张旗鼓地清理了一堆营销类账号，其中大多是链接淘宝广告的公共账号——简直就是让淘宝在微信上死无葬身之地。

淘宝和微信的“对攻”，让不少商家进退两难。在互联网观察者洪波看来，阿里的这种限制行为是企业的权利——企业有权限制平台上的用户从事某些行为，并不违法；但是从用户利益的角度来说，中国的企业往往过多考虑自己的商业利益，而较少考虑用户的利益。不过，感受到生存威胁的马云，依旧要把对抗进行到底。10月下旬，他更是在阿里论坛内部发出“号召令”，向整个腾讯正面宣战。“号召令”说：“今天，天气变了，企鹅走出了南极洲了，他们在试图适应酷热天气，让世界变成他们适应的气候，与其等待被害，不如杀去南极洲。去人家家里打架，该砸的就砸，该摔的狠狠地摔。”从这里面，能看出马云充沛的杀气，以及洋溢的焦灼——尽管众安在线财产保险公司让马云和马化腾坐到了一起，但台上握手，台下依旧需要直面较量。

于是，又一战场在意想不到中被开辟了出来。2014年前后，随着阿里和腾讯比着赛般的撒钱请人坐出租——出租车行业竟成了众人关注的焦点。2014年1月10日起，由腾讯出资入股的手机打车软件公司嘀嘀打车给通过微信完成叫车订单的司机、乘客各奖励10元，同时推出1万单免单的活动。同日，其竞争对手快的打车为使用支付宝付车费的订单每单奖励司机15元，奖励乘客10元——出手之猛烈，一下子就将剧情带入高潮。不过，2月10日，嘀嘀将补贴从每单10元降至5元，这一度被认为是烧钱大战的尾声。但一周后，快的宣布实行"永远比对手多1块"的策略，理论上将这场战争拖入无限循环中。最后，战火复燃，局面一度发展到嘀嘀打车每单随机奖12元至20元，快的打车则每单13元，补贴范围也都不同程度地扩大了——只是，这场撒钱大战本不是快的的本意，其创业团队一开始只想参照美国打车软件UBER，静悄悄地做个小而美的打车工具，解决打车难问题。然而，在同城的阿里入股之后，它的发展节奏就全变了。

这也意味这场撒钱大战，尽管台面上是两家打车软件公司在你来我往，事实上却是腾讯和阿里这两家高人在背后支招。在这场撒钱大战中，快的被迫应战却不得不战，而且只许成功不许失败，因为这关系着阿里的面子和支付宝的前途。在外行人看来，阿里和腾讯无疑就是两个冤大头，投资了两家不挣钱的创业公司，然后苦哈哈地给司机造福利。但明眼人一看就知道它们并非为公益，而是有着更深远的目的——通过打车APP培养用户的线下支付行为。谁能够抢占支付的第一入口，谁便能做足O2O文章，腾讯和阿里都不希望失去这块肥肉！而对于当时正谋求上市的阿里而言，意义则更加深远——进一步说，这虽然是腾讯和阿里的"撒钱大战"，更应是"支付大战"。

这里得补充一下微信支付和支付宝与打车软件的"对接过程"，它们都有以下两种方式：打车软件中内嵌支付应用；在微信或支付宝钱包内增加打车应用。即无论打开哪一端的APP，都能直接调用另一端。有人以嘀嘀为例来说明——乘客可以在微信的"我的银行卡"下找到嘀嘀打车，直接叫车；到达目的地，在叫车成功页面用微信支付进行付款。如用嘀嘀打车APP叫车，结账时选用微信支付。不管腾讯和阿里在这场支付大战中谁赢谁负，谁能挺到最后还是谁先挺不住，或者说共赢，但它给出租车行业和乘客带来的好处，是不言而喻的。它可以让乘客基本上不用掏钱就能坐车，让司机一个月能赚两个月的工资。当然，也闹出了一些问题，那些不喜欢用打车软件或者根本不懂用这些软件的乘客，就此成了"弱势群体"——马云在网上吐槽打车软件之争称，市场竞争的原则是要让市场受惠，用户受益，而最怕伤害用户的利益，特别是老人孩子的利益。马云还以父母为例，称"几天前我妈和我说，她在路上打出租车，很久没车停。她说，他们这年龄的人不会用手机打车软件，不仅不能享受到竞争红利优惠，连起码的打车服务也没了。我父亲说，要不是我公司参与这个竞争以及看到很多年轻人喜欢，早骂上门来了”。这无疑讲出了一个事实，但是也被很多人看成马云是为自己退出撒钱大战找一个可以下的台阶。但不管如何，包括微信支付和支付宝在内的支付手段最终赢了——它让这种支付逐渐深入人心，甚至逐渐成为一种习惯。更重要的是，它们相比现金支付，没有了掏钱包找零的麻烦，当然还有收到假币的烦恼；相比各地交通卡、一卡通，车款即时到账，司机无需等每月公司统一结算，乘客一个手机搞定，无需买卡充值。过去，在上海打出租车，司机会问，现金还是交通卡。但今天，他们问的却是，现金、交通卡还是支付宝。

打车软件之争背后的“二马争霸”

无疑，这是一场“钱包革命”。

在某种意义上，这些支付的宝贝们，总让人不由自主联想到当年的票号，以及上溯的账局、飞钱……它们除了都推动了社会的进步，也有很多相似的方面。其一，它们都是建立在“大市场”上的成功者。没有商品经济的发展，以及长途贸易的出现，就没有票号。同样，如果中国还一直在“计划”的指挥棒下“大合唱”，经济低速而又封闭，自然也没有支付宝贝们的用武之地——相比封建社会的长途贸易，网络时代让市场的外延变得更为无限和宽广，这也是支付宝贝们比票号的幸运之所在。

其二，它们都在致力于让钱变得更轻。票号的出现，让全国往来的商人，不需要携带大量的银两进行交易，既省力，而且还省心，不用担心旅途中出现的麻烦。同样，支付宝贝们的存在，让人出门几乎都不需要带上现金。相比票号还得借助“银票”还完成交易或者兑付，支付宝贝们却是“无纸化办公”，可以说，更环保。

其三，它们都创造了信用。作为信用资本，票号通过所有权与经营权分离，以及“用乡不用亲”、对外防伪等风险管控和治理，来保证了自身的安全与社会的接纳。而支付宝则通过担保交易机制以及交易的流程保障，来让用户吃上定心丸。另外，它还创造了信用评价体系，第一部分是交易信用评价，第二部分是会员信用评分，反应了消费会员的信用风险程度，以及他购买活动的风险程度的评价。第三部分是卖家信用评分，反应了卖家在产品中存在的信贷风险——通过这信用评价体系，即使“在互联网上没有人知道你是一条狗”，但也不太会让人担心在阴沟里翻船。在某种意义上，正是这种信用中介模式的出现，推动了第三方支付市场近些年来的高速发展。不过，相比较票号是现实社会里的信用，支付宝贝们的信用是建立在虚拟世界当中，风险相对来说，要大那么一些。

其四，培养各自的支付习惯需要时间成本。银票不是一下子就走进世人的生活，同样，腾讯和阿里的“撒钱大战”，也是努力在培养用户在移动支付上的习惯。在某种意义上，习惯可以改变世界。

其五，它们都引领了行业内的风尚。日升昌的成功，让祁、太、平都成了北方票号的重镇，日后，胡雪岩、严信厚等大佬也加入了南帮票号的行列。同样，随着腾讯以及阿里在支付宝贝们身上的发力，也让移动支付成了谁都想咬上一口的肥肉。和它们同为“BAT 集团”的百度也跟风而上，在 2008 年 9 月 25 日晚 8 点正式推出的 C2C 支付平台——百付宝。尽管赶了个晚集，但百付宝也有个闪光点，那就是中国内地首家和银联合作的第三方支付平台。2014 年 4 月，百度又再次发布了其支付业务品牌——百度钱包，满足用户在线充值、在线支付、交易管理、生活服务、提现、账户提醒等支付工具功能。同时，致力于打造成为用户资产管理平台、会员权益的消费运营平台。不过，相比较已经做大的微信支付和支付宝，百度的支付环节显然最弱。另外，和阿里达成合作协议的新浪，自然也不会对支付业务坐视不顾——它借势支付宝，全面打通微博与支付宝账号，推出微博支付。也就是说，今后无论是微博平台上的在线交易还是线下商家的日常消费，均可用微博客户端直接付款。

其六，正如雷履泰与毛鸿翙的“中国式斗气”，硬生生地将日升昌逼出了一个强劲的对手，这是雷履泰的失着。但也得承认的是，没有“蔚字五联号”的出现，日后也没有一个更强大的日升昌。正是行业内的竞争，让票号最终得益。如今，马云和马化腾也面临着这样一个局面。尽管大佬之间的不和，让用户跟着遭殃，不过，这也让市场上不会因此一家独大。另外，我们也得相信他们不会疯狂地选择“共亡”，而是会理智地想办法来实现“共赢”——这对用户最终是个利好。

今天，面对着马云和马化腾之间真真假假、虚虚实实的攻守，用户只需要拾条小板凳坐下，然后静观其变、乐观其成。随着这些支付宝贝们与各大渠道对接，每个普通老百姓都能享受到现代金融的便利。他们不仅能在坐出租时得到意外的惊喜，同样也不会因为忘掉水费、电费和煤气费要去多排一个小时，在网上动一下鼠标就可以。在某种意义上，传统金融像银行业面对的都是 VIP，而这些支付宝贝们所要做的工作，却是消弱 VIP。无疑，社会因此被推动，成千上万个家庭也因此发生变化。

它们确确实实是“宝”贝。

掘“金”大数据

如果要问马云和马化腾手中最值钱的是什么？显然，最值钱的并不仅仅限于他们创设的平台，更是建立在这些平台上的人气。而人气，在互联网上的体现就是流量，就是数据。他们之间打来斗去，拼的就是这些。

这些通过智能化以及互联网化得到的数据，已然不是街头的问卷调查所得到的有限的信息。按照时兴的说法，它是一种大数据。相对应的问卷调查，就是一种小数据。两者比较起来，大数据强调的是全数据的观念，它需要尽量多甚至是全部的信息。小数据更多来源于随机抽样，只需要提取关键信息就行。另外，小数据强调精准，大数据强调大势的把握和概率；小数据关注因和果，大数据则关注关联。比如一家网站向读者推荐图书时，不需要操心人们为何买这本书，它所做的是采集所有买书人的数据，然后用数学模型分析出买这本书的人购买其他书籍的概率。总而言之，大数据所做的，就是将其背后的人与人、信息与信息，信息与商品、人与商品连接起来，将人的需求同各种各样的以信息为基础的东西连接起来，以开放、平等、参与的方式在重构商业模式和人的行为方式。[①]

换一种说法，所谓大数据，就是以前所未有的方式，在海量规模数据中寻找到新看法、新趋势，然后构建崭新的价值。

在很大程度上，互联网金融的发展壮大就依托于大数据的分析能力。其一，最重要的是，大数据可以为信用评估所有。比如说，阿里的信用体系，正是建立阿里巴巴、淘宝、天猫、支付宝等一系列平台积累的海量交易纪录和诚信纪录之上。通过这些平台，阿里可以对卖家进行定量分析，前期搜集包括平台认证和注册信息、历史交易记录、客户交互行为、海关进出口等信息，再加上卖家自己提供的销售数据、银行流水、水电缴纳甚至结婚证等情况。另外，阿里还引入了心理测试系统，判断企业主的性格特征，主要通过模型测评小企业主对假设情景的掩饰程度和撒谎程度。所有信息汇总后，将数值输入网络行为评分模型，进行信用评级——无疑，正是对这些大数据的把握，让阿里有效地把握了信用评估和风险管控。同时，这些大数据的出现，让本是"生人社会"的互联网，比中国传统的"熟人社会"更加呈现出一个透明、公开的环境。在这种环境当中，没有人愿意成为穿着"新装"的皇帝，赤裸着身子，暴露在世人的眼球之下。同样，你也只有坚持诚信，才能获得更多的收益和回报。正因为此，消灭现金的支付宝才会被人信任。

其二，除了做信用评估外，大数据在指导投资上也开始崭露头角。在某种意义上，大数据的出现，让配对能力（数量配对、期限配对等）这一核心点正在发生革命性的变化。以前是粗放型的配对，而且限于各类管控成本而忽略了各类小微企业的资金需求，让它们成为被遗忘或者被抛弃的对象，但现在通过大数据，可以实时测算并监测出每个用户的真实状况，哪怕其最基本的需要，也能一目了然。无疑，这也成就了互联网金融在风险管控之外的又一块重要基石——最小交易单位的无限细化。得承认的是，"配对"对于互联网金融的意义，有如"搜索"对互联网的作用。正是基于此，P2P 网络借贷专业平台"人人贷"曾将最小信贷单位降到了 25 美元。相信总有一天，最小信贷单位也可以是 1 美元。这并非天方夜谭。当然，这需要借助一定的技术手段。此前，阿里小贷曾经向外界透露了

① 此为信息技术专家、IBM 中国开发中心首席技术官毛新生在 2014 年 6 月做客《人民日报》、人民网《文化讲坛》时谈论大数据时所提到的见解。

其独特的大数据授信审贷模型——水文模型——它的学术定义是将自然系统符号化，通过数学模型模拟水文现象，但显然阿里小贷并非研究真实“水文”。不过，你可以将大数据想象成一片蓝色的海洋，通过研究数据的“水文”，你可以预知每个用户在未来的诉求——有人就举例说，“如果某个店铺的旺季是夏天，每年夏天销售都大幅增长，那么每年夏天，这个店铺对外投放额度也就会上升。通过阿里小贷的水文模型，可以按照历史数据，判断出这一店铺在这一时期的资金需求。同时，对比该店铺其他时间的数据，判断出该店铺各个时段的资金需求，从而向店铺给出恰当的贷款。相反，如果不进行对比，只是以夏天销售旺季的数据作为依据，那很可能为该店铺提供过多资金。”这就是大数据带来的好处，也是互联网金融相比较传统金融的优势所在。相比而言，传统的小贷公司并不具备这样的优势，这也意味着它们很难做强做大，只能苟全性命于江湖。

其三，可以通过大数据，实现金融方面的个性化定制。比如说“打通最后一公里”的社区银行。在很多时候，因为银行网点在物理上布局的不完善，导致了很多高热度的社区，得不到应有的金融服务。那么，可以通过分析人口聚集、交易状况和资产分布情况，在这些社区落下一枚棋子，尽管这枚棋子并不是全功能的，但因为跟社区有效对接，且跟客户的距离更加接近，所产生的效应，犹如中国象棋里，小卒子过河可以顶大车。同样，借助大数据，一些医疗保险公司通过分析大量的治疗效果、处分内容、治疗方案等信息，可以借此过滤掉对特定患者人群无效的治疗方案，并利用实时工具，监测服药后的不良反应，而且，还可以给医生提供最完备的信息，比如治疗某种特殊癌症的最优方案；另外，一些车险公司还通过对客户资料的系统建立，不仅可以有助于提高客户服务体验，而且还可以“顺便”卖卖其他保险——也就是客户有可能需要的潜在险种，比如该客户在长时间内住在出租房，可能会需要租户保险[①]。

其四，为用户“刷”参与感和存在感。通过大数据，可以在茫茫人海中，将现实的行业与相应的人群对接和关联起来。比如说众筹。这个在字面上来源于英文“Crowdfunding”的舶来品，其实就是向大众筹资或者群众筹资的意思。在国外，众筹的运作已经相对比较成熟，像2009年在美国成立的Kickstarter，就最具代表性，它曾先后在2010年和2011年被美国《时代周刊》评为“最佳发明之一”和

---

① 李颂，《大数据：改变生活》，《经济观察报》2014年3月3日“生活方式”版

“最佳网站称号”。2011 年，中国内地众筹平台开始大量出现。它的出现，在某种意义上，改变了行业的生态。很多时候，现实的行业都在自说自话，像一些所谓的电影大片，投资狂高，但放映后却是烂评如潮。那么，如何改变这一现状，也许，在电影开拍之前，让用户或者说受众选择用“资金”来投票，是个不错的选择。觉得看好的，可以尽情投资，不看好的，也尽可以放弃，这样，一方面，让电影制作方面能有效预知它的成败；另一方面，让电影在未上映之前就拥有了一定数量的“粉丝”，或者说，“制片人”。这样能有效保证电影的收益。在某种意义上，阿里巴巴发布的“娱乐宝”，以及比它更早提出的百度的“电影众筹”就是这方面的“杰作”，只不过，它们在保证用户的收益上，一开始并没有做到相对完善，暂时很难让用户从“制片人”的名头中得到了实际好处，所以一时有些偃旗息鼓——这对各种众筹项目来说，无疑是个启发。

其五，借用大数据，互联网金融在实现高效率的同时，也得以低成本——这有效地控制了风险。另外，它还降低了投资者的门槛，让每个人都可以成为“资方”。在某种意义上，它让碎片化资金得到了更好的利用。

总而言之，在大数据时代，谁要忽视大数据，谁就是下一个倒霉蛋或者说可怜虫。现代管理学之父德鲁克有言，预测未来最好的方法，就是去创造未来。而“大数据战略”，则给了我们创造未来的机遇。

正是有着强悍的数据生产和收集能力，一直因各种原因被“隔离”在外的谷歌，却一直不曾远离国人的视线。一篇《如果谷歌变成金融企业……》的文章，这样对它的未来报以最热烈的畅想。文章中说，互联网一起步，动金融脑筋的玩家就不少，市场的期望值当然就更高。然而，当年也只有嘉信理财以及 E-trade 曾经名列过十大互联网公司的排行榜，而且做来做去都是围绕着“证券交易佣金打折”这么一个名头，实在让人有些失望。同样，自 2000 年第一次互联网市场大调整之后，几乎有整整十年的时间，互联网在金融上没有出现过现象级的公司。唯一可圈可点的是贝宝（PayPal）——而支付宝就是对其意译（pay 为支付）加音译（Pal 与宝谐音）。但是，随着谷歌在大数据上的强势出击，让事情正在起变化。2012 年 5 月 8 日，谷歌的无人驾驶车获得了美国内华达州颁发的驾驶许可证，它背后的技术支撑是每秒 750 兆字节的传感器信息的收集和智能处理——让人不禁感叹，这才是真正大数据意义上的大数据。通用汽车公司的阿兰 · 陶伯估计，2020 年，类似的自动驾驶系统将成为汽车标准配置。这意味着，车险这个行当将被重新定义。不仅如此，无人车，只是用大数据重写保险行业的镜头之一。当然，谷歌的企图心也远不止此，它正在生产和收集跟人类生活相关的几乎所有数据，通过它的 Google 眼镜、它的穿戴设备、它的底层开放平台，在 Google 的规划里，一个个体一天产生的数据将与今天世界上的所有信息数据的加总相当——这不免让人尽情想象，在这样的格式化数据的海洋中，如果谷歌变成金融企业，那么，它将挑战和危及了多少传统的金融行业？！①

谷歌暂时还没有变身金融企业，但它融入金融行业的速度，却是相当迅速的。据《华尔街日报》报道，2013 年 5 月 2 日，它以 1.25 亿美元收购 Lending Club 的少数股权，这是谷歌进入金融服务行业的一项罕见举措。尽管在一般人的认知里，第一家互联网 P2P 借贷平台是 2005 年在英国成立的 Zopa，但 Lending Club 以及"同胞" Prosper 才是让 P2P 这种模式在世界范围内引起了更多关注。Lending Club 成立于 2006 年，目前是美国最大的 P2P 借贷公司，也是第一家注册为按照 SEC（Securities and Exchange Commission 美国证券交易委员会，亦即美国证监会）的安全标准向个人提供个人贷款的机构。在得到谷歌融资之前，它就已经利用网络技术，缩短了资金流通的细节，尤其是绕过了传统的大银行等金融机构，使得投资者和借贷者都能得到更多实惠与便捷，这让它发展尤其迅速。虽然中间有过波折，但截止到 2013 年 3 月中旬，Lending Club 共发起 10 万次贷款，贷款总额逾 15 亿美元——在 Lending Club 首席执行官雷诺·拉普兰齐（Renaud Laplanche）看来，谷歌对于 Lending Club 的兴趣源自科技对于借贷行业降低成本及提高透明度所发挥作用。谷歌前企业发展部负责人的戴维·劳威（David Lawee）则在声明中称："Lending Club 正在利用互联网重新塑造金融系统并且深刻地改变人们考虑信贷和投资的方式。我们对于成为该公司的一部分感到非常兴奋。"正是对互联网金融在看法上以及价值观上趋向一致，让两者一拍即合。这无疑是件"双赢"的买卖，对谷歌来说，它让自己强悍的数据生产和收集能力有了进一步释放的渠道，对 Lending Club 来说，它也将借此巩固自己在行业内的领军地位。

不过，即使如 Lending Club 这样的巨头，也有认输的时候。在美国哈佛大学安能堡大礼堂内举办的 2014 年 PYMNTS 创新大赛，一家陌生的小型创业公司——Ripple Labs，在与 Lending Club 以及 Loop、Bitcoin 的较量中，却拔得头筹，同时

① 高利民，《如果谷歌变成金融企业……》，《南方周末》2014 年 4 月 10 日 E32 版"天下远见"

赢得“最具颠覆性公司”和“最佳新科技”两个奖项——这项大赛是互联网金融领域的企业评选，已经连续举办三届，在业内具有较高影响力。Ripple Labs的成功，在某种程度上要归功于两位创始人。一位是全球最大的比特币交易平台Mt.Gox以及电驴的创始人杰德·迈克卡勒伯（Jed McCaleb），一位正是Prosper的创始人克里斯·拉尔森（Chris Larsen）。在1997年，这位哥们就创办了在线借贷服务网站E–Loan，帮助用户解决借贷信息不对称问题。但他后来发现，虽然通过E–Loan，用户能够找到更多的借贷信息，但最终借贷的完成仍然是由银行来决定，此时他发现互联网的发展已经能让网络用户更多地参与到交易中，因此他创办了Prosper，希望能够让用户来决定借款人是否可以得到资金——在某种意义上，他们都是马云式的金融“搅局者”，或者反过来说，马云是他们在中国最为优秀的跟班。他们联手创办Ripple Labs，同样是想要进行一场“价值网络革命”——他们试图用一个叫Ripple的底层协议，让不同货币自由、免费、零延时进行汇兑。它曾这样自我定义，“Ripple支付网络允许任何货币在任何人之间流通，它的建立基于互联网的基本理念：人人免费，人人可触及，不属于任何人，将整个世界链接在同一个网络内。”在这里，Ripple不仅是一个协议系统，同时拥有自己的基础货币，即XRP（瑞波币）。Ripple意在通过XRP，将全世界的货币和等价物串在一起，以此降低不同货币的结算费用，降低跨国交易成本——在接受中国内地财新杂志记者专访时，拉尔森如此直白地表示，“我一直希望开发全新的货币系统，从而让金融真正步入数字时代。”这不禁让人感叹，在大多数传统金融还在大数据面前三过其门而不入或者不得要领而入之时，已经有人发出“数字时代”的召唤了。这是何等的天差地别，莫非正如神话中所说，天上（互联网中）一天，地上一年？！对这样的公司，无数风投颇为青睐，安德森霍洛维茨公司、IDG资本、FF天使、光速创投、Bitcoin机会基金及Vast Ventures公司闻风而至，自然，也少不了谷歌的注资。

只是这样的颠覆，看上去很美好。但在颠覆之前，谁也不知道它会不会先被“颠覆”——就像Lending Club也必须要接受SEC的监管之外，大数据同样逃脱不了另一种“数据之眼”的监视——在我们孜孜以求让钱变得更轻的同时，也千万别忽略了，互联网并不是法外之地，这里也同样受着权力的支配。

“央妈”去哪里：重新定义权重与钱轻

2014年又是一个马年。谁都希望在这一年，万马奔腾，马到成功，有着龙马精神。银行也不例外。在过去的一年深受互联网金融的冲击，让它们已然有些疲惫和焦虑，很想通过新的一年的到来，来讨个彩头。显然，它们似乎看到了希望。

这年甫一开始，各类银行“宝”也纷纷推出来了——推出者包括工商银行、交通银行、中国银行、民生银行，以及前身为深圳发展银行并由平安集团控股的平安银行。正是平安银行最早推出了与南方现金增利回拨基金和平安大华日增利货币基金挂钩的“平安盈”，之后其他几家银行纷纷跟进——可谓是不论民营还是国有，老牌还是新生力量，在面对余额宝的冲击面前，它们空前的“团结”在一起。而且这些银行大多“财大气粗”，不出手则已，一出手就一定能震人眼球。得承认，这些银行类“余额宝”的收益和流动性不比互联网理财逊色。只是，对它们来说，如果客户的资金都用于申购货币基金，那么其活期储蓄将大幅减少，这无疑影响其存款指标考核。所以，尽管面对余额宝不得不战，但顾全自身的“大局”，还是大多选择了低调，悄悄地上线，打枪的不要，这让了解产品的投资者便少了许多。从这里也可以看出这些银行“首鼠两端”的尴尬。

与这些银行“宝”纷纷推出的同时，中国人民银行主管的中国银行间市场交易协会发布了《中国人民银行金融市场司关于商业银行理财产品进入银行间债券市场有关事项的通知》（下文简称《通知》）。该《通知》签署时间显示为2014年1月26日，16家A股上市银行也悉数在内——央行规范理财产品投资银行间债市，这被市场广泛解读为利好银行股。不过，从中首先得益的，却是在银行宝上一开始并没有作为的中信银行。它一改蛇年颓靡的机会，在春节后的5个交易日里实现五连涨，上涨了37.12%，一飞冲天带领整个银行板块全线走牛——要问这是为什么，答案却藏在余额宝身上。很多外人不清楚的是，中信银行是余额宝的唯一托管行和监督行——早在第三方支付机构尚未获得央行颁发的“身份证”，其影响力仍不被传统金融机构认可之时，这家创立于1987年且身上流淌着中信集团“创新”基因的商业股份制银行，就敏锐地发现了支付宝的价值。2010年10月13日，它与支付宝达成了合作意向。这也让中信银行借机分享了互联网金融的成果。

不过，这也并不意味着它就在银行宝上不再有作为——2014年的4月28日，中信银行联手诚信基金在其理财平台——"中信银行薪金煲"上推出第一只产品"薪金宝"。该产品最大的亮点是申购赎回全自动，并可直接在ATM上取现。有评论甚至认为，这是银行宝们的最新升级。

如果说发行银行宝是各大银行的"防守"战略，那么，"反击"又在哪里？那就是"限购"政策。根据《新京报》报道，自2014年的3月开始，用户就会发现，将银行里的钱倒腾到的各类"宝宝"里已经变得不那么容易了——因为工商银行、农业银行和建设银行都相继调整了快捷支付转入的额度限制。比如说工商银行就规定，电脑端本人储蓄卡转入余额宝资金限额调低至5000元/笔，单日限额2万元，单月限额5万元。无线端则调整为：单笔单日单月5000元/5万元/5万元。在此之前，工行的快捷支付并没有额度限制——这就意味着，用户要想将自己在银行的几万块钱的存款搬到余额宝内，最起码要花上十天半个月。至于农业银行，其单笔单日额度均为1万元，在此之前，农行对单笔单日均没有做出额度限制。微信理财通在建行的单月转账额度为不超过10万元，在此之前额度是50万元——正是这样的"限购"，在发布之初宣传"超过银行活期存款利率10倍，年收益率在5%以上"的余额宝也不再拥有高收益，甚至一度跌至5%的当口。相反的是，银行类的宝宝们却因为收益率一直比价稳定，随着余额宝的风光不再，优势逐渐凸显出来，成为榜首。

这无疑是互联网金融的"命门"——尽管以余额宝为首的互联网理财产品在渠道等方面有所创新，但仍难以摆脱对传统金融体系的依赖——这种依赖，让它在面临金融体系的反扑时，很难找到相应的出路。这也是马云经常将自己当成一个"搅局者"的原因，探其心理，一方面，想通过搅局来改变现状，但另一方面，因为"搅局"毕竟不等于"执政"，它未必能成功，所以还是让人时有英雄气短的感觉。

与此同时，笼罩在互联网金融头上的监管阴影也不时来袭。尽管随着金融改革，一些银行走了股份制改革甚至是民营之路，但它们还是中国人民银行的"亲生儿子"。它们再"活泼"，也逃脱不了自己的手掌心。但互联网金融却有些不同，它是草根孩子。这让人不禁心生疑窦，"一面是亲生儿子被动应战，一面是草根孩子疯狂掠地，央妈如何平衡？经常在一线考察调研，实地走访，听取汇报工作的央行副行长刘士余曾亲切地称互联网金融为孩子，'孩子在家折腾，盘子碎了，盆也碎了，沙发也折腾出多少个窟窿来，这孩子将来一定有出息；但放火把家给烧了的孩子将来肯定没出息'。"[①] 这一表态显然表明，在对待互联网金融上，央妈也不是不允许创新，但就怕过犹不及。

在某种意义上，央妈的担心也不无道理。一者，由于儒商伦理的失落，造成了当下社会存在着大量的"非理性"。尽管互联网是虚拟世界，但毕竟也是现实社会的折射。因此当互联网金融成了新的经济"增长点"时，"非理性"也一定会如影随形。比如P2P行业，随着越来越多资金涌入，一些网贷平台已经不再是中介属性，而成为了"网络版"的民间借贷，日益呈现出高利率、自融、资金池杠杆化等特征。另外，有些平台伪造借款人或者实际是平台自身进行借款的情况，这无疑已经脱离了P2P的本质。还有就是，有些平台上存在有大量的秒标——也就是一种在借款后非常短的时间内，通常几个小时到一天内就还款的借款申请——"这些秒标往往只造成了平台的虚假繁荣，闭关不代表借款人的真实信用情况，对P2P平台的长期稳定发展并无帮助。"[②] 随之而来的，是平台倒闭等事件频发。据网贷之家的不完全统计，2013年12月以前，已经有64家网贷平台出现提现困难或倒闭、跑路的情况——这无疑进一步恶化了P2P平台的生存环境。

二者，互联网金融在某种程度上也存在着"监管套利"的行为。这里就拿大名鼎鼎的余额宝来作例子——一方面，它享受着商业银行的待遇：向超过5000万的客户"高息吸储"，并把客户存在余额宝账户上的钱投资于基金；另一方面，它又无需理会商业银行在资本充足率、核心资本充足率、准备金计提与存贷比等方面的监管要求，及在账户、结算与反洗钱等业务操作中的合规要求。说起来，余额宝自有资金才一个亿，一个亿撬动4000亿存款，杠杆率太高了；商业银行注册资本少则几十亿、多则几百亿。目前银行存款准备金率是20%，如果余额宝是商业银行，就得从4000亿存款中计提800亿，以管控挤兑风险，但这样一来，其收益必然受到影响。"余额宝能在极短时间内滚雪球般坐大，说到底就是存在监管套利，商业银行的好处我要、'坏处'我不要，这样的'互联网金融创新'有可持

---

① 刘飞、张夏楠，《央妈去哪儿：互联网金融重新定义46万亿存款》，《华夏时报》2014年2月17日头版

② 陈欢，《不该被遗忘的金融市场——P2P借贷》，《财富风尚》总第246期

续性吗”[①]？在某种意义上，中国互联网金融之所以有着无穷的想象空间，就在于其存在有监管套利的空间。相反地，邻国日本和韩国同样有互联网金融，但是仅仅作为商业银行体系外有限的补充，金融互联网牢固地占据着数字时代的主流地位。另外，作为金融和互联网都最为发达的美国，根本就没有“互联网金融”的说法——余额宝所学习的对象贝宝，并没有余额宝在中国的风光。首先，贝宝如果需要成为基金销售方就必须获得券商执照（broker-dealer license），该券商执照是由美国证监会来审批。其次，为了获得券商执照，贝宝需要成为一个行业自律协会的会员以获得同业的监管。再次，如果想要在美国50个州销售基金，还必须要向当地50个州政府申请州内执照，并接受州政府的监管。最后，美国在“9・11”事件后颁布了《爱国者法案》，要求作为货币服务企业，第三方支付机构需要在美国财政部的金融犯罪执行网络（FinCEN）注册，接受联邦政府和州政府的两级反洗钱监管，及时汇报可疑交易，记录和保存所有交易……

三者，对当下金融业的秩序造成冲击的同时，互联网金融本身的业务也存在着相应的风险，并非无懈可击。在中国人民银行于6月11日发布的《中国人民银行年报2013》中就直指，一些互联网金融企业片面追求业务拓展和盈利能力，采用了一些有争议、高风险的交易模式，也没有建立客户身份识别、交易记录保存和可疑交易分析报告机制，容易为不法分子利用平台进行洗钱等违法活动创造条件；还有一些互联网企业不注重内部管理，信息安全保护水平较低，存在客户个人隐私泄露风险；另外，部分互联网巨头形成的混业金融业态，也颇有些让人担忧，更有防范其系统金融风险累积的必要。“美国2008年金融危机的一大根源，是在混业经营基础上搞的所谓金融创新。其实，几大金融门类商业银行、保险、信托与证券等就应该分业经营，以在不同门类之间建立金融防火墙，就像巨轮的隔水舱一样。在这一点上，阿里与平安不一定是好榜样。”[②]

正是基于这样的担忧，监管的口袋在悄悄地收拢。左一刀先砍向了P2P网络借贷平台。从2013年年底，央行副行长刘士余就表示，P2P网贷不得归集资金搞资金池和非法吸收公众存款等。转年的2月26日，央行为主管单位的中国支付清算协会专门向下属的互联网金融专业委员会成员企业召开P2P网络借贷业务座谈

① 陈斌，《把余额宝升格为商业银行》，《南方周末》2014年2月27日F29版“方舟评论”

② 陈斌，《把余额宝升格为商业银行》，《南方周末》2014年2月27日F29版“方舟评论”

会，就行业监管与发展提出具体建议，将监管提上了日程。该互联网金融专业委员会涵盖银行、证券、支付、互联网、P2P 等多个领域。其中，包括四大国有银行在内的商业银行 18 家，国泰君安等证券公司 2 家，腾讯、阿里小微金融服务集团、京东等互联网公司 3 家，支付宝、财付通等第三方支付公司 28 家，而 P2P 网贷公司则包括宜信、红岭创投、拍拍贷等 10 家。

一个月不到，央行又再次发出“禁令”，右一刀砍向了网络虚拟信用卡以及二维码支付——宣布暂停使用这两种产品。该网络虚拟信用卡包括中信银行、支付宝和众安保险联合发行的支付宝网络信用卡——这个覆盖 8000 万支付宝用户，被外界解读为“无卡的信用卡”，享受终身免年费和中信双倍积分的优惠，能用于所有在线消费，还可以在支持支付宝钱包付款的线下店铺使用。其界面图和详细细节的样图于 2014 年 3 月 13 日曝光。原定于 2014 年 3 月 16 日后在支付宝钱包内亮相。但还没亮相，就遭腰斩。同时，腾讯力图打造的微信信用卡也在劫难逃。就在支付宝网络信用卡曝光当日，央行杭州中心支行及深圳中心支行支付结算处就收到了来自央行支付结算司的函件，函件以风险控制方面的原因，督促两支行要求支付宝、财付通全面暂停线下条码（二维码）支付和虚拟信用卡相关业务，并要求支付宝、财付通将有关产品详细介绍、管理制度、操作流程等情况上报。

这些手段对互联网金融造成的心理影响无疑是巨大的，因为谁也无法估计，接下来还将面临着怎样的政策风险。在过去的金融史乃至经济史中，常常会陷入“一抓就紧，一放有时就容易乱”的历史闭环，到了互联网时代，我们该如何走出这样的历史闭环，这不仅在考量着当权者的智慧，也在摸索着钱轻的边界。

首先，我们必须要清晰地认识到，互联网金融需要的是监管，而不是“统制”。在某种意义上，“统制”的刚性太强，弹性太差，往往会导致一管就死。另外，要加强对行业自律重要性的认识。未来的监管要配合行业自律的监管。

其次，继续强化“市场”在资源配置中的作用。事实上，余额宝之所以一出生就风华正茂，到处攻城略地，就在于利率市场化。它赚的其实是“市场”的钱。尽管放开利率市场化给传统银行带来的挑战无疑巨大，但这也会逼迫着它们努力去发展非利息收入，同时降低资本消耗。这也会进一步给中国的中小微企业带来“福音”——因为大企业和经济周期的关系是一损俱损，一荣俱荣，一旦违约，损失率非常高。巴塞尔委员会曾认为，大企业风险权重是 100%，小企业是 75%。也就是说，同样做业务，大企业消耗资本100%，小企业节省25%。在马蔚华眼里，“小企业五彩缤纷，但是有个规律，大数原理，好人总比坏人多。所以给小微企业贷款节省资本，上浮利率”①。

再次，改变服务思维和经营模式，要大力发展“普惠金融”。在某种意义上，传统金融的思维方式是“二八定律”，即从20%的重点客户身上挖掘80%的盈利空间，目标市场是“近尾”；而互联网金融崇尚长尾理论，即“倒二八定律”，对80%数量占比的“远尾”客户的高黏性和高效控制，以及规模递减的边际成本优势。在这里，发展“普惠金融”不仅是一个经济问题，同样也是一个社会问题、政治问题。一方面，可以帮助更多的人摆脱贫穷，促进财富的公平分配。很多时候，缺乏最初的小额启动资金，往往制约着穷人改变自己的意愿。另外一方面，互联网时代注定着我们不能忽视众多“草根”的需求——在过去的时日，他们多是分散的个体，但在互联网的聚拢作用之下，团结就是力量。甚至，这些力量会大得可怕。如果你忽视草根，你终究会被这些草根所忽视。

最后，在监管方式上，要从“园丁式监管”走向“大数据监管”。按照“小微金融服务集团研究院”给出的说法，所谓园丁式监管，就是以“包容性”和“底线思维”来防范金融风险、以“自然选择”来促进效率提升、以“适时修剪”来规范行业运作，同时对核心变量采取量化监控。而“大数据监管”的理念，是指以动态、实时、互动的方式，通过金融大数据对金融系统内的行为和其潜在风险进行系统性的、规范性和前瞻性的监管。总而言之，对互联网金融既要有监管，也有培育；既要扮演好“园丁”的角色，平衡和协调行业组织、互联网金融企业、消费者及其他利益相关者之间的技术功能、社会角色和经济利益，又要善于进化，逐步过渡到以“大数据”为特征的良性的互联网金融监管机制。让传统金融和互联网金融形成一个优势的生态系统②。

如论无论，在互联网时代，中国再也不能用老旧的思路，去面对形势的变迁。我们只有构建这样的生态系统，中国的金融业最终才会“和谐共处”，而创新也将得到鼓励和扶持。中国的第三次金融浪潮，也一定会来到。

---

① 陈哲，《老行长马蔚华的新段子》，《经济观察报》2014年6月9日，《商业评论》第42版

② 小微金融服务集团研究院，《从“园丁式监管”走向“大数据监管”》，《新金融评论》2014年第2期

后记

从鲸鱼，却到鲇鱼；从藏富于民，再到融富于民

毋庸置疑，在相当长时间内，中国民间金融犹如鲸鱼般存在。它们体量巨大，却又不失灵活，胃口良好，却又不擅长攻击……在中国古老的土地上，它们游弋多年，从不知疲倦。尤其是到明清之际，随着晋商、徽商、潮商、宁波帮以及广东十三行的兴起，它们更会兴奋地跃出海面，尽情地展现自己优美的身姿。然而，事易时移，今天我们所看到的中国民间金融，显然已经不是这样一种形象。都说鲸鱼不是鱼，它们变成了鱼，却已是鲇鱼。

做不成鲸鱼，无疑是一种无奈。这源于政治气候，水文环境的改变，还有外界那些或在明处或在暗处的捕手。在中国上下五千年的历史中，权重是一种持续的存在。尤其是明清在专制统治上集大成，更是让国进民退成为了屡屡上演的现实。随着国家在金融业上的一统天下，中国民间金融从往日的主体地位，越发地边缘化。尽管新中国的成立，让封建专制成为了历史，不过，意识形态上的桎梏，让国家包办一切的计划，依旧高高在上，直到1978年之后才重启的改革开放。只是，没有什么能一蹴而就。尽管30多年的发展，让市场成为了一种政治正确，但垄断依旧是它头上难以摆脱的阴影。有例为证，在这几年间，挤入世界五百强的都是中石化、中石油、国家电网这样的“巨无霸”，与此同时，中国工商银行成了中国最赚钱的企业，在2014年，它甚至力压苹果位居世界五百强最赚钱企业的第四位。其他的国有银行也不甘示弱，在2014年的世界五百强的银行业排名中，中国工商银行是第一，中国建设银行则取得第三的位置，而新晋的的中国农业银行，也一举成为老五（见《财富》发布的2013、2014年世界五百强排行榜）。这

无疑印证了这些年的戏谑，中国的银行赚钱都赚到手软。与此同时，社会上的很多中小企业都在“喊渴”，却无从解渴。

这种现象的出现，无疑背离了银行业发展的初衷。如果说中国通商银行还是“毋任外人专我大利”的话，那么民国时期的银行，信成、四明、金城、盐业、大陆、浙江实业、浙江兴业、上海银行等金融机构，大多以扶持工商业为己任。它们将自己与中国的实体经济捆绑在了一起，追求水涨船高。然而，现在的大银行，大多丢掉了这一优良的传统，不仅忘记了自己身上的社会责任，以利为导向，唯利是图。更重要的是，它们都有个好“妈”——央行。这些年，它对各大银行的信贷利率基本上实行了一种“贷款利率下限管理、存款利率上限管理”的政策，这让中国的“存贷差”一直不能反映出市场上真正的需要和诉求。目前，中国存贷差是3%，发达国家平均是1%。不过，这种利率管制，却保证了银行可以靠着息差，就能赚得盆满钵满。无疑，这是天然的政策红利。相反的是，国外银行的主要利润来源却不是息差，而是其他新兴业务和“中间业务”。所以也不难想象，在央妈的呵护甚至可以说是溺爱下，中国工商银行、中国建设银行这些嫡子们活得如此风光。但是，这也造就了几个结果，一个就是中国的银行业大多创新能力不足，尽管体量巨大，但大而不强。二个就是它们没有兴趣再去“拯救”众生。毕竟，这有可能耽误它们赚钱，另外，高高在上惯了，很难让它们俯下身段。

所以，我们尤其希望中国民间金融能重新站立起来，当不成鲸鱼，但当一条鲇鱼，同样光荣。谁都知道鲇鱼用来干吗，当年的挪威人喜欢吃沙丁鱼，然而长途运输，却往往造成沙丁鱼大量死亡，所以，有人就将鲇鱼放在沙丁鱼的鱼群中，让沙丁鱼备加警惕，在鱼槽里加速游动，最后到达运输地点，依旧能保持活力。后人将这叫作“鲇鱼效应”，也就是说，通过某个个体的“中途介入”，对群体起到竞争作用。如今，当中国企业的融资渠道被金融利益集团所垄断，而且利益被严重固化并牢不可破时，也许，从那些曾被证明是优秀的传统之中，来重新寻找突破口，是个必要的选择。

中国民间金融作为鲇鱼，它在新时代所背负的作用无疑有这样几条：

一条就是刺激。我们可以通过民营银行的建立，以及互联网金融的兴起，来改变那些国有金融机构积多年来之陋习，提升服务，注重创新。

二条是协作。对那些国有金融机构来说，民间金融并不是自己的敌人或者说对立面。双方可以取长补短，互为己用。它们对发展社会生产、稳定社会局势都起到了应有的作用。今天，国家都承认民营经济是社会主义市场经济“重要组成部分”，与民营经济息息相关的民间金融自然也是我们不可忽视的对象。

三条是启示。在互联网金融成为时下热点的今天，中国的金融业如何顺应时势，改变自己的思维，对今后的发展至关重要。在放大信用的同时，一定要遵循自由、平等、开放的原则——只有这样，才能在“体验经济”中获取人心。

四条也是最重要的一条，就是普惠。这个普惠又有两层意思，一层是让中国中小实体都能享受到金融服务，像中国民营银行的设立，就可以专门解决中小企业的“饥渴”问题；另一层就是让普通民众手中的钱多了流动的渠道，而且可以“货比三家”。这样一来，一定会改变中国民众一直依赖于劳动性收入的整体状况，并相应地增长财产性收入。得承认的是，国家这些年来也一直在追求藏富于民，但是，民众的钱放在家里，或者掖在腰兜里，无疑是一种资源浪费，只有融通，才更值钱。所以，我们需要从藏富于民，再积极发展为融富于民，这样，人民的钱不仅变得更“轻”，而且还会变得更“重”——变轻是因为获取 / 使用的途径无限广阔，变重的则是价值。

对这样一条鲇鱼，我们无疑需要给它以生存的空间，并认可它现今的地位，就像我们一直相信人民在用钱上的智慧。历来都是权力在用钱上大手大脚，崽卖爷田不心疼，但人民却从来不会对自己的钱不负责任。当然，我们还是得承认，没有什么能一蹴而就。中国民间金融想要一口气吃成个胖子也不现实，不过，我们总得给它前行甚至是试错的机会。一方面，国家需要监管，并为其把握底线，但另外一方面，那只有形的手并不能伸得过长，同时还民间金融以“民间”的面目，让其真正地民权、民立、民有。

显然，对民间金融在中国的再次腾飞，很多有识之士都抱有期待之心。正像中国民间金融曾在过去的岁月里给中国带来了两次金融浪潮，那么，第三次还会远吗？在这些有识之士当中，无疑包括瀚华金控的张国祥董事长，在某种意义上，他对民间金融的赤诚，以及关注，催生出了这本书。而他率领的金控企业，也致力于普惠金融的开拓，并于 2014 年 6 月 19 日，在香港联交所挂牌上市，成为“中国普惠金融第一股”（即国内首家也是全球首家以担保和小贷登陆国际资本市场的第一股）。当然，这里还得感谢瀚华金控的杜建华大哥，他在本书的创作过程中，提供了多种有益的意见，并给与了相当的支持。一并感谢瀚华金控其他同仁，以及美丽的重庆妹子刘一樕同学。

除此之外，对亦师亦兄的吴晓波也要献上我的谢意，他对中国经济领域的多年关注，让他位于杭州的家，几乎成了一座小型的经济类图书馆。正是在这里，我得以“搜刮”了大量的文献资料，无疑，这对我的创作起到了莫大的帮助，让我对中国民间金融的前世今生有了更深入的了解。同时，他所认为的“不研究历代的经济变革，无法真正理解当前的中国”，也给予我相当的启发，加深了我对中国民间金融的兴趣。这也支撑着我完成了大量的走访、阅读以及创作。当然，感谢的人还有很多，包括蓝狮子企业研究院的何丹院长，以及此书的策划编辑王彬斌。另外，对中国企业案例研究颇有些兴趣的同事杜博奇同学，也对这本书的框架提供了一定的方向。

向鱼问水，向马问路，向中国民间金融，问希望。

王千马

2014 年 7 月 25 日，杭州

参考资料

图书（以第一作者拼音首字母为序）

B

鲍杰主编，《论近代宁波帮》，宁波出版社 1996 年 4 月版

［法］白吉尔著，张富强、许世芬译，《中国资产阶级的黄金时代（1911—1937 年）》，上海人民出版社 1994 年 1 月版

巴图，《民间金融帝国》，群众出版社 2001 年 3 月版

白寿彝主编，《中国通史》，上海人民出版社 1995 年 12 月版

C

陈国平，《浙江金融发生了什么》，红旗出版社 2011 年 7 月版

陈志武，《金融的逻辑》，国际文化出版公司 2009 年 8 月版

陈国栋，《东亚海域一千年》，山东画报出版社 2006 年 12 月版

陈月明，《“宁波帮”和“徽帮”之比较》，见载于鲍杰主编，《论近代宁波帮》，宁波出版社 1996 年 4 月版。

陈斯文，《庄家之死》，中信出版社 2011 年 12 月版

D

段光清，《镜湖自撰年谱》，咸丰八年第一百一十八条，中华书局 1960 年版

邓小平，《邓小平文选》第三卷，人民出版社 1993 年 11 月版

G

郭蕴静，《清代商业史》，辽宁人民出版社 1994 年 4 月版

高春平，《晋商学》，山西经济出版社 2009 年 4 月版

H

韩毓海，《五百年来谁著史——北大学者重估新中国体制》，九州出版社 2009 年 12 月版

贺痴、吕静霞，《清代世界首富伍秉鉴的财富人生》，中国致公出版社 2010 年 10 月版

黄鉴晖，《山西票号史》，山西经济出版社 2002 年 6 月版

胡鞍钢，《中国政治经济史论（1949—1976）》，清华大学出版社 2008 年 8 月第 2 版

何帆，《若有所失》，浙江大学出版社 2014 年 2 月版

K

科林·克劳奇，《新自由主义不死之谜》，中国人民大学出版社 2013 年 4 月版

L

（后晋）刘昫等，《旧唐书本纪第十二·德宗上》

李国荣主编，覃波、李炳编著，《帝国商行：广州十三行》，九州出版社 2007 年 1 月版

罗平汉，《票证年代：统购统销史》，福建人民出版社 2008 年 3 月版

梁宗华，《金融游戏：奴役全球的资本化危机》，浙江大学出版社 2013 年 11 月版

林军、张宇宙，《马化腾的腾讯帝国》，中信出版社 2009 年 8 月版

梁治平，《乡土社会中的法律与秩序》，载于《乡土社会的秩序、公正与权威》，王铭铭、王斯福主编，中国政法大学出版社 1997 年 12 月版

刘平，《从金融史再出发：银行社会责任溯源》，复旦大学出版社，2011 年 9 月版

刘吉，《碰撞三十年：改革开放十次思想观念交锋实录》，江苏人民出版社 2008 年 12 月版

M

马骁、李秀婷、陈文魁编著，《货币》，红旗出版社 2012 年 9 月版

马学强，《江南席家：中国一个经商大族的变迁》，商务印书馆 2007 年 12 月版

N

尼尔·弗格森著，杜默译，《货币崛起：金融资本如何改变世界历史及其未来之路》，麦田出版 2009 年 12 月版

P

彭信威，《中国货币史》，上海人民出版社 2007 年 12 月版

彭慕兰、史蒂夫·托皮克著，黄中宪译，《贸易打造的世界》，如果出版 2012 年 9 月初版

Q

钱穆讲授、叶龙记录整理，《中国经济史》，北京联合出版公司 2014 年 1 月版

秦亢宗，《宁波帮百年风云录》，浙江工商大学出版社 2011 年 7 月版

R

饶宗颐总纂，《潮州志·实业志·商业》，潮州修志馆（汕头）1949 年版

W

吴晓波，《历代经济变革得失》，浙江大学出版社 2013 年 8 月版

吴晓波，《跌荡一百年：中国企业 1870—1977（上）》，中信出版社 2008 年 12 月版

王巍，《金融可以颠覆历史：挑战世界观的金融故事》，中国友谊出版公司 2013 年 6 月版

王建忠主编，《日升昌票号文化解密》，山西古籍出版社 2007 年 11 月版

王俞现，《中国商帮 600 年》，中信出版社 2011 年 9 月版

王玉德、郑清、付玉，《招商局与中国金融业》，浙江大学出版社 2013 年 1 月版

王玉德、杨磊等，《再造招商局》，中信出版社 2008 年 11 月版

王千马，《重新发现上海 1843—1949》，浙江大学出版社 2013 年 10 月版

王伟群，《艰难的辉煌》，中信出版社 2012 年 5 月版

［英］维克托·迈尔－舍恩伯格、肯尼思·库克耶著，盛杨燕、周涛译，《大数据时代》，浙江人民出版社 2013 年 1 月版

吴晓波，《激荡三十年》，中信出版社 2008 年 1 月版

吴雨珊、王海明著，蒋超良序，《变革二十年（1987—2007）：交通银行与中国银行业嬗变》，中国金融出版社 2007 年 7 月版

X

徐润，《徐愚斋自叙年谱》，香山徐氏校印本

夏斌、陈道富，《中国金融战略：2020》，人民出版社 2011 年 1 月版

许纪霖、陈达凯，《中国现代化史》第一卷，学林出版社 2006 年 10 月版

Y

亚历山大·容、迪特马尔·皮珀、赖纳·特劳布，《金钱创造历史：谁是下一个金融帝国》，外文出版社 2013 年 5 月版

苑书义，《李鸿章传》，人民出版社 2004 年 1 月版

Z

张国辉，《晚清钱庄和票号研究》，社会科学文献出版社 2007 年 4 月版

中荔，《十三行》，广东人民出版社 2004 年 12 月版

朱镇华，《中国金融旧事》，中国国际广播出版社 1991 年 10 月版

张正明、张舒，《晋商兴衰史》，山西经济出版社 2010 年 5 月版

张正明、邓泉，《平遥票号商》，山西教育出版社 1997 年 2 月版

张公权著、杨志信摘译，《中国通货膨胀史（1937—1949 年）》，文史资料出版社 1986 年 8 月版

张守广，《宁波商人与民信局兴衰论述》，见载于鲍杰主编，《论近代宁波帮》，宁波出版社，1996 年 4 月版

张泉，《城殇》，新星出版社 2012 年 11 月版

张焘撰，《津门杂记》，清光绪 10 年刊

其 他

上海文广新闻传媒集团纪实频道、上海三盛宏业文化传播发展有限公司编写，《百年商海》，上海人民出版社 2006 年 11 月版

渣打银行（中国）有限公司和《21 世纪经济报道》联合推出，《2010 中国新商帮金融生态调研白皮书》

《新京报》编，《辛亥风云 100 个人在 1911》，山西人民出版社

中国人民银行山西省分行、山西财经学院《山西票号史料》编写组，《山西票号史料》，山西人民出版社 1990 年版

《人民法院案例选》（总第 1 辑）

报 纸

陈斌，《把余额宝升格为商业银行》，《南方周末》2014 年 2 月 27 日 F29 版 “方

舟评论”

陈哲，《老行长马蔚华的新段子》，《经济观察报》2014 年 6 月 9 日，《商业评论》第 42 版

陈周锡，《民营银行首批试点浙江系称雄》，《第一财经日报》2014 年 3 月 12 日

陈小军口述，陈向阳整理，《商业银行陈小军：10 万元办起全国首家民营银行》，《台州晚报》2008 年 10 月 11 日

陈三兴，《严信厚擦招牌》，《宁波晚报》2009 年 10 月 25 日 A8 版

程光炜，《左翼文学思潮与现代性》，《海南师范学院学报》（人文社科版）2002 年第 5 期

杜博奇，《伍秉鉴的特权经营和商业手腕》，《上海证券报》2013 年 3 月 29 日

傅国涌，《蒋抑卮“拨伊铜钱”》，《杭州日报》2011 年 10 月 20 日“西湖副刊 B15”

高利民，《如果谷歌变成金融企业……》，《南方周末》2014 年 4 月 10 日 E32 版“天下远见”

高海燕，《外国在华洋行、银行与中国钱庄的近代化》，《浙江大学学报》（人文社会科学版）2003 年 1 月第 33 卷第 1 期

高海燕，《外国在华洋行、银行与中国钱庄的近代化》，《浙江大学学报》（人文社会科学版）2003 年 1 月第 33 卷第 1 期

黄沂海，《旧时上海的钱庄与银行》，《新民晚报》2008 年 11 月 12 日

侯桂芳，《上海银钱界与 1935 年白银风潮》，《上海师范大学学报（社会科学版）》2002 年 5 月，第 31 卷第 3 期

洪葭管，《有人才，虽衰必盛——漫谈“南三行”和“北四行”的企业文化》，《上海金融报》2008 年 6 月 13 日

李颂，《大数据：改变生活》，《经济观察报》2014 年 3 月 3 日“生活方式”版

李冬君，《“民心”背后那只手》，《经济观察报》2013 年 8 月 27 日

李一翔，《近代老银行的异变：“债权变股权”》，《经济参考报》2007 年 11 月

刘飞、张夏楠，《央妈去哪儿：互联网金融重新定义 46 万亿存款》，《华夏时报》2014 年 2 月 17 日头版

罗韬，《岭南文化的形与影》，《南方周末》2014 年 2 月 20 日 E24 版

连建明，《延中实业与放开股价的故事（三）》，《新民晚报》2014 年 3 月 7 日

B7 版

楼小娴,《走遍天下不如宁波江厦》,《东南商报》2008 年 08 月 31 日"宁波读本 · 人文"版

刘刚、李冬君,《近代天津商人的自治》,《中国经营报》2013 年 9 月 28 日

马涛,《陈光甫的经营方略与儒家商业精神》,《东方早报》2012 年 7 月 3 日

彭洁云,《"中国第一股民"杨百万:国库券异地买卖》,《第一财经日报》2010 年 10 月 27 日

石涛,《外国在华银行与晚晴借款》,《安康师专学报》,2004 年 2 月第 16 卷

孙善根,《辛亥革命中的宁波商人》,《南方都市报》2011 年 9 月 28 日

谭洪安,《票号三战失机缘》,《中国经营报》

谭洪安,《"橡胶风潮"挽狂澜》,《中国经营报》

童伟明,《80 年云烟:宋汉章与中国保险》,《中国保险报》2011 年 8 月

王勇则,《长芦盐运使署　何年移驻天津》,《今晚报》2012 年 6 月 7 日

吴晓波,《1949 年陈毅陈云治沪:开打新中国第一场经济战》,《经济观察报》2009 年 9 月 14 日

吴晓波,《国贼孔祥熙》,《经济观察报》2009 年 7 月

吴建雍,《从广东十三行看清政府对贸易的垄断》,《学习时报》2007 年 6 月

吴缵超,《两市已上市 1581 只 A 股　小飞乐带出 1 亿股》,《青年报》2008 年 10 月 31 日

许洪新,《假日里,逛逛上海老弄堂》,《解放日报》2010 年 1 月 1 日《解放周末》版

许俏文,《钱庄 · 票号 · 银行百万银钱遍地金》,《广州日报》2006 年 08 月 12 日

谢卫群采访整理,《马云详解"金融互联网"和"互联网金融"》,《人民日报》2013 年 6 月 21 日

雪珥,《上海地产大崩盘》,《中国经营报》

咸高军,《一膜未竟平生志,百代长留济世心——谈煦追忆祖父谈丹崖》,《淮安日报》2011 年 1 月 12 日

邢建榕,《汇丰银行与清末权贵的存款》,《新民晚报》2012 年 12 月 2 日

姚会元,《近代汉口钱庄性质的转变》,《武汉师范学院学报(哲学社会科学

版）》1984 年第 2 期

杨志，《白银风潮：美国内政重创民国经济》，《法治周末》2012 年 12 月

余力，《“它的成长史是新中国民间金融业的缩影”——浙江大学经济学教授史晋川访谈》，《南方周末》2004 年 11 月 4 日

叶檀，《为什么不支持民营银行》，《每日经济新闻》，2013 年 9 月 17 日

杨芮，《泰康人寿陈东升：经济学“票友”遭遇天花板？》，《第一财经日报》2012 年 10 月 26 日

张春廷，《民国时期的中国证券市场》，《证券市场导报》[深圳] 2001 年第 5 期

朱英，《浅谈近代中国商人的义利观》，《光明日报》

朱国栋，《温商奇人温邦彦：押宝民生银行获利 1 亿》，《上海证券报》2007 年 12 月 20 日

庄丹华，《“宁波商帮精神”的历史文化探源》，《浙江工商职业技术学院学报》2009 年 6 月第 8 卷第 2 期

章诗依，《一个银行家的情趣与理趣》，《经济观察报》

周利成，《王铭槐与华俄道胜银行》，《每日新报》

《画说保险：招商局保险打破外国保险业垄断》，《中国保险报》2011 年 12 月 30 日

中国经济时报台州报道组，《那些活跃的“尤努斯”们——解读台州现象之八》，《台州日报》2008 年 11 月 19 日

《首家股份制企业北京天桥百货股份有限公司寻踪》，《人民日报》1998 年 7 月 22 头版

期 刊

阿囡，《蒋抑卮和浙江兴业银行》，《金融博览》2012 年 8 月刊

陈欢，《不该被遗忘的金融市场——P2P 借贷》，《财富风尚》总第 246 期

端木蕻良，《时间呵！时间！》，载于《随笔》1988 年第 3 期，花城出版社 1988 年 5 月 15 日出版

房毅、刘建强、刘涛，《五道口金融先锋》，《中国企业家》2003 年第 10 期

傅国涌,《另类银行家陈光甫》,《财经国家周刊》2010 年 8 月

高海红、高蓓,《中国影子银行与金融改革：以银证合作为例》,《国际经济评论》2014 年第 2 期

顾壬章、何绍宋,《从延中实业公司发行股票所引起的思索》,《经济管理》1986 年第 4 期

黄秋丽,《陈东升："摩根梦"不再》,《中国企业家》2012 年第 6 期

金理祥,《上海汇丰银行第一任买办——王槐山》,《上海金融》1993 年 11 期

李明伟,《中国近代银行业的发展道路》,《社会科学辑刊》1998 年第 5 期

林地焕,《论 20 世纪前期天津钱庄业的繁荣》,《史学月刊》2000 年第 1 期

林馥榆、彭涛,《特别策划：汕头开埠》,《潮商》2010 年第 5 期

刘诗平,《银行界首个"洋大班"》,《财经国家周刊》

刘诗平,《黑道银行家杜月笙》,《财经国家周刊》

刘诗平,《民营银行归来》,《财经国家周刊》2014 年第 3 期

刘建强、王春梅,《平安：走出不安》,《中国企业家》2009 年第 7 期

罗屿,《温州模式"蜕变"》,《小康》2012 年第 5 期

欧玮瑜,《徐新六》,《中国金融》1987 年 10 期

沈绍真,《杨嘉兴：中国城市信用社第一人》,《光彩》杂志 2006 年第 6 期

孙曜东(口述)、宋路霞(整理),《民国银行家：叶景葵、蒋抑卮与兴业银行》,《中国企业家》

苏小和,《盛宣怀，李鸿章的经济幕僚》,《企业观察家》

王仁忱,《满清的海禁与闭关》,《历史教学》1954 年第 12 期

王振云、王金昌,《积极奔波为革命的沈缦云先生年谱》,《祠堂博览》2008 年秋之卷(总 19 期)

王金中,《沈缦云积极筹款支持辛亥革命》,《无锡史志》

王红新,《这是一个变革的时代》,《交大海外全球 CEO》, 2014 年创刊号

王春梅,《暗战民生银行》,《中国企业家》2009 年第 20 期

王晓璐、陆玲,《探路三十五年》,《财经》2014 年第 17 期

万之,《宁波商人的创举——钱庄过账制》,《宁波通讯》2012 年第 10 期

吴敬琏、马国川,《中国可能"中断"现代化进程》,《决策参考》2012 年创刊号，原载《同舟共进》2012 年第 2 期

徐国懋,《周作民资助永利公司二三事》,《管理学家》2013 年 10 月

徐琳玲,《民国“财长”宋子文》,《南方人物周刊》2012 年第 27 期

徐建国,《民信局与侨批局关系考辨》,《福建论坛: 人文社会科学版》2011 年 5 月

谢良平,《晚清铁路外债还本付息机制研究》,《苏州大学》杂志 2012 年

姚会元,《“江浙金融财团”形成的标志及其经济、社会基础》,《中国经济史研究》1997 年第 3 期

杨荫溥,《中国之证券市场》,《东方杂志》第 27 卷,第 20 号

易棉阳、姚会元,《1980 年以来的中国近代银行史研究综述》,《近代史研究》2005 年第 3 期

于焕之,《计划经济为主　市场调节为辅》,《学习与研究》1982 年第 4 期

张徐乐,《民国初年“宋汉章案件”评析》,《社会科学》2012 年 7 期

张徐乐,《生存与消亡: 上海私营金融业的公私合营》,《当代金融家》

张秀莉,《法币发行准备管理委员会考述》,《史学月刊》2009 年第 6 期

张培桐,《坚持计划经济为主、市场调节为辅的方针》,《山西师大学报(社会科学版)》1982 年第 3 期

周斌,《一百年前叱咤中国的民营银行》,《国家人文历史》2014 年第 10 期

邹高,《“中国摩根”陈光甫》,《南方人物周刊》2009 年 4 月

小微金融服务集团研究院,《从“园丁式监管”走向“大数据监管”》,《新金融评论》2014 年第 2 期

网　络

常海峰,《从〈山西票商成败记〉看晋商决策制度》,个人博客,
http://blog.sina.com.cn/s/blog_ae2a42a201012tr8.html

陈德义,《“五口通商”后的旧宁波港》,政协宁波市委员会网站,
http://www.nbzx.gov.cn/art/2006/11/16/art_9748_429299.html

陈礼茂,《张之洞与中国通商银行的创立》,荆楚网,
http://www.cnhubei.com/200412/ca635688.htm

陈杰,《建国之初中央决策成立中国人民保险公司原因》，作者为中国人民保险公司集团公司文化品牌部员工，此文为司庆 60 周年所作，

http://www.picc.com/html/node/9975-1.htm

戴光中,《宁波帮何以后来居上》，浙江在线，

http://culture.zjol.com.cn/05culture/system/2005/12/27/006419687.shtml

范卫峰,《晋商真相：黑社会化的管理》，网易商业报道，

http://biz.163.com/06/1010/09/2T2HS2S000020QDS.html

李力,《乱世风流——民国银行家吴鼎昌的经济人生》，个人博客，

http://blog.tianya.cn/blogger/post_read.asp?BlogID=444609&PostID=33658936

刘玉全,《盛宣怀与中国通商银行的诞生》，中华纸币研究论坛，

http://www.banknotestudy.com/bbs/showtopic.aspx?forumpage=1&topicid=2170

刘军宁,《商人：晚清立宪最强大动力》，网易历史，

http://news.163.com/09/0518/10/59JDFT0N00012H3F_4.html

刘志英,《“信交风潮”与近代上海华商证券市场的管理》，道客巴巴，

http://www.doc88.com/p-0354342307022.html

王耀成,《戚家山：沙船时代的杰出代表李也亭》，北仑之窗，

http://www.bl.gov.cn/doc/zffw/zwdt/bdyw/content/64513.shtml

杨天亮,《浅析 1923—1937 年的四行储蓄会》，上海档案信息网

http://www.archives.sh.cn/slyj/shyj/201203/t20120313_5674.html

张徐乐,《20 世纪上海国际金融中心的兴衰与启示》，上海金融新闻网，

http://www.shfinancialnews.com/xww/2009jrb/node5019/node5036/node5050/userobject1ai68257.html

《中国银行人物志》,《中国银行总经理（1935.4—1948.4）、董事长（1948.5—1949.11）宋汉章》，中国银行百年行庆专题，

http://www.caijing.com.cn/2012-01-17/111627875_1.html

《中国银行人物志》,《中国银行副总裁、总经理张嘉璈（1917.8—1928.10）（1928.11—1935.3）》，中国银行百年行庆专题，

http://www.caijing.com.cn/2012-01-17/111627744_1.html

其他文献

《怡和洋行档案》,《约翰逊（上海）致机昔（香港）函》(1871 年 6 月 1 日),转见 Liu Kwang-Ching:《Anglo-American Steamshih Rivalry in china》

《海关贸易报告册》(*Report on Trade of The Portsin China*), 1866, 上海

《汉口大买办刘子敬的兴衰》, 武汉市档案馆全宗 119, 目录 130, 卷号 113

《大清银行始末记》, 为大清银行总清理处于民国四年（1915）7 月 1 日所编

《金城银行》, 天津市银行业协会编辑

《旧上海的金融》,《上海文史资料选辑》第 60 辑

《汉口商业月刊》1935 年第 2 卷第 9 期

《北华捷报》, 1858 年 6 月 12 日

《钱业公会为废两改元问题发表敬告国人书》,《银行周报》第 16 卷, 第 30 期, P32, 1932 年 8 月 9 日, 今见《上海钱庄史料》P228